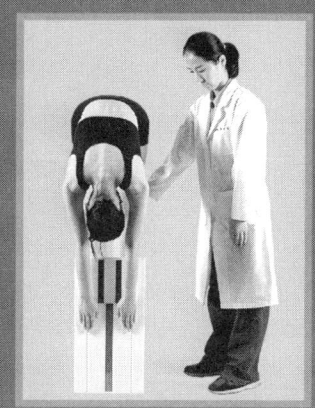
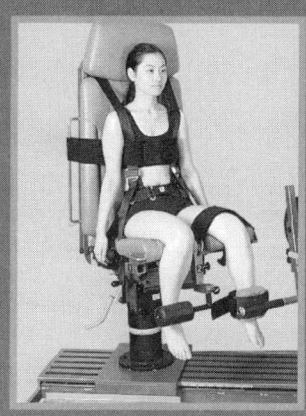
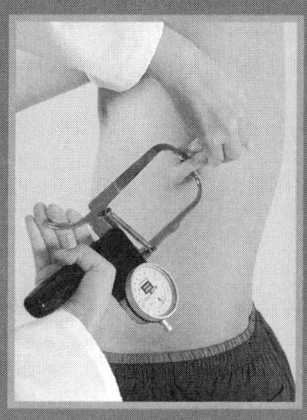
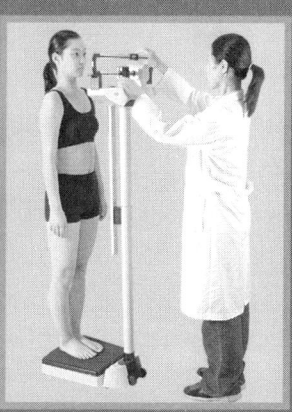

전정판
新 체육측정평가

Measurement & Evaluation in Physical Education and Sports

유승희 · 김형돈 · 송종국 · 윤형기

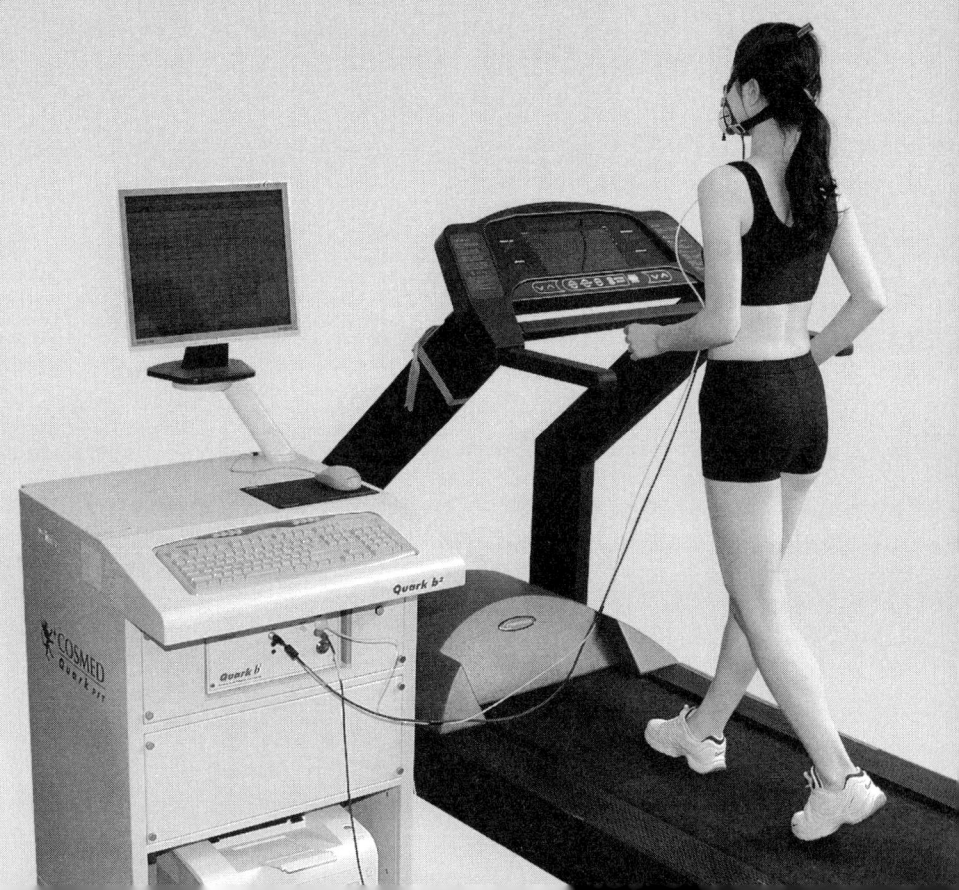

머리말

체육학은 신체활동의 과학적 규명을 위한 과학으로서 그 학문적 체계가 수립되었다. 이와 더불어 과학적인 방법을 통한 계량화로 새로운 이론 창출의 방법론적 기초가 되는 체육측정평가도 독자적인 학문영역으로 자리잡았다. 체육측정평가는 과학적인 측정방법에 의해 체육이 포함하는 여러 가지 요인을 객관적으로 입증하고 평가하는 데 그 목적이 있다. 체육측정평가는 체육교육, 스포츠지도, 체육연구의 기초자료를 제공하며 모든 체육 관련 분야와 관련을 맺고 있는 체육전공자의 필수과정이라 할 수 있다.

체육측정평가란 체육교육의 효과가 얼마나 나타났고, 또 어떤 점에 결점이 있는가, 그리고 학생들로 하여금 바람직한 변화를 가져올 수 있게 하기 위하여 어떠한 조건이 필요한 것인가 하는 것을 밝히는 수단이라고 할 수 있다. 따라서 체육측정평가는 학생들의 체육학습 성과를 평정하는 일 뿐만 아니라 그 결과에 영향을 미치고 있는 교사, 교육과정, 교재, 지도방법, 시설 및 용구 등 체육교육과 관련된 모든 문제를 분석하고 반성하는 과정을 의미한다.

첨단 과학과 컴퓨터 공학의 발달로 측정방법과 측정기구가 빠르게 발전하고 있다. 또한 점점 더 많은 체육영역에서 측정과 평가를 위한 도구의 개발이 요망되고 있으며, 체육측정평가방법의 표준화 확보도 시급한 실정이다. 저자는 이러한 문제의식을 갖고, 첨단화되고 있는 체육측정평가의 모습을 반영하여 최신의 검증된 측정평가도구와 통계처리 방법을 본 서에 수록하였다.

본 서에서는 일반인과 체육 전공 학생 및 대학원생들이 쉽게 이해할 수 있도록 전문 용어를 우리말과 영어로 표기하였고, 각 장에서 다루어진 중요한 개념을 그림과 표를 제시하여 설명하였다. 인체측정과 체력측정 방법은 실제 측정사진을 통하여 정확한 설명이 되도록 구성하였다. 특히, 생물학적 성숙에 대한 장을 따로 할애하여 인체 성숙의 다양한 측정방법을 제시하였다. 골격성숙에 따른 측정평가는 성장과정의 어린이와 청소년들의 운동처방에 효과적으로 적용될 수 있을 것으로 기대한다. 또한 측정된 자료를 보다 효율적으로 평가하기 위하여 통계처리 부분에도 많은 지면을 할애하였다.

　　이 책을 마무리하면서 부족함과 아쉬움이 많이 남지만 앞으로 지속적인 연구를 통하여 미흡한 부분들을 보충해 나갈 것이며, 이에 아낌없는 조언과 격려가 있기를 희망한다. 끝으로 이 교재를 준비하는 데 열심히 도와 준 김현배 박사, 채주희, 구본성, 강효정, 김태규, 정현철, 김상겸 대학원생, 김민형 학부생, 그리고 성실히 촬영에 임해 준 최혜원 양에게 감사드린다. 또한 본 교재를 출판할 수 있도록 지원해 주신 대경북스의 민유정 사장님과 직원분들께 진심으로 감사드린다.

2009년 2월

저 자 씀

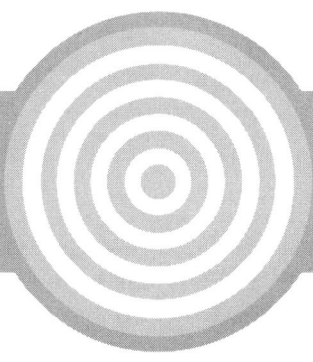

차 례

chapter 1. 체육측정과 평가

1. 개 요 ·· 15
2. 측정과 평가의 목적과 조건 ··· 17
   1) 측정과 평가의 목적 ··· 17
      - 1 _ 동기부여/17
      - 2 _ 성 취 도/17
      - 3 _ 향 상/17
      - 4 _ 진 단/18
      - 5 _ 처 방/18
      - 6 _ 점수부여/18
      - 7 _ 학습지도의 평가/19
      - 8 _ 프로그램의 평가 : 평가계획/19
      - 9 _ 분 류/19
      - 10 _ 예 측/19
   2) 측정과 평가의 조건 ··· 20
      - 1 _ 타 당 도/20
      - 2 _ 신 뢰 도/20
      - 3 _ 객 관 성/21
      - 4 _ 규 준/21
      - 5 _ 경 제 성/22
3. 측정과 평가의 경향과 영역 ··· 22
   1) 측정과 평가의 경향 ··· 22
   2) 측정과 평가의 영역 ··· 23
   3) 평가의 유형 ··· 24
      - 1 _ 진단평가/24
      - 2 _ 형성평가/25
      - 3 _ 총괄평가/26

chapter 2. 측정의 이해

1. 변 인 ··· 27
   1) 측정변인의 정의 ·· 28
   2) 측정변인의 종류 ·· 28
      1 _ 명명척도/29   2 _ 서열척도/29
      3 _ 동간척도/29   4 _ 비율척도/30
      5 _ 비연속자료와 연속자료/30
   3) 변인의 역할과 기능에 의한 분류 ··· 31
      1 _ 질적 변인과 양적 변인/31   2 _ 독립변인과 종속변인/31
      3 _ 기준변인과 예측변인/32
2. 규준지향 검사 ·· 32
   1) 타 당 도 ··· 32
      1 _ 내용관련 타당도/33   2 _ 준거관련 타당도/34
      3 _ 구인관련 타당도/35
   2) 신 뢰 도 ··· 36
      1 _ 신뢰도의 개념/36   2 _ 신뢰도의 추정/37
      3 _ 절대적 신뢰도의 추정/40
3. 준거지향 검사 ·· 41
   1) 타 당 도 ··· 41
   2) 신 뢰 도 ··· 43

capter 3. 인체측정

1. 개 요 ··· 45
2. 인체측정 방법 ·· 48
   1) 체 중 ·· 48
   2) 신체 길이 ··· 49
      1 _ 신 장/50   2 _ 앉은 키/52

3 _ 넙다리 길이/53   4 _ 종아리 길이/54

5 _ 양팔 길이/55   6 _ 어깨 - 팔꿈치 길이/56

7 _ 팔꿈치 - 손목 길이/57   8 _ 손 길이/58

9 _ 팔꿈치 - 손 길이/59

3) 신체 너비 ··· 60

1 _ 어깨 너비/60   2 _ 가슴 너비/61

3 _ 가슴 깊이/62   4 _ 엉덩뼈 너비/63

5 _ 무릎 너비/64   6 _ 발목 너비/64

7 _ 팔꿈치 너비/65   8 _ 손목 너비/66

4) 신체 둘레 ··· 67

1 _ 머리 둘레/68   2 _ 목 둘레/68

3 _ 어깨 둘레/69   4 _ 가슴 둘레/70

5 _ 허리 둘레/71   6 _ 배부위 둘레/72

7 _ 엉덩이 둘레/73   8 _ 넙다리 둘레/74

9 _ 종아리 둘레/75   10 _ 발목 둘레/75

11 _ 위팔 둘레/76   12 _ 손목 둘레/78

5) 피부두겹두께 ··· 78

1 _ 위팔등쪽부위 피부두겹두께 /79   2 _ 위팔두갈래근부위 피부두겹두께/80

3 _ 어깨뼈 아래끝 피부두겹두께/81   4 _ 겨드랑이 중앙 피부두겹두께/82

5 _ 가슴 피부두겹두께/83   6 _ 배부위 피부두겹두께/84

7 _ 엉덩뼈윗부위 피부두겹두께/85   8 _ 넙다리 피부두겹두께/86

9 _ 종아리 피부두겹두께/87

chapter 4. 체형과 신체구성의 측정

1. 체형의 측정 ··· 89

1) 개 요 ··· 89

2) 체형의 평가방법 ··· 91

1 _ Sheldon의 방법/91   2 _ Parnell의 M.4 편차도표 방법/93

            3 _ Heath-Carter 방법/94
    3) 체형평가 방법들 간의 차이 ··· 96
    4) 체형분포도의 작성 ··· 97
  2. 신체구성의 측정 ··· 98
    1) 개 요 ··· 98
    2) 신체구성의 모형 ··· 98
      1 _ 2요소 모형/100   2 _ 3요소 모형/100
      3 _ 4요소 모형/101
    3) 신체구성의 평가방법 ··· 101
      1 _ 신체밀도 측정/102   2 _ 총수분량 측정/103
      3 _ 신체칼륨 측정/105   4 _ 이중 X선 흡수계측법/105
      5 _ 생체전기저항법/106   6 _ 피하지방법/107
      7 _ 초음파법/108   8 _ 컴퓨터 단층촬영법/108
      9 _ 자기공명영상법/109   10 _ 크레아틴법/109
    4) 신체부위별 체지방 분포도의 추정 ··· 109

capter 5. 생물학적 성숙의 측정

1. 개 요 ··· 111
2. 평가방법 ··· 112
  1) 골격성숙의 평가 ··· 112
      1 _ 성숙척도/114   2 _ 평가방법/114
      3 _ 뼈 나 이/117
  2) 성적 성숙의 평가 ··· 118
      1 _ 2차 성징/118   2 _ 기타 2차 성징/121
  3) 신체적 성숙의 평가 ··· 122
      1 _ 최대신장속도/122   2 _ 성인 신장에 대한 비율/123
  4) 치아성숙의 평가 ··· 124
  5) 성숙척도들 간의 상호관계 ··· 124

capter 6. 건강·운동수행 관련 체력 검사

1. 개 요 ··· 125
2. 체력의 개념 ·· 126
3. 역사적 배경 ·· 126
4. 체력 검사의 목적 ·· 130
5. 체력의 요인별 측정 ·· 131
   1) 근 력 ··· 131
      1 _ 개 념/131   2 _ 근력의 측정/133
   2) 근지구력 ·· 135
      1 _ 개 요/135   2 _ 근지구력의 측정/136
   3) 순 발 력 ·· 143
      1 _ 개 요/143   2 _ 순발력의 측정/144
   4) 민 첩 성 ·· 148
      1 _ 개 요/148   2 _ 민첩성의 측정/148
   5) 유 연 성 ·· 155
      1 _ 개 요/155   2 _ 유연성의 측정/155
   6) 평 형 성 ·· 158
      1 _ 개 요/158   2 _ 평형성의 측정/159
   7) 전신지구력 ·· 163
      1 _ 전신지구력의 개념/163   2 _ 호흡기능의 검사/163
      3 _ 순환기능의 검사/166   4 _ 맥박 변화를 통한 순환기능 검사/170
      5 _ 혈압 및 맥박변화를 통한 순환기능 검사/172
      6 _ 최대심폐지구력 검사/172
      7 _ 최대심폐지구력 예측을 위한 최대하부하 검사/173
      8 _ 달리기를 이용한 전신지구력 측정/176
      9 _ 지구력지수에 의한 전신지구력 평가/179

capter 7. 스포츠 기술 검사

1. 개 요 ·· 181
2. 스포츠 기술 검사의 유형 ·· 182
   1) 거리의 측정 ·· 182
   2) 제한된 시간에 실행한 횟수의 측정 ·· 183
   3) 속도의 측정 ·· 183
   4) 정확성의 측정 ·· 184
   5) 폼의 측정 ·· 184
3. 스포츠 기술 검사의 실제 ·· 185
   1) 축 구 ·· 185
      1 _ McDonald 검사/185   2 _ Johnson 검사/185
   2) 농 구 ·· 186
      1 _ Leilich 검사/186   2 _ Johnson 검사/187
      3 _ Knox 검사/188   4 _ AAHPERD 검사/190
   3) 배 구 ·· 193
      1 _ Brady 검사/193   2 _ Brumbach 검사/194
      3 _ Russell-Lange 검사/194   4 _ French-Cooper 검사/195
   4) 야구와 소프트볼 ·· 198
      1 _ 오버핸드 던지기 검사/198   2 _ 언더핸드 던지기 검사/198
      3 _ 빠르게 던지기 검사/198   4 _ 펑고 히팅/199
      5 _ 베이스 러닝/199   6 _ 필드 그라운드 볼 검사/199
      7 _ 멀리 던지기 검사/200
   5) 배드민턴 ·· 200
      1 _ Poole 검사/200   2 _ French 검사/201
      3 _ Poole 검사/202   4 _ Lockhart-McPherson 검사/202
      5 _ Miller 검사/203   6 _ 스매시 검사/203
   6) 테 니 스 ·· 204
      1 _ Broer-Miller 검사/204   2 _ Dyer 검사/204

　　　　3 _ Hewitt 검사/205
7) 핸 드 볼 ··· 207
　　　　1 _ Cornish의 파워 검사/207　　2 _ Cornish 검사-30초 간 발리/208
8) 체 조 ·· 208
　　　　1 _ 기계체조 기초 기술 검사/208　　2 _ Wettstone 검사/208
9) 골 프 ·· 209
　　　　1 _ Clevett의 퍼팅 검사/209　　2 _ Nelson 피칭 검사/210
　　　　3 _ 아이언 기술 검사/211
10) 양 궁 ·· 212
　　　　1 _ AAHPER 검사/212　　2 _ 준거 관련 기술 검사/212
11) 수 영 ·· 213
　　　　1 _ 대학생 수영 기술 검사/213　　2 _ 고등학생 수영 기술 검사/214

capter 8. 인지영역의 검사

1. 개 요 ·· 215
　1) 구체적인 목록 ·· 216
　2) 시험관리 ··· 216
　3) 인지단계 ··· 217
　4) 인지 검사 유형 ·· 217
　　　　1 _ 논술과 객관식 시험/218　　2 _ 숙련도와 차별화 시험/219
2. 인지영역 검사의 실제 ··· 221
　1) 출 제 ·· 221
　　　　1 _ 과 정/221　　　　　　　　2 _ 시험문항의 유형/222
　2) 시험관리 및 점수부여 ·· 228
　　　　1 _ 시험관리 절차/228　　　　2 _ 채점 절차/229
　3) 분석 및 수정 ··· 229
　　　　1 _ 시험 분석/229　　　　　　2 _ 문항 분석/230
　　　　3 _ 시험의 수정/233

capter 9. 감성행위의 검사

1. 개 요 ·· 235
   1) 태도의 개념 ·· 236
   2) 측정유형 ·· 237
      1 _ Likert 척도/237   2 _ 의미차별의 척도/238
      3 _ 다른 유형의 척도/239   4 _ 불완전한 척도/240

2. 감성행위 검사의 실제 ·· 242
   1) 감성행위 검사의 이용 ··· 242
   2) 감성행위의 검사방법 ··· 242
      1 _ 긴장과 불안/243   2 _ 사회적 행동/246
      3 _ 태 도/249   4 _ 스포츠정신과 지도력/254
      5 _ 기타 측정방법/260

capter 10. 측정평가를 위한 통계방법

1. 통계의 의의 및 개념 ·· 261
   1) 통계의 의의 ·· 261
   2) 통계의 개념 ·· 262

2. 통계의 기본적 구성요인 ·· 263
   1) 변 인 ·· 263
   2) 전 집 ·· 264

3. 자료의 정리 ·· 264
   1) 빈도분포 ·· 265
      1 _ 점수범위/265   2 _ 급간의 크기/266
      3 _ 급간의 점수한계/266   4 _ 정확한계/267
   2) 빈도분포 작성 ·· 268
      1 _ 막대그래프와 절선그래프/268   2 _ 누가빈도분포/269
      3 _ 누가백분율 곡선/270   4 _ 분포의 유형/271

5 _ 백분위와 백분점수/271

4. 집중경향치 ··· 273

   1) 최빈치 ··· 273

   2) 중앙치 ··· 274

   3) 평균치 ··· 274

   4) 집중경향치들의 비교 ··· 275

5. 분산도 ··· 276

   1) 범위 ··· 276

   2) 사분편차 ··· 277

   3) 평균편차 ··· 277

   4) 변량 ··· 278

   5) 표준편차 ··· 278

6. 표준점수와 정상분포 ··· 279

   1) 표준점수 ··· 280

   2) 정상분포 ··· 281

   3) 확률 ··· 283

7. SAS를 이용한 기술통계량의 산출 ··· 284

8. 상관도 ··· 287

   1) 상관계수의 개념 ··· 287

   2) 상관계수의 계산 ··· 288

   3) 적률상관계수의 크기에 영향을 미치는 요인 ····································· 290

   4) 상관계수의 해석 ··· 291

   5) 상관계수의 종류 ··· 291

        1 _ Pearson의 적률상관계수/291   2 _ Spearman의 등위차 상관계수/292

        3 _ 양분상관계수/292   4 _ 양류상관계수/293

        5 _ 사간상관계수/293   6 _ 파이계수/293

        7 _ 유관계수/294   8 _ Kendall의 등위상관계수/294

        9 _ 등위양분상관계수/294

   6) SAS를 이용한 상관분석 ·· 294

9. 추리통계 ………………………………………………………… 296

1) 표집방법 …………………………………………………… 296
    1 _ 단순무선표집/297   2 _ 체계적 표집/297
    3 _ 유층표집/297   4 _ 군집표집/297
    5 _ 다단계표집/297   6 _ 할당표집/298
    7 _ 목적표집/298   8 _ 임의표집/298
    9 _ 배합표집/298

2) 표본조사의 절차와 표본의 크기 ………………………… 298

3) 가설검증 …………………………………………………… 299
    1 _ 가설진술/299   2 _ t 분포/300
    3 _ 자 유 도/300   4 _ 유의도 수준/300
    5 _ 가설검증 과정/300

10. 분산분석 ………………………………………………………… 311

11. 평균치의 사후비교 …………………………………………… 313
1) Tukey 검증방법 ……………………………………………… 313
2) Newman-Keuls 검증방법 …………………………………… 315
3) Scheffe 검증방법 …………………………………………… 315
4) Duncan 검증방법 …………………………………………… 317

12. SAS를 이용한 분산분석법 …………………………………… 317
1) 일원분산분석법 프로그램과 실행 결과 ………………… 318
2) 이원분산분석법 프로그램과 실행 결과 ………………… 322
3) 교호작용이 있는 이원분산분석법의 프로그램과 실행 결과 ……… 324

부 록 ………………………………………………………………… 327

참고문헌 …………………………………………………………… 345

찾아보기 국문편 …………………………………………………… 349
찾아보기 영문편 …………………………………………………… 363

CHAPTER 01
체육측정과 평가

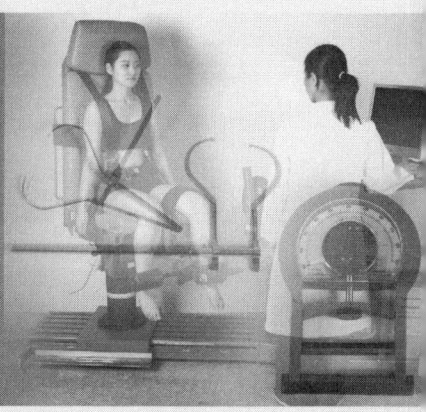

>>> 학습목표
1. 체육측정과 평가의 개념을 이해한다.
2. 체육측정평가의 목적과 조건을 이해한다.
3. 체육측정평가의 경향과 영역을 이해한다.

1. 개 요

체육학과 운동과학은 과거 20년 동안 급속도로 발전해 왔으며, 신체활동의 과학적 규명을 위한 종합과학으로서 그 학문적 체계가 수립되었다. 이와 더불어 객관적인 사고와 과학적인 방법을 통한 계량화에 의한 문제 해결이나 새로운 이론 창출의 방법론적 기초가 되는 측정평가도 독자적인 학문영역으로 자리잡았다. 현재 측정평가는 모든 학문 분야에서 그 적용범위가 점차 확대되고 있으며, 특히 체육학에서 수업의 평가, 문제의 과학적 해결을 위하여 중요한 역할을 하고 있다.

미국의 교육 심리학자인 Thorndike(1923)는 "존재하는 것이 있으면 그것은 어떠한 양적인 것으로 존재할 것이며, 만약 그것이 어떤 양적인 것으로 존재하는 것이라면 측정할 수 있을 것이다."라고 주장하였다. 이와 같이 교육학분야에서 측정이 발달됨으로써 체육측정이 발전할 수 있었다.

초기의 체육학과 운동과학에서 측정은 신체크기, 형태 등의 인체 측정이 주를 이루었으나, 최근에 측정의 영역에는 많은 변화가 있었다. 예를 들어 체육학의 영역 변화, 시대적 상황의 변화, 사회적 변화 및 욕구의 변화 등에 따라 상대평가를 위한 측정에서 절대평가를 위한 측정으로의 변화, 스포츠의 형태와 규칙의 변화에 따른 기술 검사 skill test의 변화, 컴퓨터의 발달, 신체형태적 발달에 따른 체력 수준의 향상, 다양한 체력 검사방법의 등장 등이다. 측정의 과정은 측정대상에 대한 조작적 정의, 측정도구의 선정, 측정과정의 표준화 작업으로 요약할 수 있다.

측정 measurement, 검사 test, 평가 evaluation의 개념은 다음과 같다.

측정은 어떤 사물이나 행동, 사건의 증거를 수집하여 수량으로 표시하는 것으로, 어떤 대상이나 일정한 크기의 사물을 과학적 단위와 표준화된 척도로 관찰한 결과를 객관성 있게 수량화하는 것이다.

검사는 어떠한 지식이나 신체적 능력을 측정하기 위해 일정한 조건을 정한 후 그 조건하에서 대상을 관찰하고 평가하는 방법이라고 할 수 있다. 그러나 연구자들은 측정과 검사를 흔히 똑같은 용어로 사용하기 때문에 본 교재에서도 측정과 검사를 동일한 개념으로 취급할 것이다. 예를 들어 '최대산소섭취량 측정'은 '최대산소섭취량 검사'와 동일한 의미이다.

평가는 측정보다 폭넓은 개념으로서 질적·양적 기술뿐만 아니라 가치판단까지도 포함하고 있다. 즉 평가는 학교체육이나 운동과학에서 교육목표에 따른 학습효과와 교육과정의 장단점을 파악하는 일련의 과정이며, 자료의 해석을 의미한다.

측정과 평가는 서로 밀접하게 관련되어 있으며, 실질적으로 측정은 검사를 진행할 때 이루어진다. 만약 검사가 양적으로 이루어질 경우 점수는 숫자로 표기되고, 질적으로 이루어질 경우 우수·보통과 같은 단어로 표기된다. 측정의 보다 정확한 개념은 대상, 사물, 사람의 특성에 따라 수치로 계량화하는 과정이다. 따라서 측정은 질적이 아닌 양적 과정인 것이다. 예를 들어 체지방 검사에 관심이 있다면, 피부두겹두께를 측정하여 체지방을 평가할 수 있으며, 이때 측정된 ㎜ 단위의 피부두겹두께는 체지방을 의미한다.

2. 측정과 평가의 목적과 조건

1) 측정과 평가의 목적

앞에서 언급했듯이 체육측정은 교육측정의 발달과 더불어 발전해 왔으며, 체육측정과 교육측정은 같은 맥락에서 중요하다. 교육측정이 과학적인 측정방법으로 모든 교육적 의미를 객관적으로 접근한 것처럼, 체육측정에서도 과학적인 측정방법에 의해 체육이 포함하는 여러 가지 요인을 객관적으로 입증하는데 그 목적이 있다. 따라서 이러한 체육측정의 목적을 달성하기 위해서는 체계적인 측정계획, 측정방법, 측정기구, 측정평가를 위한 끊임없는 노력이 수반되어야 할 것이다.

Safrit과 Wood(1995)는 체육측정과 평가의 목적을 다음과 같이 설명하고 있다.

1 _ 동기부여

검사는 흔히 학생들에게 동기*motivation*를 부여하기 위하여 실행된다. 예를 들어 체육수업에서 스포츠기술 검사는 학생들에게 스포츠기술을 향상시키고, 또한 사설 피트니스 센터에서 과다체중자를 대상으로 피부두겹두께를 측정하는 것은 체중을 감소시키기 위한 동기를 유발시킨다.

2 _ 성 취 도

검사목적 중의 하나인 성취도*achievement*는 주어진 기간 동안 어느 정도 작업을 수행했는가를 평가하는 것이다. 예를 들어 피트니스 센터에서 1년 동안 체력증진 프로그램에 참여한 참가자들의 체력 수준이 평균보다 낮게 나타났다면, 성취도는 불충분하였음을 의미한다. "체육 프로그램에 참여한 학생들이 여러 스포츠 종목에서 보다 향상된 기술을 달성하였는가?", "체중조절 프로그램에 참여한 참가자들이 체중감량의 목표를 달성하였는가?"를 검사하여 성취도를 평가하게 된다.

3 _ 향 상

향상*improvement*은 학생들의 운동기술수준과 밀접하게 관련되어 있다. 예를 들어 운동기술이 부족한 학생은 고도의 기술을 가진 학생들의 수준에 도달할 수 있을지 예측할 수 없기 때문에, 프로그램을 시작할 때 학생 개개인의 능력을 고려하여 앞으로의 향상 정도를 평가해야 한다. 마찬가지로 체력이 약한 학생은 체력이 우수한 학생들이 성취할 수 있는 체력수준을 달성할 수 있을지 예측할 수 없다. 스포츠와 신체활동의 유형과 관련하여 향상수준에 영향을 미치는 여러 가지 요인들이 있다.

첫째, 지도기간이 짧을 경우 희망하는 향상수준에 도달할 수 없다.

둘째, 학생들의 경력이 향상수준에 영향을 미칠 수 있다. 즉 운동원리를 잘 이해하는 학생들은 이러한 지식이 없는 학생들보다 짧은 기간 내에 새로운 기술을 습득할 수 있다.

셋째, 숙련된 학생은 운동수행 목표에 빠르게 도달할 수 있지만, 저조한 학생들보다 향상 정도가 낮다.

한편, 향상과 성취도를 같은 의미로 해석해서는 안된다. 향상은 한 지점에서부터 다른 지점까지의 운동수행의 차이로서 시작과 끝이 일치하거나 일치하지 않을 수도 있다. 그러나 성취도는 지정된 한 지점에서 최대한의 능력을 나타내기 때문에 일반적으로 기준이나 준거와 관련이 있다.

4_ 진 단

운동수행 시 취약점을 진단 *diagnosis* 하는 것은 매우 중요하다. 예를 들면 학생들이 "테니스공을 서브할 때 문제점이 무엇이고, 왜 비효율적으로 백핸드 스트로크 *backhand stroke* 를 하는가?", "달리기 능력을 향상시키는데 실패한 이유는 무엇인가?" 등이다. 즉 진단과정은 학생과 교사에게 보다 효과적인 학습방법과 지도법을 제공한다.

5_ 처 방

학생들의 취약점을 분석한 후 검사자는 취약점을 보완하기 위하여 적절한 처방 *prescription* 을 내려야 한다. 즉 운동처방은 적절한 운동 프로그램을 제공하기 위해 필요하고, 교사들은 처방이란 용어를 사용하지 않더라도 학생들의 부족한 점을 보완하기 위한 정확한 신체활동방법을 지시해야 한다. 향상을 위한 처방은 스포츠나 신체활동의 유형과 관계없이 반드시 필요하다.

6_ 점수부여

점수부여 *grading* 는 모든 체육 프로그램에서 실행되는 과정으로서 객관적인 검사를 통해 적절한 점수부여가 이루어져야 한다. 특히 점수부여는 학생들에게 오랫동안 자극이 된다.

그러나 점수부여는 반드시 검사원칙에 따라 이루어지지는 않는다. 예를 들어 대부분의 체육교사들은 주관적인 견해로 점수를 부여하는데 운동수행보다는 알맞은 운동복 착용, 노력, 스포츠 정신과 같은 행동평가에 바탕을 둔다. 점수를 부여하기 위해 측정을 하는 것은 적절하지만, 오직 점수를 부여하기 위한 목적으로 실행한 측정은 의미가 없다.

7_ 학습지도의 평가

학습지도의 평가 evaluation of unit of instruction에서는 반드시 일련의 목표가 제시되어야 한다. 학습종료 시 목표가 달성되었는지를 판단하기 위해서는 많은 노력이 필요하고, 최종적인 판단을 내리기 위해서는 검사를 해야 한다. 특히 검사 결과를 학교장, 클럽 관리자, 단체장 등에게 자료로 제출할 경우 검사는 필수적이며, 학교 이외에서 프로그램 효율성을 증명하기 위해서 이용될 수도 있다.

8_ 프로그램의 평가 : 평가계획

총괄적인 프로그램의 평가 evaluation of program와 함께 각 과목의 평가는 전체 프로그램의 효율성에 대한 증거를 제공한다. 체계적이고 적절한 프로그램의 평가는 과정뿐만 아니라, 과목에 대한 평가점수를 제시한다. 모든 프로그램은 집단의 능력에 따라 목적을 달성하기 위하여 총괄적으로 평가될 수 있으며, 부분적이고 단일 과목에 편중되기보다는 전체적으로 평가할 수 있는 광범위한 시험이 되도록 해야 한다.

9_ 분 류

검사는 교육목적과 개개인의 운동수행능력에 따라 비슷한 집단으로 분류 classification하기 위하여 실행된다. 예를 들어 비슷한 능력을 갖춘 학생들과 그렇지 않은 학생들로 분류하였을 때 전자의 학생들에게서 학습 및 지도가 더욱 효과적이다.

10_ 예 측

여러 가지 운동수행능력을 예측 prediction하기 위한 방법 중 한 가지는 검사를 자주 실행하는 것이다. 코치들은 스포츠경기에서 성공을 예측할 수 있는 검사에 오랫동안 깊은 관심을 보여 왔다. 특히 스포츠심리학에서 수많은 학자와 전문가들이 선수들의 심리·생리적 요소를 이용하여 다양한 신체활동의 성공을 예측하기 위한 방법을 추구해왔다. 예측은 엘리트선수들 뿐만 아니라, 일반 대학선수들에게도 좋은 성적을 얻기 위해서는 필수적이다. 운동생리학에서 체력 검사 자료는 최대산소섭취량을 예측하기 위해 이용되고, 피부두겹두께 측정은 체지방률을 예측하기 위해 적용되는 검사이다.

2) 측정과 평가의 조건

정확하고 과학적인 측정과 평가를 위해서는 다음과 같은 원칙과 조건을 갖추어야 한다.

1_ 타당도

타당도 validity는 측정도구나 방법이 검사의 목적과 일치하는 정도로서, 측정치의 질을 의미한다. 예를 들어 1,000m달리기는 지구력 측정에는 타당하지만, 스피드의 측정에는 타당하지 않다.

Cronbach(1978)는 " 검사 결과를 좀 더 정확하게 해석할수록 검사의 타당도가 높아진다."고 하였다. 또한 타당도는 측정목적에 대하여 얼마나 정확하게 오류 없이 측정했느냐를 의미하고, 측정도구가 측정목적에 얼마나 적절한지가 중요하다. 측정이 측정목적과 상관관계가 높을수록 타당도가 높다.

현재 흔히 사용되고 있는 타당도 검사방법은 다음과 같다.
① 같은 종류의 측정이라 할지라도 평가에 있어서 동일하다고 할 수 없기 때문에 측정 결과에 대한 상관관계를 평가해야 한다.
② 측정목적에 대한 양적, 질적인 조건과의 상관관계를 평가해야 한다. 예를 들어 기초운동능력은 육상경기능력과 상관이 높기 때문에 기초운동능력의 측정 결과와 육상경기능력과의 상관관계를 분석해야 한다.
③ 측정목적이 명확하게 구분될 수 있도록 2개 이상의 집단으로 구분하고, 집단을 구분하는 이유를 명확히 해야 한다.

2_ 신뢰도

신뢰도 reliability는 동일한 조건(측정자, 피검자, 검사도구)에서 2회 이상 측정을 하였을 때 동일한 결과를 획득할 수 있는 정도이다. 예를 들어 신장과 체중은 측정횟수와 관계없이 비슷한 측정치를 얻을 수 있지만, 평형성 검사와 같은 운동능력 검사에서는 측정횟수에 따라 측정치에 상당한 차이가 발생할 수 있어서 신뢰도가 다소 낮게 나타난다.

따라서 운동능력 검사의 경우 여러 차례 반복 측정하여 얻은 평균값을 상관분석을 적용하여 신뢰도를 평가해야 한다. Ruch와 Stoddard(1925)는 신뢰도계수를 이용하여 표 1-1과 같은 신뢰도의 기준을 제시하였다.

표 1-1. 신뢰도의 기준

신뢰도계수	신뢰도
0.95-0.99	매우 높음
0.90-0.94	높음
0.80-0.89	약간 높음
0.70-0.79	낮음
0.70 이하	매우 낮음

3_ 객관성

객관성 objectivity이란 동일한 사람이나 사물을 다른 측정자가 측정했을 때 동일한 측정 결과가 나올 수 있는 정도를 의미한다. 예를 들어 체중은 측정자수와 관계없이 비슷한 측정치를 얻을 수 있지만, 가슴둘레는 측정자에 따라서 측정치에 상당한 오차가 발생할 수 있다. 근력계를 이용한 근력측정과 운동기술의 측정은 발휘한 횟수, 무게 등의 측정단위로 비교적 쉽게 평가 할 수 있기 때문에 객관성과 신뢰성이 높지만, 운동수행능력 검사의 경우 신뢰도와 객관성이 낮게 나타난다.

따라서 동일한 대상자와 측정도구를 사용하여 서로 다른 측정자가 동일한 측정 결과를 보일 경우에 객관성이 높다고 할 수 있다.

4_ 규 준

측정이 끝난 후 성적을 평가할 때 기준이 될 수 있는 규준 norm이 있어야 한다. 일반적으로 보편화된 검사와 측정의 경우에는 규준이 정해져 있지만, 보급률이 낮거나 개인이 개발한 검사의 경우 규준이 없기 때문에 다음과 같은 점에 유의해야 한다.

① 규준을 작성할 때에는 가능한 광범위한 측정치를 기초로 하여 작성한다.
② 규준을 적용할 경우 규준을 만들기 위해 활용한 대상으로 범위를 제한한다.
③ 규준은 시간이나 대상자의 능력에 따라 변하기 때문에 수시로 수정한다.

5_경제성

모든 측정조건을 충족시켰을지라도 피검자수와 비용 등이 부적절할 경우 여러 가지 문제가 발생할 수 있다. 예를 들어 심폐지구력의 지표인 최대산소섭취량을 평가하기 위해서는 고가의 장비인 운동부하장비가 필요하다. 그러나 고등학교에서는 이러한 검사를 실행하기엔 부적절하기 때문에 1,200m 달리기 등 달리기 검사를 실행하는 것이 더욱 효과적이다. 특수한 분야의 연구를 위해서는 최대한 정밀성을 요구하는 측정이 필요하지만, 일반 학교에서는 이러한 검사의 적용이 적합하지 않기 때문에 간단한 검사로 더 많은 항목을 신중하게 반복적으로 측정하는 것이 더욱 효과적일 수 있다.

3. 측정과 평가의 경향과 영역

1) 측정과 평가의 경향

측정과 평가의 역사는 체육 학술지가 처음으로 발간된 1900년경에 시작되었고, 그 당시 주요 논제는 인체의 형태측정이 주를 이루었다. 이러한 경향은 1950년대까지 계속되었고, 그 후 체력 검사의 개발과 평가와 관련된 제반 근거 이론이 1970년대까지 지속되었다.

이와 함께 각종 운동능력 검사에 대한 관심이 높아지면서 검사도구의 개발이 활발해졌고, 객관적인 기준치작성에 더욱 많은 노력을 기울이게 되었다. 또한 측정의 영역에도 그 폭이 확대되어 성격, 흥미, 태도 등의 정의적 영역과 지능, 지식, 적성 등의 인지적 영역의 표준화 검사가 스포츠 현장과 학교체육에서 실행되었다.

초기의 체력 검사는 주로 학생들의 달리기와 던지기 등의 기본운동능력을 평가하기 위해서 실행되었다. 1970년대 중반 이후 사회체육의 활성화로 건강에 대한 관심이 증가하면서 청소년뿐만 아니라 장·노년층의 건강과 밀접한 관계가 있는 요인들에 대한 검사로 확대되었다. 이와 함께 1980년 이후에는 준거지향 검사와 절대평가에 대한 관심이 점차 증가하고 있다.

측정과 평가의 학문적 발달은 심리학과 교육학에서 인간의 속성, 개인의 행동 차이의 정도를 설명하기 위한 합리적인 계량화방법을 모색하는 과정에서 비롯되었으며, 이를 토대로 측정과 평가의 학문적 체계가 확립되었다. 학교체육 현장에서는 수업 전후에 측정과 평가를 실행함으로써 수업을 효율적으로 진행할 수 있게 되었으며 선천적 소질, 교육 현황 파악, 지도효과 등도 평가할 수 있게 되었다. 또한 운동생리학, 운동역학, 스포츠사회학, 스포츠심리학 등의 체육학 연구에서도 관찰이나 실험설계를 통한 연구가설을 검증하고있다..

한편, 체육 현장에서는 스포츠 지도를 위한 프로그램 작성과 체력단련 프로그램 개발을 위한 논리적·객관적 측정평가방법 등의 지식습득이 필요하게 되었다. 따라서 체육 지도자는 자료수집과 분석을 통하여 유용한 정보를 얻어야 하므로 측정과 평가의 지식 습득은 필수적이라 할 수 있다.

2) 측정과 평가의 영역

현재 체육학과 운동과학에서 측정과 평가의 영역은 크게 인지적, 정의적 그리고 심동적영역 3가지 등의 영역을 포함하고 있다(그림 1-1). 심리학이나 교육학 분야에서는 주로 인지적 영역과 정의적 영역을 포함하고 있으며 체육학에서는 신체의 움직임과 관련된 심동적 영역을 주로 다룬다.

인지적 영역은 지식 knowledge, 이해력 comprehension, 적용력 application, 분석력 analysis, 종합력 synthesis, 평가 evaluation의 6단계 과정을 포함하고 있다. 정의적 영역에서는 수용 receiving, 반응 responding, 가치화 valuing, 가치부여에 따른 특성화 characterization 등과 같은 세부적인 단계로 구분하여 감성적 행위를 측정하는데, 이 영역의 측정목적은 점수부여가 아니라 운동수행에 대한 인간의 감정변화를 이해하는 것이다. 심동적 영역은 반사운동 reflex movements, 기초운동 fundamental movements, 운동지각능력 perceptual abilities, 신체적 능력 physical abilities, 숙련된 운동기능 skilled movements, 동작적 의사소통 nondiscursive movements 등을 포함한 주로 생리적·신체적 운동수행능력과 관련이 있으며, 이 영역에서는 체육학 전공자와 비전공자의 차이를 명확하게 구분할 수 있다.

모든 영역에서 측정과 평가의 과정은 단계별로 이루어져 있기 때문에 이러한 절차를 준수하는 것이 필요하다. 즉 피검자의 연령과 신체적 능력 등을 고려하여 각 단계에 맞는 측정을 실시해야 한다. 초등학교 저학년 학생의 경우 능력에 맞는 적절한 측정이 이루어져야 한다. 왜냐하면 학생들이 모든 영역의 단계별 과정을 습득했을 때에만 적절한 측정과 평가가 이루어질 수 있기 때문이다.

한편, 성인들의 경우 신체적 능력에 맞는 복합적인 운동기술 complex motor skills을 측정할 때 합리적인 측정의 의미를 가질 수 있다. 예를 들어 인지적 영역에서 초등 학생에게 고난이도의 인지적 능력을 필요로 하는 문제를 해결하라고 요구하는 것은 실질적으로 불가능하며, 해당 연령과 발달 단계에 적절한 과제가 부여되었을 때 그 과제는 가장 합리적인 측정과 평가가 되는 것이다.

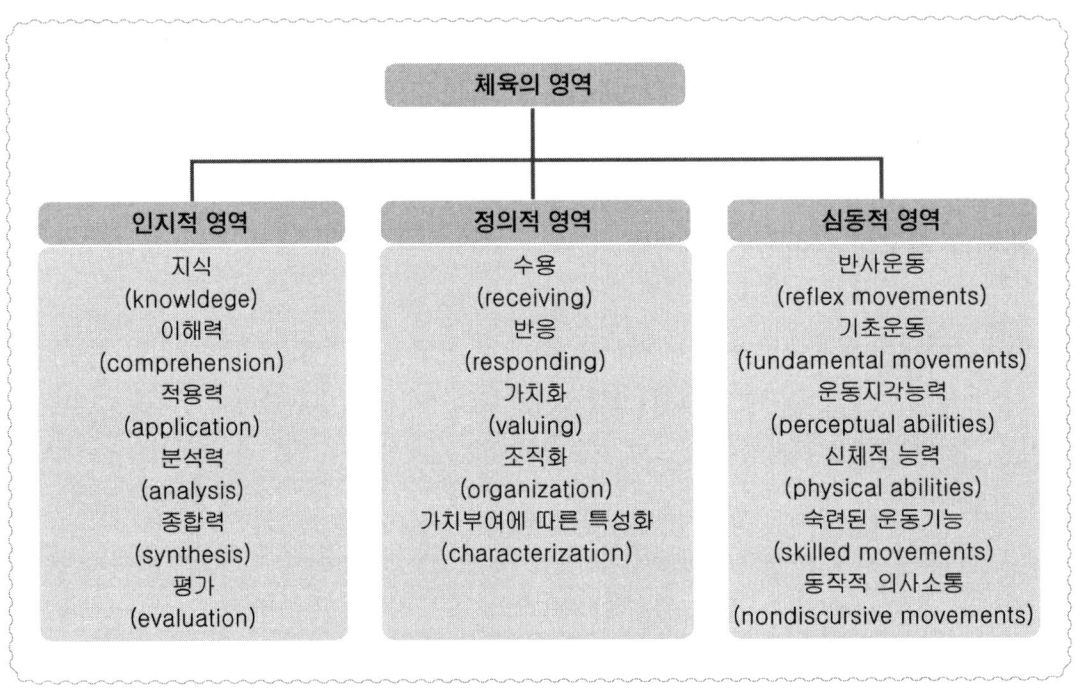

그림 1-1. 측정과 평가의 영역

3) 평가의 유형

1 _ 진단평가

진단평가는 어떤 학습이나 훈련이 실행되기 전에 학습자와 훈련자의 위치를 분명히 구분하는 것이다. 즉 교육을 효율적으로 진행하기 위해 먼저 학습자들을 정확하게 이해해야 한다.

진단평가를 통해 첫째, 교육시작 전의 학습자의 지식수준, 태도, 흥미, 준비, 동기부여 정도 등을 파악한다. 둘째, 교육시간을 보다 효율적으로 사용하기 위해서 어떤 내용의 교육이 필요한지 파악한다. 셋째, 진단평가는 학습자들의 차이를 이해하고 효율적인 교수법과 학습능률을 향상시킬 수 있는 정보를 제공한다.

Bloom(1976)은 진단평가를 ① 어떤 목표를 달성하기 위해 학생이 실제로 필요한 능력이나 기능을 지니고 있는지를 분석하고, ② 어떤 단원이나 과정의 목표를 학생이 이미 습득하고 있는지 확인하고, ③ 흥미, 성격, 환경, 적성, 기능, 학습 정도를 교육방침이나 수업방법과 관련지어 학생을 분류하는 것이라고 하였다.

체육학에서 진단평가는 체력 검사가 시작되면서 생겨난 개념으로 '사전 조사-지도' 라는 개념으로 적용되고 있다. 예를 들면 일반인들에게 체력수준과 운동수행능력 상태를 진단한 후 적절한 운동유형과 운동의 강도·빈도·시간을 처방하여 운동을 지도하는 것이다.

2_ 형성평가

형성평가란 훈련이나 학습과정에 영향을 미칠 수 있는 요인을 찾아서 보다 쉽게 목표에 도달할 수 있도록 계획을 수정하기 위한 중간평가이다. 즉 수업의 이해 정도, 수업내용의 난이도와 교수방법의 효율성을 분석하기 위한 위한 것으로 학습동기 유발, 효과적인 교수방법의 개선을 통한 학습효과의 향상이 형성평가의 목적이다. 또한 구체적으로 개별화 학습, 피드백 효과, 학습난이도 진단, 학습동기 유발, 효과적인 교수방법 개발을 통한 학습증진이 목표이다.

이러한 평가는 학습내용과 학습단원 *learning unit*의 구분 및 학습단원별 학습목표설정이라는 준비단계가 필요하고, 평가요건을 고려하여 5분 검사, 쪽지시험 등과 같은 간단한 시험을 치르며, 구두질문 또는 즉흥적인 대화로도 가능하다.

Bloom(1976)은 완전학습의 교육목표 전략을 위해 형성평가방법을 적절히 이용해야 한다고 주장하였다. 형성평가의 전략이 체력증진 평가와는 직접 관련이 없는 것처럼 보일 수 있지만, 트레이닝 과정의 평가에도 적절히 이용될 수 있다.

Bloom(1976)은 완전학습의 전략으로 다음과 같은 내용을 제시하였다.

① 일련의 학습이나 트레이닝의 내용을 학습단위별로 분석한다.
② 각 단위별 상대적 중요성을 고려한 후 필요불가결한 단위를 추출하여 하위목표군으로 한다.
③ 목표의 난이도, 학습내용의 상호관계를 고려하여 목표군을 배열한다.
④ 목표를 달성할 수 있는 학습조건이나 환경을 학습자가 경험하도록 한다.
⑤ 학습과정에서 목표군에게 평가를 자주 실행하여 습득한 내용이 무엇인지를 확실하게 한다.
⑥ 이렇게 얻어진 결과를 피드백하고 적절한 시기에 필요한 보충학습을 실시한다.

이러한 방법은 실질적으로 체력육성이나 트레이닝현장에서도 활용될 수 있다.

3_ 총괄평가

총괄평가는 훈련이나 학습과정이 모두 종료된 후에 실시하는 평가로서, 교수목표의 달성 정도를 측정하는 것이다. 다른 평가보다 문항수가 많고, 문항내용이 광범위하며, 결과를 점수로 처리하여 등급과 자격을 부여하게 된다. 더욱이 수업의 성취 결과를 학생 상호간 혹은 다른 집단과 비교할 수 있다.

일반적으로 총괄평가는 기능이나 능력의 검정, 성공의 예측, 후속 과정에서 교수활동의 개시점 결정, 학습자에 대한 피드백, 집단간의 비교와 집단 내에서 개인의 위치 확인 등에 이용되고 있다. 즉 일련의 교수-학습 과정에 대응하는 전체적인 학습성과를 각 단원마다 명백히 하는데 그 의의가 있다.

CHAPTER 02
측정의 이해

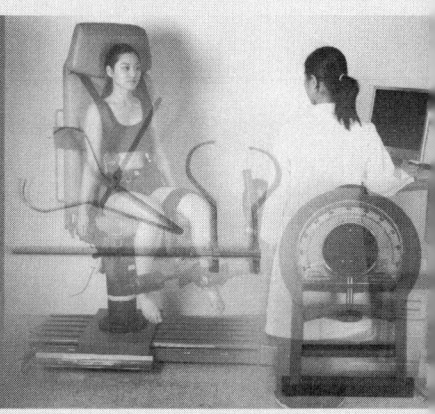

>>> 학습목표

1. 측정변인의 정의와 종류를 이해한다.
2. 규준지향 검사의 타당도와 신뢰도를 이해한다.
3. 준거지향 검사의 타당도와 신뢰도를 이해한다.

1. 변 인

　측정이란 어떤 사물이나 현상을 규명하기 위해 정해진 규칙에 따라 수량화하는 것을 의미한다. 그리고 체육학에서의 측정은 신체활동과 관련된 제반 문제해결을 위한 어떤 속성이나 특징을 질적·양적으로 분류하여 비교할 수 있도록 구체적인 정보를 제공하는 일련의 과정이다. 그러므로 문제해결을 위해서는 의미 있는 자료와 적절한 측정치를 얻는 것이 중요한데, 이는 측정의 궁극적인 목적이다.

　의미 있는 측정치를 얻기 위해서는 측정변인의 타당한 정의와 측정도구 및 과정의 표준화가 중요하다. 또한 측정치의 특성에 따른 올바른 자료분석과 해석이 가능할 때 정확한 평가를 기대할 수 있으므로, 자료의 특성에 따른 측정치의 이해와 평가방법이 매우 중요하다. 따라서 측정치를 보다 쉽게 이해하기 위해서는 측정변인의 정의, 변인의 종류, 측정치의 평가방법 등을 이해해야 한다.

1) 측정변인의 정의

변인 variable이란 측정대상, 즉 측정하고자 하는 대상의 속성이나 능력을 말하며, 그 의미는 다른 변인과 구분되는 독립적 개념으로, 상수 constant와 반대되는 개념이다. 또한 변인은 요인 혹은 인자 factor와 같은 의미로 사용된다.

변인에는 상호 배타적 속성의 집합체로서 신장 및 체중과 같이 직접 측정이 가능한 것이 있는 반면에, 인성이나 태도와 같이 직접 측정이 어려운 추상적인 변인이 있다. 이러한 변인은 구성적 정의 constitutive definition가 아닌 조작적 정의 operational definition로 이루어져야 측정이 가능하다. 스포츠사회학이나 스포츠심리학 등의 연구에서는 어떤 변인에 대한 조작적 정의의 타당성이 주요 연구문제가 되기도 한다. 조작적 정의는 측정변인을 수량화한 것으로, 예를 들어 체지방이 30% 이상이면 비만이라고 정의하는 것이다.

과학적 연구의 주목적은 변인의 속성이 어떻게 분포되어 있는가를 기술하고, 변인과 변인 사이의 상호 관계를 규명하는 것이다. 조작적 정의에서는 주어진 변인의 의미와 속성을 정확하게 규명해야 한다. 즉 신앙심과 같은 추상적인 개념을 구체적으로 이해하기 위해서는 지표 indicator가 필요하며, 이러한 지표의 예로서 교회에 나가는 횟수, 기도시간, 헌금액수 등과 같은 척도를 선정해야 한다.

과학적 연구는 일반적으로 두 가지 개념이 있다. 사람이나 사물의 특성을 지칭하는 속성의 개념과 논리적인 집합체를 다루는 변인의 개념이다. 즉 남녀의 성별이 변인일 경우 그 속성은 여성과 남성이다. 그러므로 정의가 명확해야 하며, 신장과 체중 등과 같이 특성이 다른 독립적 개념이어야 한다. 또한 누구에게나 차이가 분명할 때 측정치에 대한 개인차의 평가는 의미가 있다. 반면, 측정치의 의미가 불투명하여 측정이 불가능할 때는, 측정치로부터 의미 있는 정보의 탐색이 불가능하게 된다.

2) 측정변인의 종류

변인에 대한 이해는 개념적인 정의가 이루어질 때 가능해진다. 더욱이 변인이 갖는 역할, 기능, 속성에 대한 전반적인 계량화과정이 이해될 때 보다 명확한 정의가 가능하다. 변인에 대한 명확한 이해는 정확한 측정을 위한 필수요건이며, 측정치의 특성에 따라 자료분석의 통계적 기법이 달라지기 때문에 변인의 측정치에 대한 정확한 이해가 필요하다.

변인은 ① 측정척도에 따라 명명척도, 서열척도, 동간척도, 비율척도로 분류되고, ② 역할과 기능에 따라 독립변인과 종속변인, 기준변인과 예측변인 등으로 분류한다.

1 _ 명명척도

명명척도 *nominal scale*는 개인이나 대상을 식별하거나 분류하는 기능을 가지고 있으며, 변인을 분류하는 역할을 하기 때문에 분류척도라고도 한다. 예를 들어 여러 가지 스포츠 종목에 참여한 운동선수들을 개인운동과 단체운동으로 분류할 때 개인운동을 1, 단체운동을 2로 표시할 수 있다. 이때 1과 2의 숫자는 비연속 변인에 대한 기호로서 일반적인 숫자의 의미가 없는 단순히 분류를 위한 임의적 부호이다.

이와 같은 범주로 분류할 때 전제조건으로서 변인은 상호 배타적이며 독립적이어야 한다. 또한 어떤 대상이 어느 한 범주에 포함되어야 하기 때문에 동시에 두 범주에 포함되어서는 안 된다. 따라서 범주의 기준이 되는 변인의 정의가 명확해야 명명수준에서 측정이 가능하다. 이러한 비연속적이고 질적 변인은 수리적 계산이 불가능하다. 명명척도의 예로서 운동선수들의 등번호, 학생들의 출석번호, 주민등록번호, 성별(예, 남자=1, 여자=2) 등이 있으며, 이는 수리적 계산이 불가능하다.

2 _ 서열척도

서열척도 *ordinal scale*는 순위, 즉 상대적 중요성을 나타내는 척도로서, 어떤 속성에 따른 단순한 분류에서 범주 간 차이의 정도가 분명할 때, 그리고 질적·양적 대소의 관계가 판단될 때 측정이 가능하다.

서열척도에서는 상대적 우열로서 순서를 결정하기 때문에 우열의 정도는 판단 불가능하다. 서열척도의 예로는 학급에서 신장 순서나 성적 순위, 체력 검사의 등급 등이 있다. 또한 서열척도는 서열 간의 차이가 동일하지 않은 특성으로 인하여 수리적 계산이 불가능하다.

3 _ 동간척도

동간척도 *interval scale*는 획득한 점수나 측정치 사이의 간격이 일정하고 동일한 동간성을 갖고 있으며, 측정단위의 크기가 같다는 점에서 명명척도나 서열척도와 쉽게 구별된다. 동간척도의 예로서는 온도, 지능지수 *IQ*와 같은 변인들이 있으며, 일정한 동간성을 갖고 있다는 점에서 가감(+, −)의 수리적 계산이 가능하지만, 절대영점의 개념이 없기 때문에 승제(×, ÷)가

불가능하다.

즉 0℃의 의미는 온도로서 0의 특성이 있기 때문에 수치의 차이는 기술할 수 있지만, 절대영점이 존재하지 않기 때문에 승제의 수리적 조작은 불가능하다. 그러나 이러한 변인의 자료는 일반적으로 연속적 자료로 간주하여 여러 가지 수리적 계산이 가능하다.

4 _ 비율척도

비율척도 ratio scale는 동간척도와 마찬가지로 수치간의 일정한 동간성을 가지고 있을 뿐만 아니라 절대영점 absolute zero의 속성을 지니고 있는 측정단위이다. 이러한 변인에는 무게, 속도, 거리 등이 있으며, 가감승제를 통한 수치의 다양한 수리적 계산이 가능하다.

5 _ 비연속자료와 연속자료

측정을 통해 얻은 측정치는 자료의 성질과 관련하여 비연속자료 discrete data와 연속자료 continuous data로 구분한다. 일반적으로 질적 변인의 측정치는 비연속자료이며, 양적 변인의 측정치를 연속자료로 구분하여 설명한다. 따라서 측정치의 특성상 비연속자료는 명명척도와 서열척도의 특성을 가지고 있으며, 사회과학 분야의 연구에서 사용되는 측정치가 주로 이 범주에 해당된다. 반면, 연속자료는 동간척도와 비율척도의 특성을 가지고 있기 때문에 자연과학 분야의 측정치가 이 범주에 해당된다.

그러나 실제적으로 이러한 측정치들의 특성구분이 명확하다고 할지라도 연구의 목적과 특성에 따라 적절한 수리적 계산을 하는 것이 일반적이다. 즉 자료의 특성상 연속과 비연속구분이 명확하더라도 실제로는 연구자의 견해에 따라 그 구분은 달라질 수도 있다. 예를 들면 턱걸이에서 소수점 이하는 무의미하므로 자료의 특성상 비연속자료(서열척도)이지만, 연구자가 연속자료로 간주할 경우 가감승제의 수리적 계산의 제약을 받지 않는다.

또한 동간·비율척도의 구분은 이론적으로는 절대영점의 유무로 구분하지만, 실제 동간척도에 의한 변인도 가감승제의 수리적 계산이 가능하다. 이는 자료를 분석할 때 측정치가 연속자료의 특성을 갖는 경우, 동간·비율척도로 구분하지 않음을 의미한다. 따라서 통계기법을 적용할 때 통계적 가정에서 자료의 특성을 네 가지 측정척도가 아닌 연속과 비연속자료로 구분하기도 한다.

표 2-1. 측정척도에 의한 변인의 분류

자 료	척 도	수리적 계산	예
비연속(질적)자료	명명척도 서열척도	불가능 크기와 대소 구분	운동선수의 등번호 성적순위, 체력등급
연속(양적)자료	동간척도 비율척도	크기와 대소 구분, 가감 크기와 대소구분, 가감승제	온도, 지능지수 체중, %fat

3) 변인의 역할과 기능에 의한 분류

변인은 그 역할과 기능에 따라 질적 변인과 양적 변인, 독립변인과 종속변인, 기준변인과 예측변인으로 분류할 수 있다.

1_ 질적 변인과 양적 변인

어떤 측정대상의 계량화는 질적 혹은 양적 정도에 따라 기술할 수 있다. 질적인 속성을 나타내는 측정치를 질적 변인 *qualitative variable*이라 하고, 양적인 속성을 나타내는 측정치를 양적 변인 *quantitative variable*이라 한다.

대학생을 성별로(남자와 여자) 또는 학년별(1, 2, 3, 4학년)로 구분하는 것은 질적 변인의 좋은 예이다. 그러나 신체와 체중 등의 변인은 양적인 속성을 갖는 측정치이므로 양적 변인이라 한다.

질적 변인은 앞에서 설명한 명명척도나 서열척도와 같이 측정치가 비연속적인 성질을 가지며 분류의 기능이나 대소의 비교가 가능할 뿐이다. 반면, 양적 변인은 측정치가 동간척도나 비율척도의 특성을 지니는 것으로 연속적 자료를 의미한다. 따라서 질적 변인이 지니지 못하는 가감승제의 수리적인 조작이 가능하다.

2_ 독립변인과 종속변인

실험설계와 연구법에서 자주 사용되는 독립변인 *independent variable*은 처치변인 *treatment variable*과 같은 개념으로, 종속변인 *dependent variable*에 영향을 미치는 변인이다. 그러므로 실험연구에서 독립변인의 효과나 영향의 규명은 종속변인을 측정함으로써 가능하다.

예를 들어 세 가지 트레이닝 방법이 남자 중학생의 심폐기능에 미치는 영향을 연구하고자 할 때 트레이닝 방법은 독립변인, 최대산소섭취능력으로 측정될 수 있는 심폐기능은 종속변인에 해당된다.

3_ 기준변인과 예측변인

A와 B 두 변인 사이에 선형관계 linear relationship가 있을 때 A의 값을 알면 회귀식을 이용하여 B의 값을 구할 수 있다. 이러한 경우 A를 예측변인 predicted variable 혹은 회귀변인 regressor variable이라 하고 B를 피예측변인 unpredictable variable 혹은 반응변인 response variable이라 한다. 그러므로 기준변인은 독립변인, 예측변인은 종속변인과 유사한 개념이다.

2. 규준지향 검사

검사를 실시하는 데에는 여러 가지 목적이 있으며, 최종 검사결과에 따라 개인 간 혹은 집단 간의 우열이 확인된다. 검사자는 얻어진 자료를 바탕으로 피검자 간 또는 집단 간의 비교를 통해 상대적 위치를 확인하고, 개인과 집단의 우열을 판단하게 된다. 이와 같이 피검자의 상대적 위치는 규준 norm을 통하여 이루어지게 되며, 상대적 우열을 판단하기 위한 검사와 측정을 포괄적으로 규준지향 검사 norm referenced measurement라 한다.

규준지향 검사에서는 상대를 비교하기 위해서 선정된 검사도구의 적절성, 검사실시상의 일관성, 정확한 점수부여 등의 조건이 만족되어야 한다. 또한 이러한 조건들이 규준지향 검사에서 검사의 질과 규준의 질 quality을 결정하는 요인이 된다.

타당도 validity란 측정의 결과로 얻어진 검사점수, 즉 측정치의 질 quality의 정도이다. 측정치를 신뢰하기 위해서는 선택한 측정도구가 검사의 목적과 적절히 일치해야 한다. 또한 검사진행 시 동일한 도구를 이용하여 동일한 조건하에서 일관성 있는 측정치가 얻어져야 측정치의 신뢰도 reliability를 가질 수 있다.

1) 타 당 도

규준지향 검사에서 타당도 validity는 검사도구가 측정하고자 하는 어떤 속성이나 능력을 얼마나 정확하게 측정할 수 있는가 하는 정도를 나타내며, 검사도구의 적절성 혹은 관련성 relevance으로 대변된다. 검사의 목적이나 특성에 따라 내용관련 타당도, 준거관련 타당도, 구인관련 타당도를 포함한 3가지 세부 타당도가 있다. 준거관련 타당도는 다시 예측 타당도와 공인 타당도로 구분된다.

이러한 타당도는 논리적이거나 통계적인 것으로 분류할 수 있으며, 관련 타당도 검증 절차는 타당도의 형태와 관계없이 몇 가지 방법이 있다.

한편, 타당도는 측정목적과 형태에 따라 여러 형태의 검사도구와 측정결과로서 얻어진 측정치의 질을 판단하는 기준이 되며, 검사의 형태에 따라 단일 또는 복합적으로 적용하여 검사의 타당도를 평가한다.

1 _ 내용관련 타당도

내용관련 타당도 content-related validity는 검사의 목적과 관련된 검사내용으로 논리적인 결정에 근거를 둔 타당도로서 검사 시 학습한 내용을 포함하는 정도를 의미한다. 즉 검사자가 이론이나 실기시험을 실행했을 때 학습내용을 충분히 반영하고 내용이 적절하게 구성되었다면, 내용관련 타당도를 갖고 있다고 할 수 있다. 이와 같이 이론적 특성 때문에 내용관련 타당도는 필기 검사에 필요하며, 표면 타당도 face validity나 논리 타당도 logical validity라고도 한다.

논리 타당도란 실기 검사에서 가장 중요한 실기기술을 측정하는 정도이다. 실기 검사는 논리 타당도가 어떻게 평가되는가를 나타내기 위해 사용된다. 만약 검사가 중요한 기술들을 구체화하고 직접 측정할 수 있다면 논리 타당도가 있다고 말할 수 있다.

따라서 내용관련 타당도 확인을 위해서는 특별한 검사를 위한 내용이나 관련 범위에 대한 적절한 정의가 필요하다. 예를 들어 인지능력을 검사하기 위한 필기시험의 문항들은 훈련이나 수업시간에 제시된 내용을 적절히 반영해야 하고, 테니스와 같은 실기시험에서는 테니스 기술인 서비스 service, 스트록 stroke, 발리 volley 등과 같은 기술들이 검사항목에 포함되어야 한다. 또한 내용관련 타당도의 중요한 요인은 검사의 내용과 피검자의 교육 목표에 대한 일치성이다. 검사는 단순히 학습내용에 대한 적절한 분배가 중요하지만 교육목표와 부합되는지의 여부도 고려해야 한다. 내용관련 타당도를 갖춘 시험지를 작성하기 위해서는 검사목표와 관련된 피검자의 지식 knowledge, 이해 understanding, 사고 thinking를 검증하는 문제의 비율을 파악해야 한다. 이러한 비율이 학습내용과 학습목표에서 적절한지를 고려해야 하며, 이러한 내용들은 전문가에 의해 검증될 수 있다.

그러나 검사가 내용관련 타당도를 갖고 있다는 사실만으로 그 검사가 반드시 타당하다고 할 수는 없다. 예를 들면 피하지방 측정을 통하여 체지방을 검사하는 것은 매우 적절한 검사 방법이다. 그러나 측정자가 부적절한 부위를 측정하거나 측정의 일관성이 부족한 경우에는 측정 자체는 타당하게 보일지 모르지만, 실제로는 타당도가 없는 것이다.

2_ 준거관련 타당도

준거관련 타당도criterion-ralated validity는 직접적인 준거로 인정되는 1개 이상의 기준 검사 점수와 비교하여 검사의 타당도를 추정하는 타당도이다. 준거관련 타당도에는 검사와 준거 검사의 관련 정도를 직접 비교하는 공인 타당도와 어떤 능력이나 속성을 예측할 때 필요한 예측 타당도가 있다.

① 공인 타당도

공인 타당도concurrent validity는 실험적 empirical방법을 통하여 준거와의 상호관계를 규명하는 타당도이다. 준거관련 타당도는 측정하고자 하는 변인을 위한 준거를 설정하고 검사와 준거 간의 관련 정도를 설정하는 절차로 구성되어 있기 때문에 무엇보다도 어떠한 기준에 근거를 두고 어떠한 준거를 설정하느냐의 문제가 가장 중요하다.

일반적으로 준거관련 타당도의 준거 설정은 3가지 방법으로 이루어지며, 가장 보편적인 준거 설정은 전문가 집단의 주관적 판단이다(표 2-2). 즉 어떤 특성이나 속성에 대해 전문가들이 합의된 기준을 사전에 설정하여 이 기준을 근거로 평가하는 것을 뜻한다.

전문가 집단은 고려해야 하는 요인에 대해 점수를 부여함으로써 준거 검사의 준거점수를 부여한다. 이것은 그 자체가 주관적이긴 하지만, 전문가에게 확실한 지침을 제시할 경우 동일한 요인에 대해 동일한 판단을 할 수 있기 때문에 그러한 단점을 보완할 수 있다.

또 다른 공인 타당도의 준거설정방법에는 실적에 의한 방법이 있다. 예를 들어 운동기술 검사에서 게임의 결과에 의해 준거점수를 부여하고, 이러한 점수를 기초로 기준 검사점수와 상관분석을 통하여 타당도계수를 얻을 수 있으며, 이것은 기준 검사에 대한 타당도의 정도가 된다.

또한 공인 타당도를 검증하는 방법은 특정 요인에 대한 준거로서 이미 타당성이 입증된 검사를 활용하는 것이다. 예를 들면 수많은 피검자를 대상으로 최대산소섭취량 $\dot{V}O_2max$를 측정하는 최상의 방법은 트레드밀 treadmill과 자전거 에르고미터 cycle ergometer로 운동부하 검사를 실시하는 것이다. 그러나 이러한 방법들은 고가의 장비가 필요하고 검사시간이 길며 피검자에게 최선의 노력을 요구하므로 실행하기 어렵다. 따라서 이러한 방법을 대신하여 최대산소섭취량을 측정할 수 있는 최대하부하 검사submaximal test와 장거리 달리기distance run등의 측정방법이 있다. 피검자들이 준거 검사와 비슷한 기준 검사를 받을 때, 만약 두 검사 사이에 상관관계가 높을 경우 추후 피검자들은 준거 검사를 받을 필요가 없으며, 기준 검사에서 획득한 점수로 피검자의 수준을 평가할 수 있다.

표 2-2. 준거의 설정방법

준거의 설정방법
① 전문가 집단의 주관적 판단
② 운동기술 검사의 결과
③ 기존의 타당성이 입증된 검사방법의 활용

② 예측 타당도

공인 타당도와 예측 타당도predictive validity의 중요한 차이점은 어떤 기준을 측정하는 시간이다. 만약 검사가 미래의 성취 정도를 예측하기 위한 검사일 경우, 그 검사의 타당도에 중요한 요인이 되는 예측 타당도를 결정해야 한다. 기준점수와 검사점수(예측점수)를 이용하여 두 요인 사이의 관련 정도를 파악한 후 회귀분석을 적용하여 미래의 성취도나 현재 시점의 성취도를 예측할 수 있다. 예를 들어 농구선수의 성공 가능성을 예측하기 위하여 새롭게 개발한 검사를 선수들에게 실시하여 일정 기간이 경과된 후 게임에서의 성적을 평가할 수 있다.

이렇게 고안된 검사와 게임성적 간의 상관계수는 검사의 예측 타당도가 될 수 있다. 만약 상관계수가 적절할 경우 미래의 성공 정도를 예측할 수 있는 회귀방정식을 작성할 수 있으며, 이러한 회귀방정식은 새로운 집단에 적용될 수 있다. 또한 새로운 집단의 상대적 성공을 적절하게 예측할 수 있다면, 이러한 검사는 예측 타당도가 높은 검사가 될 수 있다.

예측 타당도와 관련하여 공인 타당도계수로 활용되는 추정표준오차standard error of estimate : SEE는 예측의 표준오차이다. 예를 들면 최대하부하 검사submaximal test를 이용하여 최대산소섭취량을 추정할 때 추정표준오차SEE를 구하면 예측점수의 신뢰한계를 알 수 있다.

3 _ 구인관련 타당도

구인관련 타당도construct-related validity란 직접적으로 측정하기 어려운 특성이나 요소를 측정할 수 있는 정도이다. 예를 들어 운동능력과 관련하여 분명히 존재하는 특성attribute을 직접적으로 측정하기란 쉽지 않으며, 측정이 가능할지라도 정확한 측정을 실행하는 데에는 어려운 문제가 따른다. 그러나 어떤 현상이나 구성요소가 제시되었을 때, 구성요소의 타당성이 실제로 존재하느냐에 대해서는 반드시 확인하는 절차가 필요하다.

따라서 종합 검사에서 각각의 세부적인 검사가 아니라, 전체적인 능력과 현상들의 잠재된 요인을 측정할 수 있느냐가 중요한 고려사항이다. 이와 같이 이론적으로는 존재하지만, 관찰하기 어려운 현상을 측정하는 것에 대한 타당성을 검증하고자 할 때 구인관련 타당도를 이용해야 한다.

이와 같은 복합적 능력이나 현상에는 근심 anxiety, 외향성 extroversion, 감정적 안정감 emotional stability, 경기능력 athletic ability 등이 있다. 즉 지능지수 IQ 나 태도 attitude에도 이론이 존재하지만, 이것을 쉽게 측정할 수는 없다. 또한 사람은 여러 가지 대상(운동, 식생활, 신체활동)에 대한 자신만의 태도를 가지고 있으며, 이러한 태도를 직접 측정하기란 어려운 일이다. 따라서 이러한 능력이나 현상을 정의할 때 가설 hypothesis이나 통계적인 절차를 적용하여 구인요인을 결정하게 되며, 이러한 요인은 실제 현장 적용을 통하여 구인관련 타당도를 확인할 수 있다.

가설에 의한 검사의 구성 및 논리에 의한 타당도 검증과 함께 신체활동에 대한 복합 검사는 일반적으로 요인분석 factor analysis, 다중회귀분석 multiple regression 등과 같은 통계적 방법을 통하여 구인관련 타당도를 검증할 수 있다. 예를 들면 스피드라는 요인을 일직선으로 뛰는 속도, 곡선을 뛰는 속도, 신체 움직임에 대한 통제속도, 전신의 움직임 속도, 팔·다리의 속도로 규정하는 것이다. 피검자 집단에게 일련의 검사를 실시하여 요인분석을 한 후, 중복되는 요인을 제거함으로써 이러한 이론을 확인할 수 있으며, 이러한 요인을 측정할 수 있는 복합적인 검사를 실행할 수 있다.

2) 신 뢰 도

1 _ 신뢰도의 개념

동일한 검사도구로 동일한 대상자를 측정하였을 때 어떤 경우에도 일정한 값을 가진다면 그 검사도구는 이상적이라 할 수 있다. 하지만 측정대상이 시간의 흐름에 영향을 받지 않고 검사과정이나 주위환경이 똑같다는 가정을 만족시킬 수 있는 경우에만 가능하므로 현실적으로 실현되기는 어렵다. 따라서 모든 검사에서 완벽한 신뢰도란 있을 수 없으며, 최상의 동일한 측정조건을 유지하는 것이 중요하다.

신뢰도는 타당도와 함께 검사의 구성과 검사선택에서 고려해야 할 중요한 지표로서, 얼마나 정확하고 믿을 수 있게 측정하였는가를 나타내며, 검사도구의 신뢰도는 검사점수의 질을 평가하는 데 중요한 기준이 된다. 이와 함께 신뢰도의 또 다른 의미는 개인의 진정한 평균점수를 측정할 수 있는가의 문제이다.

신뢰도란 검사도구의 확실성 dependability, 일관성 consistency, 안정성 stability으로 대변된다. 통계적 관점에서 신뢰도는 동일 피험자에 대한 반복측정 시 검사도구, 피험자, 또는 검사실시 과정에서 오는 검사점수의 변동원인이 무엇이며, 분산적 오차의 정도가 어느 정도인가를 나타내는 지수이다.

신뢰도 추정은 진·오차 점수의 이론 theory of true and error score에 근거하며 측정치는 진점수와 오차점수의 합, 즉 평균값으로 가정한다. 이 이론에 근거한 신뢰도는 한 개인의 특성이나 전체 점수의 분산에 대한 진점수 분산의 비로 정의한다.

진·오차 점수비의 공식에 의한 상대적 신뢰도는 상관계수 correlation coefficient로 표시한다. 검사 도중 발생하는 오차 error에는 측정 오차 measurement error와 체계적 오차 systemic error가 있다. 측정 오차는 측정기구로 인한 부정확한 측정, 즉 검사자의 실수, 관리 오류 administration error 등이며, 체계적 오차는 반복된 측정으로 발생할 수 있는 변화의 가능성이다. 따라서 이러한 변화는 같은 동작이 반복적으로 실시되는 운동기능의 검사에서 나타날 수 있으며 상대적으로 필기 검사에서 그런 가능성은 적다고 할 수 있다.

실기시험과 이론 검사의 차이는 신뢰도를 결정하는 검사방법이 그 대상과 검사목적에 따라서 달라질 수 있음을 의미한다. 특히 운동수행 검사 motor performance test의 경우 필기시험 written test에 비하면 더욱 그 범위가 제한된다고 할 수 있다.

① 측정 오차 measurement error……도구의 부정확도, 검사자 실수, 관리오류 등
② 체계적 오차 systemic error……반복하여 실행한 운동기능 검사에 따른 변화 등

2_ 신뢰도의 추정

신뢰도의 추정은 검사 유형에 따라, 측정대상이 추상적 개념인지 구체적 개념인지에 따라, 규준지향 검사인지 준거지향 검사에 따라 다르다. 그러나 일반적으로 신뢰도는 진·오차 점수의 이론에 근거한 상대적 신뢰도를 의미한다.

신뢰도계수 reliability coefficient는 상관계수 correlation efficient를 산출함으로써 가능하고, 피어슨 상관계수 Pearson product moment correlation coefficient를 적용한 집단 간 계수 interclass coefficient

와 분산 분석을 적용한 집단 내 계수*intraclass coefficient*의 2가지 형태로 구분한다. 일반적으로 신뢰도는 검사-재검사법, 반분법, Spearman-Brown 공식을 적용하여 추정할 수 있다.

① 검사-재검사에 의한 신뢰도의 추정

검사-재검사에 의한 신뢰도*test-retest reliability* 추정은 1차 검사와 2차 검사에서 얻은 점수 간의 상관계수를 의미하며 안정성 계수*coefficient of stability*라고도 한다. 그러므로 검사-재검사에 의한 신뢰도 추정은 측정대상이나 특성의 안정성이 보장되며 학습 혹은 연습효과가 같고, 두 가지 검사방법과 조건은 물론 피검자의 태도가 같다는 가정 하에 더욱 정확하다.

검사-재검사에 의한 신뢰도 추정 시 고려해야 할 사항은 검사기간으로, 연구상황과 여건에 따라 약 1주 간격으로 실시하는 것이 바람직하다.

② 동형법에 의한 신뢰도의 추정

동형법에 의한 신뢰도*equivalent form reliability*의 추정은 필기 검사에서 자주 사용된다. 필기 검사에서는 실기 검사처럼 동일한 검사를 반복 측정할 수 없으므로 내용과 형식이 같은 두 가지 형태의 검사를 실시하여 두 검사점수 간의 차이로 검사도구의 신뢰도를 추정한다.

이 방법에 의한 신뢰도의 추정은 문항내용의 차이에서 오는 검사도구의 신뢰도를 의미한다. 그러므로 동형법에 의한 신뢰도 추정 시에는 검사문항의 내용, 형식, 난이도 등은 물론 두 가지 검사의 평균과 표준편차도 같다는 가정을 만족시켜야 한다.

③ 반분법에 의한 신뢰도의 추정

검사-재검사는 동일한 측정조건을 보장할 수 없을 뿐만 아니라, 2회 이상 동일한 검사를 실행함으로써 시간적·경제적인 문제가 야기될 수 있다. 이러한 문제점을 보완하기 위하여 제시된 방법이 반분법에 의한 신뢰도*split-half reliability*의 추정이다. 반분법은 피검자 전체를 대상으로 검사를 실시한 후 피검자를 홀수와 짝수 집단으로 분류하여 각 집단 자료의 관련성을 상관계수를 적용하여 산출하는 방법이다. 예를 들면 필기시험을 치른 후 피검자가 답한 전체 문항 중 홀수와 짝수에 답한 자료를 이용하여 상관계수를 산출하는 방법이다.

반분법의 또 다른 방법은 주로 필기시험에 적용되는 것으로, 시험을 치른 후 피검자가 획득한 홀수와 짝수 문제의 전체 검사결과를 상관계수로 산출하는 방법이다. 이때 상관계수는 그 검사의 반에 해당되는 신뢰도계수이며, 신뢰도계수는 다음의 Spearman-Brown 공식을 적용하여 산출한다.

④ Spearman-Brown 공식에 의한 신뢰도의 추정

반분법은 피검자의 수가 홀수일 때 적용하기 어려운 문제가 있다. 또한 검사가 전체 집단의 과반수 신뢰도를 의미하는 것이 될 수 있다. 따라서 이러한 반분법의 신뢰도 검증상의 문제점을 해소하기 위하여 Spearman-Brown은 새로운 신뢰도 측정공식을 제안하였는데, 그 공식은 아래와 같다.

$$\text{전체 검사점수의 신뢰도}(r_{xx'}) = \frac{k(\text{반분법 검사의 신뢰도})}{1+(\text{반분법 검사의 신뢰도})(k-1)}$$

k = 변인의 횟수

반분법으로 산출된 신뢰도계수가 $r=0.64$이었다면, Spearman-Brown 공식을 적용했을 때 $r=0.78$이 된다. 일반적으로 $r=0.78$이란 계수는 $r=0.80$보다 낮으므로 무시하는 경우가 발생할 수도 있다.

신뢰도를 높이는 방법은 문항의 수를 증가시킴으로써 가능하다. 문항의 수를 늘리는 방법은 Spearman-Brown 공식을 이용하여 표 2-3과 같이 k의 숫자를 3배, 4배, 혹은 5배 증가시키면 된다. 예를 들면 신뢰도계수 $r=0.64$의 경우 k의 숫자를 3배 증가시킬 경우 신뢰도계수가 $r=0.84$까지 높아진다. 따라서 총문항을 39, 40개까지 증가시킬 경우 검사의 전체적인 신뢰도를 높일 수 있다는 것을 의미한다.

표 2-3. 신뢰도를 높이기 위한 측정횟수 증가

$r_{xx'}$ (신뢰도계수)	k (검사항목 수의 증가)						
	0.25	0.5	1.5	2.0	3.0	4.0	5.0
0.60	0.27	0.43	0.69	0.75	0.82	0.86	0.88
0.64	0.31	0.47	0.73	0.78	0.84	0.88	0.90
0.68	0.35	0.52	0.76	0.81	0.86	0.89	0.91
0.72	0.39	0.56	0.79	0.84	0.89	0.91	0.93
0.76	0.44	0.61	0.83	0.86	0.90	0.93	0.94
0.80	0.50	0.67	0.86	0.89	0.92	0.94	0.95
0.84	0.57	0.72	0.89	0.91	0.94	0.95	0.96
0.88	0.65	0.79	0.92	0.94	0.96	0.97	0.97
0.92	0.74	0.85	0.95	0.96	0.97	0.98	0.98
0.90	0.86	0.92	0.97	0.98	0.99	0.99	0.98

⑤ 분산분석에 의한 신뢰도의 추정

상호급간 *interclass* 신뢰도 검증방법은 동일한 검사의 반복시행이 아닌 X와 Y를 포함한 각기 다른 변인 측정에서 사용되는 양변인 통계 *bivariate statistics*와 상호급간 상관계수 *interclass correlation coefficient*를 이용하는 방법이다.

한 가지 검사의 반복시행은 통계학적으로 단일변인 *univariate* 상황이며, 양변인 상황인 통계에서는 모든 대상을 두 번 실시하여 동일한 간격으로 나타내므로 신뢰도는 1.0이 된다. 그러나 이것은 실제적으로 신뢰도에 변화가 있으면서도 정확한 신뢰도를 나타낸다는 문제점이 있다. 즉 완전한 신뢰도 1.0은 동일한 대상에 의한 반복측정에서 원점수에 대한 아무런 변화가 없어야 함에도 불구하고 동일한 간격으로의 변화로 인한 왜곡된 신뢰도를 나타내게 된다. 따라서 이러한 상호급간 신뢰도의 문제점에 대한 대안으로 분산분석 *ANOVA*을 이용하여 반복측정에 대한 신뢰도 검증방법을 사용한다.

3_ 절대적 신뢰도의 추정

상대적 신뢰도는 피검자가 그룹에서 각각의 위치를 유지하는 정도로, 앞에서 설명한 바와 같이 상관계수 또는 분산분석으로 얻을 수 있는 신뢰도이다. 이와 반대로 절대적 신뢰도는 각 개인을 측정했을 때 예상되는 개인점수의 변화 정도를 의미한다. 절대적 신뢰도는 이론적으로 각각의 독립적 검사에서 여러 번 반복측정함으로써 구할 수 있으나, 현실적으로 이것은 불가능하다. 따라서 개인에게 예상되는 평균오차는 전체 그룹점수를 이용하여 평가하고, 측정표준오차 *standard error of measurement : SEM*, 즉 오차점수의 표준편차를 이용한다.

$$측정표준오차(SEM) = s\sqrt{1-r_{xx'}}$$
$$s = 표준편차 \quad r_{xx'} = 신뢰도계수$$

예를 들면 1마일 달리기의 검사신뢰도가 0.90, 편차가 20초일 경우 측정표준오차는 6.40이다.

$$측정표준오차 = s\sqrt{1-r_{xx'}} = 20\sqrt{1-.90} = 20\sqrt{0.10}$$
$$= 20 \times 0.32 = 6.40$$

이 경우 피검자가 1마일을 360초로 뛰었다면, 다시 뛰어서 ±1 SEM 이내의 진점수 *true score*를 얻을 확률은 68%이며, 그 범위는 353.60(360−6.4)초와 366.40(360+6.4)초이다.

즉 진점수가 353.60~366.40 사이에서 있을 가능성은 68%로서, 범위가 좁을수록 신뢰도가 높다고 할 수 있다.

이와 같이 측정표준오차는 표준오차의 영향을 받으며, 표준오차는 검사의 최대점수와 최소점수의 차이에 따라 달라진다. 그러므로 모든 검사는 동일한 표준편차를 갖지 않을 뿐 아니라, 측정표준오차도 같지 않다. 또한 검사의 신뢰도가 1일 때 측정표준오차는 0이며, 두 선수를 비교하여 점수가 비슷하지 않더라도 ±1 측정표준오차 범위에서 중복되는 부분이 있다. 그러므로 두 선수의 점수 범위가 중복되지 않을 때만이 두 선수의 능력이 차이가 있다고 할 수 있다.

3. 준거지향 검사

대부분 체력 검사는 전체 집단에 대한 상대적 평가를 중심으로 이루어져 왔다. 그러나 최근에 체육에서는 설정된 기준치의 달성 여부를 판단하는 절대평가를 더욱 중요한 검사목표로 인정하는 추세이다. 교육현장에서도 설정된 기준의 달성 여부가 더욱 중요한 교육적 목표가 되었다.

이렇게 설정된 목표 달성 여부를 명명척도의 형태로 수량화함으로써 준거지향 검사*criterion referenced measurement*의 점수는 범위가 제한되어 다양한 통계방법을 적용하기 어렵다. 또한 목표한계점수*cutoff score*를 결정하는 데 전문가의 주관적 판단이 개입되며, 목표점수의 달성자와 미달자의 평가오류에 따른 결과가 피검자의 성취욕구에 부정적인 영향을 미칠 수 있다.

그러나 이러한 단점에도 불구하고 준거지향 검사의 기준*standard*은 운동수행목표의 구체적이며 이상적인 수준을 제시한다. 또한 집단의 구체적 운동능력이나 체력진단이 가능하다는 장점을 갖는다. 준거지향 검사는 절대평가를 위한 검사로 정의내릴 수 있으며, 준거지향 검사의 기준치 설정방법과 의미 등은 검사의 성격을 결정하는 데 매우 중요한 요인이 된다.

1) 타 당 도

준거지향 검사에서 타당도 검증은 규준지향 검사에 비해 독특한 형태로 이루어진다. 그러나 근본적인 특성은 규준지향 검사의 타당도와 의미가 동일하다. 또한 세부적으로는 타당도의 형태에 따라 특성이 달라진다.

일반적으로 준거지향 검사에서 타당도는 영역관련 타당도domain referenced validity와 기준치에 대한 적합성 문제를 검증하는 결정 타당도decision validity로 분류할 수 있다. 영역관련 타당도는 주로 논리에 의존하고, 결정 타당도는 통계적으로 검증하는 것이다. 여기에서는 통계적 검증을 통하여 관련 타당도를 검증하는 결정 타당도에 대해 살펴보기로 한다.

준거지향 검사의 결정 타당도는 준거지향기준에 의한 자료와 모든 점수를 비연속화시킨 자료와 비교하여 정확한 분류비율을 확인함으로써 타당도를 검증할 수 있고, 대표적인 타당도 추정방법으로는 분할표contingency table를 이용한 달성도 검사법mastery test이 있다.

운동수행능력 검사를 위한 준거지향기준의 설정은 일반적으로 4가지 방법에 의해 이루어지며(Safrit et al., 1980), 준거지향기준에 의한 목표도달점수cutoff score는 어떤 목표를 성취한 사람과 성취하지 못한 사람을 분류하는 기준역할을 하기 때문에 타당한 결정을 내리는 데 중요한 기준이 된다. 일반적으로 준거지향 검사의 기준은 크게 ① 판단적judgemental, ② 규준적normative, ③ 경험적empirical, ④ 세 가지 방법의 결합combination의 네 가지 방법을 적용하여 설정할 수 있다.

판단적 방법judgemental approach은 전문가 집단이 경험과 판단을 기초로 준거와 관련하여 최소한 받아들일 수 있는 기준을 설정하는 방법이다. 이 방법은 그동안 건강관련 체력 검사에 대한 기준을 설정하기 위해 가장 일반적으로 사용된 방법 중의 하나이다. 이 방법에 의해 설정된 기준은 임의적이므로 객관적 타당성이 결여될 수 있는 단점이 있다.

규준적 방법normative approach은 기준점을 설정하기 위해 규준자료를 이용하는 것으로 이론적으로 인정되는 기준이 선택되며, 이러한 기준은 이용 가능한 규준과 전문가의 판단에 의해 설정된다. 이 방법은 과학적인 증거가 있을 경우에 적용할 수 있지만 건강과 관련된 경험적인 증거가 없기 때문에 설정된 기준 역시 주관적인 한계가 있다.

경험적 방법empirical approach은 경험적으로 수집된 자료를 근거로 기준을 설정하는 것으로, 준거설정이 가능하고 이상적인 목표치를 나타낼 수 있는 경험적인 자료수집이 가능한 경우에 적용할 수 있다. 이것은 주관성이 가장 낮은 방법으로 평가되고 있으며, 기준점을 결정하기 위한 검사와 준거 간의 상관이 상대적으로 높다. 준거지향기준에 있어 경험적 방법의 또 다른 접근법은 피검자의 교육수혜 여부와 관련지어 설정하는 방법이 있다. 즉 교육수혜 여부를 파악하고 검사점수의 분포상태를 평가함으로써 검사점수의 목표수준점을 찾을 수 있다.

이 방법의 성공 여부는 실질적인 교육수혜 여부의 정확성에 달려 있다.

원점수에 대한 직접적인 비교를 할 수 있으며, 또한 앞에 설명한 바와 같이 이러한 원점수를 비연속자료화하여 명명척도에 의한 목표 기준치의 달성 여부를 0 또는 1로서 기록하여 이를 비모수통계 non-parametric statistics에 의한 상관계수, 혹은 카이제곱 chi square, 파이계수 phi coefficient, 코헨 Cohen의 카파 kappa, Spearman의 로오 rho를 적용하여 기준치를 설정할 수 있다.

2) 신 뢰 도

준거지향 검사에서 신뢰도 reliability의 추정은 규준지향 검사 방법과 동일하다. 즉 진·오차점수 이론에 근거하여 검사점수를 진점수와 오차점수의 합으로 가정하듯이 준거지향 검사에서도 오차점수는 진점수와 추정점수의 차이로 정의되며, 진점수에 대한 추정점수의 비율로 신뢰도를 추정한다. 체육 현장에서 일반적으로 이용되는 신뢰도 추정방법은 일치도계수 coefficient of agreement이며, 공식은 다음과 같다.

일치도계수를 해석할 때 발생되는 문제점은 검사가 2회 이루어질 때 나타날 수 있는 우연의 일치 the agreement by chance이며, 이러한 문제점을 해결하기 위해서는 우연성이 배제된 Kappa(k) 일치도계수를 산출해야 된다.

일치도계수 = 일치빈도 / 전체빈도

CHAPTER 03
인체측정

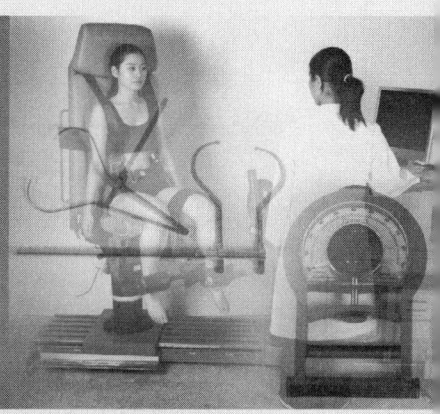

>>> 학습목표

1. 인체측정의 개념과 목적을 이해한다.
2. 신체 중량을 측정하는 방법을 습득한다.
3. 신체 길이를 측정하는 방법을 습득한다.
4. 신체 너비를 측정하는 방법을 습득한다.
5. 신체 둘레를 측정하는 방법을 습득한다.
6. 피부두겹두께를 측정하는 방법을 습득한다.

1. 개 요

인체측정 anthropometry은 신체의 전체 및 일부분을 체계적으로 측정하기 위한 일련의 표준화된 연구영역으로 몸의 크기, 비율, 형태를 규명하는 수단이다. 인체측정은 오랫동안 생물인류학의 기본도구로서 사용되었고, 신체인류학, 체육학, 영양학, 스포츠과학에 이르기까지 사용범위가 확대되고 있으며, 최근에는 의학과 보건학에서 과체중과 비만을 정의하고, 건강관련 체력과 생활수명과의 관계를 규명하는데 적용되고 있다. 이와 같이 여러 학문 분야에서 인체측정이 사용됨으로써 표준화된 측정도구와 측정방법의 습득은 반드시 필요하다.

역사적으로 1912년 국제 인류학선사학회에서 인체측정의 통일화가 이루어졌고, 독일의 인류학자 Martin(1928)은 신체인류학회에서 인체측정 방법을 체계화시켰다. 또한 1986년 국제 인체측정학술회의 *ISAK*에서 34개 국의 전문가들이 모여 인체측정 표준화, 도구, 방법 등을 채택하였다. 따라서 본장에서는 국제 인체측정학회에서 제시한 인체측정방법을 소개한다.

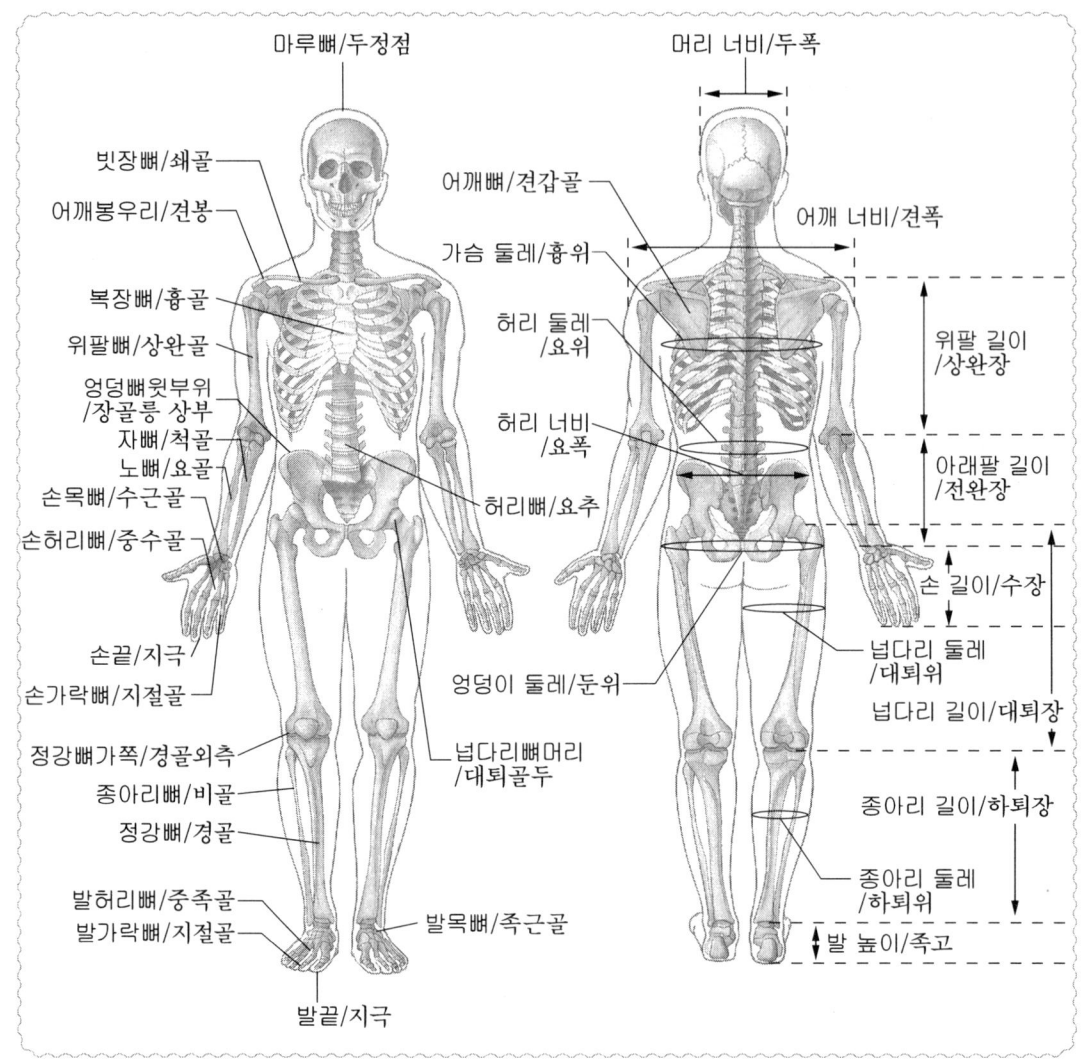

그림 3-1. 골격 해부도와 주요 인체계측부위

　　정확한 인체측정을 위해서 피검자의 표준자세와 국제적으로 공인된 적절한 측정도구가 필요하며, 보다 신속하고 정확하게 측정하기 위해서는 인체의 각 조직과 기관을 이해해야만 한다. 또한 해부학적으로 정의된 신체 각 부분의 계측점 landmark을 이해해야 하며, 골격의 돌기, 뼈끝, 절흔 등이 계측점으로 이용되고 있다. 그림 3-1에서 보는 바와 같이 계측점은 신체의 표면에서 쉽게 찾을 수 있으며, 피부연필 dermograph을 이용하여 측정부위에 표시한다.

　　일반적으로 대부분의 연구에서 신체 중량, 길이, 폭, 깊이, 둘레가 측정되고 있으나 인체의 측정부위와 범위는 특별히 제한되어 있지 않으며, 머리, 얼굴, 손과 발을 포함한 신체 모든 부위의 측정이 가능하다. 따라서 인체측정을 위해 선택해야 하는 측정부위는 정해져 있지 않으며, 연구목적과 필요성에 따라 적절한 측정부위가 선택될 수 있다.

인체측정의 절차는 먼저 측정부위를 선정한 후 정확한 측정도구를 준비하고 측정카드를 제작하는 것이다. 측정카드는 자료를 컴퓨터에 쉽게 입력할 수 있도록 체계적으로 작성되어야 하고, 측정일자와 생년월일을 반드시 기록해야 한다. 정확한 측정이 이루어지기 위해서는 측정기술의 반복연습이 필요하다. 또한, 측정자의 신뢰도가 입증되어야 한다. 가장 타당성 있는 인체측정 순서를 결정해야 하며, 측정값을 기록하기 위한 측정 보조자가 필요하다.

그림 3-2에서 보는 바와 같이 측정도구는 활동계, 촉각계, 줄자, 피하지방계 등이 있다. 이러한 계측기는 휴대하기에 편리하기 때문에 현장 연구용으로 주로 이용되고 있으며, 온도나 습도, 압력의 영향을 받지 않으므로 정밀도가 높은 장점이 있다.

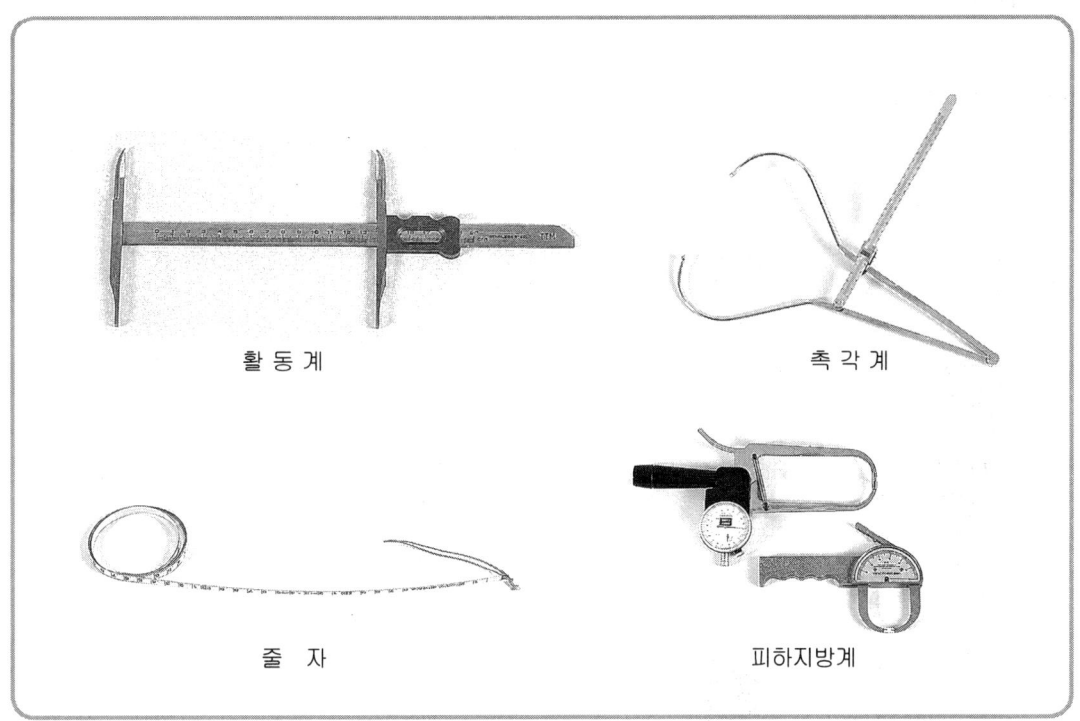

그림 3-2. 인체측정 도구

2. 인체측정 방법

1) 체 중

신체 중량의 측정은 체중을 측정하는 것으로 정확히 중량이라는 용어를 사용해야 하지만, 체중이란 용어가 일반적으로 사용되고 있다.

측정 목적

체중은 신체 크기를 반영하는 기준으로서 성장·발달, 체력 연구에서 가장 많이 사용되고 있으며, 비만과 영양 상태를 평가하는데 필수적인 체격요소이다.

측정 방법

체중은 선 자세와 누운 자세로 측정될 수 있고, 측정도구는 측정방법에 따라 이동추가 달린 천평칭저울과 수평접시저울이 사용된다.

그림 3-3에서 보는 바와 같이 선 자세에서의 체중 측정은 원칙적으로 탈의한 상태에서 측정해야 하지만, 얇은 실내복을 입고도 측정이 가능하다. 피검자는 체중이 양쪽 발에 균등히 가도록 하여 저울 위의 중앙에 선다. 측정자는 피검자를 마주보고 저울 뒤에 위치하여 저울추를 체중에 맞게 조절하여 측정하고, 측정값은 100g 단위로 기록한다.

누운 자세의 체중 측정은 수평접시저울을 이용하는데, 이는 2세 미만의 유아와 혼자서 설 수 없는 어린이들의 체중을 측정할 때 적용하는 방법이다. 측정자는 유아를 체중계 중앙에 올려놓고 체중을 측정한다. 유아가 기저귀를 착용하였을 때에는 기저귀의 무게를 측정한 후 체중에서 뺀다. 세 번 반복 측정하여 평균값을 10g 단위로 기록한다.

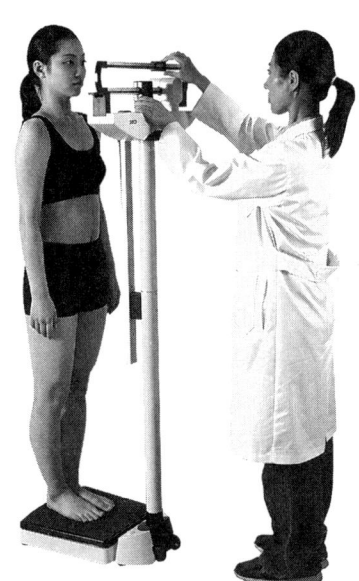

그림 3-3. 선 자세에서의 체중 측정

보통보다 아주 큰 키(95 percentile 이상)를 가진 유아의 체중을 측정하기 위해서는 체중계의 길이가 최소한 100㎝ 이상이 되어야 하며, 유아가 체중계 위에 있을 때는 각별한 주의가 필요하다. 또한 유아가 불안해할 경우 어머니가 유아를 안고 측정한 후 어머니의 체중을 빼는 방법도 있다. 그러나 이러한 방법은 어머니와 유아의 측정단위가 100g과 10g으로 서로 다르기 때문에 신뢰도가 떨어지는 단점이 있다. 따라서 그런 경우에는 측정을 연기하는 것이 바람직하다.

Fels 종단 연구에서 다른 측정자간 체중의 차이는 5~10세에서 평균 1.2g(표준편차(SD)=3.2g), 10~15세에서 평균 1.5g(SD=3.6g), 15~20세에서 평균 1.7g(SD=3.8g)이었고, 성인은 평균 1.5g(SD=3.6g)이었다(Chumlea & Roche, 1979). 또한 건강 연구에서 2주 간격으로 2회 측정한 결과, 서로 다른 측정자와 동일한 측정자의 기술오차가 약 1.2kg이었고, 측정자 오차의 약 10%는 어린이들의 성장 때문인 것으로 나타났다(Hamill et al., 1973).

체중은 하루 동안 어린이의 경우 약 1kg, 성인의 경우 약 2kg 변화하기 때문에 측정이 이루어진 시간을 반드시 기록해야 한다. 측정자는 측정 전 체중계를 점검하고, 피검자에게 대·소변을 보게 하며, 식전이나 식후 또는 운동 직후에는 측정을 피한다.

위에서 언급했듯이 체중은 아침에 가장 가볍고 하루가 진행되는 동안 점차 증가하며, 식사 및 신체활동에 따라 크게 영향을 받는다. 그러므로 신장과 함께 오전에 측정하는 것이 바람직하다.

2) 신체 길이

신장은 머리, 몸통, 골반, 다리 등 신체의 여러 부분들로 구성되어 있다. 총 신체 길이에 대한 각 부위의 길이 비율은 어린이들의 성장기 변화를 이해하는데 중요한 정보를 제공하며, 임상 진단과 작업 환경에 유용하게 적용되고 있다.

예를 들면 신체의 불균형을 포함한 여러 가지 임상증후는 팔다리의 불균형 성장을 초래할 수 있기 때문에 특별한 부위의 길이 비율은 기형학 연구에 적용되고 있다. 대부분 신체의 부분길이 측정은 직접 길이 측정과 간접 길이 측정으로 이루어진다. 직접 길이 측정은 지정된 두 개의 골격계측점 사이의 거리를 측정하며, 간접 길이 측정은 마루표면과 골격계측점 사이의 거리를 측정하는 것이다.

1_ 신 장

측정 목적

신장은 신체의 길이와 뼈의 길이를 나타내는 중요한 지표로서 질병과 영양 상태를 평가하는데 적용되고 있으며, 다음과 같이 세 가지 방법으로 측정이 가능하다.
ⓐ 선 자세의 측정, ⓑ 누운 자세의 측정, ⓒ 양팔 길이의 측정

측정 방법

선 자세의 측정은 실험실에 설치된 스타디오미터계와 현장 연구용으로 이동이 가능한 마틴식 인체계측기를 이용하여 측정할 수 있다.

선 자세의 측정은 그림 3-4에서 보는 바와 같이 스타디오미터계를 이용하여 측정할 수 있다. 측정 시 피검자는 머리를 똑바로 세우고 체중을 양쪽 발에 균등히 가도록 하여 선다. 팔은 몸통 양옆에 자연스럽게 위치시키고, 발뒤꿈치, 엉덩이, 어깨뼈, 머리 뒷부분을 신장계에 닿게 한다.

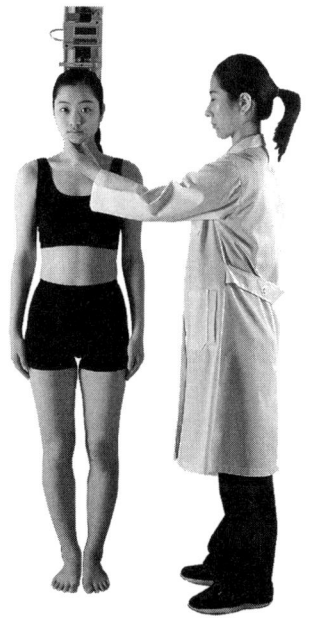

그림 3-4. 스타디오미터계를 이용한 신장 측정

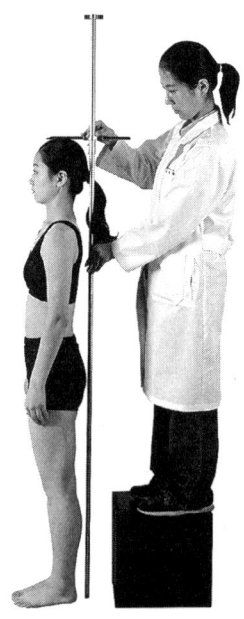

그림 3-5. 마틴식 인체계측기를 이용한 신장 측정

측정이 이루어지는 동안 피검자는 정확한 자세를 유지하고 깊게 호흡을 한다. 측정자는 스타디오미터계의 수평판을 피검자의 마루뼈로 이동시킨 후 측정하고 측정값을 0.1cm 단위로 기록한다.

또한 선 자세의 신장은 4개의 금속막대(50cm 길이), 이동 수평자꽂이, 수평자로 구성된 마틴식 인체계측기 *Martin's anthropometer*를 이용하여 측정할 수 있다. 그림 3-5에서 보는 바와 같이 금속막대를 연결시켜 수직으로 세워 스타디오미터계와 동일한 방법으로 측정하고 측정값은 0.1cm 단위로 기록한다. 그러나 이 방법으로 측정된 신장값은 스타디오미터계를 이용한 측정값보다 다소 낮은 경향이 있다.

측정신뢰도는 서로 다른 측정자 상호간의 차이가 5~10세에서 평균 2.4mm(SD=2.1mm), 10~15세에서 평균 2.0mm(SD=1.9mm), 15~20세에서 평균 2.3mm(SD=2.4mm), 20~55세에서 평균 1.4mm(SD=1.5mm), 54~85세에서 평균 2.1mm(SD=2.1mm)이었다(Chumlea & Roche, 1979).

누운 자세의 측정은 똑바로 서지 못하는 2세 미만의 유아의 신장을 측정할 때 적용되며, 유아의 총골격 길이를 측정하는 유일한 방법이다. 이 경우 측정자와 보조자가 필요하며, 보조자는 유아의 몸을 측정대 위에 반듯하게 눕히고 유아의 머리를 계측기 고정판에 닿게 하여 측정테이블과 직각이 되도록 한다. 이때 유아의 어깨와 엉덩이가 테이블 표면에 닿게 하고 양손은 몸통 양옆에 위치시킨다. 측정자는 유아의 다리를 펴고 오른손으로 무릎을 고정시키고 왼손으로 수평 이동판을 유아의 발바닥에 밀착시킨 후 측정하고, 측정값을 0.1cm 단위로 기록한다.

누운 자세의 신장 측정은 신뢰도가 낮고, 출생 후부터 6세 어린이들을 대상으로 측정자 간의 평균오차가 0.28cm이었다(Chumlea & Roche, 1979).

이상에서 알 수 있듯이 신장은 머리, 몸통, 다리를 포함한 수직 혼합체이며, 출생 후부터 2~3세까지 유아의 신장은 누운 자세에서 측정한다. 일반적으로 신장은 서 있을 때보다 누워 있을 때 더 크다. 즉 신장은 아침에 가장 크고, 저녁에 가장 작다. 이러한 신장의 변화는 척추 사이의 섬유질판이 중력에 의해 압축됨으로써 발생하는 것으로 약 1~2cm 감소한다. 따라서 신장은 오전에 측정하는 것이 바람직하다.

2_ 앉은 키

측정 목적

앉은 키는 가슴, 목, 머리 부위를 포함한 복합체로서 엉덩이에서부터 마루뼈까지의 길이이며 신장에서 앉은 키를 뺀 길이는 다리의 길이로 평가한다. 하루 동안 신장의 변화는 대부분 척주에서 발생하므로 앉은 키에 영향을 미친다. 앉은 키의 측정방법은 두 가지가 있다.
ⓐ 앉은 자세의 측정, ⓑ 누운 자세의 머리-엉덩이 길이 측정

측정 방법

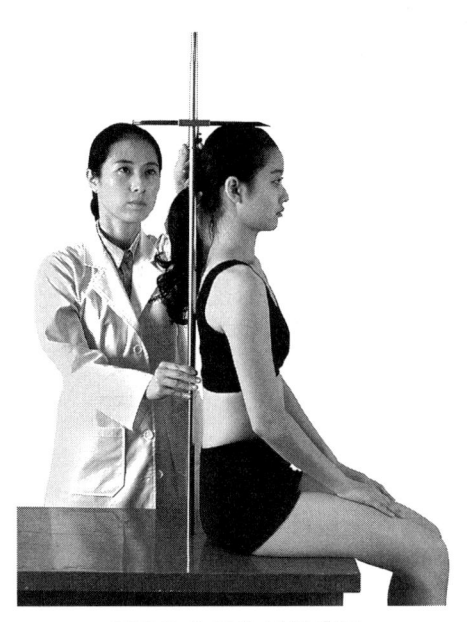

그림 3-6. 앉은 키의 측정

ⓐ 앉은 자세에서 앉은 키 측정을 위해서는 측정테이블, 인체계측기, 측정자가 필요하다. 그림 3-6에서 보는 바와 같이 피검자는 측정테이블 위에 앉아 머리를 똑바로 세우고 양손을 넙다리 위에 올려놓는다. 턱은 움직이지 않도록 고정하고, 측정자가 피검자 왼쪽에 위치하여 계측기를 테이블 위에 올려놓고 계측기 수평자를 피검자의 마루뼈로 이동시킨 후 측정하고 측정값은 0.1cm 단위로 기록한다.

측정 시 고려해야 할 사항으로 피검자의 다리가 바닥표면에 닿지 않을 정도로 측정대가 높아야 한다.

ⓑ 머리-엉덩이 길이 측정은 유아들에게 앉은 키를 대신하여 사용하는 몸통 길이의 측정으로서 측정자와 보조자가 필요하다. 보조자는 유아를 측정대 위에 반듯하게 눕혀 어깨와 엉덩이를 측정대에 닿게 하고 머리를 수직 고정판에 붙인다. 측정자는 유아의 다리를 굽혀 엉덩이와 넙다리가 직각이 되도록 하고, 수평 이동판을 엉덩이끝으로 이동시킨 후 측정하고, 측정값은 0.1cm 단위로 기록한다.

머리-엉덩이 길이의 측정 신뢰도는 동일한 연령에서 앉은 키 측정보다 약간 높지만, 큰 차이는 없다. 어린이들을 대상으로 한 측정 신뢰도 연구에서 서로 다른 측정자 간의 머리-엉덩

이 길이의 측정오차는 0.18cm이었다(Chumlea & Roche, 1979).

3_ 넙다리 길이

측정 목적

넙다리 길이는 해부학적으로 엉덩이와 무릎 사이의 길이로서 신체인류학과 인체공학 연구에 적용되고 있다.

측정 방법

넙다리 길이는 활동계 혹은 줄자를 이용하여 측정하고, 직접 길이와 간접 길이 측정법이 있다.

첫째, 직접 넙다리 길이 측정법은 그림 3-7에서 보는 바와 같이 피검자의 왼쪽 넙다리를 지면과 수평이 되도록 측정대 위에 올려놓고 측정자는 피검자의 왼발 안쪽에 서서 줄자를 이용하여 넙다리뼈 능선에서부터 무릎뼈 사이 중간지점까지의 길이를 측정한다.

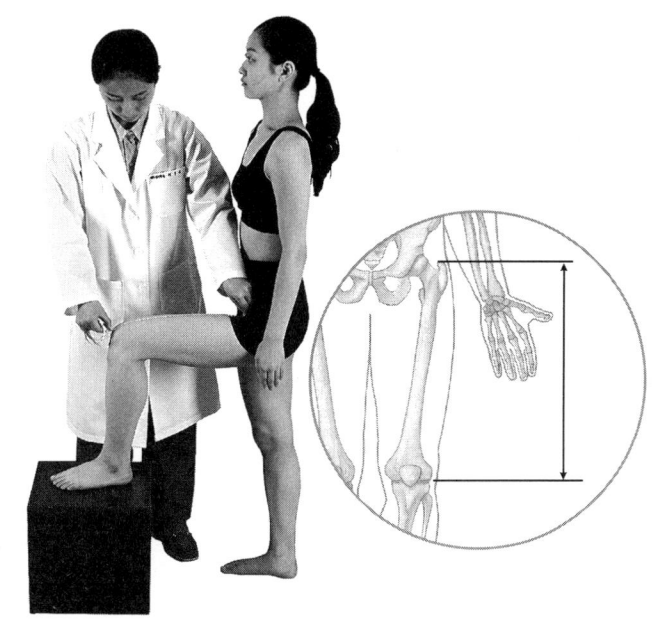

그림 3-7. 직접 넙다리 길이 측정

둘째, 간접 넙다리 길이 측정법은 다리 길이에서 정강이뼈 길이와 발 높이를 뺀 것으로 앉은 키와 동일한 측정방법으로 정강이뼈 길이를 측정한다.

흔히 직접 넙다리 길이 측정법을 이용하지만, 이는 엉덩이와 무릎관절 위치를 정확하게 파악하기 어렵다는 단점이 있다. 고령자를 대상으로 한 서로 다른 측정자 간의 측정오차는 남자 1.24cm, 여자 0.88cm로 나타났다(Chumlea, 1983).

4 _ 종아리 길이

측정 목적

종아리 길이는 다리 길이의 일부분으로, 신체인류학과 인체공학연구에 적용되고 있다.

측정 방법

종아리 길이 측정은 활동계를 이용하여 직접 종아리 길이 측정법과 간접 종아리 길이 측정법의 두 가지가 있다. 직접 종아리 길이는 무릎관절선에서부터 중앙 복사뼈끝까지의 길이이며, 간접 종아리 길이는 정강이뼈 기저면에서부터 발바닥까지의 수직 길이이다.

그림 3-8에서 보는 바와 같이 직접 종아리 길이의 측정을 위하여 피검자는 의자에 앉은 후 왼발을 오른발 무릎 위에 걸친다. 측정자는 정강이뼈 기저끝과 중앙 복사뼈의 말단 끝을 확인하여 피부연필로 표시하고, 피검자 앞에 웅크리고 앉아 활동계를 정강이뼈의 긴축을 따라 평행하게 갖다 댄 후 측정하고, 측정값은 0.1㎝ 단위로 기록한다.

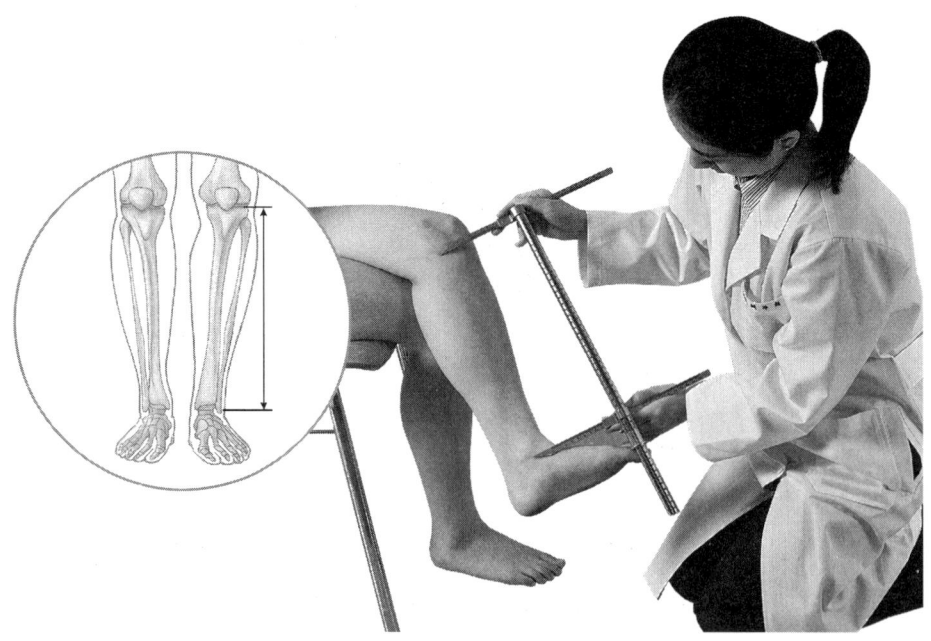

그림 3-8. 직접 종아리 길이 측정

그림 3-9에서 보는 바와 같이 간접 종아리 길이의 측정을 위하여 피검자는 양발을 모으고 똑바로 선다. 측정자는 피검자의 왼쪽에 앉아 계측기를 지면과 수직으로 세워서 수평자 꽂이를 정강이뼈 끝지점으로 이동시킨 후 지면에서 부터 정강이뼈끝의 길이를 측정하고, 측정값은 0.1㎝ 단위로 기록한다.

고령자를 대상으로 서로 다른 측정자 간의 측정오차는 남자 0.39㎝, 여자 0.68㎝이었다 (Chumlea, 1983).

5_ 양팔 길이

측정 목적

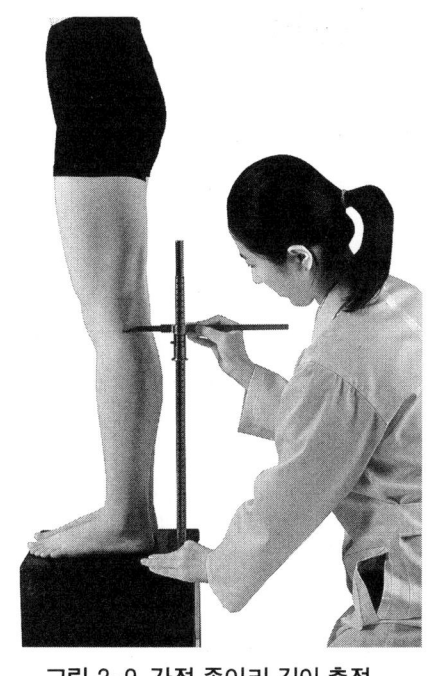

그림 3-9. 간접 종아리 길이 측정

양팔 길이는 양팔을 어깨높이에서 양쪽 옆으로 뻗었을 때 양손 가운데 손가락끝의 길이로서 키와 상관이 높고, 선 자세의 키와 누운 자세의 키를 측정할 수 없을 때 임상적 가치가 크다.

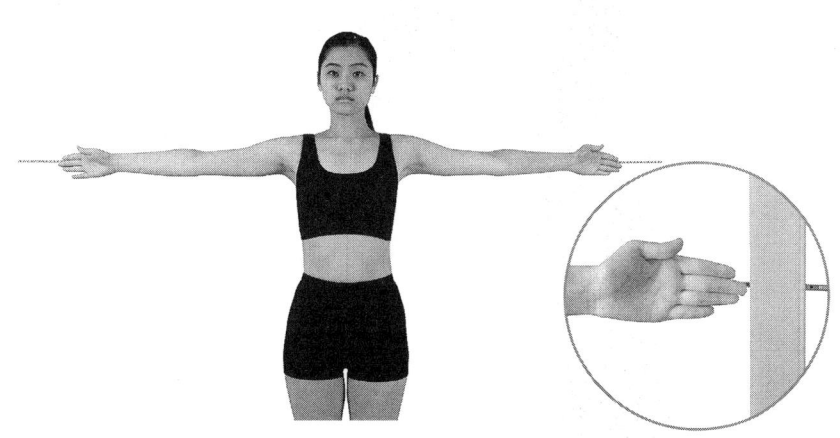

그림 3-10. 양팔 길이 측정

측정 방법

양팔 길이 측정은 줄자(길이 2m), 벽, 벽에 부착하여 수직으로 이동이 가능한 나무판이 필요하다. 측정자와 측정보조자가 필요하며 측정자는 줄자의 영점끝에, 측정보조자는 기록을 위해 나무판끝에 위치한다.

그림 3-10에서 보는 바와 같이 줄자를 바닥과 수평으로 벽에 부착시키고 한쪽 끝을 나무판에 붙인다. 피검자는 양발을 모으고 어깨와 엉덩이를 벽에 붙인 후 양팔을 어깨높이에서 최대한 양쪽 옆으로 뻗는다. 이때 손바닥은 전방을 향하고 왼손 가운데 손가락끝을 나무판에 고정시키고, 줄자의 영점을 오른손 가운데 손가락끝에 갖다 댄 후 측정하고, 측정값은 0.1cm 단위로 기록한다.

고령자를 대상으로 한 서로 다른 측정자 간의 오차는 남자 0.56cm, 여자 0.38cm이었다 (Chumlea, 1983).

6_ 어깨 - 팔꿈치 길이

측정 목적

어깨-팔꿈치 길이는 산업현장에서 작업공간을 설계하는 인체공학 연구와 생체역학의 동작분석에 적용되고 있다.

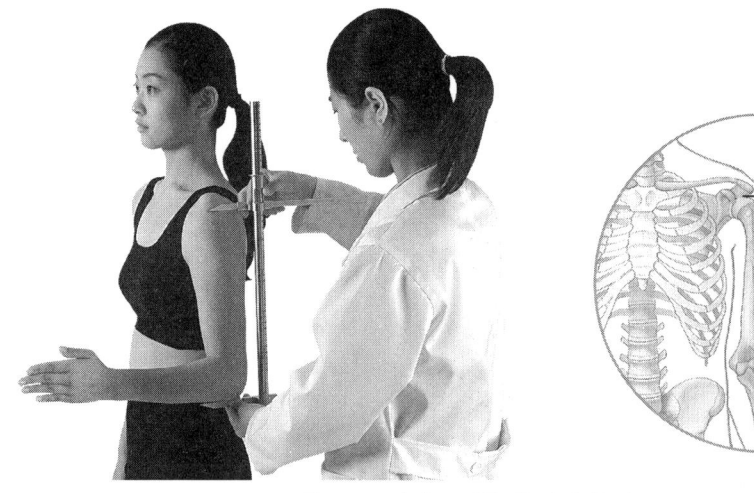

그림 3-11. 어깨 - 팔꿈치 길이 측정

측정 방법

어깨-팔꿈치 길이는 활동계를 이용하여 측정한다. 피검자는 어깨와 위팔에 힘이 들어가지 않도록 편안한 자세로 자연스럽게 선다. 그림 3-11에서 보는 바와 같이 피검자는 팔꿈치를 구부려 위팔과 아래팔이 직각이 되도록 한다. 측정자는 피검자의 팔꿈치끝에 활동계의 고정대를 위치시키고, 이동자를 위팔 뼈끝에 위치시킨 후 측정하고, 측정값은 0.1㎝ 단위로 기록한다.

공군 조종사를 대상으로 한 검사-재검사에서 동일 측정자 간의 변량은 2.7㎟, 서로 다른 측정자 간의 변량은 8.4㎟이었다(Stewart, 1985).

7_ 팔꿈치 - 손목 길이

측정 목적

팔꿈치-손목 길이 측정은 산업현장에서 작업공간을 설계할 때 사용되며, 인체공학·생체역학 연구에 적용되고 있다.

측정 방법

팔꿈치-손목 길이는 활동계를 이용하여 측정한다. 피검자는 양발을 서로 붙이고 자연스

그림 3-12. 팔꿈치 - 손목 길이 측정

럽게 선다. 이때 어깨와 위팔에 힘이 들어가지 않도록 편안한 자세를 취한다. 그림 3-12에서 보는 바와 같이 피검자는 팔꿈치를 구부려 위팔과 아래팔이 직각이 되도록 한다. 측정자는 활동계의 고정대를 피검자의 팔꿈치 가장 뒷부분에 대고 활동계의 이동자를 노뼈 경상돌기의 가장 끝지점에 맞춘다. 활동계의 고정대와 이동자를 아래팔과 직각을 이룬 상태에서 측정하고, 측정값은 0.1㎝ 단위로 기록한다.

공군 조종사를 대상으로 한 검사-재검사에서 동일한 측정자 간의 변량은 2.9㎟, 서로 다른 측정자 간의 변량은 9.8㎟이었다(Stewart, 1985).

8_ 손 길이

측정 목적

손 길이 측정은 산업현장에서 의류디자인과 작업공간을 설계하는 인체공학에 적용되고 있다.

측정 방법

손길이 측정은 활동계를 이용하여 측정한다. 그림 3-13에서 보는 바와 같이 피검자는 왼

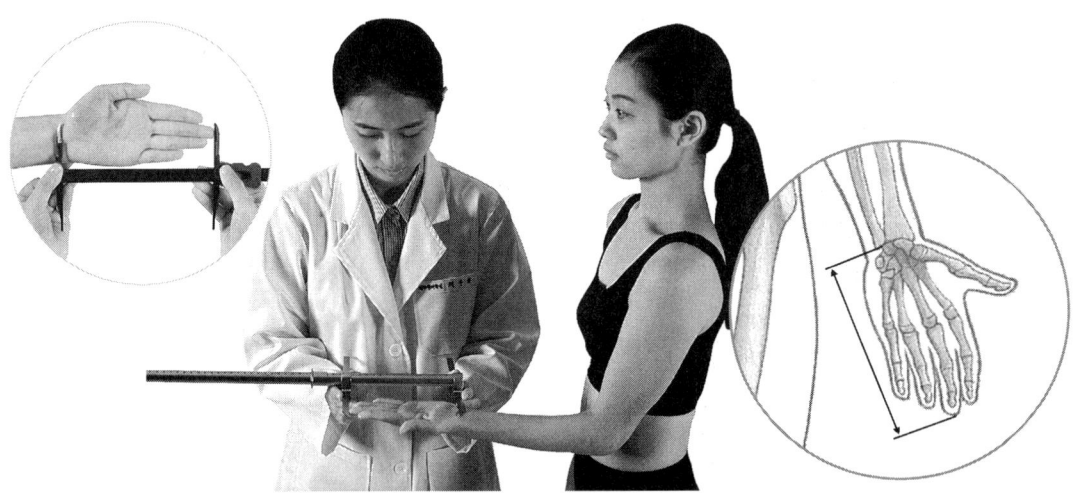

그림 3-13. 손 길이 측정

손 팔꿈치를 굽혀 아래팔이 지면과 수평이 되도록 앞으로 뻗는다. 이때 손바닥을 위로 향하고, 손가락은 뻗는다. 측정자는 활동계의 고정자를 노뼈붓돌기(요골경상돌기)에 대고, 활동계의 이동자를 가운데 손가락끝에 위치시킨 후 측정하고, 측정값은 0.1㎝ 단위로 기록한다.

9_ 팔꿈치 - 손 길이

측정 목적

팔꿈치-손 길이 측정은 산업현장에서 의류디자인과 작업공간을 설계하는 인체공학 연구에 적용되고 있다.

측정 방법

팔꿈치-손 길이의 측정은 활동계를 이용하여 팔꿈치끝에서부터 왼손 가운데 손가락끝 사이의 길이를 측정한다. 피검자는 양발을 붙이고 자연스럽게 선다. 이때 어깨와 위팔에 힘이 들어가지 않도록 편안한 자세를 취한다.

그림 3-14에서 보는 바와 같이 피검자는 팔꿈치를 구부려 위팔과 아래팔이 직각이 되도록 한다. 측정자는 활동계의 고정대를 피검자의 팔꿈치 가장 뒷부위에 대고 이동자는 가운데 손가락끝에 맞춘다. 활동계의 고정대와 이동자를 아래팔과 직각을 이룬 상태에서 측정하고, 측정값은 0.1㎝ 단위로 기록한다.

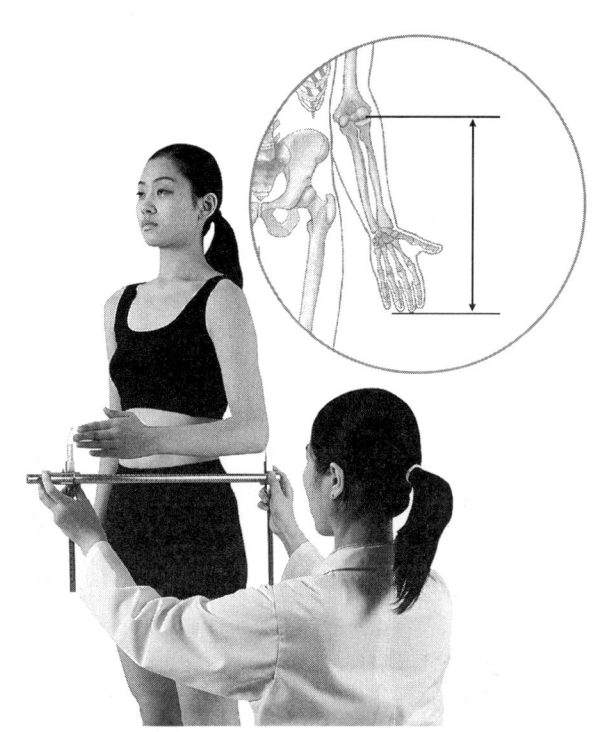

그림 3-14. 팔꿈치-손 길이 측정

3) 신체 너비

신체 너비의 측정은 임상의학과 체형을 평가하는데 적용되고 있다. 예를 들면 표준 신장-체중 차트에서 비정상적인 체중을 평가하고, 골격 크기를 결정하거나 운동선수와 신경성 식욕 불감증 환자의 제지방량 변화를 평가하는데 사용된다.

1_ 어깨 너비

측정 목적

어깨 너비는 골격의 지표로서 체형 및 성별에 따른 체격 차이를 평가할 때 적용되고 있으며, 산업현장에서 의류디자인과 작업공간을 설계하는데 사용되고 있다.

측정 방법

어깨 너비는 활동계와 촉각계를 이용하여 측정한다. 그림 3-15에서 보는 바와 같이 피검자는 신장을 측정하는 자세와 동일하게 양발을 서로 붙이고 자연스럽게 선다. 이때 어깨를 이완시키면서 앞쪽으로 향하도록 하여 어깨 너비가 최대 크기가 되도록 한다. 측정자는 피검자

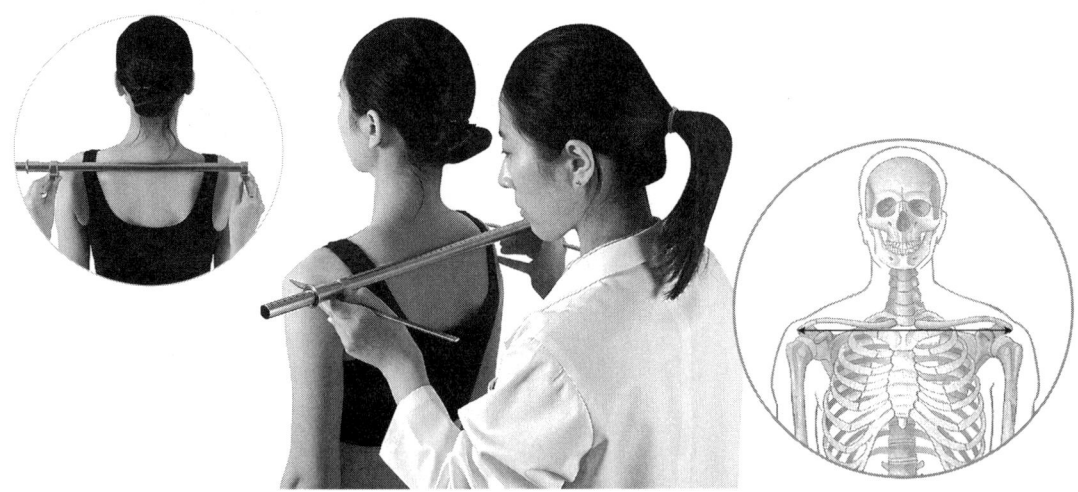

그림 3-15. 어깨 너비 측정

뒤에 서서 양쪽 어깨돌기의 가장 바깥 부위를 확인하여 활동계의 고정자를 왼쪽 어깨돌기에 위치시키고 이동자를 반대쪽 어깨돌기 가장 바깥 부위에 위치시킨 후 측정하고, 측정값은 0.1cm 단위로 기록한다.

어린이를 대상으로 동일한 측정자와 서로 다른 측정자 간의 오차가 약 0.1~0.7cm이었고, 남자 대학생을 대상으로 한 검사-재검사의 신뢰도계수는 r=0.92이었다(Meleski, 1980).

2_ 가슴 너비

측정 목적

가슴 너비는 어린이와 청소년들의 성장지표로서 이용되고 있으며, 산업현장에서 작업공간의 크기와 의류디자인을 위한 인체공학연구에 적용되고 있다. 또한 운동수행과 폐기능을 평가하는데 적용되고 있다.

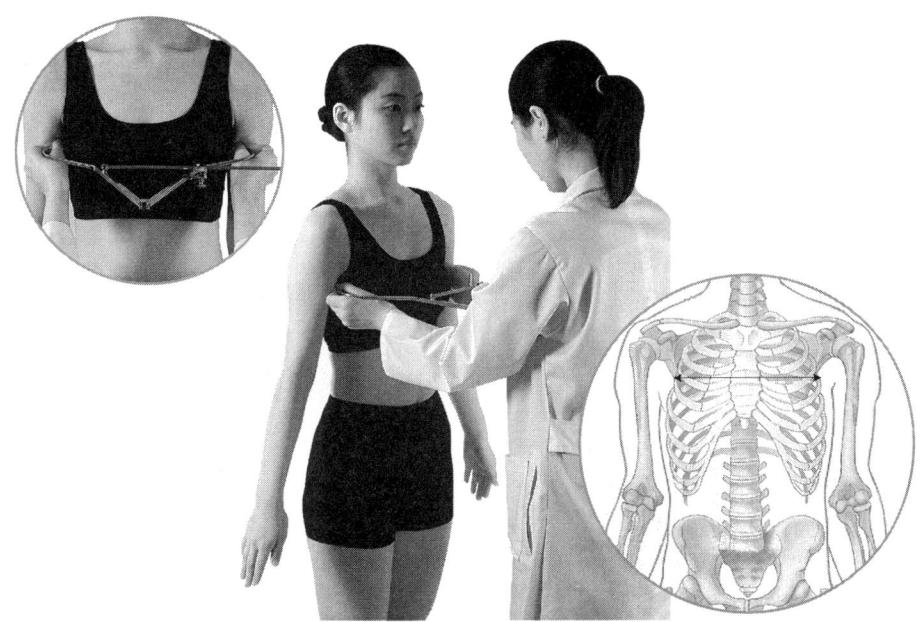

그림 3-16. 가슴 너비 측정

측정 방법

가슴 너비는 활동계나 촉각계를 이용하여 측정한다. 그림 3-16에서 보는 바와 같이 양팔을 약간 벌린 상태로 자연스럽게 선다. 측정자는 피검자 앞에 서서 양쪽 겨드랑이 여섯번째 갈비뼈 위에 촉각계끝을 위치시킨 후 측정하고, 측정값은 0.1㎝ 단위로 기록한다. 이 측정부위는 4번 목갈비뼈 결합부위와 일치한다.

3_ 가슴 깊이

측정 목적

가슴 너비와 마찬가지로 가슴 깊이는 산업현장에서 작업공간의 크기와 의류디자인을 위한 인체공학 연구에 적용되고 있다.

측정 방법

가슴 깊이는 촉각계를 이용하여 측정한다. 그림 3-17에서 보는 바와 같이 피검자는 신장측정과 동일하게 자연스럽게 선다. 측정자는 촉각계의 한쪽 끝을 네번째 목갈비뼈 결합부위의 중앙선 복장뼈 위에 위치시키고, 반대쪽 끝을 등 부위 동일선상의 척추돌기에 위치시킨 후 측정하고, 측정값은 0.1㎝ 단위로 기록한다.

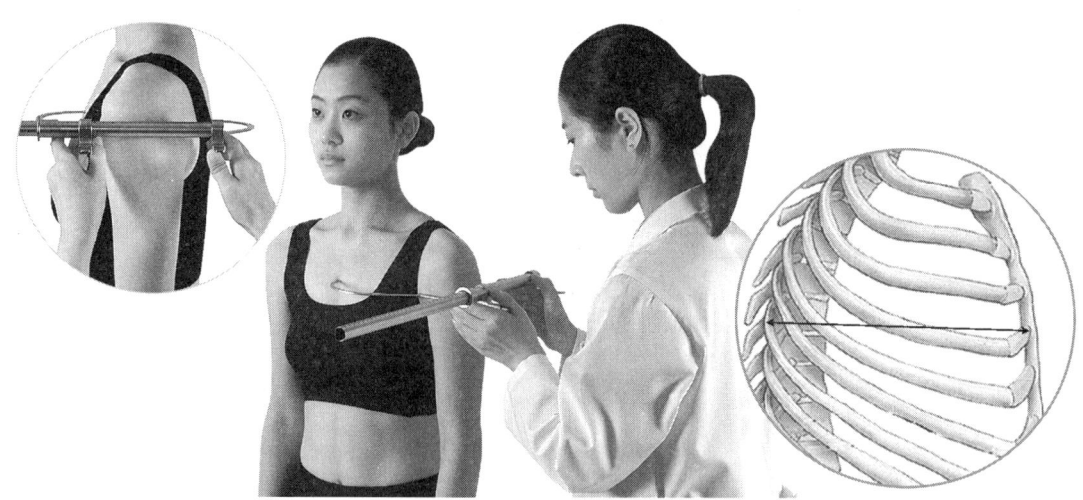

그림 3-17. 가슴 깊이 측정

4_ 엉덩뼈 너비

측정 목적
엉덩뼈 너비는 골격 크기의 지표로서 골반 크기를 평가하는데 적용되고 있다.

측정 방법
엉덩뼈 너비는 활동계를 이용하여 측정한다. 그림 3-18에서 보는 바와 같이 피검자는 가슴에 팔짱을 끼고 자연스럽게 선다. 측정자는 피검자의 뒤에서 활동계의 고정자와 이동자를 엉덩뼈 양쪽 끝에 위치시킨 후 측정한다. 이때 측정자는 활동계를 45° 아래로 향하게 하여 측정하고, 측정값은 0.1㎝ 단위로 기록한다. 그러나 유아의 엉덩뼈 너비 측정은 누운 자세에서 한다.

어린이들을 대상으로 한 측정에서 동일한 측정자와 서로 다른 측정자 사이의 오차는 0.1~0.6㎝이었고, 성인을 대상으로 한 측정법에서 검사-재검사의 신뢰도계수는 $r=0.85$이었다. 한편, Wilmore와 Behnke(1969)는 남자 대학생을 대상으로 검사-재검사의 신뢰도계수가 $r=0.97$이었다고 보고하였다.

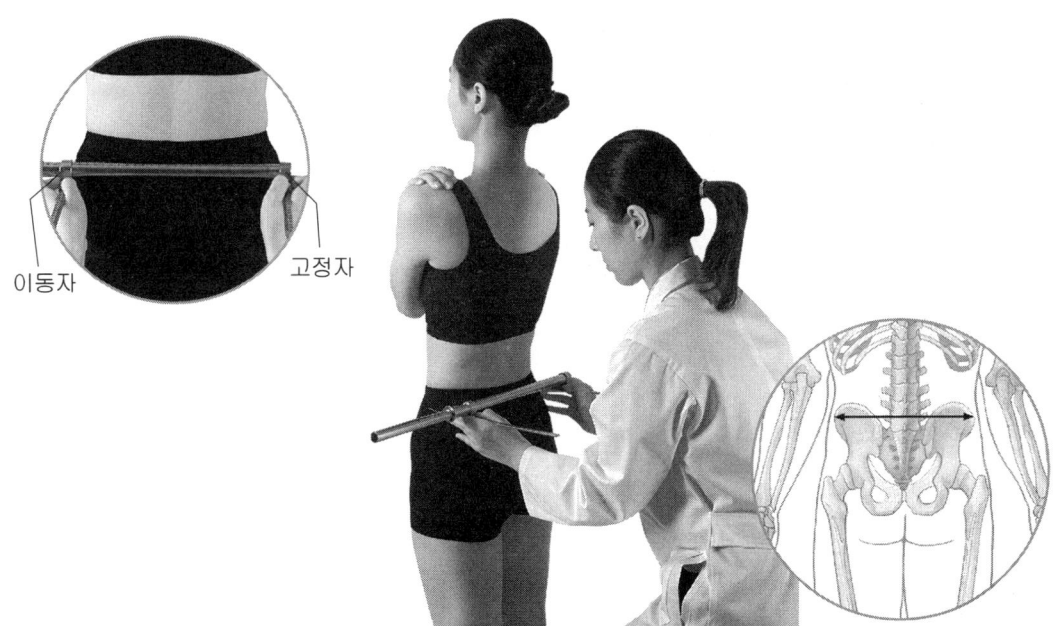

그림 3-18. 엉덩뼈 너비 측정

5_ 무릎 너비

측정 목적

무릎 너비는 골격 크기와 뼈 중량의 지표로서, 체형의 요소인 중배엽을 평가하는데 적용된다.

측정 방법

무릎 너비는 촉각계를 이용하여 측정한다. 그림 3-19에서 보는 바와 같이 피검자는 왼쪽 무릎이 90°가 되도록 구부린다. 측정자는 피검자를 마주 보고 웅크리고 앉아 촉각계끝을 넙다리 관절융기 최내측과 최외측에 위치시킨 후 측정하고, 측정값은 0.1cm 단위로 기록한다.

어린이들을 대상으로 한 측정에서 동일한 측정자와 서로 다른 측정자 사이의 오차는 약 0.1~0.2cm이었다.

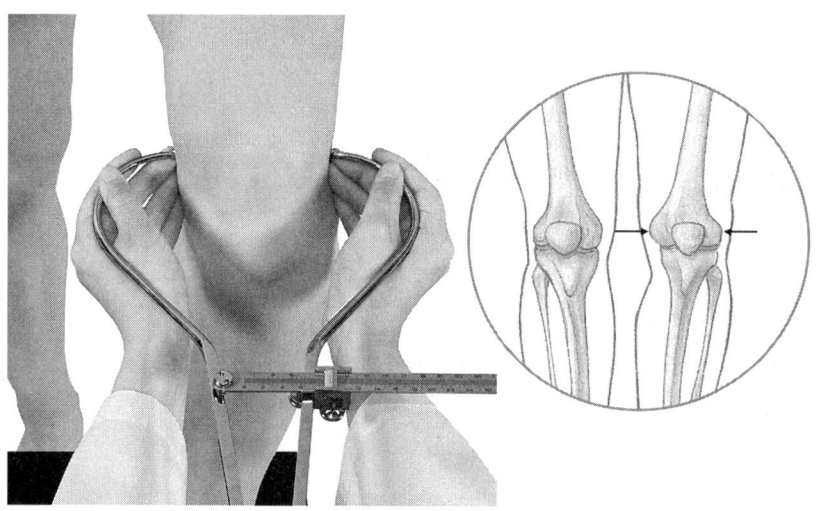

그림 3-19. 무릎 너비 측정

6_ 발목 너비

측정 목적

발목 너비는 골격 크기의 지표로 이용될 뿐만 아니라 신체구성 요소인 제지방량과 관련이 있기 때문에 신장과 체중의 관계를 설명하는데 중요하다.

측정 방법

발목 너비는 촉각계를 이용하여 측정한다. 그림 3-20에서 보는 바와 같이 피검자는 측정대 위에 다리를 벌리고 자연스럽게 선다. 측정자는 피검자 뒤에 웅크리고 앉아 촉각계끝을 정강이뼈와 종아리뼈 최내측 및 최외측에 위치시킨 후 측정하고, 측정값은 0.1㎝ 단위로 기록한다.

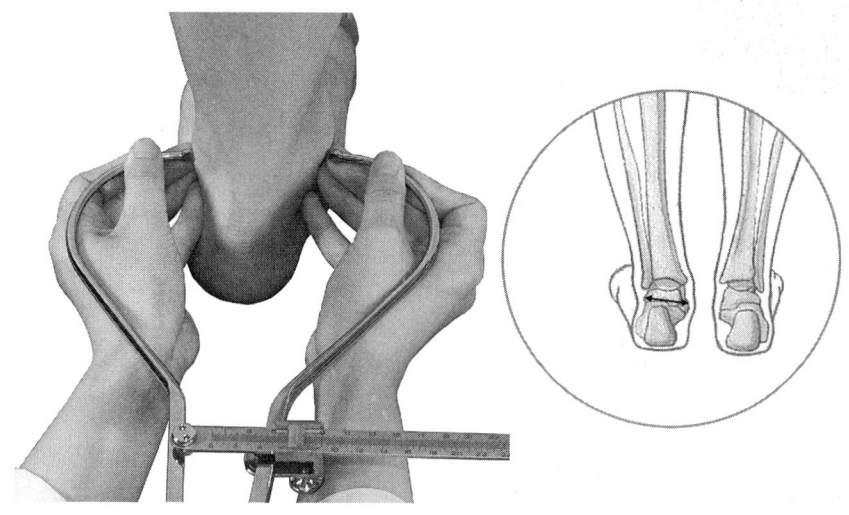

그림 3-20. 발목 너비 측정

7_ 팔꿈치 너비

측정 목적

팔꿈치 너비는 골격 크기와 뼈 중량의 지표뿐만 아니라 체형의 중배엽 요소를 평가하는데 적용된다.

측정 방법

팔꿈치 너비는 촉각계를 이용하여 측정한다. 그림 3-21에서 보는 바와 같이 피검자는 위팔과 아래팔이 수직이 되도록 구부린다. 이때 피검자의 손등은 측정자를 향하게 하고, 측정자는 피검자 앞에 서서 위팔뼈 최외측과 최내측에 촉각계를 위치시킨 후 측정하고, 측정값은 0.1㎝ 단위로 기록한다.

어린이들을 대상으로 한 측정에서 동일한 측정자와 서로 다른 측정자 사이의 오차는 약 0.1 ㎝이었다.

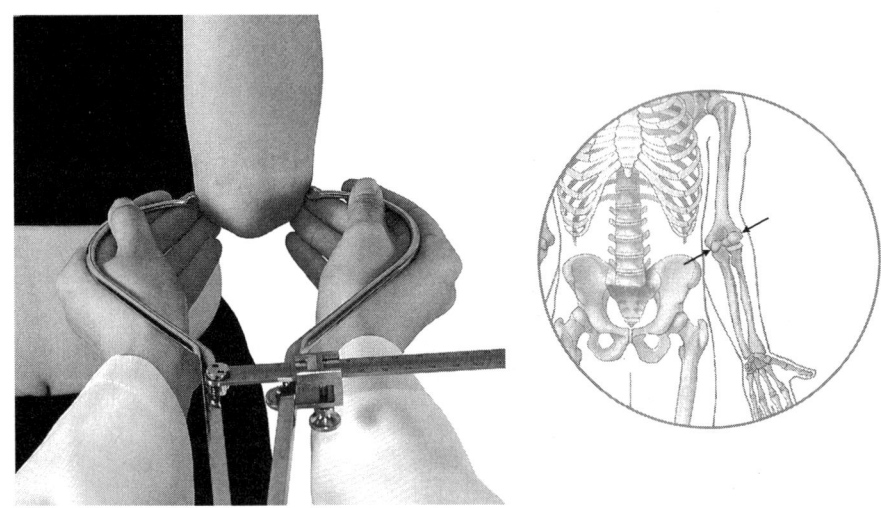

그림 3-21. 팔꿈치 너비 측정

8_ 손목 너비

측정 목적

손목 너비는 뼈의 중량과 골격 크기의 지표로 이용되고 있으며, 또한 뼈의 중량을 예측하기 위한 회귀방정식에도 적용되고 있다.

측정 방법

손목 너비는 촉각계를 이용하여 측정한다. 그림 3-22에서 보는 바와 같이 피검자는 왼손을 주먹 쥐어 앞으로 내민다. 측정자는 피검자를 마주보고 촉각계의 끝을 노뼈 최외측과 자뼈 최내측에 위치시킨 후 측정하고, 측정값은 0.1㎝ 단위로 기록한다.

어린이들을 대상으로 동일한 측정자와 서로 다른 측정자 사이의 오차는 약 0.1~0.2㎝이었다. 동일한 측정자 사이의 신뢰도계수는 r=0.99이었고(Martin, 1986), 남자 대학생을 대상으로 한 검사-재검사의 신뢰도계수는 r=0.96이었다(Wilmore & Behnke, 1969).

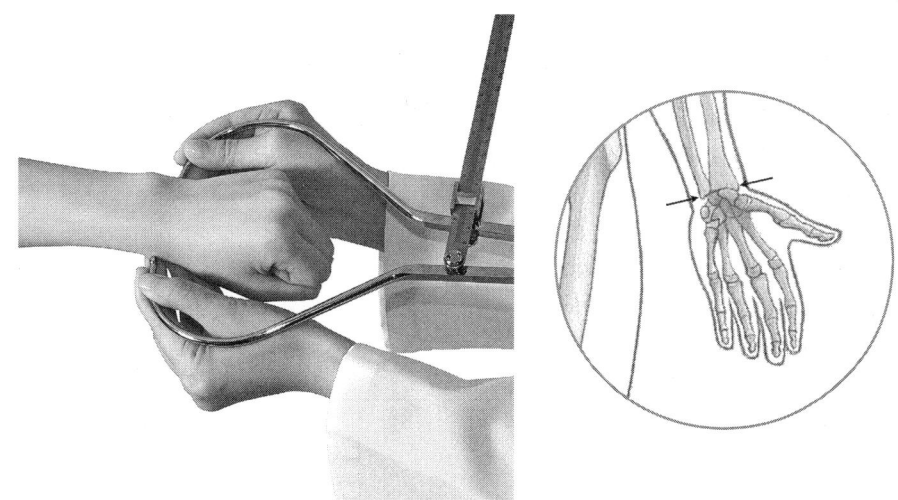

그림 3-22. 손목 너비 측정

4) 신체 둘레

신체 둘레는 몸의 횡단면과 둘레를 측정하는 것으로서, 어린이들의 성장 상태를 평가하고 지방형태와 영양상태의 지표를 제공한다. 6세 이하 어린이의 머리 둘레는 두뇌 성장의 지표로 이용되고 있으며, 또한 머리와 가슴 둘레의 비율은 영양상태를 평가하는데 이용되고 있다. 아동 후기와 성인기에 측정한 동일 부위의 피하지방과 사지 둘레 측정 자료는 지방, 근육, 뼈의 단면적에 관한 정보를 제공한다. 둘레는 줄자를 이용하여 측정하는데, 이때 줄자는 탄력성이 없고 한쪽 면에 척도자가 부착되어 있어야 한다. 일반적으로 줄자의 폭은 약 0.7㎝이지만, 노뼈·자뼈·손목뼈 돌기 사이의 움푹한 곳을 측정하기 위해서는 줄자의 폭이 더 좁아야 한다.

줄자의 사용 방법은 왼손으로 줄자 영점끝을 잡고 오른손으로 반대 부분을 잡은 후 왼손이 오른손 위에 오도록 하여 줄자 영점끝을 볼 수 있도록 한다. 둘레 측정은 비교적 쉽지만 동일한 측정자와 서로 다른 측정자 사이의 신뢰도는 매우 낮다. 신뢰도가 낮은 주요 원인은 부정확한 계측점의 위치와 적용된 줄자 장력의 차이 때문인 것으로 나타났다.

1_ 머리 둘레

측정 목적

머리 둘레는 뇌 크기와 밀접하게 관련이 있기 때문에 유아들에게 인체 측정의 기본 구성 요소이다. 뇌 무게는 36개월 이후 약 30% 증가하고, 유아의 머리 둘레는 부모와 밀접하게 관련이 있기 때문에 비정상적인 부모로부터 태어난 유아의 머리 둘레 측정은 필수적이다.

측정 방법

그림 3-23에서 보는 바와 같이 피검자는 머리를 바로 세우고 앉거나 선다. 측정자는 피검자의 왼쪽에 서서 줄자를 이마뼈, 뒤통수뼈, 관자뼈 표면에 위치시킨 후 측정하고 측정값은 0.1㎝ 단위로 기록한다.

이때 머리카락이 측정에 영향을 미치지 않도록 줄자를 약간 당겨서 측정하고, 유아의 머리 둘레 측정은 유아를 어머니의 무릎에 앉힌 후 측정한다.

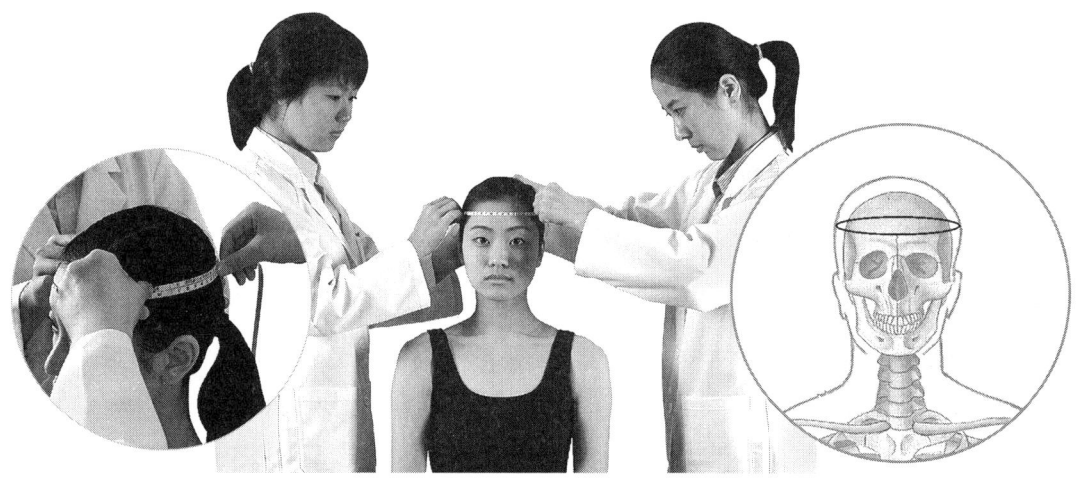

그림 3-23. 머리 둘레 측정

2_ 목 둘레

측정 목적

목 둘레는 성장과 운동수행, 비만과 노화 등의 임상의학과 인체공학에 적용된다.

측정 방법

그림 3-24에서 보는 바와 같이 피검자는 머리를 바로 세우고 앉거나 선다. 측정자는 피검자의 왼쪽에 서서 줄자를 뒤통수 아래 목 주위에 위치시킨다. 이때 피검자가 불편함을 느끼지 않도록 약 5초 이내에 측정하고, 측정된 값은 0.1㎝ 단위로 기록한다. 남자 대학생을 대상으로 한 검사-재검사의 신뢰도계수는 r=0.95이었다(Wilmore & Behnke, 1969).

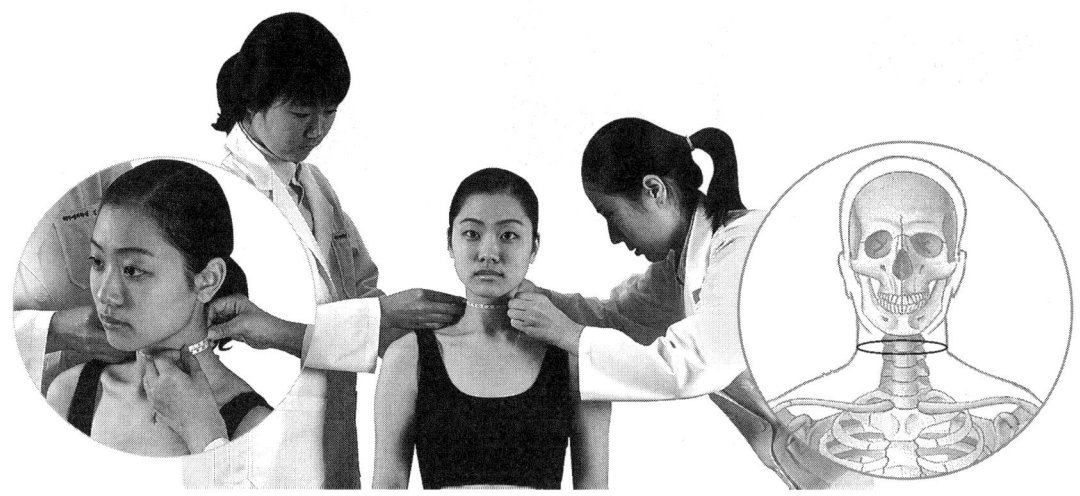

그림 3-24. 목 둘레 측정

3_ 어깨 둘레

측정 목적

어깨 둘레는 어깨와 몸통 위쪽의 근육 발달 지표로 사용되고 있다. 또한 어깨 둘레는 삼각근의 제지방량과 비례하기 때문에 근력 훈련량에 따라 변한다. 따라서 인체공학과 체육학 연구에 중요하게 적용되고 있다.

측정 방법

그림 3-25에서 보는 바와 같이 피검자는 양쪽 어깨를 펴고 자연스럽게 선다. 측정자는 피검자 앞에 서서 줄자를 양쪽 어깨봉우리 아래 최대 근육 부위에 위치시킨 후 줄자가 피부를 압박하지 않은 상태에서 측정하고, 측정값은 0.1㎝ 단위로 기록한다. 이때 보조자는 피검자의 뒤에 서서 줄자의 위치가 평행하게 되었는지 확인한다.

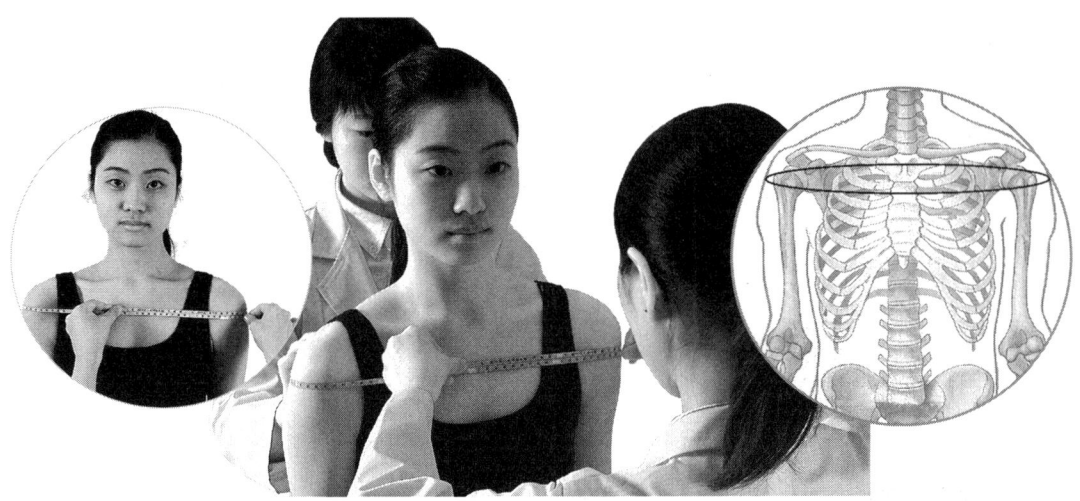

그림 3-25. 어깨 둘레 측정

4_ 가슴 둘레

측정 목적

가슴 둘레는 유아와 어린이들의 영양상태를 평가하는 지표로 사용되고 있다.

측정 방법

그림 3-26에서 보는 바와 같이 피검자는 양발을 어깨 너비로 하고 자연스럽게 선다. 측

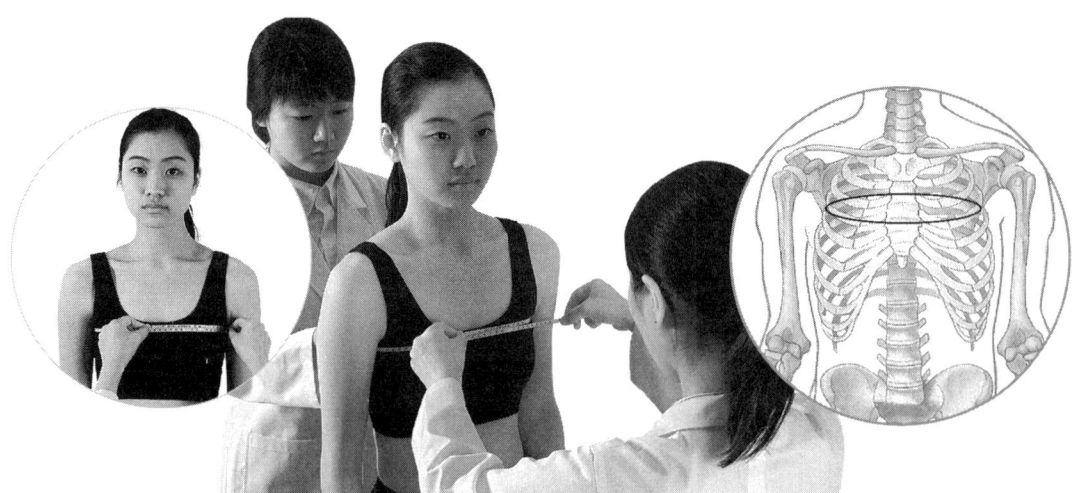

그림 3-26. 가슴 둘레 측정

정자는 피검자 앞에 서서 측정 부위인 네번째 목갈비뼈 결합부위(6번 갈비뼈부위)를 확인하고 피검자에게 호흡을 내뱉게 한 후 측정하고, 측정값은 0.1㎝ 단위로 기록한다. 7~12세 어린이들을 대상으로 한 측정에서 서로 다른 측정자 사이의 신뢰도계수는 r=0.90 이상이었다(Slaughter et al., 1978).

5_ 허리 둘레

측정 목적

허리 둘레는 배부위 내장지방 조직을 나타내는 지표로서(Borkan et al., 1983), 제지방량과 상호 관련이 있다(Jackson & Pollock, 1976). 엉덩이·허벅지 둘레와 함께 허리 둘레는 남성형 지방 분포형태의 척도로 사용되고 있다. 엉덩이와 허벅지 둘레와 비교하여 볼 때, 허리 둘레가 클수록 남성형 지방 분포 형태를 나타내며 인슐린 의존 당뇨병과 같은 질환에 걸릴 위험이 높다(Hartz et al., 1984). 허리 둘레는 보통 비만지수인 체질량 지수(몸무게/체중^2)와 상관이 매우 높고(Kannel & Gorden, 1980), 인체공학에 적용되고 있다.

측정 방법

그림 3-27에서 보는 바와 같이 피검자는 배를 노출시킨 후 자연스럽게 선다. 측정자는 피

그림 3-27. 허리 둘레 측정

검자 앞에 서서 몸통 둘레가 가장 작은 부위를 확인하여 피검자에게 호흡을 내뱉게 한 후 측정 하고, 측정값은 0.1cm 단위로 기록한다. 이때 보조자는 피검자 뒤에서 줄자의 위치를 확인한다. 비만자의 경우 측정부위는 갈비뼈와 엉덩이뼈 사이의 수평 둘레가 가장 작은 부위이다. 청소년들을 대상으로 한 측정에서 동일한 측정자 사이의 표준오차는 1.31cm이었고, 서로 다른 측정자 사이의 표준오차는 1.56cm이었다(Malina et al., 1973).

6_ 배부위 둘레

측정 목적

배부위 둘레는 허리 둘레와 마찬가지로 배부위 내장지방 조직을 평가하는 지표이다.

측정 방법

그림 3-28에서 보는 바와 같이 피검자는 배부위를 노출시키고 자연스럽게 선다. 측정 방법은 허리 둘레 측정과 동일하며, 측정자는 피검자 앞에 서서 최대 배부위 둘레를 확인하여 피검자에게 호흡을 내뱉게 한 후 측정하고, 측정값은 0.1cm 단위로 기록한다. 이때 보조자는 피검자 뒤에서 줄자의 위치를 확인한다. 젊은 성인을 대상으로 한 검사-재검사의 신뢰도계수는 r=0.99이었다(Huenemann et al., 1974).

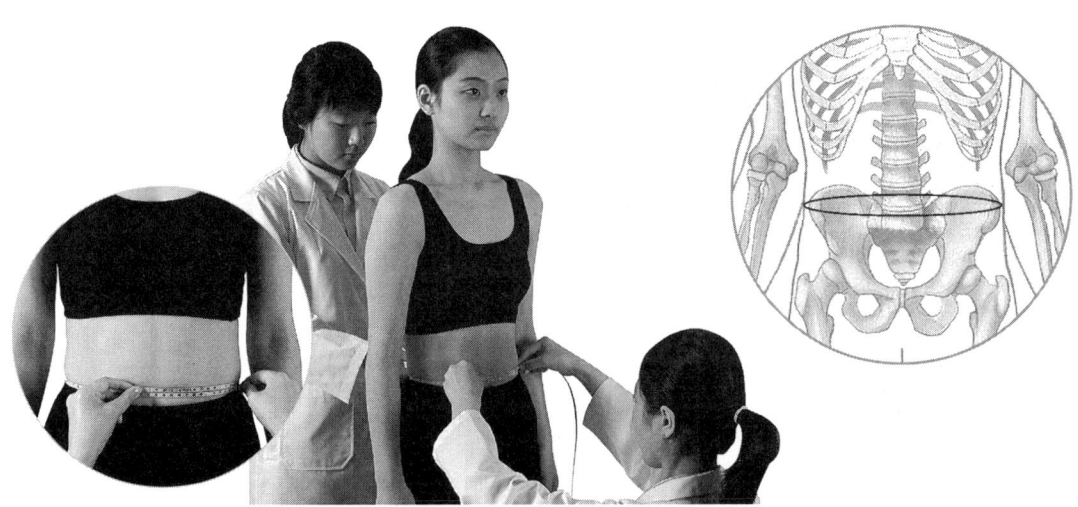

그림 3-28. 배부위 둘레 측정

7 _ 엉덩이 둘레

측정 목적

엉덩이 둘레는 외형적인 골반 크기의 측정으로서 하지의 체지방 척도이며, 허리 둘레와 함께 피하 지방분포도의 지표이다. 허리/엉덩이 둘레 비율은 여자가 남자보다 낮은 특징이 있다.

측정 방법

그림 3-29에서 보는 바와 같이 피검자는 양발을 서로 붙이고 자연스럽게 선다. 측정자는 피검자 옆에 서서 엉덩이 최대 돌출부위를 확인하여 줄자를 위치시킨 후 측정하고, 측정값은 0.1㎝ 단위로 기록한다. 이때 보조자는 측정자 반대쪽에서 줄자의 위치를 확인한다.

청소년을 대상으로 한 측정에서 동일한 측정자 사이의 기술오차는 1.23㎝이었고, 서로 다른 측정자 사이의 기술오차는 1.38㎝이었다(Malina et al., 1973).

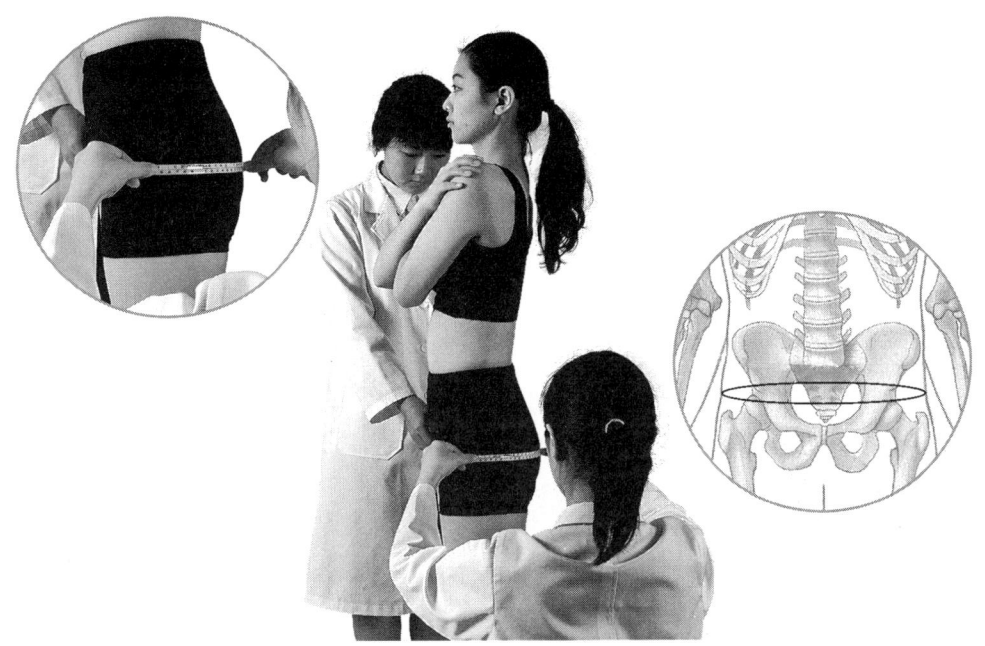

그림 3-29. 엉덩이 둘레 측정

8_ 넙다리 둘레

측정 목적

넙다리 둘레는 신체밀도를 평가하는데 이용되며, 지방과 제지방량 평가의 유용한 지표이다. 넙다리 둘레는 최대, 중간, 최소의 세 부위에서 측정이 가능하며, 무릎 바로 위에서 측정된 넙다리 둘레는 질병과 상해로 인한 근육 감소의 중요한 지표가 된다.

측정 방법

그림 3-30에서 보는 바와 같이 피검자는 양발을 자연스럽게 벌리고 선다. 측정자는 측정 부위에 따라 피검자의 앞과 옆에 서서 최대, 중간, 최소 넙다리 부위를 확인하여 줄자를 위치시킨 후 측정하고, 측정값은 0.1㎝ 단위로 기록한다.

젊은 성인남자를 대상으로 한 검사-재검사의 신뢰도계수는 r=0.99이었다(Wilmore & Behnke, 1969).

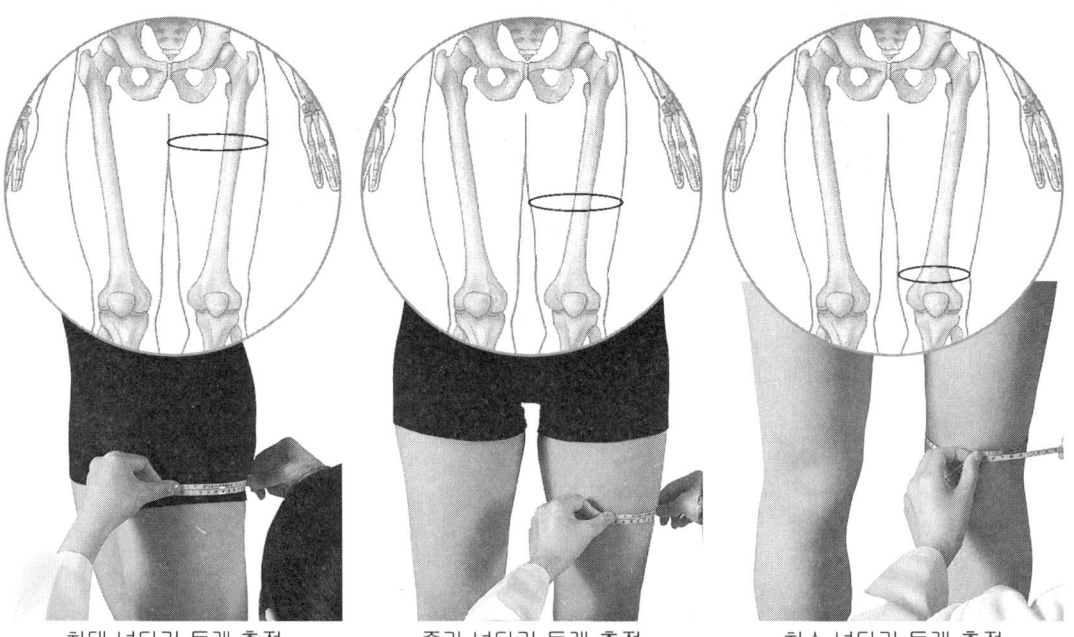

최대 넙다리 둘레 측정   중간 넙다리 둘레 측정   최소 넙다리 둘레 측정

그림 3-30. 넙다리 둘레 측정

9 _ 종아리 둘레

측정 목적

종아리 둘레는 종아리 부위의 근육과 지방조직을 평가하는데 이용되며, 성인과 노인의 신체구성을 예측하는데 중요한 정보를 제공한다.

측정 방법

그림 3-31에서 보는 바와 같이 피검자는 무릎이 직각이 되도록 하여 앉거나 선다. 측정자는 종아리 최대 부위를 확인하여 줄자를 위치시킨 후 측정하고, 측정값은 0.1㎝ 단위로 기록한다.

어린이를 대상으로 한 동일한 측정자 사이의 기술오차는 0.87cm이었고, 서로 다른 측정자 사이의 기술오차는 0.34㎝이었다(Malina et al., 1974). 성인을 대상으로 한 서로 다른 측정자 사이의 기술오차는 0.08㎝이었다(Chumlea & Roche, 1979).

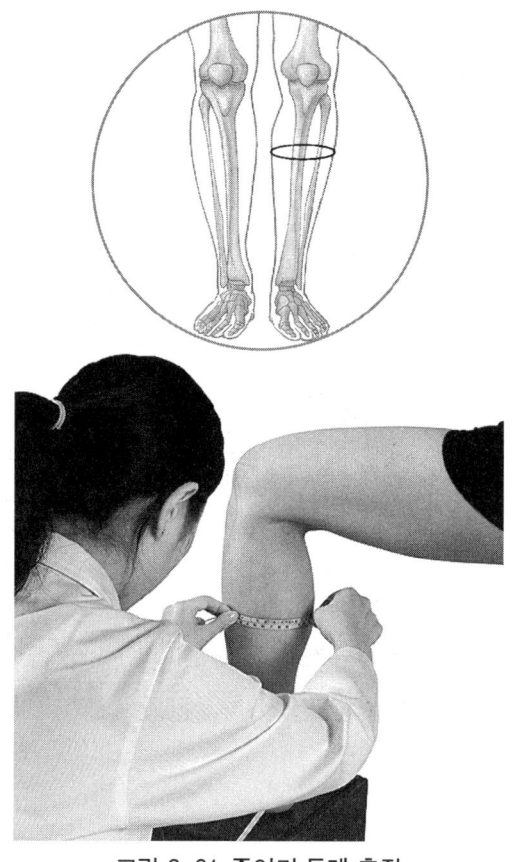

그림 3-31. 종아리 둘레 측정

10 _ 발목 둘레

측정 목적

발목 둘레는 골격 크기의 지표로 의류, 신발, 양말을 디자인하는데 적용되고 있다.

측정 방법

그림 3-32에서 보는 바와 같이 피검자는 지면보다 약간 높은 측정대 위에 자연스럽게 선다. 측정자는 피검자의 옆에 앉아 종아리 최소 부위를 확인하여 줄자를 위치시킨 후 측정하고,

측정값은 0.1㎝ 단위로 기록한다.

    Huenemann 등(1974)은 2명을 대상으로 4주 동안 20회 반복하여 측정한 결과 표준편차가 오른쪽 발에서 0.12㎝이었고, 왼쪽 발에서 0.12~0.13㎝이었다고 보고하였다. 또한 성인 남자를 대상으로 한 검사–재검사의 신뢰도계수는 r=0.99이었다(Wilmore & Behnke, 1969).

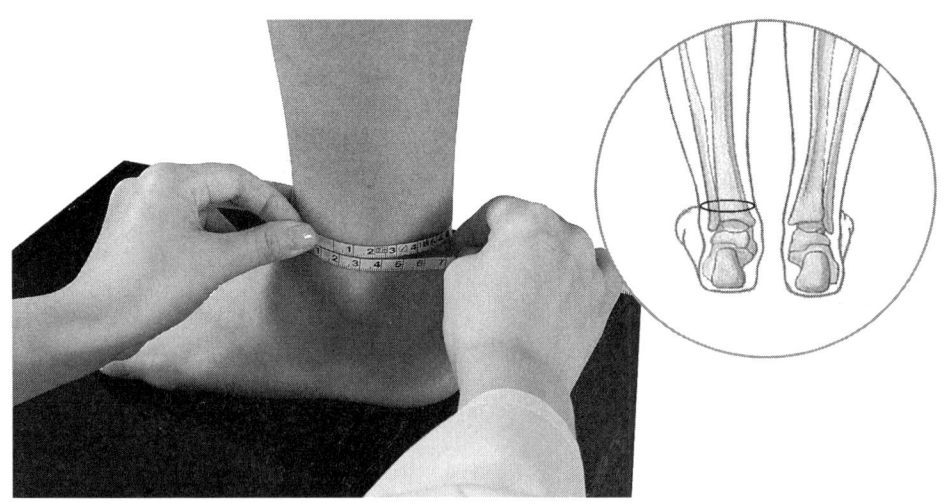

그림 3-32. 발목 둘레 측정

11 _ 위팔 둘레

측정 목적

위팔 둘레는 에너지 저장과 단백질량의 지표로서 이용되고 있으며, 팔의 근육과 지방조직의 면적을 산출하기 위하여 피하지방과 함께 사용되고 있다. 위팔 둘레값이 매우 적으면 단백질 부족에 의한 에너지 결핍을 의미한다.

측정 방법

위팔 둘레는 두 가지 방법을 이용하여 측정할 수 있다. 첫째, 왼팔을 자연스럽게 내려 위팔 근육을 이완시킨 후 측정한다. 둘째, 근육 발달에 특별한 관심이 있을 경우에는 팔꿈치를 구부리고 위팔두갈래근을 수축시킨 후 측정는데, 이를 구부린 위팔 둘레 측정이라 한다.

그림 3-33에서 보는 바와 같이 이완시킨 위팔 둘레 측정을 위하여 피검자는 양팔을 몸통 양옆에 자연스럽게 내리고 선다. 측정자는 피검자의 봉우리 돌기의 가장 윗부위와 팔꿈치 가장 아래 부위를 확인하여 이 두 부위의 중간 지점을 피부 연필로 표시한다. 측정자는 줄자를 이용하여 표시된 위팔 둘레 부위를 측정하고, 측정값은 0.1cm 단위로 기록한다.

동일한 측정자 사이의 기술오차는 0.1~0.4㎜이었고, 서로 다른 측정자 사이의 기술오차는 0.3㎜이었다(Brown, 1984;Malina & Buschang, 1982).

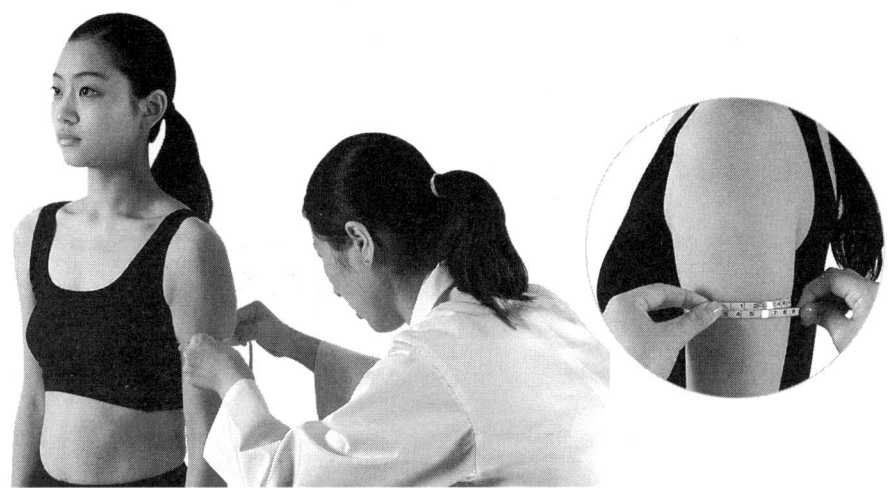

그림 3-33. 이완시킨 위팔 둘레 측정

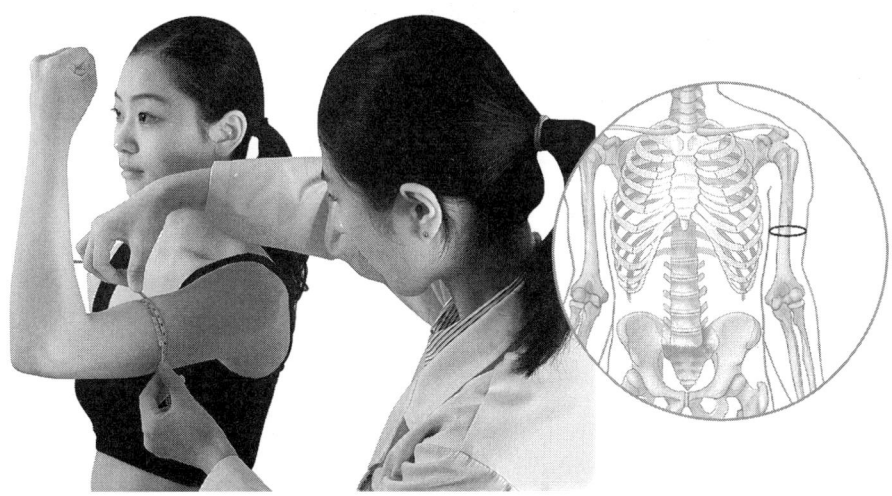

그림 3-34. 구부린 위팔 둘레 측정

12_ 손목 둘레

측정 목적

손목 둘레는 성장과 유전자 증후군의 지표로서 이용되고 있다.

측정 방법

그림 3-35에서 보는 바와 같이 피검자는 팔꿈치를 약간 구부린 후 손바닥이 위로 향하게 하여 아래팔 근육을 이완시키고 선다. 측정자는 피검자 앞에 서서 노뼈과 자뼈 돌기의 가장 위쪽부위를 확인하여 줄자로 측정하고, 측정값은 0.1㎝ 단위로 기록한다. 동일한 측정자 사이의 신뢰도계수는 r=0.99이었다(Wilmore & Behnke, 1969).

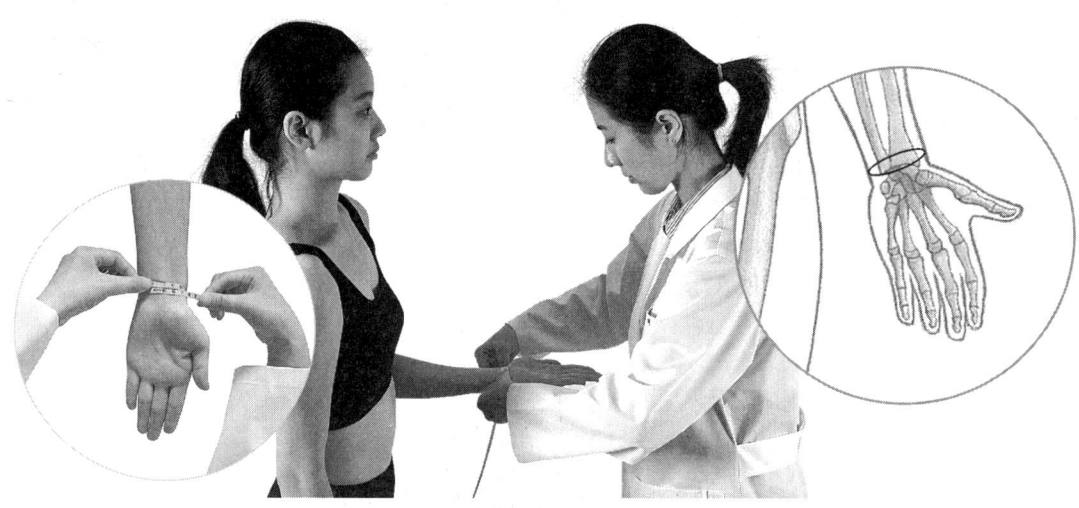

그림 3-35. 손목 둘레 측정

5) 피부두겹두께

피부두겹두께는 피부 바로 아래에 위치한 피하지방의 정도를 나타내는 지표로서 체지방을 평가하기 위한 아주 간단한 방법이다. 피부두겹두께는 개인, 집단, 연령에 따라 차이가 있고 총지방량에 영향을 미친다. 총지방량을 위한 피하지방의 예측값은 측정 부위에 따라 차이가 있다. 지금까지 인체 측정 자료를 이용하여 신체 구성 요소를 추정하기 위한 공식들이 수많은 학자들에 의해서 개발되었고, 또한 피부두겹두께는 피하지방 분포도의 특성을 파악하는데 사용되고 있다.

성장 연구와 임상의학에서 가장 흔히 사용되고 있는 피부두겹두께의 측정 부위는 위팔등쪽부위, 위팔두갈래근, 어깨뼈 아래끝, 겨드랑이 중앙, 가슴, 배부위, 엉덩뼈윗부위, 넙다리, 종아리부위 등이다.

1 _ 위팔등쪽부위 피부두겹두께

측정 목적

위팔등쪽부위 피부두겹두께는 다른 부위의 피부두께보다 측정이 용이하기 때문에 가장 흔히 사용되고 있으며, 지방 분포 형태 연구에도 적용되고 있다.

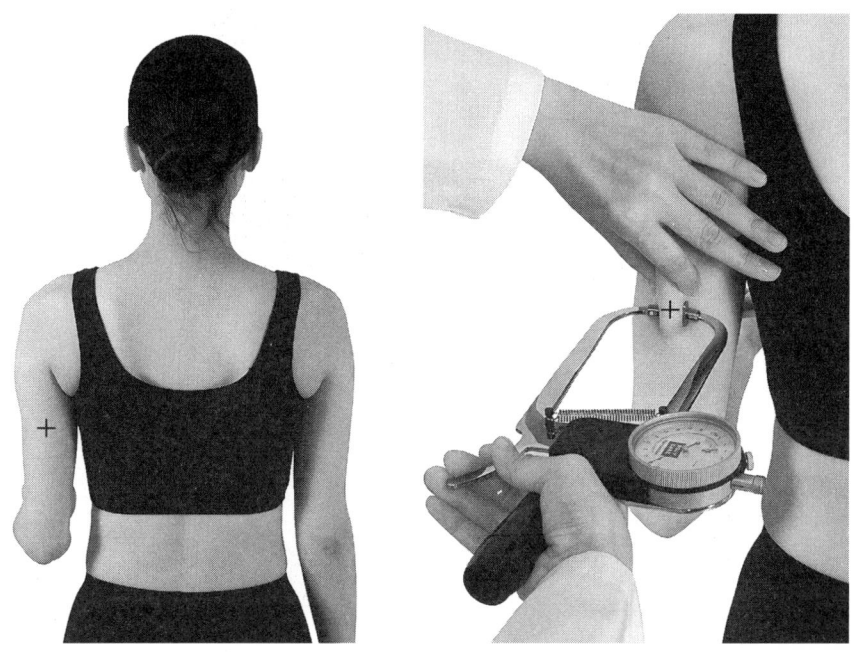

그림 3-36. 위팔등쪽부위 피부두겹두께 측정

측정 방법

그림 3-36에서 보는 바와 같이 위팔등쪽부위 피부두겹두께는 위팔세갈래근, 즉 위팔 뒷면 부위에서 측정한다. 피검자는 팔을 자연스럽게 내리고 왼쪽 팔꿈치를 90°로 구부린다. 측정자는 피검자의 뒤에 서서 어깨끝과 자뼈끝을 이등분한 후 중간지점에 계측점을 표시하여

왼손 엄지와 검지로 피부를 집어올린 후 피하지방계로 측정하고, 측정값은 0.1mm 단위로 기록한다. 동일한 측정자 사이의 기술오차는 0.4~0.8mm이었고(Malina & Buschang, 1984), 서로 다른 측정자 사이의 기술오차는 0.8~1.89mm로 나타났다(Johnston & Mack, 1985).

2_ 위팔두갈래근부위 피부두겹두께

측정 목적

위팔두갈래근부위 피부두겹두께는 다른 피부두겹두께와 결합하여 총지방량의 예측인자이다. 또한 위팔등쪽부위 피부두겹두께와 함께 근육과 뼈의 횡단면적을 산출하는데 적용되고 있다.

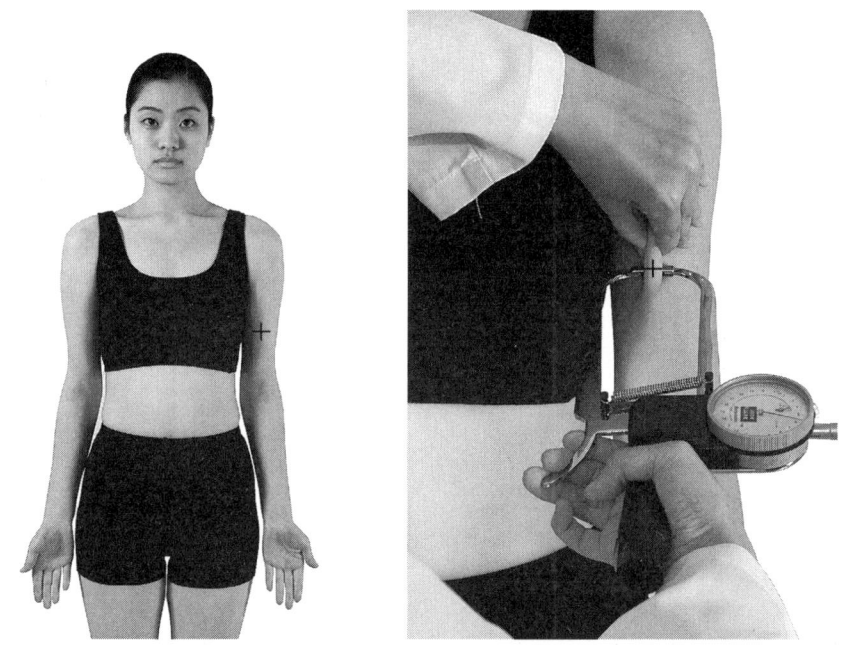

그림 3-37. 위팔두갈래근부위 피부두겹두께 측정

측정 방법

그림 3-37에서 보는 바와 같이 위팔두갈래근부위 피부두겹두께는 위팔 앞부위의 두갈래근에서 측정한다. 피검자는 팔을 자연스럽게 내리고 왼쪽 위팔을 이완시킨 상태로 선다. 측정자는 피검자의 앞에 서서 어깨끝과 자뼈끝을 이등분한 후 중간 지점에 계측점을 표시하고, 표시된 부위의 약 1cm 위를 왼손 엄지와 검지로 피부를 집어 올린 후 피하지방계로 측정하고,

측정값은 0.1㎜ 단위로 기록한다. 동일한 측정자 사이의 기술오차는 0.2㎜이었다(Meleski, 1980).

3_ 어깨뼈 아래끝 피부두겹두께

측정 목적

어깨뼈 아래끝 피부두겹두께는 몸통 뒷부위의 피하지방 측정으로서 영양상태를 나타내는 중요한 측정 부위이다. 다른 부위의 피부두겹두께와 결합하여 총지방량, 혈압, 혈청지질을 예측하는데 적용되고 있다.

측정 방법

그림 3-38에서 보는 바와 같이 피검자는 상체를 이완시켜 팔을 자연스럽게 내리고 편안하게 선다. 측정자는 피검자의 뒤에 서서 어깨뼈 바로 아래부터 45° 왼쪽으로 측정 부위를 확인하여 계측점을 표시하고 왼손 엄지와 검지로 피부를 집어올린 후 피하지방계로 측정하고, 측정값은 0.1㎜단위로 기록한다.

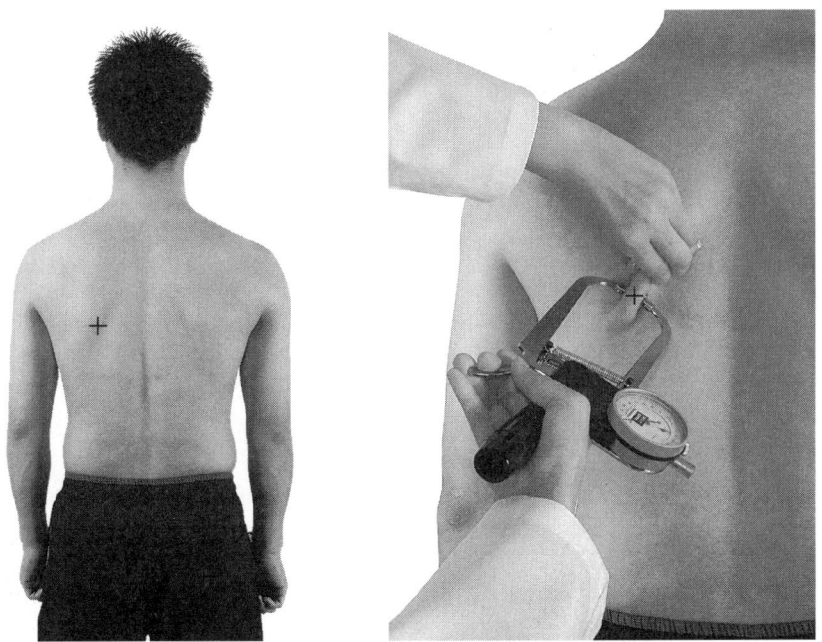

그림 3-38. 어깨뼈 아래끝 피부두겹두께 측정

동일한 측정자 사이의 기술오차는 0.88~1.16㎜이었고(Lohman, 1981 ; Wilmore & Behnke, 1969), 서로 다른 측정자 사이의 기술오차는 0.88~1.55㎜로 나타났다(Sloan & Shapiro, 1972 ; Johnston et al., 1972).

4 _ 겨드랑이 중앙 피부두겹두께

측정 목적

겨드랑이 중앙 피부두겹두께는 총지방량과 지방분포 형태의 지표로 적용되고 있다.

측정 방법

그림 3-39에서 보는 바와 같이 피검자는 자연스럽게 서서 측정부위가 보일 수 있도록 왼팔을 어깨관절에서 몸통쪽으로 구부린다. 측정자는 피검자의 옆에 서서 가슴뼈 칼돌기 부위와 옆구리 중앙선이 교차하는 부위를 확인하여 계측점을 표시하고, 왼손 엄지와 검지로 피부를 집어올린 상태에서 피하지방계로 측정하고, 측정값은 0.1㎜ 단위로 기록한다. 어린이들을

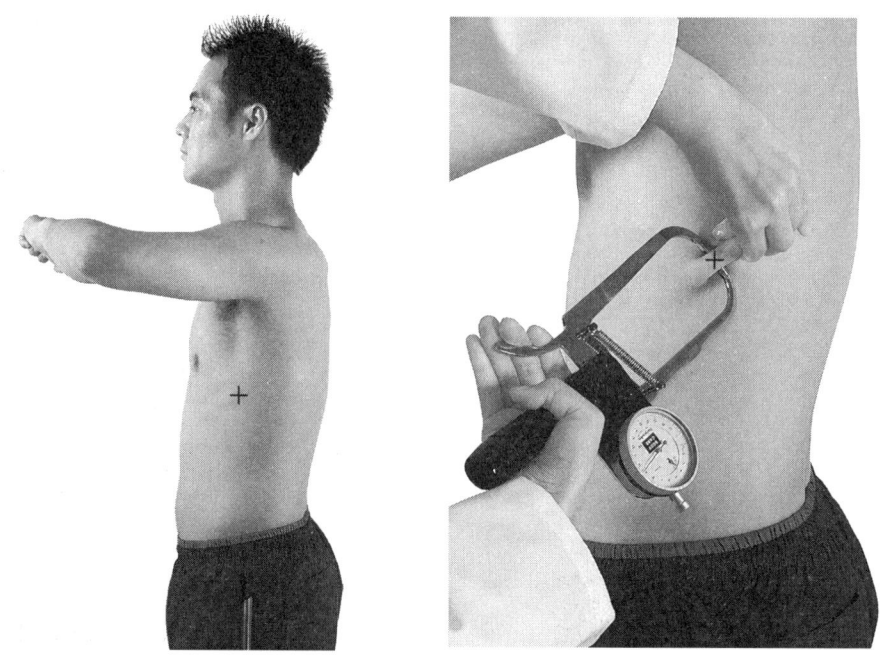

그림 3-39. 겨드랑이 중앙 피부두겹두께 측정

대상으로 한 측정에서 서로 다른 측정자 사이의 기술오차는 0.36㎜이었고, 성인을 대상으로 한 서로 다른 측정자 사이의 기술오차는 0.64㎜로 나타났다(Chumlea & Roche, 1979).

5_ 가슴 피부두겹두께

측정 목적

가슴 피부두겹두께는 수중체중법으로 산출된 신체밀도와 매우 상관이 높고, 인체측정으로부터 신체밀도를 추정하기 위한 회귀방정식에 적용되고 있다.

측정 방법

그림 3-40에서 보는 바와 같이 가슴 피부두겹두께는 남녀 모두 동일한 가슴부위에서 측정한다. 피검자는 팔을 자연스럽게 내리고 선다. 측정자는 피검자의 앞에 서서 젖꼭지에서 겨드랑이 사이의 약 45° 지점에 계측점을 표시하고, 왼손 엄지와 검지로 피부를 집어올린 상태에서 피하지방계로 측정하고, 측정값은 0.1㎜ 단위로 기록한다. 동일한 측정자 사이의 신뢰도 계수는 r=0.91~0.97이었다(Pollock et al., 1976).

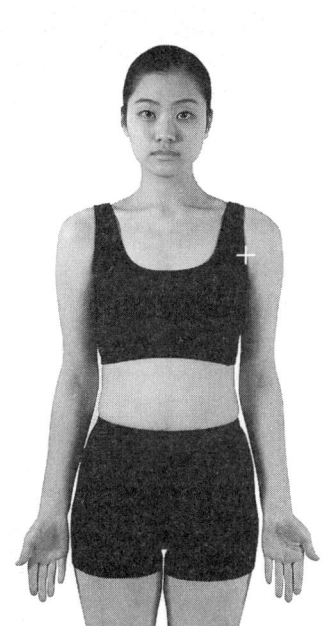
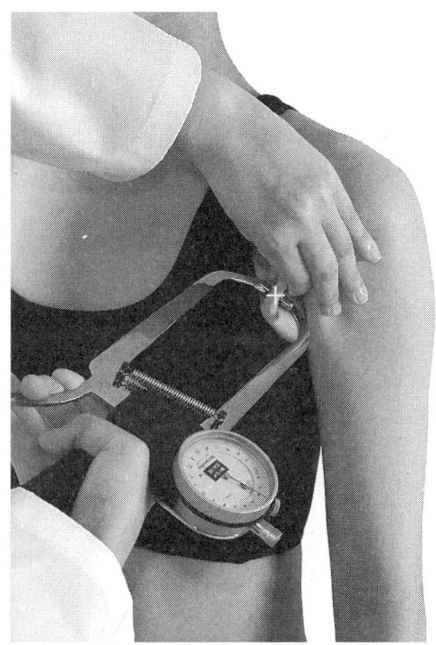

그림 3-40. 가슴 피부두겹두께 측정

6 _ 배부위 피부두겹두께

측정 목적

배부위 피부두겹두께는 총지방량을 추정하기 위한 회귀방정식에 적용되고 있으며, 체중이 감소함에 따라 크게 변한다.

측정 방법

그림 3-41에서 보는 바와 같이 피검자는 배부위의 근육을 최대한 이완시키고, 정상적인 호흡을 하면서 자연스럽게 선다. 측정자는 피검자 앞에 서서 배꼽으로부터 왼쪽으로 3㎝, 아래로 1㎝ 지점을 확인하여 계측점을 표시하고, 왼손 엄지와 검지로 피부를 집어 올린 상태에서 피하지방계로 측정하고, 측정값은 0.1㎜ 단위로 기록한다.

동일한 측정자 사이의 기술오차는 0.89~0.90㎜이었고(Zavaleta & Malina, 1982), 젊은 성인 남자를 대상으로 한 검사-재검사의 신뢰도계수는 r=0.98로 나타났다(Wilmore & Behnke, 1969).

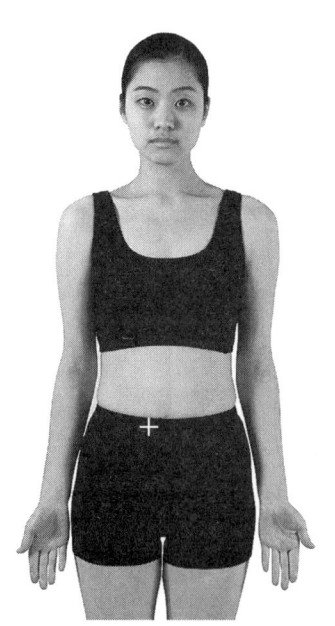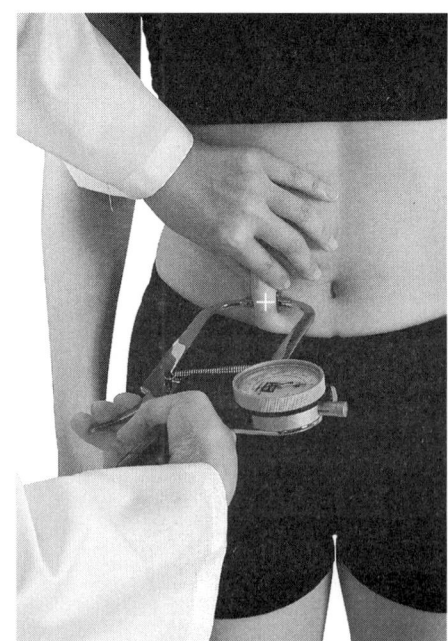

그림 3-41. 배부위 피부두겹두께 측정

7 _ 엉덩뼈윗부위 피부두겹두께

측정 목적

엉덩뼈윗부위 피부두겹두께는 다른 부위의 피부두겹두께와 함께 체지방량을 추정하기 위한 지표로 이용되고 있으며, 질병 위험에 영향을 미치는 부위별 피하지방 분포 형태 연구에 적용되고 있다.

측정 방법

그림 3-42에서 보는 바와 같이 엉덩뼈윗부위 피부두겹두께는 엉덩뼈 바로 위 측면 중앙선에서 측정한다. 피검자는 자연스럽게 서서 측정부위가 보일 수 있도록 왼쪽팔을 앞으로 구부린다. 측정자는 피검자의 옆에 서서 지면과 45°로 엉덩뼈 위에 계측점을 표시하고, 왼손 엄지와 검지로 피부를 집어올려 피하지방계로 측정하고, 측정값은 0.1㎜ 단위로 기록한다. 젊은 성인 남자를 대상으로 한 검사-재검사의 신뢰도계수는 r=0.97이었고, 어린이와 청소년을 대상으로 한 기술오차는 1.53㎜로 나타났다(Johnston et al., 1974).

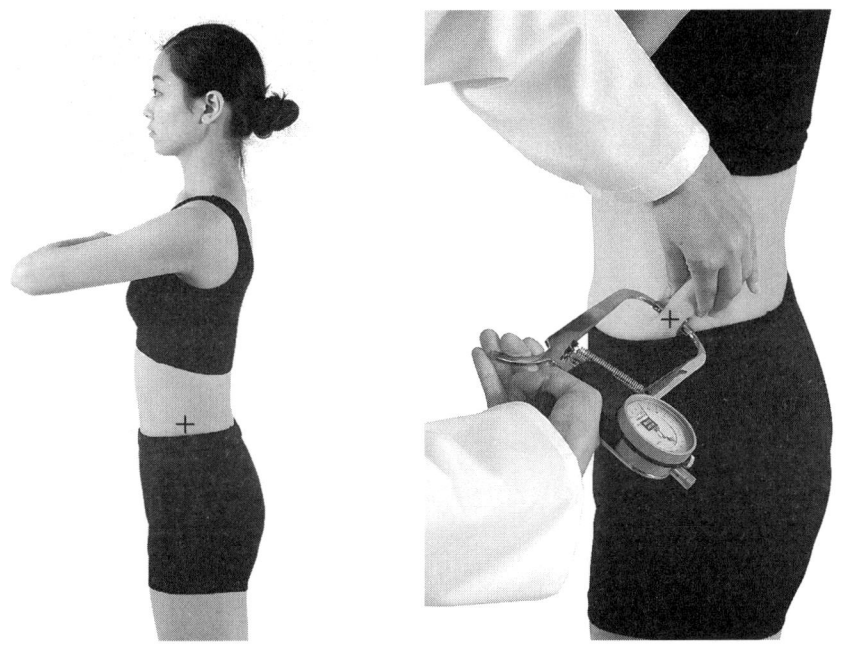

그림 3-42. 엉덩뼈윗부위 피부두겹두께 측정

8_ 넙다리 피부두겹두께

측정 목적

넙다리 피부두겹두께는 다른 부위의 피부두겹두께와 함께 체지방량을 추정하기 위한 지표로서 이용되고 있으며, 또한 질병 위험에 영향을 미치는 부위별 피하지방 분포 형태 연구에 적용되고 있다.

측정 방법

넙다리 피부두겹두께는 넙다리 경사면과 무릎끝 사이를 이등분하여 중간 지점에서 측정한다. 그림 3-43에서 보는 바와 같이 피검자는 양발을 벌리고 팔을 자연스럽게 내린 후 발뒤꿈치를 약간 들고 선다. 측정자는 피검자의 앞에 서서 넙다리 중앙 부위를 확인하여 계측점을 표시하고, 왼손 엄지와 검지로 피부를 집어 올린 상태에서 피하지방계로 측정하고, 측정값은 0.1㎜ 단위로 기록한다.

측정 표준오차(SEM)는 1~2㎜이었고, 동일한 측정자 사이의 신뢰도계수는 r=0.91~

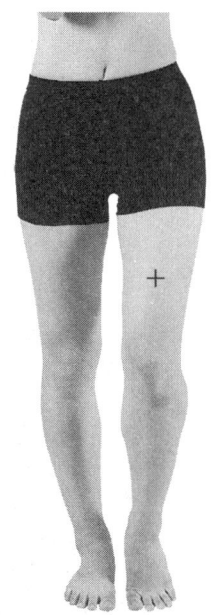
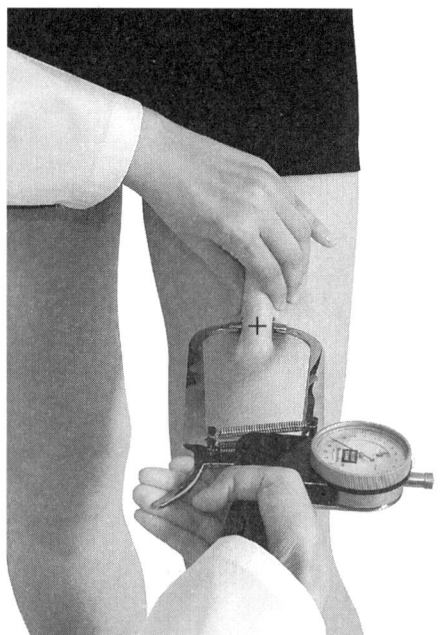

그림 3-43. 넙다리 피부두겹두께 측정

0.98로 매우 높고(Pollock et al., 1976), 동일한 측정자 사이의 기술오차는 0.5~0.7㎜로 나타났다(Meleski, 1980).

9_ 종아리 피부두겹두께

측정 목적

종아리 피부두겹두께는 다른 부위의 피부두겹두께와 함께 체지방량을 추정하기 위한 지표로서 이용되고 있으며, 질병 위험에 영향을 미치는 부위별 피하지방 분포 형태 연구에 적용되고 있다.

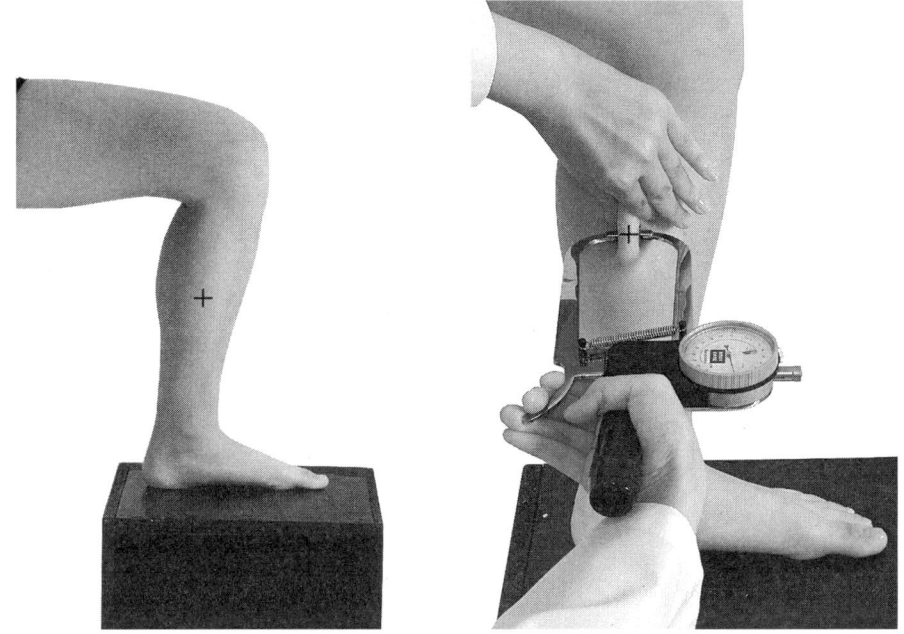

그림 3-44. 종아리 피부두겹두께 측정

측정 방법

종아리 피부두겹두께는 종아리 안쪽 무릎뼈끝 지점에서부터 복사뼈 지점의 중앙에서 측정한다. 그림 3-44에서 보는 바와 같이 피검자는 왼발을 지면보다 높은 측정대 위에 올려놓는다. 측정자는 피검자의 앞에 웅크리고 앉아 종아리 안쪽 중앙 부위를 확인하여 계측점을 표시하고, 왼손 엄지와 검지로 피부두겹을 집어올린 상태에서 피하지방계로 측정하고, 측정값은 0.1㎜ 단위로 기록한다.

검사-재검사의 신뢰도계수는 r=0.98이었고(Perez, 1981), 다양한 연령을 대상으로 한 동일한 측정자 사이의 신뢰도계수는 r=0.94~0.99로 나타났다(Carter, 1986).

CHAPTER 04
체형과 신체구성의 측정

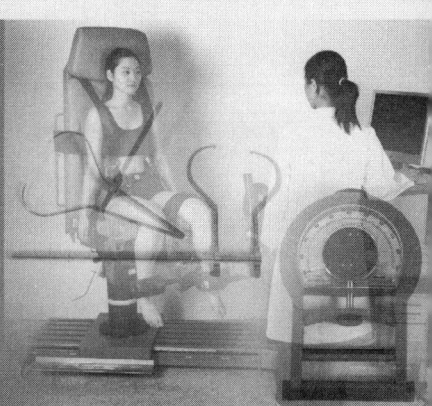

>>> 학습목표

1. 체형의 평가방법을 이해한다.
2. 체형평가 방법들 간의 차이점을 비교·분석한다.
3. 신체구성의 모형을 이해한다.
4. 신체구성 요소의 측정법을 습득한다.

1. 체형의 측정

1) 개 요

형태학과 질환의 관련성이 보고된 이래 체형연구는 수많은 학자들에 의해서 오랫동안 실행되어져 왔다.

Hippocrates(460~377B.C)는 사람을 길고 가는 몸을 가진 야윈체형 *habitus phthisicus*과 짧고 두꺼운 몸을 가진 뚱뚱한체형 *habitus apoplecticus*으로 구분하였고, 야윈체형은 결핵에 감염되기 쉽고, 뚱뚱한체형은 심장병과 뇌졸중에 걸릴 위험이 높다고 하였다.

또한 여러 의사들이 기질과 질환과의 관계에 대하여 많은 관심을 보였다. AD 2세기 그리스 의사인 Galen은 질병을 진단하고 치료하기 위해 환자의 기질을 평가하는 것이 필요하다고 하였다.

BC 4세기 Aristotle은 어떤 특정한 신체는 특정한 성격과 관련이 있다는 것을 확인하였다. 11세기 초 아랍의 의사이자 철학자인 Avicenna는 성격과 관련된 기질의 연구를 권장하였다. 18세기 후기와 19세기 초기에는 Hippocrates의 형태학이 프랑스에 널리 보급되었으며, 1797년 Halle에 이어 1828년 Rostan은 체형을 소화형, 근육형, 대뇌형으로 분류하였고, 최초로 근육발달을 중요한 특성으로 포함시켰다.

인체측정의 발달은 형태학 연구에 새로운 영역을 추가시켰고, 17세기 이탈리아 Padua 대학의 Elsholtz가 인체측정 방법을 고안했을 때 형태학 연구에 처음으로 인체측정을 사용하게 되었다.

200년 후 벨기에 수학자이자 천문학자인 Quetelet은 최초로 인체측정을 통계학적으로 연구하기 시작하였고, 19세기 후기 di Giovanni는 Padua대학에서 자신이 설립한 임상인류학과에서 오랜 기간 인체측정 연구를 실행하였으며, 그의 제자 Viola는 몸통이 크고, 무겁고 짧은 사지를 가진 사람을 macrosplanchnic, 몸통이 작고 비교적 긴 사지를 가진 사람을 microsplanchnic, 그 중간을 normosplanchnic이라 명명하였다. 그는 macrosplanchnic과 microsplanchnic를 구분하기 위하여 몸통면적과 8개 부위의 몸통 측정, 팔과 다리의 길이 측정을 조정하여 형태지수를 만들었다.

1880년경 Huter는 체형을 대뇌형(외배엽형), 근육형(중배엽형), 소화형(내배엽형)의 세 가지 형태로 분류하였다. 1921년 독일의 Ernst Kretschmer는 임상조사와 측정을 통해 운동형 *athletic*, 비만형 *pyknic*, 쇠약형 *asthenic*, 형성장애형 *dysplasia*으로 분류하였다. Kretschmer의 분류는 정신질환자에서부터 정상인을 포함한 단계적인 변화를 인정하였으며 제한된 표집, 불충분한 측정, 지수의 부족, 주관적인 평가에 대한 비평과 나이·성·사회적 지위에 따라 자료를 분류하는데 실패했음에도 불구하고 체형연구에 중대한 영향을 미쳤다.

20세기에는 유럽에서와 마찬가지로 미국에서도 체형연구에 관심이 집중되었다. 특히 Tucker & Lessa(1940a, b)와 Tittel & Wutscherk(1972)의 체형연구에 대한 논평은 매우 잘 알려졌고, Pearl과 그의 동료는 신체형태 및 기질과 여러 질병 감염의 관계를 규명하였다.

20세기 초 생물학자와 인류학자들은 분리된 신체형태를 쉽게 받아들였고, 오늘날 인간의 변화를 복합적인 연속체로 인정하였다. 연속적인 변화에 대한 Sheldon의 체형 개념은 과거의 분류방법과 비교하면 놀라운 발전이었다. Sheldon은 모든 사람의 체형은 세 가지 기본 구성요소를 합한 혼합체 이지만, 이들 요소는 개개인 간 서로 다르다고 보고하였다.

이와 같이 오랜 역사를 통해 수많은 학자들에 의해 체형분류방법이 발전해왔지만, 체계적이고 과학적인 체형평가 방법은 1940년 Sheldon과 그의 동료들이 발표한 '인간 체격의 변화 The Varieties of Human Physique'라는 책에서 처음으로 소개되었다. 한편, 몇몇 학자들에 의해 다른 체형평가 방법도 소개되었다. 그들의 방법은 Sheldon 방법으로부터 발전된 것이지만, 다른 전제와 절차를 이용하고 있다.

따라서 본 장에서는 여러가지 체형평가 방법을 고찰하고, 각 방법의 기준과 신뢰도와 제한점을 비교해 본다.

2) 체형의 평가방법

1 _ Sheldon의 방법

Sheldon과 그의 동료들은(1940) 체형을 판정하기 위하여 4,000명을 대상으로 정면, 측면, 후면의 전신 사진을 촬영한 후 ① 머리, 얼굴, 손 ② 가슴 ③ 어깨, 팔, 손 ④ 배 ⑤ 다리, 발 등 5개 부위로 나누어서 각 부위마다 17개 항목을 측정하였다. 대상자의 체격, 자세, 근육과 지방의 발달, 피부, 발모 상태 등 신체 각 부위의 여러 가지 특징에 따라 배열방법을 고찰하였으며, 발생학적 인자를 분석한 후 체형의 기본인자로서 다음의 3가지 유형을 발표하였다.

① 내배엽형 *endomorphy* ······ 내배엽 인자가 우세하여 태생기의 내배엽에서 발생되는 소화기관의 발달이 뚜렷하고 근육의 발달은 미약한 형이다.
② 중배엽형 *mesomorphy* ······ 중배엽 인자가 우세하여 중배엽성 조직인 근육 발달이 현저하며 전신이 균형있게 발달하여 건장하게 보이는 형이다.
③ 외배엽형 *ectomorphy* ······ 외배엽 인자가 우세하여 외배엽성인 피부조직과 신경계통의 발달이 현저한 반면 사지의 근육이 빈약하고 신체용적에 비해서 표면적이 발달된 형이다.

Sheldon은 세 가지 체형 요소를 7점 척도로 평가한 후 그 결과를 세 개의 숫자로 조합하였으며, 이를 그림 4-1과 같은 체형 삼각도에 표시하였다.

이론적으로 343가지 체형이 존재할 수 있고, 7-1-1인 경우를 극도의 내배엽형, 1-7-1인 경우를 극도의 중배엽형, 1-1-7인 경우를 극도의 외배엽형이라 하였다. 세 개의 숫자에서 첫째 숫자는 내배엽, 둘째 숫자는 중배엽, 셋째 숫자는 외배엽을 의미한다.

Sheldon의 사진촬영법을 이용한 체형평가는 다음과 같다.

· 신장/$\sqrt[3]{체중}$ (신장·체중비 *Hight to Weight : HWR*)을 계산한다.

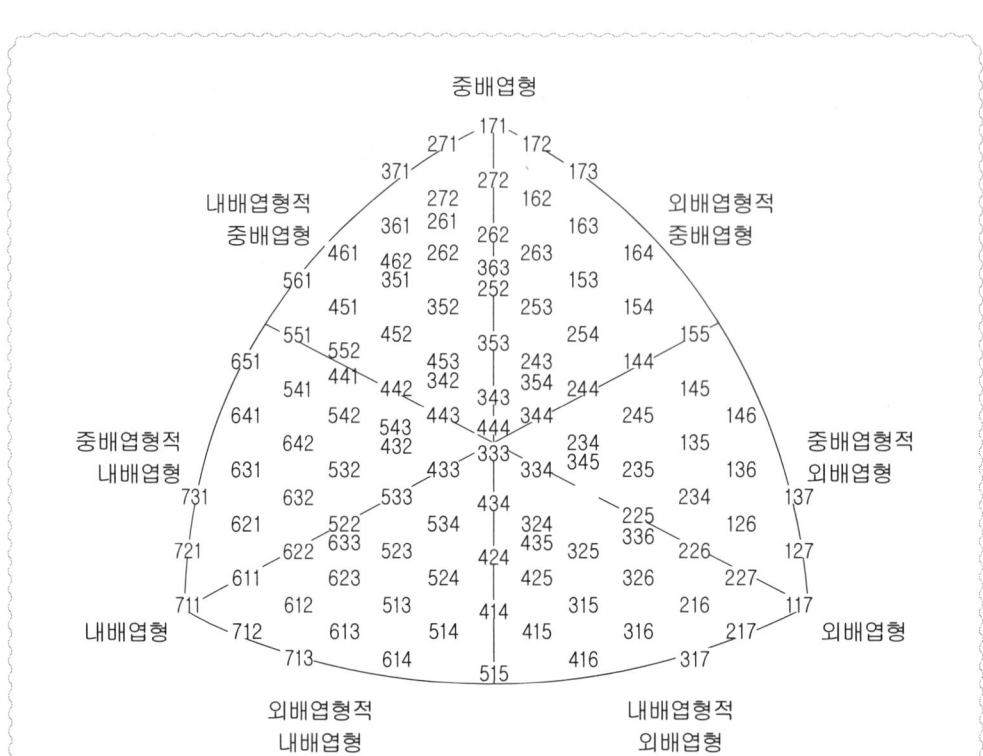

그림 4-1. 체형의 3요소를 나타내는 분포도

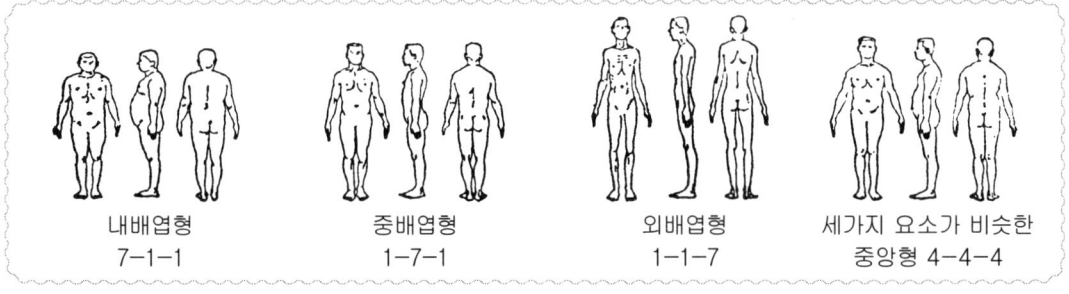

그림 4-2. Sheldon의 체형분류

- 현상한 필름을 이용하여 신장에 대한 17개 횡단면의 측정비율을 산출한다. 32개의 측정부위를 요인분석한 후 선택된 횡단면 측정부위는 머리와 목 부위 4개, 가슴몸통 부위 3개, 팔 3개, 배부위 3개, 다리 4개이다.
- 체형 사진을 정밀 검사하고, HWR 기준과 대조하여 제시된 체형도표를 조회하며, 정확하게 체형사진의 파일에서 사진을 비교하면서 체형을 평가한다.

·17개 횡단면 측정비율을 각 비율의 점수범위와 비교하여 최종점수를 매긴다.

그러나 Sheldon의 방법은 너무 주관적이고, 척도범위가 1~7까지 임의적이며, 개개인의 체형이 나이와 환경에 영향을 받지 않고 불변한다는 점에서 다른 학자들의 비판을 받아왔다. 이러한 문제점을 보완하기 위하여 Sheldon은 1969년 몸통지수법 *trunk index*이란 새로운 체형평가 방법을 발표하였다. 몸통지수법을 이용한 체형평가 방법은 다음과 같다.

·표준체형 사진으로부터 면적계를 이용한 몸통지수(몸통을 가슴부위와 허리부위로 분리한 후 면적계로 측정)의 계산
·피험자의 최대, 최소 신장과 체중값
·HWR과 몸통지수의 도표
·최대신장에 대비하여 할당된 체형도표
·몸통지수, 최대신장, Ponderal 지수(Ponderal index ; 신장을 체중의 세제곱근으로 나눈 값)를 결합한 체형도표

Sheldon의 몸통지수법은 주관성을 배제하는데 부분적으로 성공하였지만, 연구자들은 이 방법을 어린이들에게 적용할 경우 취학 전과 청소년 후기에 측정된 몸통지수의 연령 상관계수가 대략 0.6~0.7로 성장기 동안 일정하지 않았다고 보고하였다. 또한 9~16세와 5~18세 남자어린이 중배엽형의 경우에는 가변성이 높고, 내배엽형과 중배엽형을 과대평가한다고 보고하였다.

이와 같이 Sheldon의 노력에도 불구하고 Sheldon의 체형평가 방법은 문제점을 포함하고 있으며, 따라서 여러 학자들이 체형평가 방법을 개발하였다. 특히 Hooton(1951), Bullen & Hardy(1946), Cureton(1947), Parnell의 M.4편차도표(1954·1958), Damon의 인체측정(1962), Medford의 방정식(1971), Petersen(1967), Leuven(1980), Heath-Carter(1967) 방법 등이 대표적인 예이다.

2 _ Parnell의 M.4 편차도표 방법

Parnell(1954, 1958)은 체형을 보다 객관적으로 평가하기 위하여 인체측정을 이용한 평가 방법을 개발하였고, M.4편차도표에 점수를 기록하였다. 그림 4-3에서 보는 바와 같이 M.4편차도표는 인체측정법을 이용한 체형평가 방법을 보여준다.

Parnell은 Sheldon의 내배엽요소를 지방*fat*, 중배엽요소를 근육*muscularity*, 그리고 외배엽요소를 직선*linearity*이라 명명하였다. 내배엽요소는 피하지방을 측정하여 평가하였고, 중배엽요소의 평가는 신장·골폭·사지둘레 측정으로 이루어졌으며, 외배엽요소는 직접적으로 신장·체중비*HWR*를 계산하여 평가하였다. 3가지 구성요소의 점수는 M.4 편차도표에 제시된 연령그룹에 따라 조절할 수 있도록 하였다. 중배엽요소의 평가를 위해 M.4도표에서 4라는 평가는 신장과 일정한 비례관계를 의미한다.

Parnell은 M.4 평가가 Sheldon의 체형평가 방법과 가능한 일치해야 한다고 생각했지만, 체형의 이름을 바꾸고 인체측정을 통해 평가가 이루어짐으로써 Sheldon의 사진촬영법과 일치하지 않았다. 또한 Parnell의 평가는 체형을 표현형으로 보고 주어진 시간에서 체격을 묘사한다. 그럼에도 불구하고 체형이 일생 동안 변하지 않음을 주장하였다.

ADULT DEVIATION CHART OF PHYSIQUE (Male Standards)	NAME _____ AGE _____ DATA _____ OCCUPATION _____ Married/Single Ch. : M ____ F ____ REF. No. ____												
Fat : (Skinfold)	Age					Total 3 Skinfold Measurements							
Over triceps	16~24	10	12	14	17	20	24	29	36	45	57	73	93	114
Subscapular	25~34	12	14	17	20	24	30	38	48	60	74	94	114	+
Suprailiac	35~44	13	16	19	22	27	35	44	55	68	87	109	+	+
Total fat	45~54	14	17	20	23	29	37	47	61	74	95	118	+	+
ENDOMORPHY Estimate		1	1½	2	2½	3	3½	4	4½	5	5½	6	6½	7
Height (ins)	55.0	56.5	58.0	59.5	61.0	62.5	64.0	65.5	67.0	68.5	70.0	71.5	73.0	74.5	76.0	77.5	79.0	80.5
Bone : Humerus	5.34	5.49	5.64	5.78	5.93	6.07	6.22	6.37	6.51	6.65	6.80	6.95	7.09	7.24	7.38	7.53	7.67	7.82
(cms.) Femur	7.62	7.83	8.04	8.24	8.45	8.66	8.87	9.08	9.28	9.49	9.70	9.91	10.12	10.33	10.53	10.74	10.95	11.16
Muscle : Biceps	24.4	25.0	25.7	26.3	27.0	27.7	28.3	29.0	29.7	30.3	31.0	31.6	32.2	33.0	33.6	34.3	35.0	35.6
(cms.) Calf	28.5	29.3	30.1	30.8	31.6	32.4	33.2	33.9	34.7	35.5	36.3	37.1	37.8	38.6	39.4	40.2	41.0	41.8
First estimate of mesomorphy		1	1½	2	2½	3	3½	4	4½	5	5½	6	6½	7
Correction for fat(T. F. mms)		12	15	18	22	27	33	40	48	57	68	83	100	120	140
Age : 16~24		+½	+½	+¼	+¼	0	−¼	−½	−1	−1½	−2	−2½	−3	−4
25~34		(+½)	+½	+¼	+¼	0	−¼	−½	−¾	−1¼	−¾	−2¼	−2¾	−3½	−4
35+		(+½)	(+½)	+¼	+¼	0	−¼	−¼	−½	−1	−1½	−2	−2½	−3	−3½
ENDOMORPHY(corrected estimate)		1	1½	2	2½	3	3½	4	4½	5	5½	6	6½	7
Weight Wt. lb. H. W. R.	Age												
Present	18	12.1	12.3	12.5	12.7	12.9	13.1	13.3	13.5	13.7	13.8	14.0	14.2	14.4
H.K.W	23	11.7	12.0	12.2	12.5	12.8	13.0	13.2	13.4	13.6	13.8	14.0	14.2	14.4
Usual	28	11.5	11.8	12.1	12.4	12.6	12.8	13.0	13.3	13.5	13.7	13.9	14.2	14.4
At 18 years	33	11.3	11.7	12.0	12.3	12.5	12.7	12.9	13.2	13.4	13.6	13.9	14.1	14.4
At 23 years	38	11.2	11.5	11.8	12.1	12.4	12.6	12.8	13.1	13.3	13.6	13.9	14.1	14.4
Recent change	43+	11.1	11.4	11.7	12.0	12.3	12.6	12.8	13.1	13.3	13.6	13.9	14.1	14.4
ECTOMORPHY		1	1½	2	2½	3	3½	4	4½	5	5½	6	6½	7

그림 4-3. Parnell의 M.4 편차도표

3 _ Heath-Carter 방법

Heath-Carter 방법은 Sheldon의 방법을 개정한 것으로, 체형이란 최초의 용어와 평가

기준은 Sheldon의 방법을 사용하고 있다. 그러나 Heath-Carter 방법은 세 가지 관점에서 Sheldon의 방법과 차이가 있다. 즉 ① 체형등급은 일생 동안 변하는 표현형이며, ② 체형 3요소 점수 판정시 최고점수를 폐지하였고, 성별과 모든 연령에 적용시키기 위해서 체형 3요소의 정의가 다시 이루어졌으며, ③ 선택된 인체측정 자료가 체형점수를 객관화시켰다.

체형 3요소의 정의는 다음과 같다. 내배엽형(1요소)은 체격의 상대적 체지방에 대한 평가이고, 중배엽형(2요소)은 신장에 따른 골격근의 건강함에 대한 평가이며, 외배엽형(3요소)은 체격의 직선형에 대한 평가이다. 또한 각 요소의 점수 평가는 이론적으로 0에서 시작하고 최고점이 없다. 그러나 각 요소에서 0의 평가를 받은 체격은 존재하지 않을 뿐만 아니라 ½ 이하도 존재하지 않는다. 일반적으로 ½에서부터 2½의 평가는 낮은 점수, 3과 5의 평가는 중간 점수, 5½에서부터 7까지의 평가는 높은 점수, 7 이상의 평가는 매우 높은 점수로 간주한다.

Heath-Carter방법을 이용한 체형평가 방법에는 사진촬영법, 인체측정법, 이 2가지의 혼합방법 등이 있다.

첫째, 사진촬영법은 대상자의 신장, 체중, 그리고 HWR에 따른 체형도표와 함께 대상자의 사진을 표준체형 사진과 비교하여 시각적으로 평가하는 방법이다. 따라서 이 방법은 신장과 체중을 측정해야 하고, HWR에 따른 체형도표와 표준 3자세의 사진이 필요하며, 사진을 판독할 때 3요소의 정확한 판정을 위한 경험을 요구한다.

둘째, 인체측정법은 10가지 인체측정 자료를 이용하여 평가하는데, 3요소의 자세한 산출방법은 다음과 같다.

제1요소인 내배엽은 3부위 피하지방(위팔등쪽부위, 어깨뼈 아래끝부위, 엉덩뼈윗부위)의 합으로 산출하고, 이때 대상자의 신장이 170.18cm에서 크게 벗어날 경우 피하지방의 합을 다음과 같이 수정하여 계산한다.

내배엽(제1요소) = $-0.7182 + 0.145x - 0.00068x^2 + 0.0000014x^3$
수정 피하지방의 합 = 피하지방의 합 × 170.18/신장(cm)

x = 위팔등쪽부위 + 어깨뼈아래끝부위 + 엉덩뼈윗부위 피하지방 측정치의 합

제2요소인 중배엽은 팔·다리 관절돌기의 너비, 구부린 위팔 둘레(이완된 위팔 둘레와 대조적으로), 종아리 중앙부위의 둘레를 이용하여 계산한다.

중배엽(제2요소)= [(0.858×위팔 뼈끝 너비+0.601×넙다리 뼈끝 너비+0.188×수정 위팔 둘레
+0.161×수정 종아리 둘레)−(키×0.131)] +4.50

수정 위팔 둘레=위팔 둘레−(1/10 위팔등쪽부위 피하지방)
수정 종아리 둘레=종아리 둘레−(1/10 종아리 중앙 피하지방)

피하지방 측정치를 1/10으로 하는 이유는 ㎜ 단위로 계측된 피하지방 측정치를 신체둘레 측정치와 동일한 단위로 변환하기 위해서이다. 즉 위팔등쪽부위 피하지방이 10.5㎜이고, 위팔 둘레가 29.2㎝일 경우 수정 위팔 둘레는 29.2㎝−1.05㎝=28.15㎝가 된다.

제3요소인 외배엽 또는 상대적 직선형은 Ponderal 지수를 계산함으로써 가능하다.

외배엽=$PI \times 0.732 - 28.58$ ($38.25 < PI < 40.75$인 경우)
외배엽=$PI \times 0.463 - 17.63$ ($PI < 38.25$인 경우. 외배엽 0.1로 표시)

$$\text{Ponderal index}(PI) = 신장(cm)/\sqrt[3]{체중(kg)}$$

셋째, 사진촬영법과 인체측정법을 합친 혼합방법으로서 선택적 방법이다. 이 방법은 표준 체형 사진과 평가기준, 인체측정과 HWR에 따른 체형도표의 참고자료를 기초로 하여 이루어 진다.

이상의 세 가지 체형평가 방법 중에서 두 번째의 인체측정법이 가장 많이 사용되고 있다. 그 이유는 사진촬영법의 경우 고가장비와 사진판독의 주관성으로 인한 문제점이 야기되지만, 인체측정법은 객관적인 평가를 할 수 있게 하고, 누구나 인체측정법을 습득하면 쉽게 적용할 수 있기 때문이다.

3) 체형평가 방법들 간의 차이

위에서 볼 수 있듯이 체형평가 방법들은 서로 명백한 차이가 존재한다. 즉 Sheldon의 방법은 기본적으로 사진촬영법 *photoscopic*이며, 몸통지수법 *trunk index*은 또 다른 체형평가방법이다. Parnell의 방법은 인체측정법이며, Heath-Carter방법은 Sheldon의 사진촬영법과 Parnell의 인체측정법을 결합한 것이다.

그럼에도 불구하고 모든 방법들이 체형 3요소(내배엽, 중배엽, 외배엽)를 포함하고 있으며, 체형분포에 있어서 연속적인 변량의 특성을 인정하고 있다. 내배엽과 외배엽의 평가는 비교적 정확도를 인정받고 있지만, 중배엽의 평가는 중요한 문제를 포함하고 있다. 즉 인체측정법으로 중배엽을 평가할 경우 상부몸통이 중요한 신체부위이지만, Parnell과 Heath-Carter는 인체측정 절차에서 이 부위의 측정을 포함시키지 않고 있다. Sheldon의 몸통지수법이 어느 정도 이러한 문제점을 해결하였지만, 표준사진과 면적계를 이용한 몸통부위 면적의 측정을 요구한다. 결론적으로 연구를 진행할 때 체형평가에서 적용한 방법을 반드시 제시해야 한다.

4) 체형분포도의 작성

체형평가 방법에 따라 체형 3요소(Ⅰ, Ⅱ, Ⅲ)를 체형분포도로 작성할 경우 개인의 체형특징을 쉽게 이해할 수 있다. 이를 정확하게 체형 삼각도상에서 상대적으로 알아보기 위해서는 X, Y의 좌표값을 산출한 후 삼각도에 작성해야 한다.

$$X좌표 = Ⅲ요소 - Ⅰ요소$$
$$Y좌표 = 2 \times Ⅱ요소 - (Ⅰ요소 + Ⅲ요소)$$

이렇게 하여 얻어진 X, Y값을 체형 삼각도상에 있는 좌표 평면상의 한 점으로 나타내어 체형을 판정한다. Heath-Carter는 체형 3요소를 기초로 하여 13개 체형을 분류하였다(표 4-1).

표 4-1. 13가지 체형

체형	체형 구성요소의 내용
내배엽 우위형	1요소가 우세, 2요소와 3요소가 동일하다(또는 1/2보다 더 크지 않다).
중배엽성 내배엽형	1요소가 우세, 2요소>3요소
중배엽 - 내배엽형	1요소=2요소(또는 1/2보다 더 크지 않다), 3요소가 가장 작다.
내배엽성 중배엽형	2요소가 우세, 1요소>3요소
중배엽 우위형	2요소가 우세, 1요소와 3요소가 작거나 같다.
외배엽성 중배엽형	2요소가 우세, 3요소>1요소
중배엽 - 외배엽형	2요소=3요소(또는 1/2보다 더 크지 않다), 1요소가 가장 작다.
중배엽성 외배엽형	3요소가 우세, 2요소>1요소
외배엽 우위형	3요소가 우세, 1요소와 2요소가 같거나 작다(또는 1/2보다 더 크지 않다).
내배엽성 외배엽형	3요소가 우세, 1요소>2요소
내배엽 - 외배엽형	1요소=3요소(또는 1/2보다 더 크지 않다), 2요소가 가장 작다.
외배엽성 내배엽형	1요소가 우세, 3요소>2요소
중심형	세요소가 모두 같거나 1이상 차이가 없고, 2, 3, 4점 척도로 구성

2. 신체구성의 측정

1) 개 요

신체구성 요소는 연령에 따라 변화하며, 이와 같은 변화는 유전, 신체활동, 식이습관 등 여러 가지 사회·환경적인 요인에 영향을 받는다. 지금까지 수많은 학자들이 신체구성 요소를 측정하기 위하여 여러 가지 방법들을 개발하였으며, 이러한 방법들은 고혈압, 당뇨병, 고지혈증, 관상동맥증 등의 만성질환의 위험요인인 과체중과 비만을 평가하는데 적용되고 있다.

미국 Framingham Heart Study Center에서는 26년간 피검자들을 종단적으로 추적조사한 결과 비만이 심혈관질환으로 인한 사망의 위험요인이라고 보고하였다. 또한 운동선수들의 과다한 체지방은 지구력, 민첩성, 순발력에 부정적인 영향을 미치고, Bouchard & Shephard(1994)는 건강관련 체력평가시 신체구성 요소의 측정이 반드시 포함되어야 한다고 주장하였다.

체중은 신체크기의 총측정치로서 골격, 근육, 지방, 내장 등을 포함하고 있다. 그러나 각 조직의 분포나 양에 관한 적절한 정보는 제공하지 못한다. 신체구성 연구는 체내 조직구성요소를 부분적으로 분류하여 평가함으로써 조직의 자세한 정보를 제공할 수 있다. 여기에서는 Forbes(1987), Malina & Bouchard(1990), Lohman(1992) 등의 자료를 근거로 신체구성 모형과 여러 가지 측정방법들을 설명한다.

2) 신체구성의 모형

신체구성에 관한 연구는 역사적으로 신체구성요소를 정확하게 측정하기 위해 이용 가능한 방법에 집중되었다. 즉 측정하기를 원했던 것보다는 측정할 수 있었던 분야에서 연구가 실행되었다. 더욱이 지난 15년 동안 신체구성 요소를 평가하기 위한 기술은 눈부시게 발달하였고, 그 결과 현재 모든 신체구성요소를 측정할 수 있게 되었다. 이러한 기술발달은 신체구성을 연구하는 토대가 되었고 새로운 신체구성 모형을 구축할 수 있게 만들었다.

Wang과 그의 동료(1992)는 표 4-2와 같이 5단계 신체구성 모형을 제시하였다.

Ⅰ단계 원자단계에서는 체중을 기본적인 화학원소로 분류한다. 자연에는 106개 원소가

표 4-2. 5단계 신체구성 모형

단 계	구성요소
I	원자 : 산소, 탄소, 수소, 질소 그리고 다른 원소
II	분자 : 수분, 단백질, 무기질, 글리코겐 그리고 지질
III	세포 : 세포와 세포 외 용액, 고형물
IV	조직 : 골격근, 내장, 골격, 지방
V	전신

존재하고 있으며, 약 50개의 원소가 체내에 포함되어 있고 현재 50개 모든 원소를 측정할 수 있다. 산소, 수소, 탄소, 질소의 4개 원소가 체중의 95% 이상을 차지하고 있으며, 여기에 소금, 칼륨, 인, 염화물, 칼슘, 마그네슘, 황 등을 합하면 체중의 99.5%에 달한다(Heymsfield et al., 1996).

II 단계 분자단계에서는 체중을 수분, 지질, 단백질, 그리고 무기질로 분류하는 것으로 다음과 같이 표시할 수 있다.

$$체중=수분+단백질+무기질+지방$$

성인은 약 300~500g의 적은 양의 탄수화물이 간과 골격근에 저장되어 있고, 대부분의 무기질은 뼈조직에 저장되어 있다. 역사적으로 체중에 대한 여러 가지 신체구성 요소의 백분율은 사체의 화학적 분석으로 이루어졌다.

III 단계 세포단계에서는 체중을 세포와 세포 외 물질(세포 외 용액과 고형물)로 분류하여 체세포량은 세포 내 용액과 세포 내 고형물로서, 대사적으로 체내의 활동적인 구성요소이다. 그러나 현재 체세포 내의 고형물을 측정할 수 있는 방법은 없다. 세포 외 고형물은 뼈무기질과 결합조직의 요소들로서 지방세포는 체세포량의 구성요소이며, 지질을 저장하고 체지방량을 형성한다. 따라서 체중은 다음과 같이 표시할 수 있다.

$$체중 = 세포량+세포 외 용액+세포 외 고형물+지방량$$

IV 단계 조직단계는 체중에 대한 특별한 조직의 분포를 나타낸다. 기본조직으로서 골격근, 지방, 뼈, 혈액, 내장과 두뇌를 포함한다. 골격근과 지방, 뼈조직은 X-ray와 인체측정법과 같은 전통적인 방법을 이용한 성장연구에서 주요 관심사였다. 새로운 기술을 이용하여 보다 정교한 조직(뼈조직의 무기질량 혹은 피하지방과 내장지방조직)들을 평가할 수 있다.

V 단계 전신단계에서는 체중을 신체크기, 형태, 그리고 체격 관점에서 평가한다. 즉 인체측정학은 신체크기와 외형을 평가할 수 있는 기본도구이며, 체질량지수 body mass index : BMI와 피부두겹두께가 가장 널리 이용된 인체측정 지수이다. 다른 전신의 특성을 나타내는 체면적과 신체밀도는 신체구성 연구에서 매우 중요한 측정요소이다. 체중과 체면적은 신체밀도의 평가와 더불어 상대적 체지방량을 평가하는데 이용되고 있다.

또한 체중을 의미 있는 구성요소로 분류하기 위하여 여러 가지 모형들이 개발되었고, 이러한 모형들은 전통적으로 2요소 모형 two component model 으로부터 발전하였다. 따라서 여기에서는 2요소 모형, 3요소 모형, 4요소 모형에 대해서 살펴본다.

1 _ 2요소 모형

지금까지 신체구성 연구에서는 전통적으로 2요소 모형이 가장 많이 적용되어 왔다. 2요소 모형은 체중을 지방량과 제지방량으로 분류한다.

$$체중 = 지방량(fat\ mass : FM) + 제지방량(fat\ free\ mass : FFM)$$

위의 공식에서 제지방량 fat-free mass : FFM은 lean body mass : LBM, lean body weight : LBW 또는 fat-free weight : FFW 등으로 표시할 수 있지만, 이러한 용어는 해부학적인 개념으로서 소량의 필수지질을 포함하고 있다. 따라서 생화학적 개념인 FFM이 제지방량을 표현하는데 보다 적절하다.

2요소 모형에서 체지방량은 식이습관 및 신체활동 등의 여러 가지 요인에 영향을 받기 때문에 가장 불안정한 신체구성 요소이다. 또한 과다한 지방은 운동수행에 부정적인 영향을 미치며, 건강관련 위험요소이다. 그럼에도 불구하고 2요소 모형은 신체를 지방량과 제지방량으로 분류하기 때문에 특히 제지방량(수분, 단백질, 무기질, 탄수화물)의 정확한 측정이 어렵고 부분적인 조직 분포와 발달에 관한 정보를 제공하지 못하는 단점이 있다.

2 _ 3요소 모형

3요소 모형은 2요소 모형에서 제지방량을 총수분량 total body water : TBW과 마른제지방량 *fat-free dry mass* : *FFDM*으로 구분한다. 따라서 3요소 모형은 다음과 같이 표시할 수 있다.

> 체중 = 총수분량+마른제지방량+지방량

수분량은 체중에서 가장 많이 차지하고 있는 신체구성 요소로서 대부분 제지방에 저장되어 있다. 또한 마른제지방량*FFDM*은 단백질, 탄수화물, 뼈무기질과 부드러운 조직의 무기질을 포함한다.

3 _ 4요소 모형

뼈무기질 측정을 위한 기술의 발달에 따라 4요소 모형이 3요소 모형으로부터 개발되었다. 즉 마른제지방량을 뼈무기질과 나머지 요소로 구분하고 다음과 같이 표시할 수 있다.

> 체중 = 총수분량+뼈무기질+지방량+나머지 요소(residual)

3) 신체구성의 평가방법

지금까지 신체구성 평가를 위한 여러 가지 간접방법이 개발되었는데, 그러한 방법들이 표 4-3에 제시되었다. 그러나 대부분 간접방법들은 성인을 대상으로 개발되었기 때문에 이 방법

표 4-3. 신체구성의 평가방법

방 법	내 용
수중체중, 가스이동	신체밀도를 평가하여 체지방률로 환산
신체 총 ^{40}K 계산	신체칼륨을 평가하여 제지방량으로 환산
동위원소 희석	총수분량을 평가하여 제지방량으로 환산
중성자 활동	칼슘과 질소 동위원소를 이용하여 제지방과 무기질을 평가
전신의 전기전도율과 생체전기저항	제지방량 평가(제지방이 지방보다 전도율이 높다)
지방분해 가스흡입	지방량 평가
비뇨기의 크레아티닌 분비	근육량 평가
광자흡수 측정	뼈무기질 평가
핵자기 공명	방사능을 이온화하지 않은 지방, 근육, 뼈의 평가
컴퓨터 단층촬영	뼈, 근육, 지방의 평가
초음파	지방, 근육, 뼈의 평가
X선 촬영	지방, 근육, 뼈의 평가
인체측정학	지방과 제지방량 예측의 평가

들을 성장기의 어린이들에게 적용할 경우 매우 높거나 낮은 신체구성 결과를 초래할 수 있다. 이들 방법 중 신체밀도, 신체수분, 칼륨농도 측정 등이 신체구성을 평가하기 위하여 가장 널리 이용되고 있다.

1 _ 신체밀도 측정

밀도density는 부피당 질량으로, 신체 각 조직의 밀도는 매우 차이가 있다. 예를 들면 지방조직의 밀도(0.90g/㎤)는 물의 밀도(1.00g/㎤)와 제지방조직 lean tissue의 밀도(1.10g/㎤)보다 낮다.

신체밀도가 낮다는 것은 지방이 많다는 것을 의미하므로 신체밀도와 지방 사이에는 역상관관계가 있다. 즉 지방비율이 크면 클수록 신체밀도는 낮아지므로 이를 이용하여 체용적을 구할 수 있다. 가장 많이 사용되고 있는 신체밀도 측정방법은 수중체중(유체정역학)법과 공기·헬륨 대체법이다.

수중체중 측정은 먼저 공기 중 체중을 측정한 후 아르키메데스 원리를 적용하여 물 밀도와 수중체중을 측정한다. 또한 폐잔기량과 위장관 가스량을 측정한 후 신체밀도는 아래의 공식을 이용하여 산출한다. 신체부피는 폐와 위장관에 남아 있는 공기(잉여부피)의 영향을 받는다.

$$D = \frac{M_A}{\frac{(M_A - M_W)}{DW} - RV + VGI}$$

D : 신체밀도(g/㎤)
M_A : 공기 중 체중
M_W : 완전히 물에 잠겼을 때 체중
DW : 특정 온도에서의 물의 밀도
RV : 폐잔기량
VGI : 위장관 가스량

폐잔기량은 간접방법으로 측정할 수 있고, 성장기에는 신장에 따라 변한다. 성인기에는 신장·성별·연령에 따라 다르게 나타난다. 성인 초기 남녀의 폐잔기량은 보통 1~2ℓ이지만, 개인에 따라 약간의 차이가 발생할 수 있다. 위장관의 가스량도 개개인간 차이가 있으나 보통 100㎖를 사용한다.

신체밀도를 산출하여 체지방률로 환산하는 공식들이 여러 학자들에 의해 개발되었고, 다음 두 개의 추정방정식이 체지방률 평가에 주로 이용되고 있다.

$$체지방률 = \frac{4.570}{신체밀도} - 4.142 \text{(Brozek, Grande, Anderson, \& Keys, 1963)}$$

$$체지방률 = \frac{4.950}{신체밀도} - 4.500 \text{(Siri, 1956)}$$

하지만 위의 공식들은 성인들을 대상으로 만들어졌기 때문에 어린이들에게 적용할 경우 지방량이 높게 평가될 수 있다. 또한 신체밀도에 의한 체지방률 측정은 성인의 지방밀도(0.90g/㎤)와 제지방밀도(1.10g/㎤)가 변하지 않는다는 가설을 근거로 평가되기 때문에 산출된 지방량에 오차가 발생할 수 있다.

또한 제지방조직의 화학적 구성요소는 성장기 동안 변하고, 개개인에 따라 차이가 발생한다. 위의 공식을 적용하여 체지방률이 결정되면, 지방량과 제지방량은 다음 공식을 적용하여 산출한다.

$$지방량(FM) = 체중 \times 체지방률(\%fat)$$
$$제지방량(FFM) = 체중 - 지방량(FM)$$

2_ 총수분량 측정

수분은 신체의 가장 큰 구성요소로서 여자는 남자보다 수분량이 적다. 여자의 총수분량은 체중의 55~65%이며, 70kg 성인 남자의 총신체수분량은 약 38~45kg이다. 신체수분은 질병이나 과도한 비만으로 인하여 쉽게 변할 수 있고, 또한 신체수분은 대부분 제지방 조직에 저장되어 있으므로 총수분량 측정은 제지방량을 평가하기 위한 수단을 제공한다.

비록 제지방량에서 측정된 수분은 체중의 67~74%이지만 성인의 평균 수분량은 체중의 약 72~74%이다. 총수분량은 2개의 동위원소를 희석시킴으로써 측정이 가능하며, 산출공식은 다음과 같다.

$$C_1 V_1 = C_2 V_2$$
$C_1 V_1$: 희석 전 동위원소 추적자 부피 및 알려진 농도
$C_2 V_2$: 희석 후 추적자 부피 및 농도

따라서 부피는 다음과 같이 계산될 수 있다.

$$V_2 = \frac{C_1 V_1}{C_2}$$

C_2 : 희석 후 동위원소 추적자의 농도

동위원소 희석법은 추적자에 따라 동위원소를 정확한 농도로 조절해야 하고 충분한 희석 시간이 필요하다. 또한 희석 후 동위원소 추적자 농도를 측정함으로써 배출이나 증발로 인하여 잃어버린 추적자의 농도를 조절해야 한다. 총수분량을 측정하기 위해서 세 가지 동위원소(^{2}H : 중수소, ^{3}H : 3중수소, ^{18}O : 산소동위원소)가 널리 사용되고 있으며 ^{18}O은 무거운 산소동위원소이며, 3중수소는 소량의 방사선을 포함하고 있기 때문에 이용하는데 제한을 받고 있다.

총수분량은 수분섭취량이나 신체활동에 따라 하루 동안 변하므로 이른 아침에 측정하는 것이 바람직하다. 개개인의 체중에 따라 동위원소를 조절하고, 신체수분과 형평을 유지하기 위해서는 2~4시간이 소요된다. 혈청, 소변, 침 속에서 동위원소 농도를 측정한 후 총수분량을 다음과 같이 산출한다.

$$TBW = \frac{A - E}{C}$$

A : 조정된 동위원소량
E : 배출된 동위원소량
C : 혈청, 소변, 침 속에서의 동위원소농도

성인의 경우 제지방량에 대한 수분 비율이 일정하다고 가정할 때 아래의 공식을 이용하여 제지방량을 산출할 수 있다.

$$FFM = \frac{TBW}{0.732}$$

$FM = 체중 - FFM$

총수분량은 세포 내 수분 intracelluar water : ICW과 세포 외 수분 extracelluar water : ECW으로 구분되고, 세포 외 수분 ECW은 총수분량 TBW과 같은 동위원소 희석법으로 측정이 가능하다.

3_ 신체칼륨 측정

일반적으로 칼륨은 세포와 근육조직에 저장되어 있으므로 칼륨농도의 측정은 제지방량을 평가할 수 있게 한다. 칼륨측정은 방사성 칼륨 동위원소에서 발생하는 칼륨 $-40(^{40}K)$의 양을 측정함으로써 가능하다. ^{40}K의 농도는 감마 방사물을 측정하는 전신 계산기 *whole-body counter*를 이용하여 측정할 수 있다.

Forbes(1983)는 신체 칼륨량을 남자는 68.1mEq/kg(2.66g/kg), 여자는 64.2mEq/kg (2.51g/kg)으로 보고하였다. 이 자료를 기초로 아래의 공식을 이용하여 제지방량을 산출할 수 있다.

$$FFM = \frac{mEqK}{68.1} \text{ (남자)}$$

$$FFM = \frac{mEqK}{64.2} \text{ (여자)}$$

4_ 이중 X선 흡수계측법

뼈무기질과 부드러운 조직을 측정하기 위해서 이중 X선 흡수계측법 *dual X-ray absorptiometry*

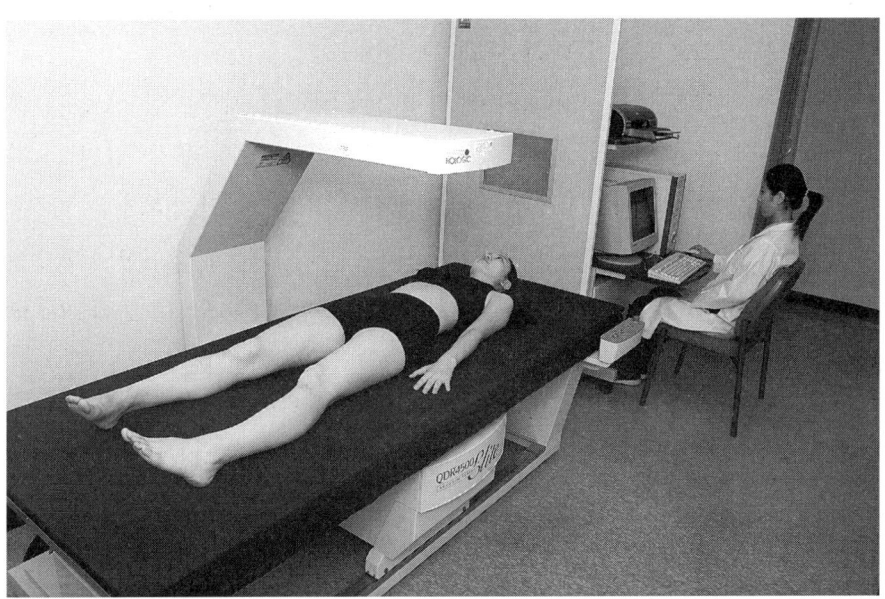

그림 4-4. 이중 X선 흡수계측법

: DXA이 널리 이용되고 있다. 이 방법은 전신 혹은 특별한 부위의 뼈무기질과 지방을 평가하는 것으로 저-고에너지인 이중 광전자를 몸에 투과시킴으로써 측정이 이루어진다. 이때 소량의 방사선이 방출되고(0.05~1.5mrem), 기구에 따라 혹은 얼마나 빠르게 전신의 스캔이 이루어지느냐에 따라 차이가 있다.

DXA을 이용하여 전신을 스캔할 경우 대략 20분이 소요되지만, 최신의 기구들은 5분 내에 스캔이 가능하다. DXA은 전신의 뼈무기질량(g)과 전신의 뼈면적(㎠)을 평가하는 것으로 뼈면적에 대한 뼈무기질의 비율이 뼈무기질 밀도를 평가하는데 이용되고 있다(g/㎠).

기본적으로 DXA는 뼈의 양을 측정하는 것이 아니라 스캔의 횡단면적을 측정하는 것으로 뼈면적에 대한 뼈무기질의 표시는 오직 뼈무기질 밀도의 근사치이다. 현재 여러 가지 형태의 DXA가 병원, 의원과 연구소에서 이용되고 있으며, 각각의 단위는 신체구성 평가를 위해 고유의 컴퓨터 연산법을 가지고 있다. DXA는 주로 성인들을 대상으로 하여 개발되었고, 뼈무기질의 자연증가와 지방과 제지방조직을 평가하기 위해서 어린이와 청소년들에게 흔히 사용되고 있다.

5_ 생체전기저항법

생체전기저항법 bioelectrical impedance analysis : BIA은 인체에 미세한 전류를 흘려 저항을 측정하는 기술로서, 인체에 전류를 흘리면 전기는 전도성이 높은 신체수분을 따라 흐르고 인체의 저항은 신체수분의 많고 적음에 따라 달라지게 된다.

BIA법의 원리는 인체를 하나의 원통으로 가정하여 하나의 저항으로 신체수분을 측정하는 것이다. 원통 안의 신체수분은 '저항∝길이/단면적'이라는 식과 '부피=단면적×길이'의 두 공식을 통해 구할 수 있다. 따라서 BIA법으로 신체수분을 측정하기 위해서는 피검자의 저항과 신장을 알아야 하는데, 이것을 저항지수(Ht^2/R)라고 한다. 이렇게 평가한 신체수분을 통하여 제지방량을 알 수 있고 체중에서 제지방량을 빼면 체지방량도 알 수 있다. 따라서 BIA법은 저항을 얼마나 정확하게 측정하느냐가 매우 중요하다.

현재 여러가지 유형의 BIA도구가 이용되고 있으며 도구마다 단위의 차이가 있다. BIA법은 편리하고 빠르며 건강에 해롭지 않으며 비교적 가격이 저렴하다. 그럼에도 불구하고 어린이와 청소년들에게 BIA법의 적용은 타당성을 검증할 필요가 있으며, 생체전기저항값을 이용한 신체밀도 추정식(Segal et al., 1985)과 저항지수와 체중을 이용한 Houtkooper(1992)의 제지방량 추정식이 선행연구에서 보고되었다.

① 생체전기저항값을 이용한 신체밀도 추정식(Segal et al., 1985)

$$성인남자 = 1.1554 - 0.0841(Wt \cdot Z/Ht^2)$$
$$성인여자 = 1.1113 - 0.0556(Wt \cdot Z/Ht^2)$$

② RI와 체중을 이용한 제지방량 추정식(Houtkooper, 1992)

$$FFM = 0.61RI + 70.25Wt + 1.31$$
$$RI(\text{impedance index}) = Ht^2/R$$

Ht = 신장(cm), R = 생체전기저항(ohms), Wt = 체중(kg)

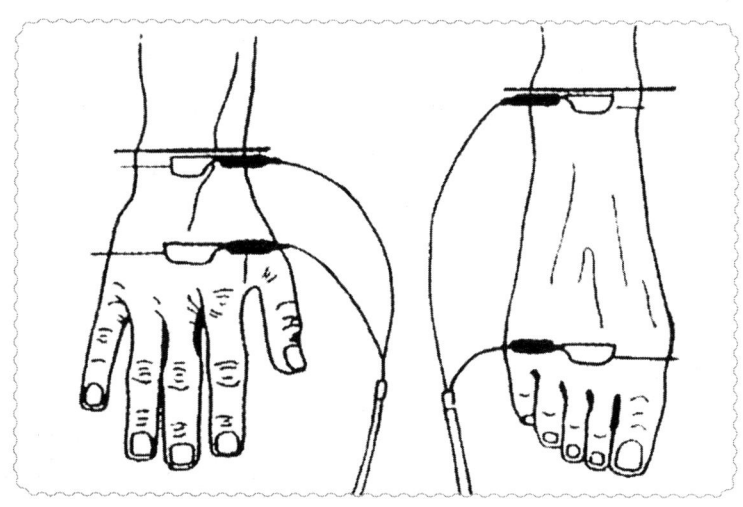

그림 4-5. 생체전기저항법

6_ 피하지방법

신체구성 요소를 측정하기 위해서 피하지방법을 이용하는데는 2가지 이유가 있다. 첫째는 피하지방을 측정하여 신체밀도를 산출한 후 체지방을 추정하기 위해서이고, 둘째는 피하지방 분포를 평가하기 위한 것이다.

피하지방을 측정하기 위하여 여러 가지 측정도구가 개발되었으며, 주로 사용되고 있는 측정도구는 Lange Caliper와 Harpenden Cailper 등이다. 또한 피하지방을 측정하여 신체구성 요소를 추정하기 위한 연구가 1951년 Brozek & Keys(1961)에 의해 시작되었고, 신체밀도를 산출하기 위한 추정방정식의 본격적인 개발은 1956년 Pascale 등의 연구로부터 시작되었다. 오늘날 흔히 사용되고 있는 추정방정식은 1974년 Durnin & Womersley가 개발한 공식이다.

7_ 초음파법

초음파 *ultrasound*는 밀도가 다른 생체조직에 닿으면 반사하는 특성이 있다. 이를 이용하여 피하지방을 측정한 연구는 1962년 Whittingham에 의하여 시작되었다. 이 방법은 A-mode, B-mode, M-mode등 3종류

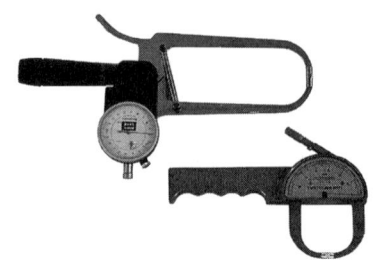

그림 4-6. 피하지방측정계

로 쉽게 사용할 수 있을 뿐만 아니라 인체에 해가 없으므로 많이 이용되고 있다.

그러나 피하지방 측정기구와 비교하여 장비가 비싸고 크며, 피하지방이 두꺼운 비만자에게는 근육층과의 경계가 명확하게 구분되지 않고 지방두께의 판별이 어려워 측정 시 지방조직의 압박이 일정하지 않다는 문제점이 지적되고 있다.

8_ 컴퓨터 단층촬영법

컴퓨터 단층촬영법 *computed tomography : CT*은 Haggmark(1978)가 대퇴부의 단면상을 측정하기 위하여 처음 적용하였고, Borkan(1982)은 이 방법을 이용하여 내장지방과 피하지방 비율을 산출하였다. 또한 Tokunagaemd(1983)은 팔다리, 몸통, 머리의 상을 이용하여 전신의 지방량을 추정할 때 이 방법을 사용하였다.

CT촬영에 의한 체지방 분포의 지표에는 전신의 단면적이 필요하지만 배

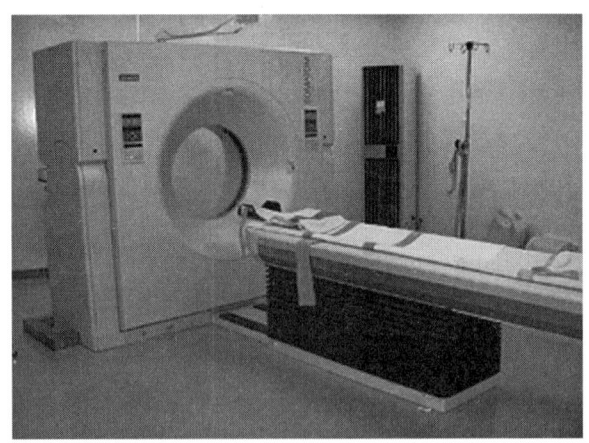

그림 4-7. 컴퓨터단층촬영기

부위의 대표적인 단면적으로 피하지방이 차지하는 면적 *S : subcutaneous adipose tissue*과 내장지방이 차지하는 면적 *V : visceral adipose tissue*을 알 수 있다. 또한 V/S가 복강 내 지방량의 상대

적인 양의 지표로 이용되고 있다.

그러나 그림 4-7에서 보는 바와 같이 컴퓨터 단층촬영법은 대형의 설비가 필요하며, 시간과 경비가 많이 소요될 뿐만 아니라 방사선 방출로 인해 인체에 영향을 미치므로 쉽게 측정할 수 있는 검사법은 아니다.

9_ 자기공명영상법

자기공명영상법 magnetic resonance imaging : MRI은 강력한 자기를 응용한 단층영상법으로서 선명한 단층상을 얻을 수 있으며, 유해한 방사선을 이용하지 않는다는 장점을 가지고 있다. 그러나 고가의 설비와 검사비용, 검사시간이 길다는 문제점이 있으며, 임산부나 유아에게 적용할 때 고려해야 한다.

10_ 크레아틴법

크레아틴 Cr은 대부분 근육에 저장되어 있기 때문에, 요중의 크레아틴 양은 일반적으로 근량의 지표로 사용되고 있다. 따라서 24시간 소변으로 배출된 크레아틴량(mg/day)을 측정한 후 아래의 공식을 이용하여 제지방량을 추정할 수 있다.

$$FFM(kg) = 7.38 + 0.02908 Cr(mg/day)$$

4) 신체부위별 체지방 분포도의 추정

총지방량 total body fat은 신체의 절대지방량을 의미하고, 지방분포 fat distribution는 신체 여러 부위의 지방량을 나타낸다. 지방형태 fat pattern는 해부학적으로 부위에 따른 피하지방을 서술할 때 사용하는 용어로서, 이는 주성분 분석 principal component analyses을 이용하여 피하지방 측정 자료의 상관계수로부터 추출된 요인에 따라 설명될 수 있다.

또한 부위별 지방분포는 피하지방, 둘레, 초음파 영상, 방사선, 컴퓨터 단층촬영법 등 여러 가지 방법으로 측정할 수 있다. 피하지방을 이용하여 지방분포도를 측정할 경우 몸통부위 피하지방 합과 사지부위 피하지방 합의 비율로 평가할 수 있다. Vague(1947, 1956)는 최초로 피하지방과 둘레를 이용하여 지방 분포도를 평가하였다.

또한 허리, 엉덩이, 넓다리 둘레의 측정자료를 이용하여 지방분포도를 측정하기 위한 방법들이 Kissebah 등(1988)과 Muller(1981)에 의해서 개발되었다. 현재 가장 많이 이용되고 있는 지수로서 허리와 엉덩이 둘레비 *waist-hip ratio : WHR*, 허리와 넙다리 둘레비 *waist-thigh ratio : WTR* 등이 있다.

Mueller 등(1981)은 WHR이 높을 경우 상체 비만, WHR이 낮을 경우 하체 비만으로 분류하였으며, 상체 비만은 하체 비만과 비교하여 신진대사 장애가 발생할 확률이 높다고 보고하였다.

CHAPTER 05
생물학적 성숙의 측정

>>> 학습목표
1. 성숙의 개념을 이해한다.
2. 성숙의 측정과 평가방법을 습득한다.

1. 개 요

 인간은 출생 후부터 성인이 되기까지 성장, 성숙, 발달이란 일련의 과정을 경험한다. 일반적으로 성장growth이란 세포의 크기hypertrophy와 세포수hyperplasia의 증가를 의미하고, 발달development은 질적 향상의 개념을 포함하고 있다. 또한 생물학적 성숙biological maturation은 성숙한 상태로 진행되어가는 과정으로서 진행속도와 타이밍을 의미한다(송종국 등, 1998).

 Acheson(1966)은 "성숙이란, 신체의 형태가 최종적으로 완성될 때까지 일어나는 연속적인 조직의 변화이다"라고 하였다. 즉 성숙의 개념은 성숙상태를 향한 발달과정이다. 사람은 태어날 때부터 성숙상태에 도달하기까지 오직 자신만의 생체시계를 가지고 있다.

 그러나 생물학적 성장과 성숙은 반드시 정해진 시간과 나이에 따라서 발달하지 않으며, 또한 성숙도는 개개인에 따라 차이가 매우 크다. 그러므로 동일한 성과 나이가 같은 어린이들의 생물학적 성숙 수준은 차이가 있으며, 급성장기인 아동기와 청소년기에는 그러한 현상이 더욱 분명하게 나타난다. 동일한 연령 집단에서 어떤 어린이는 나이에 비해 생물학적으로 조숙할 것이고, 어떤 어린이는 미숙할 것이다. 즉 나이가 같아도 반드시 동일한 생물학적 성숙도를 갖고 있는 것은 아니다.

이와 같이 생물학적 성숙의 평가는 실제 나이보다 확실한 생물학적 가치를 제시하며, 어린이들의 성장장애와 내분비장애를 진단하기 위한 임상자료로서뿐만 아니라 성인의 신장을 예측하는데 중요한 수단을 제공한다. 따라서 생물학적 성숙 평가는 성장 연구와 임상의학에서 중요하게 다루어져 왔고 골격 성숙, 성적 성숙, 신체적 성숙, 치아 성숙 등이 생물학적 성숙평가 방법으로 가장 많이 이용되어 왔다.

2. 평가방법

1) 골격성숙의 평가

골격성숙의 평가방법을 언급하기에 앞서 우선적으로 뼈의 성장을 이해해야 한다. 뼈의 성장은 연령이 증가함에 따라 일정한 과정 *sequence*을 거치면서 점차 성인 뼈에 도달하게 된다. 신생아의 뼈몸통은 골화 *ossification*되어 있지만, 뼈끝은 연골상태로서 연령이 증가함에 따라 점차 골화과정을 거친다.

뼈는 1차 골화중심 *primary ossification center*으로부터 골화가 시작되고 성장과 함께 골단부에는 한 개 또는 두 개 이상의 2차 골화중심 *secondary ossification center*이 나타나고, 2차 골화중심이 점차 발달하여 골간부와 골단부가 융합하는 성인 뼈를 갖추게 된다.

이와 같이 1차 골화중심의 형성 유무와 크기·형태를 관찰함으로써 어린이의 성숙상태를 추정할 수 있고, 뼈의 성장과정은 조숙형, 만숙형에 상관없이 모든 어린이에게 동일한 과정으로 진행된다.

Greulich와 Pyle(1950)은 이러한 뼈의 성장과정을 관찰하여 각 연령에 따른 뼈의 성숙상태를 생리적 나이 또는 뼈나이라 명명하였다. 골격성숙 과정은 성장기 동안 발생하기 때문에 어린이와 청소년의 성숙상태를 추정할 때 뼈나이는 신뢰도가 높고 가장 정확한 생물학적 척도이다. 대부분의 뼈는 태어날 때 연골에서부터 시작하여 점차 골격의 형태를 갖춘다. 다시

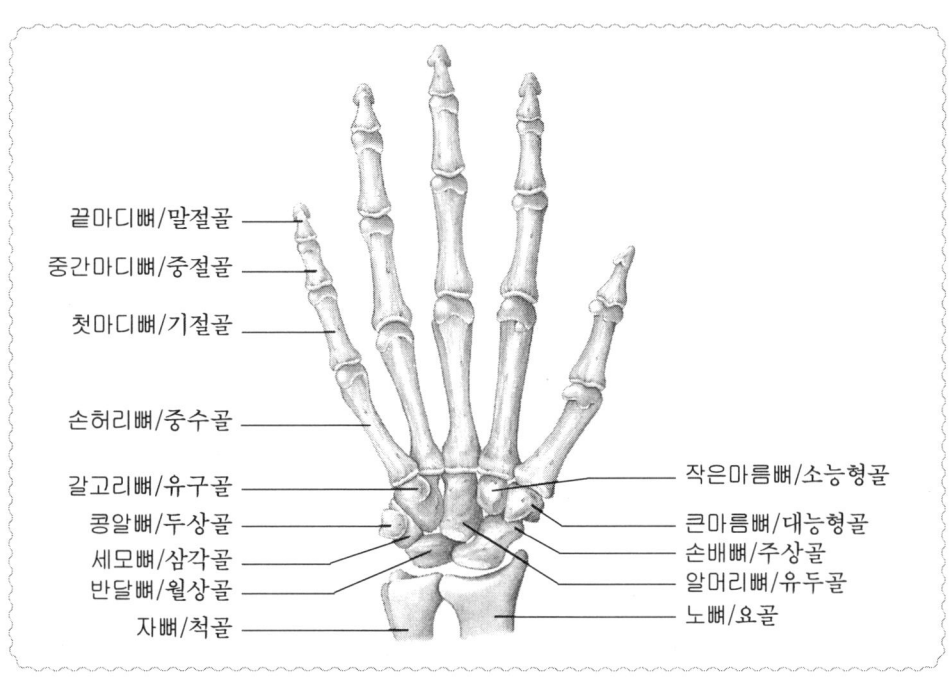

그림 5-1. 손과 손목뼈의 해부도

말하면 뼈 성장을 통한 성숙과정의 시작점과 끝점이 알려져 있고 아울러 신체부위별 뼈의 특징이 다르게 나타난다.

골격성숙도를 평가하기 위해서는 특정부위의 뼈를 방사선 촬영한 후 이를 표준 방사선사진과 비교·분석해야 한다. 이때 특정부위의 뼈로서 손과 손목부위가 주로 선택되는데, 그 이유는 이 부위에 뼈의 갯수가 많고 1, 2차 골화중심이 명확하며 연령에 따른 변화가 뚜렷하게 나타나기 때문이다.

특히 왼손과 손목뼈가 골격성숙도 평가에 흔히 이용되고 있으며, 왼손과 손목뼈의 해부도와 X-ray사진이 그림 5-1, 5-2에 제시되었다.

골격성숙도를 평가하기 위해 Cleveland Western Reserve대학의 Todd는 어린이들의 손과 손목뼈를 방사선 촬영 후 기준도표를 만들었고, 처음으로 임상연구에서 실용적인 지침서가 되었다. 그의 계승자 Greulich와 Pyle(1959)은 측정방법을 더욱 보완·발전시켰다.

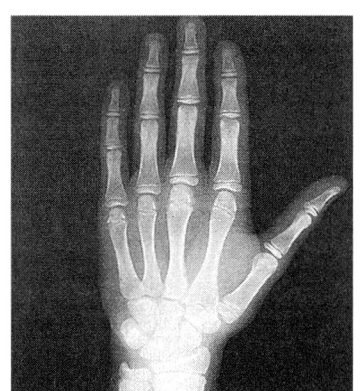

그림 5-2. 12세 남자 어린이의 손과 손목 X-ray 사진

그 후 Tanner 등(2005)이 3,000명의 영국 어린이들을 대상으로 TW3방법을 고안하여 골격성숙도의 표준치를 발표하였다. 또한 성인 키를 추정하기 위한 회귀방정식을 고안하였으며, 그들의 방법이 현재 가장 널리 사용되고 있다.

1 _ 성숙척도

뼈는 1, 2차 골화과정 ossification을 거쳐 성인의 뼈가 되며, 이러한 골화과정은 누구에게나 규칙적으로 발생한다. 따라서 뼈의 골화과정을 관찰함으로써 골격성숙도를 평가할 수 있으며, 이때 적용된 뼈의 특징들을 성숙척도라고 한다.

성숙척도는 골격성숙도를 결정하는 세 가지 중요한 정보를 제공한다.

첫째, X-ray 사진에서 볼 수 있듯이 특정한 뼈의 초기 연골상태는 뼈 중앙에서 처음 나타난다.

둘째, 뼈의 모양과 형태가 변화함에 따라 뼈에 대한 정의와 특성이 달라진다. 예를 들어 긴 뼈의 특성은 뼈끝과 뼈몸통끝에서 발생하는 형태 변화이며, 손목뼈(수근골)와 같은 둥근 뼈의 경우에는 점차 독특한 형태로 변화한다.

셋째, 자뼈, 노뼈, 손허리뼈, 손가락뼈의 뼈몸통과 뼈끝은 점차 결합한다. 이와 같이 뼈의 성장은 골화를 거쳐 성장하게 되는데, 긴 뼈의 경우 뼈끝과 뼈몸통이 결합하는 과정을 들 수 있다.

2 _ 평가방법

골격성숙도를 평가하기 위하여 가장 많이 사용되고 있는 방법은 Greulich-Pyle방법, Tanner-Whitehouse방법, 그리고 Fels방법이 있으며, 각 방법들에 대한 자세한 설명은 다음과 같다.

① Greulich-Pyle 방법

Greulich-Pyle방법은 Todd(1937)의 연구를 기초로 어린이의 손과 손목뼈 30개를 방사선 촬영한 후 일련의 방사선 표준사진과 비교하여 골격 성숙점수를 평가하고, 성숙점수를 근거로 어린이들의 뼈나이를 환산하는 방법이다.

예를 들어 7세 어린이의 손과 손목뼈 X-ray 사진이 8세 어린이의 표준사진과 일치할 경우, 그 어린이의 뼈나이는 8세이다.

② Tanner-Whitehouse 방법

Tanner-Whitehouse(TW3)방법은 왼손과 손목을 구성하고 있는 자뼈, 노뼈, 손목뼈(8개 중 7개), 손허리뼈(5개 중 3개), 손가락뼈(14개 중 첫마디뼈 3개, 중간마디뼈 2개, 끝마디뼈 3개)를 포함한 총 20개의 뼈를 이용하여 골격성숙도를 평가한다. 즉 각 뼈의 밀도와 외형의 계속적인 변화를 관찰하여 단계별(A, B, C, D, ……, I)로 분류한 후 7개의 손목뼈를 평가한 Carpals점수와, 13개의 노뼈-자뼈-손허리뼈-손가락뼈를 평가한 RUS점수를 산출한다. 성숙점수의 범위는 0점(볼 수 없는 상태)에서부터 1000점(완전한 성숙)까지이고, 이러한 성숙점수는 뼈나이를 환산하는데 이용된다.

표 5-1, 5-2, 5-3은 Carpal점수와 RUS점수를 계산하기 위한 단계별 점수표이며, 표 5-4, 5-5는 RUS점수를 이용하여 뼈나이를 산출하기 위한 점수표이다.

표 5-1. 남녀 어린이들의 Carpal 성숙점수

등급	A		B		C		D		E		F		G		H		I	
	남	여	남	여	남	여	남	여	남	여	남	여	남	여	남	여	남	여
알 머 리 뼈	0	0	100	84	104	88	106	91	113	99	133	121	160	149	214	203		
갈 고 리 뼈	0	0	73	72	75	74	79	78	100	102	128	131	159	161	181	183	194	194
세 모 뼈	0	0	10	11	13	16	28	31	57	56	84	80	102	104	124	126		
반 달 뼈	0	0	14	16	22	24	39	40	58	59	84	84	101	106	120	122		
손 배 뼈	0	0	26	24	36	35	52	51	71	71	85	88	100	104	116	118		
큰 마 름 뼈	0	0	23	20	31	27	46	42	66	60	83	80	95	95	108	111	117	119
작은마름뼈	0	0	27	21	32	30	42	43	51	53	77	77	93	97	115	118		

표 5-2. 남녀 어린이들의 RUS 성숙점수

등급		A		B		C		D		E		F		G		H		I	
		남	여	남	여	남	여	남	여	남	여	남	여	남	여	남	여	남	여
노 뼈		0	0	16	23	21	30	30	44	39	56	59	78	87	114	138	160	213	218
자 뼈		0	0	27	30	30	33	32	37	40	45	58	74	107	118	181	173		
손허리뼈	I	0	0	6	8	9	12	14	18	21	24	26	31	36	43	49	53	67	67
	III	0	0	4	5	5	8	9	12	12	16	19	23	31	37	43	47	52	53
	V	0	0	4	6	6	9	9	12	14	17	18	23	29	35	43	48	52	52
첫 마 디 뼈	I	0	0	7	9	8	11	11	14	17	20	26	31	38	44	52	56	67	67
	III	0	0	4	5	4	7	9	12	15	19	23	27	31	37	40	44	53	54
	V	0	0	4	6	5	7	9	12	15	18	21	26	30	35	39	42	51	51
중간마디뼈	III	0	0	4	6	6	8	9	12	15	18	22	27	32	36	43	45	52	52
	V	0	0	6	6	8	9	12	15	18	23	28	32	35	42	43	49	49	
끝 마 디 뼈	I	0	0	5	7	6	9	11	15	17	22	26	33	38	48	46	51	66	68
	III	0	0	4	7	6	8	8	11	13	15	18	22	38	33	34	37	49	49
	V	0	0	5	7	6	8	9	11	13	15	18	22	27	32	34	36	48	47

표 5-3. 남녀 어린이들의 TW3-20 뼈 성숙점수

등급		A 남	A 여	B 남	B 여	C 남	C 여	D 남	D 여	E 남	E 여	F 남	F 여	G 남	G 여	H 남	H 여	I 남	I 여
노 뼈		0	0	15	17	17	19	21	25	27	33	48	54	77	85	96	99	106	106
자 뼈		0	0	22	22	26	26	30	30	39	39	56	60	73	73	84	80		
손허리뼈	I	0	0	4	5	5	6	11	11	19	18	24	24	28	29	30	31	32	33
손허리뼈	III	0	0	3	3	4	5	6	7	10	11	16	17	22	23	23	24	25	26
손허리뼈	V	0	0	3	3	3	4	6	7	12	12	17	18	21	22	23	24	25	25
첫마디뼈	I	0	0	4	5	5	5	8	8	15	14	23	24	28	29	30	30	32	32
첫마디뼈	III	0	0	3	4	4	4	6	7	13	13	20	20	23	24	24	25	26	26
첫마디뼈	V	0	0	3	4	3	4	6	7	13	13	19	19	22	23	23	24	25	25
중간마디뼈	III	0	0	3	4	4	4	7	7	13	13	19	20	22	23	23	24	25	25
중간마디뼈	V	0	0	4	4	4	5	8	8	14	14	19	20	21	22	22	22	23	23
끝마디뼈	I	0	0	4	5	4	5	7	8	14	15	23	24	30	31	31	32	33	34
끝마디뼈	III	0	0	3	3	4	4	6	6	10	10	16	17	21	22	22	23	24	24
끝마디뼈	V	0	0	3	3	4	4	7	7	11	11	16	17	20	21	21	22	23	23
알머리뼈		0	0	60	53	62	56	65	61	71	67	79	76	89	85	116	113		
갈고리뼈		0	0	42	44	44	47	49	53	59	64	70	74	81	85	92	97	106	109
세모뼈		0	0	7	8	10	12	17	19	28	28	38	36	45	46	62	63		
반달뼈		0	0	10	10	13	14	20	20	27	27	36	35	44	46	60	60		
손배뼈		0	0	14	13	18	17	23	23	30	29	35	36	42	44	58	57		
큰마름뼈		0	0	12	12	15	14	21	20	28	25	34	32	39	39	47	49	59	59
작은마름뼈		0	0	14	13	16	16	20	20	23	24	32	31	39	40	56	57		

표 5-4. RUS점수(TW3)를 이용한 뼈나이 (남자)

성숙점수	뼈나이	성숙점수	뼈나이	성숙점수	뼈나이	성숙점수	뼈나이	성숙점수	뼈나이	성숙점수	뼈나이
42	2.0	143	4.5	214	7.0	295	9.5	427	12.0	668	14.5
46	2.1	146	4.6	216	7.1	299	9.6	434	12.1	682	14.6
50	2.2	149	4.7	219	7.2	303	9.7	441	12.2	697	14.7
55	2.3	152	4.8	222	7.3	308	9.8	448	12.3	711	14.8
60	2.4	155	4.9	225	7.4	312	9.9	455	12.4	726	14.9
66	2.5	158	5.0	228	7.5	316	10.0	462	12.5	741	15.0
70	2.6	161	5.1	231	7.6	321	10.1	470	12.6	755	15.1
75	2.7	164	5.2	234	7.7	325	10.2	478	12.7	769	15.2
80	2.8	166	5.3	237	7.8	330	10.3	485	12.8	783	15.3
86	2.9	169	5.4	240	7.9	334	10.4	493	12.9	798	15.4
91	3.0	172	5.5	243	8.0	339	10.5	501	13.0	813	15.5
94	3.1	175	5.6	246	8.1	344	10.6	511	13.1	828	15.6
98	3.2	177	5.7	250	8.2	348	10.7	520	13.2	843	15.7
101	3.3	180	5.8	253	8.3	353	10.8	530	13.3	859	15.8
105	3.4	183	5.9	256	8.4	358	10.9	540	13.4	875	15.9
108	3.5	186	6.0	259	8.5	363	11.0	550	13.5	891	16.0
112	3.6	189	6.1	262	8.6	369	11.1	560	13.6	912	16.1
116	3.7	191	6.2	265	8.7	375	11.2	570	13.7	933	16.2
120	3.8	194	6.3	268	8.8	381	11.3	581	13.8	955	16.3
124	3.9	197	6.4	272	8.9	387	11.4	592	13.9	977	16.4
129	4.0	200	6.5	275	9.0	394	11.5	603	14.0	1000	16.5
132	4.1	202	6.6	279	9.1	400	11.6	615	14.1		
134	4.2	205	6.7	283	9.2	406	11.7	628	14.2		
137	4.3	208	6.8	287	9.3	413	11.8	641	14.3		
140	4.4	211	6.9	291	9.4	420	11.9	655	14.4		

표 5-5. RUS점수(TW3)를 이용한 뼈나이 (여자)

성숙점수	뼈나이	성숙점수	뼈나이	성숙점수	뼈나이	성숙점수	뼈나이	성숙점수	뼈나이	성숙점수	뼈나이
126	2.0	234	4.5	331	7.0	462	9.5	676	12.0	944	14.5
130	2.1	238	4.6	335	7.1	470	9.6	685	12.1	955	14.6
134	2.2	241	4.7	339	7.2	478	9.7	695	12.2	966	14.7
139	2.3	244	4.8	343	7.3	485	9.8	705	12.3	978	14.8
143	2.4	248	4.9	347	7.4	493	9.9	714	12.4	989	14.9
148	2.5	251	5.0	351	7.5	501	10.0	724	12.5	1000	15.0
153	2.6	255	5.1	355	7.6	509	10.1	735	12.6		
158	2.7	258	5.2	359	7.7	518	10.2	745	12.7		
163	2.8	262	5.3	363	7.8	526	10.3	755	12.8		
168	2.9	265	5.4	367	7.9	535	10.4	766	12.9		
174	3.0	269	5.5	372	8.0	543	10.5	776	13.0		
178	3.1	273	5.6	377	8.1	552	10.6	787	13.1		
182	3.2	277	5.7	382	8.2	561	10.7	798	13.2		
186	3.3	281	5.8	387	8.3	570	10.8	809	13.3		
191	3.4	284	5.9	393	8.4	579	10.9	820	13.4		
195	3.5	288	6.0	398	8.5	589	11.0	832	13.5		
200	3.6	292	6.1	404	8.6	597	11.1	843	13.6		
204	3.7	296	6.2	409	8.7	605	11.2	855	13.7		
209	3.8	301	6.3	415	8.8	614	11.3	867	13.8		
214	3.9	305	6.4	421	8.9	622	11.4	879	13.9		
219	4.0	309	6.5	427	9.0	631	11.5	891	14.0		
222	4.1	313	6.6	434	9.1	640	11.6	902	14.1		
225	4.2	318	6.7	441	9.2	649	11.7	912	14.2		
228	4.3	322	6.8	448	9.3	658	11.8	923	14.3		
231	4.4	327	6.9	455	9.4	667	11.9	933	14.4		

③ Fels 방법

Fels 방법은 Tanner-Whitehouse 방법에서 사용하고 있는 20개 뼈를 포함한 첫 번째 손허리뼈의 두상과 모음근 종자뼈의 방사선 사진을 필요로 한다. 그리고 작성된 표준사진과 비교하여 성숙점수를 평가하고, 각 뼈의 오차에 대한 등급과 비율을 계산하여 뼈나이를 산출한다. 이 방법은 손과 손목뼈에 대한 성숙척도로서 입증되었다. 성숙척도의 표준은 뼈들의 직선거리 간의 비율과 형태변화에 근거를 두고 있다.

3_ 뼈 나 이

위의 세 가지 방법을 이용하여 어린이가 획득한 골격 성숙점수는 뼈나이로 환산된다. 뼈나이는 실제 나이와 비교함으로써 설명이 가능하다. 예를 들어 어떤 어린이의 실제 나이가 10.5세이고 뼈나이는 12.3세일 경우, 그 어린이는 12.3세 어린이에 상응하는 골격성숙도를 가지므로 성숙도가 실제 나이에 비해 빠르다는 것을 의미한다. 이와 반대로 실제 나이 10.5세 어린이가 9.0세 뼈나이를 가졌을 경우 비록 실제 나이는 10.5세이지만, 9.0세 어린이의 골격성숙도를 나타내므로 성숙도가 지연되고 있음을 의미한다.

또한 뼈나이는 실제 나이와의 차이로 표현될 수 있다. 즉 뼈나이가 12.3세이고 실제 나이가 10.5세인 경우(12.3-10.5=1.8), 연령에 비하여 성숙이 1.8세 앞선 것을 의미하고, 뼈나이가 9.0세이고 실제 나이가 10.5세인 경우(9.0-10.5=-1.5), 연령에 비하여 성숙이 1.5세 지연되고 있다고 할 수 있다.

하지만 위의 세 가지 방법을 이용하여 평가한 골격성숙 상태는 조사대상자와 방법에 차이가 있기 때문에 성숙도에서 매우 차이가 있는 것으로 나타났다. 예를 들어 그림 5-1에 제시한 손-손목뼈 방사선 사진을 각각의 방법으로 평가할 경우 세 가지의 다른 뼈나이가 산출된다. 즉 실제 나이가 8세인 어린이의 뼈나이를 산출할 경우 Greuch-Pyle 방법으로는 6.4세, Tanner-Whitehouse 방법으로는 8.1세, Fels 방법으로는 6.6세이다.

그 이유는 각 방법을 고안하기 위해 실행된 연구에서 각각 다른 연구대상자를 기초로 하여 표준값이 만들어졌기 때문이다. 즉 Greuch-Pyle방법은 1931년부터 1942년까지 미국 클리블랜드에서 거주한 어린이들을 대상으로 하였고, Tanner-Whitehouse방법은 1946년부터 1972년까지 영국에서 거주한 어린이들이었으며, Fels 방법은 1932년부터 1972년까지 미국 오하이오주에서 거주한 어린이들이었다. 따라서 뼈나이를 산출하기 위해서는 연구에 적용한 방법을 제시하는 것이 중요하다.

2) 성적 성숙의 평가

성적 성숙의 평가는 2차 성징의 발달을 기초로 하고 있으며, 여자는 유방의 발달(그림 5-3)과 초경, 남자는 성기와 고환의 발달(그림 5-4), 그리고 남녀 모두 음부의 체모 발달(그림 5-5, 5-6) 등이 포함된다. 2차 성징을 성적 성숙의 척도로서 사용하는 이유는 성적 성숙이 사춘기와 청소년기에 제한되어 있기 때문이다.

1 _ 2차 성징

2차 성징의 발달은 각각의 특징에 따라 5단계 혼합된 척도를 이용하여 평가한다. 가장 보편적으로 사용되고 있는 표준은 Tanner가 개발한 음모, 유방, 성기에 대한 척도이다.

5단계 척도에서 1단계는 사춘기 이전의 발달 상태를 나타내는 것으로 남자의 성기는 일반적으로 아동기의 크기와 비슷하다(각 성징의 발달이 없다). 2단계는 각 특징의 초기 발달단계를 나타내는 것으로 여자의 경우 가슴이 나타나기 시작하고, 남자의 경우 성기가 커지기 시작하며 음모가 나타나기 시작한다. 3, 4단계는 각 성징의 지속적인 성숙을 나타내지만 평가하기가 어렵고, 5단계는 각 성징이 충분히 발달한 성인의 상태를 나타낸다.

2차 성징의 발달은 각 단계가 서로 중복하여 발생하는 지속적인 과정이라는 사실에 주목해야 한다. 따라서 이러한 5단계 척도는 다른 여러 가지 척도와 마찬가지로 다소 임의적이다. 예를 들면 현재 성기 발달 3단계에 진입한 남자어린이와 3단계가 끝난 어린이를 비교할 경우 비록 후자의 어린이가 성적으로 보다 성숙해 있지만, 둘 다 3단계로 평가된다는 점이다.

유방, 성기, 음모에 대한 사춘기의 발달단계는 매우 특이하며, 여자어린이들의 성적성숙 수준을 평가하는데 개인과 집단의 자료를 평균으로 결정하는 것은 적절하지 않다. 마찬가지로 개개인의 2차 성징의 특징을 일일이 열거하지 않은 채 '사춘기 2단계', 'Tanner 3단계' 식으로 평가해서는 안 된다. 그러므로 '유방발달 4단계' 또는 '음모발달 3단계' 등으로 각각의 척도에 대한 특정한 단계를 설명해야 한다.

남자의 경우 성기 발달의 직접 평가는 고환의 크기를 측정하여 평가할 수 있다. 고환의 크기 측정은 제시된 고환의 모형을 이용하여 평가할 수 있고, 대상자가 실물에 가장 가까운 모형에 자신의 고환 크기를 맞추는 과정에서 손으로 직접 고환을 만져보도록 해야 한다. 성숙평가에서 이러한 과정은 매우 중요하지만 현장 적용시 여러 가지 문제점을 발생시킨다.

여자의 경우 첫번째 월경시기(초경)는 여자 청소년들의 성숙척도로서 가장 많이 적용되고

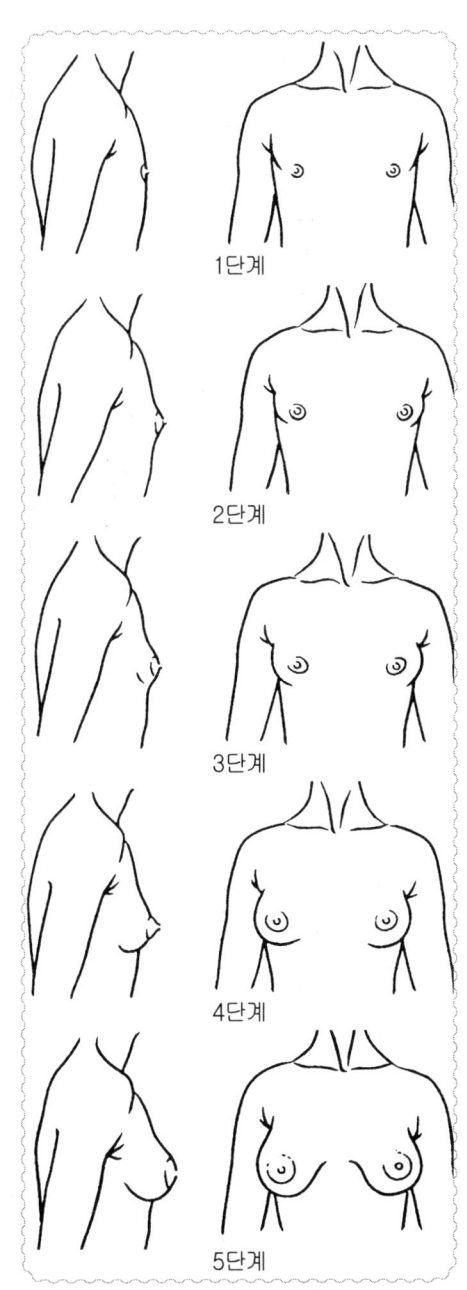

그림 5-3. 여성의 유방 발달단계
(Roche et al., 1995)

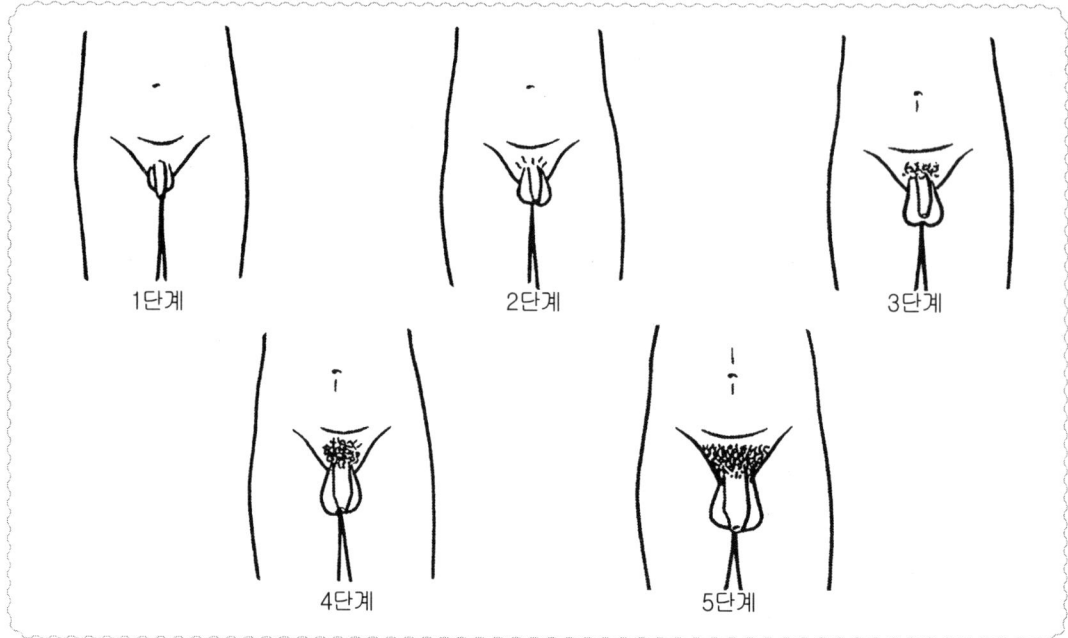

그림 5-4. 남성의 성기 발달단계(Roche et al., 1995)

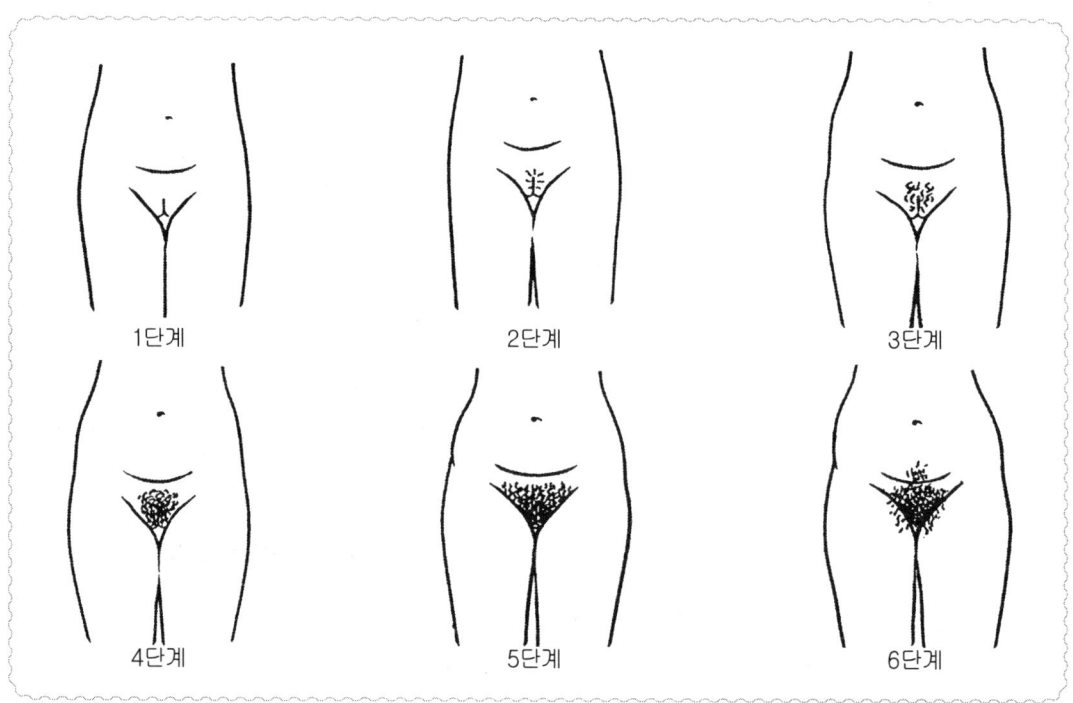

그림 5-5. 여성의 음모 발달단계(Roche et al., 1995)

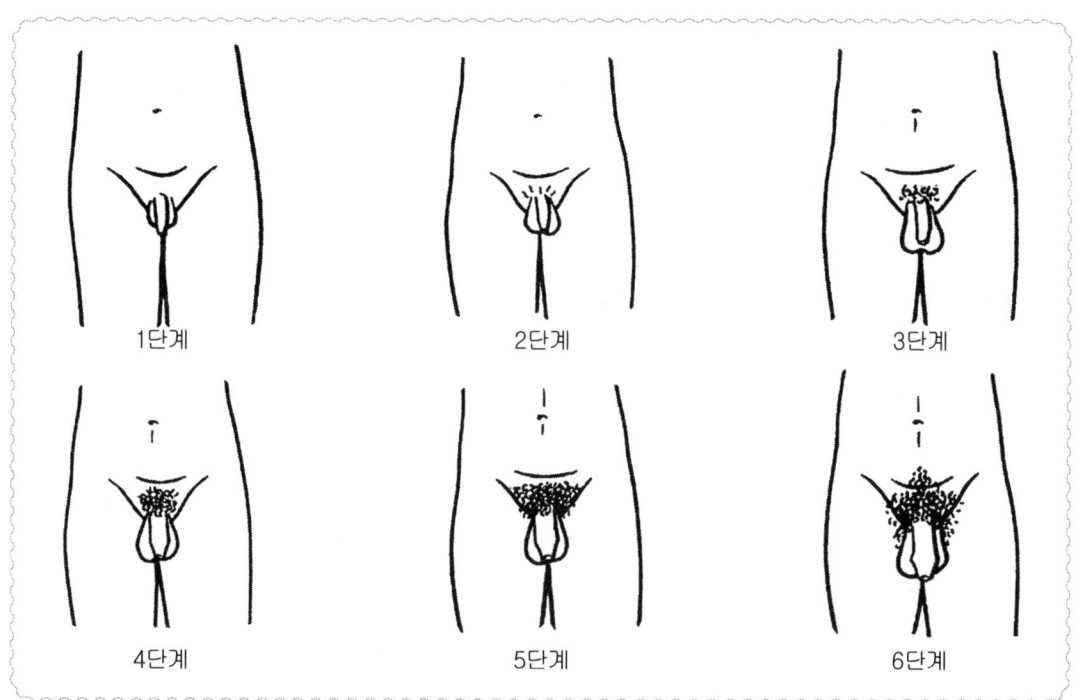

그림 5-6. 남성의 음모 발달단계(Roche et al., 1995)

있다. 그러나 남자청소년들에게는 이에 해당하는 생리적인 현상이 없다. 또한 여러 문화권에서 초경에 대한 자료는 여러 가지 사회·문화·환경의 차이로 획득하기 어렵고 보통 임상조사에서 직접 눈으로 관찰한 후 평가해야 하기 때문에 연구를 수행하는데 제한점이 있다.

2_ 기타 2차 성징

어떤 환경에서는 유방, 성기, 음모 발달에 대한 조사를 할 수 없기 때문에 다른 성숙척도를 이용한다. 3단계 척도(1단계 : 존재하지 않음, 2단계 : 약간 성장, 3단계 : 성인 형태의 분포)로 구성된 겨드랑이의 체모는 남녀 모두에게 적용되는 또 다른 2차 성징의 평가 방법이다.

또한 남자어린이들에게 3단계 척도로 구성된 목소리 변성도를 평가할 수 있다(1단계 : 트이지 않음, 2단계 : 충분하지 않지만 변성의 증후가 있음, 음색의 확실한 변화, 3단계 : 확실히 트이거나 성인의 목소리).

4단계 척도로 구성된 얼굴 수염을 관찰함으로써 2차 성징을 평가할 수 있다(1단계 : 수염이 없는 경우, 2단계 : 길이가 자라며 완전한 콧수염에 비해 중간정도로 퍼졌으며, 윗입술 가장자리로 약간의 색깔이 보이는 정도, 3단계 : 양볼의 윗 부분과 아랫 입술 밑의 중간 부분에

수염이 있음, 4단계 : 턱 가장자리의 아래와 옆 주위에 수염이 남).

이러한 단계들은 유방, 성기, 음모 발달의 경우처럼 다소 임의적이지만 다른 성숙 척도와 마찬가지로 각 단계가 서로 중복된다.

여러 가지 의미에서 2차 성징의 발달은 호르몬의 변화(여자의 경우 난소의 성숙, 남자의 경우 고환의 성숙과 각각의 호르몬)에 따라 영향을 받는다. 그러므로 생식선 호르몬의 농도는 역시 성숙척도로서 이용될 수 있으며 종종 임상연구에 적용되고 있다.

3) 신체적 성숙의 평가

신체적 성숙의 평가는 인체측정으로부터 획득한 종단적인 신체크기의 자료를 필요로 한다. 만약, 자료가 급성장 시기인 청소년기의 특정 부위에 관한 것일 경우 이 자료는 신체적 성숙의 척도로 이용될 수 있다.

각기 다른 연령에서 얻어진 성인크기에 대한 비율도 성숙의 척도로 사용된다. 예를 들어 두 명의 어린이가 어떤 나이에 비슷한 크기의 체격을 가질 수 있지만 그 중 한 명이 비교적 빠르게 성인체격에 도달했다면 이 어린이는 보다 빠른 성숙상태에 도달한 것이다. 신체성숙을 평가하는데 신장이 흔히 이용되고 있다.

1_ 최대신장속도

최대신장속도 *peak height velocity : PHV*에 도달한 나이는 청소년 급성장 시기에 가장 큰 신장을 획득한 나이로서 청소년을 대상으로 한 종단연구에서 신체성숙의 척도로서 흔히 이용되고 있다. PHV는 개개인의 신장을 기록한 후 수학적 계산을 통한 성장곡선을 이용하여 도표화함으로써 얻어진다. 성장곡선의 예가 그림 5-7에 제시되었고, 그림에서 알 수 있듯이 각 나이에 따라 얻어진 실질적인 크기는 성장속도에 따라 곡선으로 나타낼 수 있다. 이러한 곡선은 개인이나 집단의 성장에 대한 차이점을 비교하거나 특징을 구분하기 위한 수단을 제공한다.

최대신장속도의 나이는 청소년 급성장 기간 중 최고의 성장이 언제 발생하였는가를 알아볼 수 있는 유용한 성숙척도이며, 또한 다른 신체크기의 성장속도와 2차 성장을 나타내는 기준점 역할을 한다. 예를 들면 여자어린이들의 경우 초경은 최대신장속도 이후에 발생한다.

이 외에도 다리길이, 앉은키, 어깨와 엉덩뼈 위 폭, 몸무게와 같은 신체크기의 최대속도나 이를 산출할 수 있다.

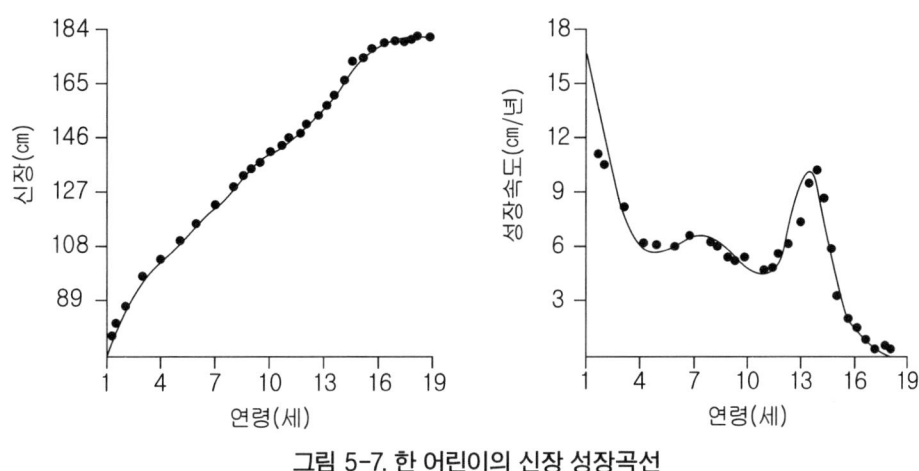

그림 5-7. 한 어린이의 신장 성장곡선

2_ 성인 신장에 대한 비율

또 다른 신체성숙 척도는 일정한 나이에서 획득한 성인 신장에 대한 비율로서 성인 신장에 근접한 어린이들은 그렇지 못한 어린이들보다 성숙도가 보다 빠르다. 예를 들면 두 명의 7세 어린이의 신장이 122cm로 비슷한 신장일 경우, 한 어린이의 신장이 성인 신장의 72%이고, 다른 어린이는 66%에 도달했다면, 전자의 어린이는 성숙한 상태에 가까이 도달하였으므로 후자의 어린이에 비해서 신체적 성장이 빠른 것이다.

그러나 이러한 자료는 종단적인 자료가 필요하기 때문에 이러한 척도를 이용하는데에는 한계가 있다. 한편, 부모의 신장이 어린이의 성인 신장을 예측할 수 있는 목표범위를 제공할 수 있기 때문에 유용한 정보가 될 수 있다. 물론 예측에 따르는 오차범위를 고려해야 하지만, 성인 신장은 현재 어린이의 신장과 부모 신장을 이용함으로써 예측이 가능하다.

또한 어린이의 신장은 예측된 성인 신장에 대한 비율로 표현할 수 있는데, 이러한 접근은 일정한 나이에 신장이 큰 청소년을 확인하고자 할 때 가치가 있다. 왜냐하면, 그들은 유전적으로 신장이 크도록 되어 있거나(신장이 큰 부모를 가지고 있거나), 동료에 비해서 성숙도가 빠르기 때문에 신장이 클 수 있다(그들은 일정한 나이에 예측된 성인 신장에 대한 비율을 보다 크게 가진다).

종단적인 자료가 있을 경우 일정한 나이에 성인 크기에 대한 비율은 다른 신체치수를 적용하여 평가할 수 있다. 예를 들어 아동기 어린이들의 아래팔은 위팔에 비하여 성인치수에 보다 근접하는데, 이는 아래팔이 위팔보다 성숙이 빠르다는 것을 의미한다.

4) 치아성숙의 평가

치아성숙의 평가는 유치(아기의 경우)와 영구치가 발생하는 연령과 시기에 맞춰 이루어질 수 있다. 최근에 영구치의 석회화 정도를 평가한 후 골격의 성숙도를 평가하는 방법으로 치아성숙을 평가한다.

7개 영구치의 석회화 표준이 몬트리올 대학의 성장연구센터에서 Demirjian박사에 의하여 개발되었다. 이 표본은 각 치아의 공통적 특징에 기초(치아와 치아뿌리에 대한 치관)를 두고 있다. Tanner-Whitehouse가 골격성숙의 특정단계를 정의한 것처럼 맨 처음 치아의 석회화 과정(치관 형태의 첫 번째 척도)이 시작될 때부터 치아뿌리의 형성과 치아의 최종 완성단계에 이르기까지 각 치아가 나타내는 성숙도를 평가한다. 또한 뼈나이를 산출하는 방법과 마찬가지로 치아의 나이로 변환시킬 수 있다.

5) 성숙척도들 간의 상호관계

생물학적 성숙도를 평가하기 위해 골격 성숙, 성적 성숙, 신체적 성숙, 치아 성숙의 척도를 사용하는데 중요한 두 가지 문제점이 야기된다. 첫째는 "척도들 간의 상관성으로 모든 척도들이 동일한 성숙 정도를 나타내는가"이고 둘째는 "시간에 따라 성숙도는 불변하는가"이다.

예를 들면 "6세 때 성숙이 느린 어린이가 11세 때에도 역시 느린가?" 이와 반대로 "6세 때 성숙이 보통이거나, 빠른 어린이가 11세 때에도 성숙이 보통이거나 빠른가?" 만약 어떤 어린이가 한 가지 성숙 척도에서 빠르거나, 보통이거나, 늦다고 평가되면 그 어린이는 다른 척도에서도 같은 성숙정도를 나타내는가?

보통 골격·성적·신체적 성숙의 척도는 서로 관련이 있지만, 치아성숙은 상관이 없으며 다른 성숙척도와 비교하여 독립적으로 진행하는 경향을 보인다.

CHAPTER 06
건강·운동수행 관련 체력 검사

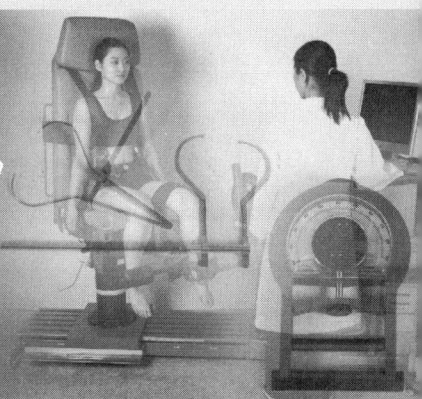

>>> 학습목표

1. 체력의 개념과 체력 검사의 역사적 배경을 이해한다.
2. 체력 검사의 목적을 이해한다.
3. 근력, 근지구력, 순발력, 민첩성, 유연성, 평형성, 전신지구력 등의 검사방법과 평가방법을 습득한다.

1. 개 요

최근 "체력이 건강한 생활양식에 어느 정도 영향을 미치는가?"라는 질문에 대하여 의사, 체육교사, 운동생리학자, 건강전문가를 포함한 운동과학자들이 광범위하게 논의하고 있다. 이 질문에 대한 명확한 해답은 매우 어렵고, 지금까지 이에 대한 적절하고 충분한 연구가 실행되지 못하였다.

그럼에도 불구하고 최적의 체력유지는 매우 가치가 있는 것으로 보고되었다(AHA, 1992). 그렇다면 이러한 체력상태는 어떻게 평가될 수 있는가? 이 장에서는 체력의 개념, 역사적 배경, 체력 검사의 목적, 체력 구성요소를 포함한 여러 가지 측정방법이 제시되었다. 과거에 학교체육에서는 주로 운동수행과 관련된 체력요소를 평가하였으나, 오늘날 건강관련체력의 중요성이 더욱 강조되고 있다.

2. 체력의 개념

체력 *physical fitness*은 문화적 환경과 전문가들의 견해에 따라 다양하게 정의되어왔으며, 또한 시대에 따라 변화되었다. 즉 세계보건기구(WHO, 1967)에서는 체력이란 근육의 움직임을 통한 특수한 과제를 수행하기 위한 적응력으로, 주어진 조건에서 근육에 요구되는 작업을 만족스럽게 수행하는데 필요한 능력이라고 정의하였다. 또한 체력은 신체적 조작이 요구되는 과제를 수행해낼 수 있는 유기체, 즉 모든 기관의 양호한 신체적 조건 및 기능(Updyke & Johnson, 1970)이며, 여가시간을 즐겁게 즐길 수 있는 충분한 에너지를 의미하고, 위험한 상황에 대처할 수 있고, 피로를 느끼지 않으며, 일상생활을 수행할 수 있는 능력이다(Clarke, 1971).

더욱이 체력은 신체기관(체격), 운동, 문화적인 환경 등 세 가지 요소가 조합된 광범위한 질적 요소와 관련이 있다. 즉 신체기관은 에너지 생성과 소비를 의미하며, 운동은 여러 가지 작업을 수행하기 위한 근육의 발달과 동작 반응의 조절과 관련이 있으며, 문화적인 환경은 스포츠클럽의 시설 및 활용, 그리고 학교에서의 체육시설과 관련되어 있다(Council of Europe, 1988).

이와 유사하게 체력은 유기체의 활력 또는 생명력으로도 정의되는데, 이는 단순히 병이 없는 상태, 병에 대한 면역이나 저항력 혹은 안녕이라는 의미보다 높은 차원으로 해석할 수 있다. 즉 체력을 생리적·화학적·물리적인 힘의 세 가지 요소가 조합된 광범위한 질적 요소로 간주한다. 이 중 생리적 요소는 건강, 자세, 체격, 유기체 등 각 기관의 적절한 기능과 관련이 있으며, 화학적 요소는 영양, 물리적 요소는 적절한 근력과 근지구력, 유연성 등과 관련이 있다.

결과적으로 체력은 여러 가지 의미를 포함하고 있으며, 한 가지 공통점은 체력을 다양한 능력으로 간주하는 것이다. 때때로 체력은 다양한 특징들을 정의에서 분명히 제시하고 있으며, 다른 한편 체력은 검사유형을 암시한다.

3. 역사적 배경

체육교육과 운동과학에서 최초의 체력 검사는 19세기 후기 의사 *physician*들에 의해서 시작되었으며, 20세기 초 25년 동안 인체측정학의 발달과 체형 연구가 시작되기 전까지 지속되었다. 특히 체력은 2차 세계대전 중 젊은 남자들에게 징병을 위한 수단으로 그 필요성이 더욱 강조되었으며, 그 당시 수많은 남자들이 징병의 신체적 요구를 충족시키지 못하였다.

2차 세계대전 후 미국 아이젠하워 대통령은 미국과 유럽 초등학교 어린이들을 대상으로 실시한 Kraus-Weber 검사의 결과 미국 어린이들은 유럽 어린이들보다 체력이 매우 저조한 것으로 나타남으로써 미국 전역에 체력향상을 위한 대책을 수립토록 하였다. 비록 Kraus-Weber 검사가 모든 체력의 측정도구로서 부적절하였지만 체력에 대한 많은 관심을 유발시켰다.

1950년대 초기 미국 건강·체육·레크리에이션 협회(AAHPER, AAHPERD)는 표준화 검사와 다양한 척도로 체력을 측정할 수 있는 연구를 시작하였다. 그 결과 AAHPER Youth Fitness Test가 개발되었으며, 주로 운동선수들의 운동능력에 관한 운동수행관련 체력을 평가하였다. 이 검사에서는 제자리멀리뛰기와 50야드 달리기 등을 측정하였다. 따라서 이 검사는 운동수행관련 체력의 평가방법으로는 적절하였지만, 건강관련 체력의 타당한 척도는 아니었다. 이러한 관심 속에 AAHPERD에서는 1980년에 건강관련 체력 검사를 개발하였으며, 검사종목 선택을 위한 다음과 같은 특별기준이 만들어졌다.

① 체력 검사는 심각한 기능장애를 포함한 고도의 기능적인 능력을 측정해야 한다.
② 체력 검사는 적절한 신체활동으로 향상시킬 수 있는 능력을 측정해야 한다.
③ 체력 검사는 검사점수 변화에 따른 기능적인 능력의 변화와 개개인의 체력상태를 정확하게 측정해야 한다.

1980년대 중반 체육교사와 운동과학자들은 어린이와 청소년들을 위한 국가적인 체력 검사의 필요성을 제기하였고, 수많은 연구기관과 단체에서 체력 검사 방법을 개선하였다. AAHPERD Physical Best Program은 유산소능력, 신체구성, 유연성과 근력과 지구력을 포함한 건강을 증진시키는 체력구성요소를 강조하면서 각각의 구성요소를 다음과 같이 정의하였다.

① 유산소능력 : 주어진 시간 동안 중강도 신체활동에서부터 고강도 신체활동을 실행하기 위한 능력
② 신체구성 : 체중을 체지방과 제지방으로 구분
③ 유연성 : 근육과 관절의 모든 가동범위를 통하여 움직일 수 있는 능력
④ 근력 : 짧은 시간에 고강도의 힘을 발휘하기 위한 근육의 능력이며, 근지구력은 주어진

시간에 저강도와 중강도에서 반복적으로 힘을 유지하기 위한 능력(AAHPERD, 1988)

크라이슬러 기금-AAU 검사*Chrysler Fund-Amateur Athletic Union*(1992)는 6~17세 학생들을 위한 체력 검사로서, 표 6-1과 같이 필수 검사와 선택 검사로 구성되어 있다. 지구력달리기의 경우 6~7세는 1/4마일, 8~9세는 1/2마일, 10~11세는 3/4마일, 12세 이상은 1마일 등으로 연령에 따라 거리에 차이를 두었다.

표 6-1. 크라이슬러 기금-AAU 검사

검 사	종 목	체력요소
필수 검사	지구력	심폐지구력(cardiorespiratory endurance : CR)
	무릎 굽혀 윗몸 일으키기	몸통근력과 근지구력
	앉아서 윗몸 앞으로 굽히기	무릎과 등허리 유연성
	턱걸이(남자) 팔굽혀 오래 매달리기(여자)	상체근력과 근지구력
선택 검사	Hooiser 지구력달리기	심폐지구력
	제자리멀리뛰기	다리근력, 체중의 효율
	등척성(isometric) 팔굽혀펴기	상체 정적 근지구력
	변형된 팔굽혀펴기(여자)	상체 근력과 근지구력
	Phantom 의자	정적 다리 근지구력
	왕복달리기	민첩성과 스피드
	질 주	스피드, 민첩성, 무산소성능력

한편, Fit Youth Today 검사는 표 6-2에서 제시된 바와 같이 네 가지 체력요소(심폐지구력, 근력과 근지구력, 유연성, 신체구성)를 포함하고 있으며, 다음과 같이 정의하였다.
① 심폐지구력은 근육활동을 통해 산소와 에너지 요구에 효과적으로 반응하기 위한 심장, 혈관, 폐의 능력이다.
② 적당한 근력은 위험에 처했을 때 미리 대처할 수 있고 일상생활을 효과적으로 유지하기 위해 필요한 근력의 수준을 의미한다.
③ 근지구력은 주어진 기간 동안 근수축을 지속시키기 위한 특별한 근육군의 능력을 의미한다.
④ 유연성은 신체 각 관절의 가동범위의 측정이다.
⑤ 신체구성은 정의되지 않았다.

또한 각 요소별 준거관련 기준이 표 6-3에 제시되었다.

표 6-2. Fit Youth Today 검사

종 목	체력요소
정상적인 조깅	심폐지구력
무릎굽힌 curl-up	근력과 근지구력
앉아서 윗몸 앞으로굽히기	유연성
신체구성(위팔등쪽부위와 종아리 피부두겹두께)	신체구성

표 6-3. Fit Youth Today 검사의 준거관련 기준

정상적인 조깅 검사(20분)						
학 년	20분 동안 달린 거리					
	남자			여자		
	마 일	야 드	미 터	마 일	야 드	미 터
4	1.8	3.170	2.900	1.6	2.820	2.570
5	2.0	3.520	3.220	1.8	3.170	2.900
6	2.2	3.870	3.540	2.0	3.520	3.220
7~12	2.4	4.220	3.860	2.2	3.870	3.540

2분 동안 무릎 굽혀 curl-up을 실행한 횟수				
학 년	4	5	6	7~12
횟 수	34	36	38	40

앉아서 윗몸 앞으로 굽히기	
남녀 모든 학년	22.9cm

신체구성-위팔등쪽부위와 종아리 피부두겹두께의 합				
학 년	남 자		여 자	
	피부두겹두께의 합(mm)	체지방률(%)	피부두겹두께의 합(mm)	체지방률(%)
4	23	19	32	26
5	26	21	32	26
6	29	23	33	27
7	29	23	34	28
8	29	23	34	28
9	27	22	34	28
10	25	20	34	28
11	23	19	34	28
12	23	19	34	28

Prudential FITNESSGRAM 검사는 5~17세 학생들을 위한 체력 검사로서 건강관련체력의 4가지 구성요소(유산소능력, 신체구성, 유연성, 상체근력과 지구력)를 포함하고 있으며, 각 구성요소의 측정방법은 표 6-4와 같다.

표 6-4. Prudential FITNESSGRAM 검사

체력요소	종 목
유산소능력	1마일 걷기/달리기
	PACER[1]
근력과 근지구력	Curl-ups[2]
	90° 팔굽혀펴기
	턱걸이
	팔굽혀 오래 매달리기
	변형된 턱걸이(Vermont)
	몸통 들어올리기
유연성	Back-saver 앉아서 윗몸 앞으로 굽히기
	어깨 스트레칭
신체구성	체지방률
	체질량지수(Body Mass Index)

주 1) 카세트나 CD를 이용하여 설정된 속도 세트에 따라 20m의 거리를 가로질러 가능한 한 오래 동안 달린다.
2) 최대 75회 혹은 더 이상 지속할 수 없을 때까지 쉬지 않고 윗몸일으키기를 실시한다.

4. 체력 검사의 목적

체력 검사의 목적은 운동수행관련 체력과 건강관련 체력 검사 유형에 따라 약간의 차이가 있을 수 있으나, 일반적으로 다음과 같은 목적으로 실행한다.
① 현재 체력 수준의 진단
② 안전 및 유효 기준의 제공
③ 운동목표의 성취도 평가
④ 교육 및 동기의 유발
⑤ 운동 프로그램의 평가

한편, 체력 검사는 그 자체가 운동 프로그램이 아니기 때문에 운동수행이나 건강 혹은 체력을 향상시키는데 도움이 되지 않는다. 따라서 운동 프로그램과 비교하여 질병 예방 및 건강 증진의 기여도는 낮다.

5. 체력의 요인별 측정

1) 근 력

1 _ 개 념

체력은 근력과 근지구력을 포함하며, 근력 *muscular strength, strength*은 근육군이 단 한 번 최대한의 노력으로 생성되는 힘의 양으로, 근수축 *muscular contraction*에 의해 발생하는 물리적인 운동 에너지를 말한다. 일상생활에서 작업을 포함한 모든 신체활동은 이러한 근력이 발생함으로써 가능하게 된다. 근지구력은 골격근이나 근육군이 오랫동안 지속적으로 수축하는 능력이다.

근력과 근지구력은 작업능력을 향상시킬 뿐만 아니라 상해위험을 감소시키며, 잘못된 자세와 운동부족증, 요통 등을 예방하고 선수들의 운동수행능력을 향상시킨다. 또한 긴급한 상황에서 생명을 보호하기 위해서는 근력과 근지구력 모두 필요하다.

한편, 점증저항운동은 체력향상을 목적으로 실행하는 신체활동으로 주요 운동유형에는 등장성, 등척성, 등속성이 있다. 이러한 운동유형의 구분은 근육에 전달된 부하와 자극의 방법과 관련이 있다.

표 6-5에서 보는 바와 같이 세 가지 운동유형은 각각 장점과 단점이 있다. 등장성 운동은

표 6-5. 등장성, 등척성, 등속성 운동의 장점과 단점

	장 점	단 점
등 장 성 (isotonic)	·스포츠기술에서 사용되는 동작을 효과적으로 모방할 수 있다. ·동적 협응력을 향상시킨다. ·근력 증대를 촉진시킨다.	·최대가동범위에서 근육을 수축시키지 못한다. ·특별한 장비와 기구를 요구한다. ·통증을 유발시킬 수 있다.
등 척 성 (isometric)	·어떤 장소에서든지 실행할 수 있다. ·비용이 저렴하고 특별한 장비를 요구하지 않는다. ·움직이지 않은 관절을 재활시킬 수 있다.	·오직 한 가지 자세에서 근력을 증강시킨다. ·근 비대 효과가 적다. ·스포츠기술과 관련이 적고 변형이 어렵다.
등 속 성 (isokinetic)	·최대가동범위에서 근력을 증대시킨다. ·재활과 평가에 가치가 있다. ·안전하고, 통증을 덜 유발시킨다.	·특별한 장비를 요구한다. ·스포츠에서 나타나는 자연스러운 가속을 되풀이할 수 없다. ·사용방법이 복잡하고 모든 근육군을 운동시킬 수 없다.

웨이트 트레이닝과 미용체조(동적 미용체조)와 같이 저항이 올라가고 내려가는 신체활동이다. 등장성 운동은 단축성(짧아짐)과 신장성(길어짐) 수축을 통해서 실행된다. 등척성 운동은 움직이지 않는 목표물에 발휘되는 힘으로 어떠한 움직임이 일어나지 않는 운동이다. 등척성 운동은 근력과 근지구력을 향상시키는데 효과가 있고, 정적 근력과 정적 근지구력을 증강시킨다. 등속성 운동은 충분한 가동범위에서 일정한 운동속도를 유지하는 기구를 이용하여 실행하는 등장성 단축성 근수축이다.

점증저항운동을 통한 근력의 향상은 근섬유 크기의 증가에 따른 직접적인 결과로서 근비대 hypertrophy가 발생하고, 이와 반대로 오랫동안 트레이닝을 중단할 경우 근섬유의 크기가 감소하면서 근력의 손실을 초래하는 근위축 atrophy현상이 나타난다. 이와 같이 근력의 증감과 근섬유의 크기는 직접적인 비례 관계가 있다고 설명되어 왔지만, 최근에 연구자들은 근력향상과 근섬유 크기의 관계에는 더 많은 요인이 영향을 미치는 것으로 보고하였다.

Wilmore(1974)는 여자의 경우 남자와 동일한 트레이닝을 수행한 결과 비슷한 근력의 향상을 나타냈지만, 남자와 유사한 근비대 현상은 나타나지 않는 것으로 보고하였다. 이러한 결과는 근섬유의 크기가 증가하지 않아도 근력이 향상될 수 있음을 의미한다.

또한 근력 트레이닝에 의해 근섬유의 크기는 증가할 수 있지만, 근섬유의 수는 유아기에 결정되어 변화하지 않는다. Gollnick(1983)과 Timsom(1985)은 동물들을 장기간 트레이닝 시킨 결과 주동근에서 근비대 현상이 나타나고 근섬유의 크기는 증가하였지만, 근섬유수는 변하지 않았다.

그러나 Gonyea 등(1986)은 동물실험에서 근력 트레이닝을 통한 근비대 현상은 물론 동원되는 근섬유의 수가 약 10% 증가된 것으로 보고하였다. 보디빌더들을 대상으로 한 Tesch(1982)와 Larsson(1986)의 연구결과에서도 근섬유수의 증가를 보고하였으며, Taylor & Wilkinson(1986) 역시 근비대 및 근섬유 수의 증가현상이 거의 동시에 일어날 수 있다고 보고하였다.

결과적으로 이와 같은 상반된 연구 결과는 근섬유 변화에 대한 분석 방법과 연구에서 트레이닝 프로그램, 운동강도, 운동시간 등의 차이 때문에 발생한다. 근섬유 크기와 근섬유수의 증가현상 중 근력향상에 영향을 미치는 주된 작용은 불분명하지만, 근력 트레이닝으로 인한 가장 분명한 변화는 근섬유 크기의 증가현상이다.

근력에는 근육의 수축방법에 따라 세 가지로 구분할 수 있다. 물건을 밀거나 끌어당기거나 잡을 때와 같이 서서히 근섬유를 수축시켜 힘을 발휘할 때의 근력을 정적 근력 static *dynamometric strength, static strength*이라 한다. 이에 비해 순간적으로 근섬유를 수축시켜서 폭발적으로 힘을 발휘할 때의 근력을 순발력*explosive strength* 혹은 파워*power*라 한다. 어떤 부하를 얼마나 오랫동안 유지할 수 있는 가와 같이 근수축을 지속시킬 수 있는 능력을 근지구력*muscular endurance*이라 한다. 전자를 정적 근력 혹은 단순히 근력이라 하고, 후자의 두 경우를 역동적 근력 혹은 동적 근력*dynamic strength*이라 부른다.

2_ 근력의 측정

① 등장성 근력 평가 : 1RM

측정 방법

ⓐ leg press, seated arm press, bench press와 같은 중량장비를 이용한다.
ⓑ 2~3회 들어올릴 수 있는 중량이 얼마나 되는지 평가한다. 너무 무거운 중량보다는 중량이 없는 상태에서 시작하는 것이 좋다. 10회 이상 중량을 들 경우 휴식을 취한 후 다음날 다시 실행한다.
ⓒ 중량을 선택한 후 정확한 자세로 leg press를 실행한다. 10회까지 실행할 수 있을 만큼 여러 번 실시한다.
ⓓ leg press의 1RM을 결정하기 위해 표 6-6을 이용한다. 왼쪽 열에서 사용한 중량을 찾은 후 표 맨 위에서 자신이 실행한 반복횟수를 찾는다.
ⓔ 1RM 점수는 가로열에 있는 중량과 세로열에 있는 반복횟수가 서로 교차하는 값이다.
ⓕ seated arm press를 위해 이 절차를 반복한다.
ⓖ 결과란에 leg press와 seated arm press의 1RM 점수를 기록한다.
ⓗ 중량(파운드)당 근력을 산출하기 위해 1RM점수를 중량(파운드)으로 나눈다. 2회 운동 후 각각의 점수로 한다.
ⓘ 최종적으로 표 6-7을 이용하여 상체근력과 하체근력을 위한 중량등급을 결정한다.

표 6-6. 반복횟수와 피로에 따라 예상된 1RM

중량(lb)	1	2	3	4	5	6	7	8	9	10	중량(lb)	1	2	3	4	5	6	7	8	9	10
30	30	31	32	33	34	35	36	37	38	39	170	170	175	180	185	191	197	204	211	219	227
35	35	37	38	39	40	41	42	43	44	45	175	175	180	185	191	197	203	210	217	225	233
40	40	41	42	44	46	47	49	50	51	53	180	180	185	191	196	202	209	216	223	231	240
45	45	46	48	49	51	52	54	56	58	60	185	185	190	196	202	208	215	222	230	238	247
50	50	51	53	55	56	58	60	62	64	67	190	190	195	201	207	214	221	228	236	244	253
55	55	57	58	60	62	64	66	68	71	73	195	195	201	206	213	219	226	234	242	251	260
60	60	62	64	65	67	70	72	74	77	80	200	200	206	212	218	225	232	240	248	257	267
65	65	67	69	71	73	75	78	81	84	87	205	205	211	217	224	231	238	246	254	264	273
70	70	72	74	76	79	81	84	87	90	93	210	210	216	222	229	236	244	252	261	270	280
75	75	77	79	82	84	87	90	93	96	100	215	215	221	228	235	242	250	258	267	276	287
80	80	82	85	87	90	93	96	99	103	107	220	220	226	233	240	247	255	264	273	283	293
85	85	87	90	93	96	99	102	106	109	113	225	225	231	238	245	253	261	270	279	289	300
90	90	93	95	98	101	105	108	112	116	120	230	230	237	244	251	259	267	276	284	296	307
95	95	98	101	104	107	110	114	118	122	127	235	235	242	249	256	264	273	282	292	302	313
100	100	103	106	109	112	116	120	124	129	133	240	240	247	254	262	270	279	288	298	309	320
105	105	108	111	115	118	122	126	130	135	140	245	245	252	259	267	276	285	294	304	315	327
110	110	113	116	120	124	128	132	137	141	147	250	250	257	265	273	281	290	300	310	321	333
115	115	118	122	125	129	134	138	143	148	153	255	255	262	270	278	287	296	306	317	328	340
120	120	123	127	131	135	139	144	149	154	160	260	260	267	275	284	292	302	312	323	334	347
125	125	129	132	136	141	145	150	155	161	167	265	265	273	281	289	298	308	318	329	341	353
130	130	134	138	142	146	151	156	161	167	173	270	270	278	286	295	304	314	324	335	347	360
135	135	139	143	147	152	157	162	168	174	180	275	275	283	291	300	309	319	330	341	354	367
140	140	144	148	153	157	163	168	174	180	187	280	280	288	296	305	315	325	336	348	360	373
145	145	149	154	158	163	168	174	180	186	193	285	285	293	302	311	321	331	342	354	366	380
150	150	154	159	164	169	174	180	186	193	200	290	290	298	307	316	326	337	348	360	373	387
155	155	159	164	169	174	180	186	192	199	207	295	295	303	312	322	332	343	354	366	379	393
160	160	165	169	175	180	186	192	199	206	213	300	300	309	318	327	337	348	360	372	386	400
165	165	170	175	180	186	192	198	205	212	220	305	305	314	323	333	343	354	366	379	392	407

(출처 : Journal of Physical Education, Recreation & Dance)

표 6-7. 중량에 따른 근력 평가

성별	분류	Leg Press			Arm Press		
		30세 이하	31~35세	51세 이상	30세 이하	31~35세	51세 이상
남성	우수한 체력	2.06 이상	1.81 이상	1.61 이상	1.26 이상	1.01 이상	0.86 이
	적절한 체력	1.96~2.05	1.66~1.80	1.51~1.60	1.11~1.25	0.91~1.00	0.76~0.85
	경계 체력	1.76~1.95	1.51~1.65	1.41~1.50	0.96~1.10	0.86~0.90	0.66~0.75
	낮은 체력	1.75 이하	1.50 이하	1.40 이하	0.95 이하	0.85 이하	0.65 이하
여성	우수한 체력	1.61 이상	1.36 이상	1.16 이상	0.75 이상	0.61 이상	0.51 이상
	적절한 체력	1.46~1.60	1.21~1.35	1.06~1.15	0.65~0.75	0.56~0.60	0.46~0.50
	경계 체력	1.31~1.45	1.11~1.20	0.96~1.05	0.56~0.65	0.51~0.55	0.41~0.45
	낮은 체력	1.30 이하	1.10 이하	0.95 이하	0.55 이하	0.50 이하	0.40 이하

② 등척성 근력 평가 : 악력

악력 *grip strength*은 팔의 정적 근력을 측정하기 위한 검사로서 아래팔굽힘근(전완굴근군)과 손근육(수근)을 평가한다. 악력 검사는 보통 18~30세 성인 남녀에게 적절하고, 30세 이후에는 근조직이 감소하기 때문에 연간 0.5~1% 조정이 필요하다.

또한 악력은 아래팔근의 파워와는 어느 정도 관련이 있지만, 근지구력과는 상호관련이 없다. 악력은 팔근력(완력, r=0.84), 다리근력(각력, r=0.76), 등허리근력(배근력, r=0.75)과 높은 상관을 보였다. 악력의 측정도구와 방법은 그림 6-1에 제시되었으며, 성인남녀를 대상으로 한 악력평가표가 표 6-8에 제시되었다.

측정 방법

ⓐ 악력계를 손 크기에 맞도록 조절한다.
ⓑ 시작신호와 함께 피검자는 손가락으로 악력계를 최대한 잡아당긴다.
ⓒ 측정 시 팔을 구부리거나 펼 수 있지만 손, 팔꿈치, 팔이 몸에 닿지 않게 한다.
ⓓ 오른손과 왼손 모두 2회씩 실행하고, 더 높은 수치를 0.1kg 단위로 기록한다.

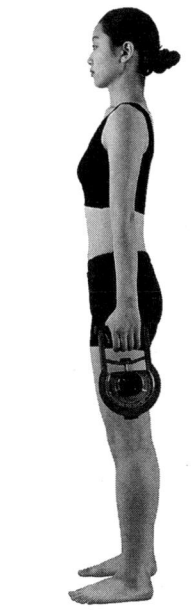

그림 6-1. 악력계와 악력 측정

표 6-8. 악력 평가표

성 별	분 류	왼손 악력(kg)	오른손 악력(kg)	총 점
남 성	우수한 체력	56.7 이상	61.2 이상	117.9 이상
	적절한 체력	45.4~56.6	49.9~61.1	95.3~117.7
	경계 체력	40.8~45.3	43.1~49.8	83.9~95.1
	낮은 체력	40.8 미만	43.1 미만	83.9 미만
여 성	우수한 체력	35.8 이상	38.6 이상	74.4 이상
	적절한 체력	27.2~35.7	31.8~38.5	59.0~74.2
	경계 체력	20.4~27.1	22.7~31.7	43.1~58.8
	낮은 체력	20.4 미만	22.7 미만	43.1 미만

2) 근지구력

1_ 개 요

근지구력은 근 작업을 일정한 강도로 오랫동안 지속시킬 수 있는 능력이다. 근지구력은 정적 작업일 경우에 시간으로 평가하고, 동적 작업일 경우에 반복횟수로 평가한다. 전자를 정적 근지구력 *static muscular endurance*이라 하고, 후자를 동적 근지구력 *dynamic muscular endurance*이라 한다.

시간과 반복횟수는 부하중량에 따라 결과가 다르게 나타나므로 측정하기 전에 미리 중량을 결정한다. 중량의 결정은 모든 대상자에게 동일한 중량을 부여하는 방법과 피검자에 따라 최대 근력의 1/2 혹은 1/3 등으로 부여하는 방법이 있다. 전자의 방법을 절대 근지구력 absolute muscular endurance, 후자의 방법을 상대 근지구력 relative muscular endurance이라고 한다.

또한 근지구력을 평가하기 위한 방법으로서 현장 검사 field tests가 이용되고 있다. 그러나 현장 검사는 체중을 부하로 하기 때문에 개개인의 절대비교가 어렵다는 단점이 있다.

2 _ 근지구력의 측정

근지구력을 측정할 때 운동부하는 매우 중요한 요인이며 절대적 운동부하와 상대적 운동부하 방법이 있다. 절대적 운동부하 방법은 모든 피검자에게 동일한 중량으로 운동지속시간, 반복횟수 등을 측정하는 것이다. 대표적인 현장 검사 field tests로는 오래 매달리기, 다리 들어 오래 견디기가 있다.

상대적 운동부하 방법은 개인의 체중, 최대근력과 근지구력과 함께 일정한 비율의 운동부하를 적용하여 지속시간, 반복횟수 등을 측정하는 것이다. 대표적인 현장 검사 field tests로는 턱걸이, 평행봉에서 팔굽혀펴기, 팔굽혀펴기, 윗몸일으키기, squart trust test, jump step test 등이 있다.

① 턱 걸 이

턱걸이 pull-ups는 체중을 이용하여 철봉에서 양팔과 어깨의 힘으로 팔의 근지구력을 측정하기 위한 검사로서 10세부터 일반 성인들에게 적합하며, 측정방법은 그림 6-2에서 보는 바와 같다.

측정 방법

ⓐ 어깨 너비 정도로 철봉을 잡고 철봉 위로 턱이 완전히 올라오게 한다.
ⓑ 몸을 끌어올릴 때 반동을 이용하거나 발로 차지 않도록 한다.
ⓒ 동작이 연속적으로 진행되지 않을 때는 검사를 중단한다.

그림 6-2. 턱걸이

② 팔굽혀펴기

팔굽혀펴기 *push-ups*는 주로 팔폄근(신근)의 동적 근지구력을 측정하는 것으로, 바닥 또는 의자를 이용하여 실시한다. 이 검사는 체중을 부하로 하기 때문에 팔(완)근력에 비해서 체중이 높으면 저조한 성적을 나타낸다. 측정방법은 그림 6-3에서 보는 바와 같다.

측정 방법

ⓐ 팔굽혀펴기 자세를 위해서 발끝으로 몸을 지탱한다.
ⓑ 엎드린 자세에서 양팔을 편 후 팔을 굽혀 가슴이 바닥에 닿지 않을 정도로 몸을 낮춘다.
ⓒ 이때 가슴이 바닥에 닿지 않도록 주의한다.
ⓓ 가능한 3초마다 팔굽혀펴기를 한다.

그림 6-3. 팔굽혀펴기

③ 윗몸일으키기

윗몸일으키기sit-ups는 복근의 근지구력을 측정하기 위한 검사로서 측정시간을 30초, 1분으로 제한하는 방법과 시간을 정하지 않고 계속 반복하는 방법이 있다. 측정방법에는 두 다리를 펴고 하는 방법, 무릎을 직각으로 세워서 하는 방법, 무릎을 직각으로 세우고 양손을 가슴에 위치시키고 하는 방법 등이 있다.

우리나라에서는 무릎을 직각으로 세워서 30초간 실시하는 방법이 가장 많이 사용되었으며, 신뢰도계수는 r=0.94로 보고되었다. 측정방법은 그림 6-4에서 보는 바와 같다.

그림 6-4(a). 무릎굽혀 윗몸일으키기

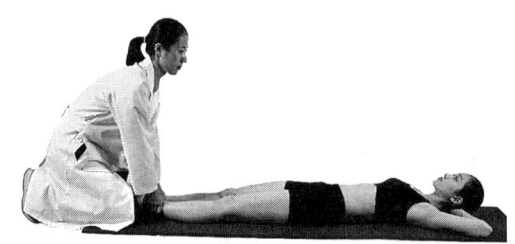 

그림 6-4(b). 다리펴서 윗몸일으키기

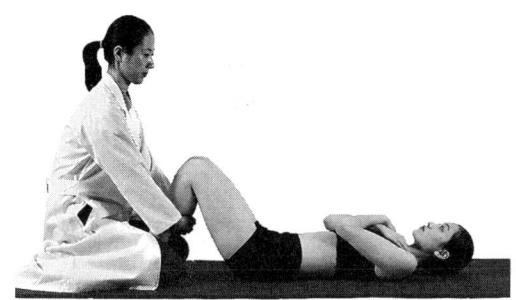 

그림 6-4(c). 변형된 윗몸일으키기

측정 방법

ⓐ 누운 상태에서 무릎을 직각으로 세우고 머리 뒤에서 양손의 손가락으로 깍지를 낀다.
ⓑ 상체를 일으켜서 양팔꿈치를 무릎에 닿게 한 후 다시 시작자세로 돌아간다. 이때 양쪽 어깨가 바닥에 닿아야 한다.
ⓒ 검사 중 양손의 깍지를 풀거나 엉덩이에 반동을 줘서는 안된다.
ⓓ 검사는 30초 동안 최대한 많이 반복실행한다.

④ 평행봉에서 팔굽혀펴기

평행봉에서 팔굽혀펴기 *endurance dip*는 어깨와 팔의 근지구력을 측정하기 위한 검사로서 dipping이라고도 하며 주로 남자를 대상으로 한다. 이 검사는 평행봉 위에서 팔굽혀 펴기를 하는 것이다. 측정방법은 그림 6-5에서 보는 바와 같다.

측정 방법

ⓐ 평행봉 위에서 양팔을 펴고 수직자세를 취한다.
ⓑ 평행봉에서 내려가는 동작은 양팔을 직각으로 굽힌 후 다시 올라가서 준비자세를 취한다.
ⓒ 측정 중 발이나 다리가 흔들리지 않도록 하며, 동작이 연속적으로 진행되지 않을 경우 중단한다.

그림 6-5. 평행봉에서 팔굽혀 펴기

⑤ 손 짚고 다리 펴서 일어나기

손 짚고 다리 펴서 일어나기 squart trust test는 정해진 동작을 빠르게 반복함으로써 근지구력을 측정하는 방법이다. 이 검사를 burpee test라고도 한다. 그림 6-6에서 보는 바와 같이 측정방법은 4가지 자세를 60초 동안 연속적으로 반복하여 실행하는 것으로, 남녀 모두에게 적용할 수 있다. 또한 10초 동안 실시하면 민첩성을 평가할 수 있다.

측정 방법

ⓐ 선 자세에서 아래 방향으로 무릎을 굽히고 손을 짚는다(그림 6-6의 ①, ②).
ⓑ 구부린 무릎을 뒤로 완전히 펴서 엎드린 자세를 취한다(그림 6-6의 ③).
ⓒ 다시 그림 6-6의 ②와 같은 동작을 취한다(그림 6-6의 ④).
ⓓ 허리와 무릎을 완전히 펴고 선다. 여기까지의 동작이 1회이며 60초 혹은 2분간 반복 실시한 횟수를 기록한다(그림 6-6의 ①-②-③-④).

그림 6-6. 손 짚고 다리 펴서 일어나기

⑥ 등속성 근기능 검사

등속성 근기능 검사는 Cybex, Biodex, Kin-Com, Lido, Merac 등의 측정장비를 필요로 하며, 그 절차는 다음과 같다.

등속성 근기능 검사 절차

ⓐ 근골격계 이상 유무를 확인한다.
ⓑ 준비운동(스트레칭, 가벼운 체조, 뜀뛰기 등)을 한다.
ⓒ 장비에 피검자를 편안하게 앉히고 검사준비를 한다.
ⓓ 관절의 축과 다이나모메터 $dynamometer$ 축을 일치시킨다.
ⓔ 등속성 근기능 검사의 개념을 설명해준다(최선의 노력 강조).
ⓕ 중력 효과의 요인을 처리한다.
ⓖ 최대하 3회, 최대 3회 수축시켜 준비운동을 한 후 휴식(30초~1분)을 취한다.
ⓗ 30°/sec에서 최대 4~6회 수축시킨 후 휴식(30초~1분)을 취한다.
ⓘ 60°/sec에서 최대 4~6회 수축시킨 후 휴식(30초~1분)을 취한다.
ⓙ 120°/sec에서 등속성 근지구력 검사를 실시한다.
ⓚ 반대쪽 관절에 ⓕ~ⓙ 검사를 실행한다.

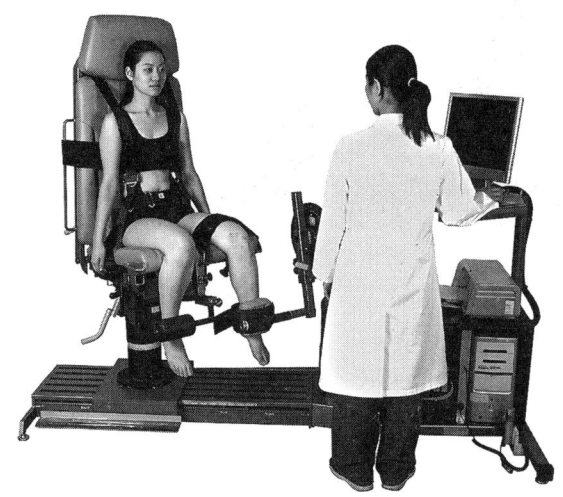

그림 6-7. 등속성 근기능 검사

ⓛ 반복측정을 하였을 경우 동일한 결과를 획득할 수 있도록 검사 관련 사항을 기록한다.
ⓜ 대상자에게 검사결과를 설명한다.

등속성 근력 검사

근력 검사는 30°/sec나 60°/sec에서 최고 토크 3회를 측정하며, 단위는 ft·lb (1ft·lb=0.138N·m), kg·m(1kg·m=9.807N·m), N·m이다.

등속성 근력지구력 검사

등속성 근지구력 검사는 근력 검사에서 측정된 최고 토크의 50%로 감소할 때까지의 반복횟수를 측정한다. 이때 사용되는 부하속도는 120~180°/sec이다.

3) 순 발 력

1_개 요

근육이 수축함으로써 신체활동이 가능하고, 근육의 순간적인 수축이 강할수록 신체활동 능력은 우수하다. 높이뛰기, 멀리뛰기, 빠른 동작, 멀리던지기에서 제한된 시간에 많은 양의 일을 할 수 있는 능력을 순발력 혹은 파워 *power*라고 한다. 이러한 순발력은 일상생활과 운동수행에 반드시 필요한 운동수행관련 체력 요인 중의 하나이다. 순발력이란 단위시간 내에 이루어지는 작업(작업률)이며, 힘과 속도 *speed*의 곱으로 다음과 같이 나타낼 수 있다.

$$P(순발력) = F(힘) \times V(속도)$$
$$= F \times \frac{D(거리)}{T(시간)} = \frac{F \times D}{T} = \frac{작업량}{시간} = 작업률$$

일반적으로 씨름, 유도, 육상 등의 운동경기에서 근육의 힘과 스피드와 관련된 순발력은 매우 중요하다. 최근에 여러 기구가 개발되어 각 근육의 파워를 측정할 수 있지만, 기구의 실용성과 간편성은 아직 만족할 만한 수준은 아니다.

2_ 순발력의 측정

순발력은 근력을 기초로 하지만 힘, 속도, 거리, 시간에 의해 크게 좌우된다. 측정방법으로는 제자리 높이뛰기, 제자리 멀리뛰기, 계단 뛰기, 메디신볼 던지기, 수직 높이뛰기, 수직 팔뻗기 검사 등이 있다.

① 제자리 높이뛰기

제자리 높이뛰기는 다리근육의 순발력을 간접적으로 측정하기 위한 검사로서 창시자의 이름을 따서 Sargent jump로 통용되어 왔다. 최초에는 분필을 이용하여 측정이 이루어졌기

그림 6-8. 제자리 높이뛰기

때문에 chalk jump라고도 하였다. 이 검사방법은 체중에 따라 운동부하의 차이가 있기 때문에 다리근육의 순발력을 평가하기 위해서는 체중을 측정한 후 제자리 높이뛰기의 값을 수정할 필요가 있다.

측정방법은 그림 6-8에서 보는 바와 같다.

> **측정 방법**
>
> ⓐ 벽옆에 양발을 모으고 선 자세에서 팔을 수직으로 뻗고 손가락의 가장 높은 위치에 0점을 표시한다.
> ⓑ 최대한 높이 점프하여 손가락으로 벽면에 설치된 측정판에 표시한다.
> ⓒ 표시한 두 점 사이의 수직거리를 측정하여 ㎝ 단위로 기록한다.

② 제자리 멀리뛰기

제자리 멀리뛰기 *standing long jump*는 다리근육의 순발력은 물론 근력, 평형성, 협응성 등을 측정하기 위한 검사로서 측정방법은 그림 6-9와 같다.

> **측정 방법**
>
> ⓐ 출발선 뒤에 서서 팔과 다리에 반동과 함께 최대한 멀리 뛴다. 이때 출발선을 밟지 않도록 주의한다.
> ⓑ 결과는 착지 지점의 가장 뒷부분을 측정하기 때문에 착지할 때 손이나 엉덩이가 바닥에 닿지 않도록 주의한다.
> ⓒ 측정값은 ㎝단위로 기록한다.

그림 6-9. 제자리 멀리뛰기

③ Margaria-Kalamen 순발력 검사

Margaria-Kalamen 순발력 검사는 다리의 순발력을 측정하기 위한 검사로서 Margaria

가 처음 고안하였고, Kalamen이 수정하였다. 측정방법은 그림 6-10에서 보는 바와 같다.

측정 방법

ⓐ 그림 6-10에서 보는 바와 같이 피검자는 6m 전방 출발선에서 시작신호와 함께 달리기 시작하여 3번째 계단을 밟는 순간부터 9번째 계단을 밟는 순간까지 최대한 빨리 달린다.

ⓑ 반드시 한 계단씩 밟고 올라간다.

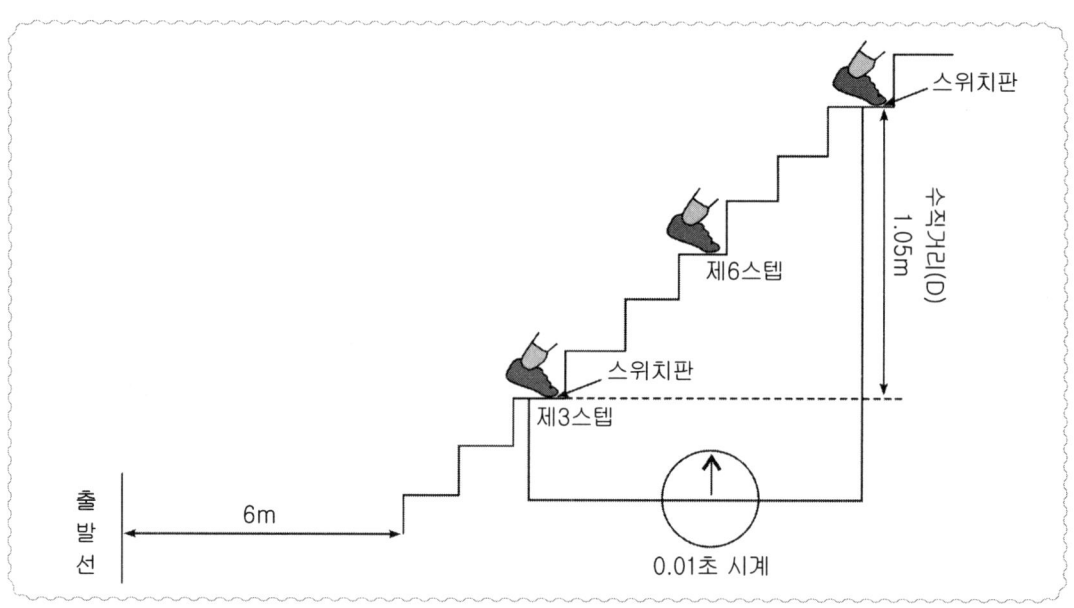

그림 6-10. Margaria-Kalamen 순발력 검사

Power 계산방법

$$P = (W \times D)/T$$

P=power, W=체중, D=수직높이(1.05m), T=소요시간

(예) 체중=68kg, 수직높이=1.05m, 소요시간=0.38초일 때

$$P = (W \times D)/T$$
$$= (68 \times 1.05)/0.38 = 187.9 \text{kg} \cdot \text{m/s} = 187.9 \text{kg} \cdot \text{m} \cdot \text{s}^{-1}$$

④ 메디신볼 던지기

메디신볼 던지기는 양어깨와 팔의 순발력을 측정하기 위한 검사로서 측정방법은 그림 6-11에서 보는 바와 같다.

측정 방법

ⓐ 의자에 앉아 양손으로 가슴 앞에서 공을 잡고 준비자세를 취한다.
ⓑ 이때 보조자는 피검자의 상체가 움직이지 않도록 줄로 의자에 고정시킨다.
ⓒ 피검자는 몸을 고정시킨 상태에서 양팔을 이용하여 공을 최대한 멀리 던진다.

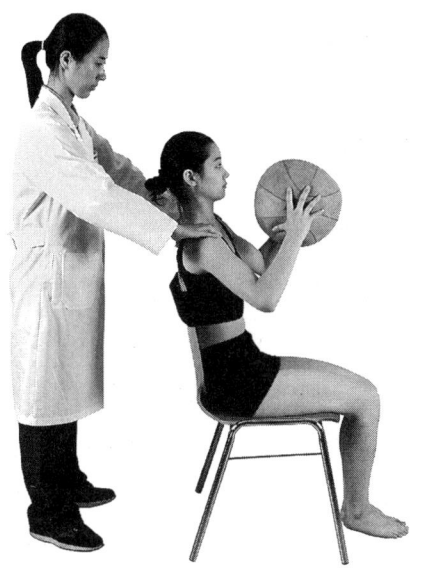

그림 6-11. 메디신 볼 던지기

⑤ 수직 팔 뻗기 검사

수직 팔 뻗기 검사 vertical arm-pull test는 어깨와 팔의 순발력을 평가하기 위한 검사로서 흔히 체조선수들의 순발력 측정에 많이 이용된다. 측정방법은 그림 6-12에서 보는 바와 같다.

측정 방법

ⓐ 의자에 앉아서 양발을 앞으로 쭉 뻗고 양손은 줄을 잡고 준비자세를 취한다. 이때 줄을 잡은 양손의 위치를 테이프로 표시한다.
ⓑ 줄을 잡고 있는 아래 쪽 손을 최대한 높이 들어 줄을 잡고 그 부위를 표시한 후 테이프 간의 거리를 측정한다.

그림 6-12. 수직 팔 뻗기 검사

ⓒ 측정하기 전까지 무릎을 구부리지 않도록 하고 줄을 잡은 손의 위치를 움직이지 않도록 한다.

4) 민첩성

1_개 요

민첩성이란 신체 일부분 혹은 전신을 빠르게 움직이거나 방향을 전환시킬 수 있는 능력이다. Johnson & Nelson(1986)은 신체의 위치와 방향을 빠르고 정확하게 전환시킬 수 있는 능력이라고 정의하였다. 신체의 움직임은 우선 중추신경계가 자극을 감지하고 통합한 후 말초신경계로 자극을 보냄으로써 일어난다. 따라서 민첩성은 신경전달속도에 의해 좌우된다. Jennett는 민첩성을 검사하기 위한 적절한 방법으로 반응시간, 속도, 근력, 평형성, 방향전환, 위치전환을 포함한 6가지 방법을 제안하였다.

2_민첩성의 측정

민첩성 검사는 신경전달과 근수축 속도를 평가하기 때문에 첨단장비와 전문적 기술이 요구된다. 검사유형은 달리는 방향, 신체 위치, 신체 각 부위의 방향 변화로 구분되며, 검사방법으로는 전신반응, 선택반응, 손 반응, 발 반응, tapping과 stepping, 부메랑달리기, 왕복달리기, 지그재그 달리기, jump step, burpee test, sidestep test 등이 있다.

① 전신반응시간 검사

전신반응시간 검사 *reaction time test*는 도약반응시간이라고도 한다. 체중을 이용한 전신반응시간의 검사는 스포츠나 일상생활에서의 움직임과 밀접한 관계가 있다. 전신반응시간이란 시작신호에서부터 발이 발판으로 떨어질 때까지의 소요시간을 말하며, 측정방법은 그림 6-13에서 보는 바와 같다.

측정 방법

ⓐ 피검자는 양발을 모으고 무릎을 약간 굽힌 상태에서 측정기구 위에 선다.
ⓑ 빛 또는 소리 자극을 받은 즉시 양발을 측정기구로부터 떨어지게 한다.

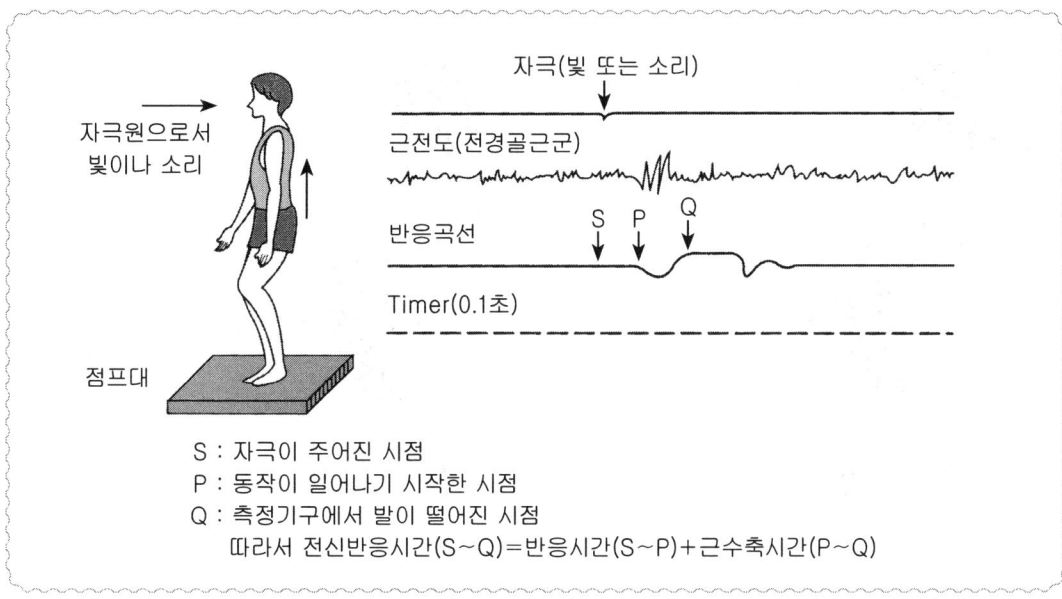

그림 6-13. 전신반응시간 검사

② 선택반응 검사

선택반응 검사 choice-response movement test는 선택한 자극에 대하여 정확하고 빠르게 반응할 수 있는 능력을 검사하는 방법으로, 각종 스포츠 종목의 운동수행능력과 밀접한 관계가 있다. 측정방법은 다음과 같다.

측정 방법

ⓐ 중앙선을 중심으로 좌, 우 각각 6.4m지점에 선을 긋고 중앙선에서 피검자가 준비를 한다.
ⓑ 검사자의 지시하는 손 방향에 따라 피검자는 질주하여 옆줄을 넘는 순간의 시간을 측정한다.
ⓒ 좌, 우 5회씩 10회 실시하며, 방향선택은 검사자가 임의로 한다.
ⓓ 매회 휴식시간은 약 30~60초이다.

③ 손 반응 검사

손 반응 검사 hand reaction time test는 시각적 자극에 의한 손의 반응시간을 검사하는 방법으로서 주로 손을 이용하는 배구, 농구, 권투 등의 종목에서 이용된다. 측정방법은 그림 6-14

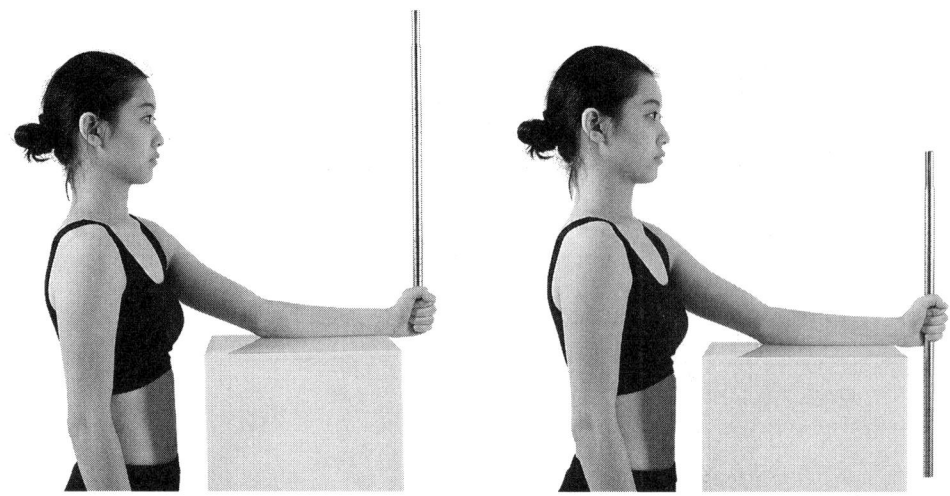

그림 6-14. 손 반응 검사

에서 보는 바와 같다.

측정 방법

ⓐ 피검자는 손으로 눈금자가 표시된 측정기구 가장 아래쪽을 잡는다.
ⓑ 시작신호와 함께 손으로 쥔 눈금자를 가볍게 놓은 후 빨리 다시 잡은 후 눈금자를 정지시키고 이동한 거리를 측정한다.
ⓒ 20회 실시하여 최고, 최저기록 각각 5회를 제외한 후 나머지 10회 점수의 평균을 기록한다.

④ 발 반응 검사

발 반응 검사 Foot reaction time test 는 시각적 자극에 의한 발의 반응시간을 검사하는 방법으로서 주로 발을 이용하는 축구, 태권도 종목에서 이용되고 있다. 측정방법은 그림 6-15에서 보는 바와 같다.

측정 방법

ⓐ 테이블 위에 다리를 올린 후 발바닥으로 눈금자 가장 아래쪽을 벽을 향해 가볍고 누르고 준비한다.

ⓑ 시작신호와 함께 눈금자를 밟고
  있던 발을 빨리 뗀 후 다시 눈금
  자를 정지시키고 이동한 거리를
  측정한다.
ⓒ 20회 실시하여 최고, 최저기록 각
  각 5개를 제외한 후 나머지 10개
  점수의 평균을 기록한다.

⑤ 두드리기 검사

두드리기 검사 tapping test는 손의 민첩성과 뇌간, 소뇌의 기능을 검사하는 방법으로서 측정방법은 아래와 같다.

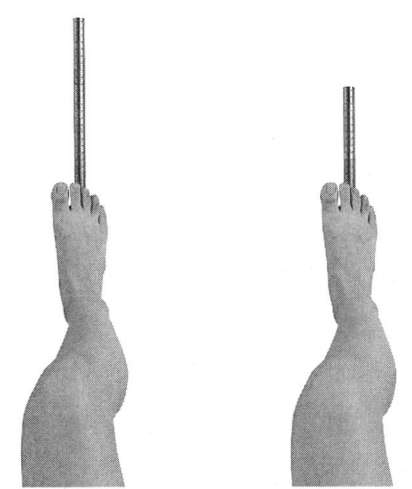

그림 6-15. 발 반응 검사

측정 방법

ⓐ 피검자는 앉아서 시작신호와 함께 지름 15㎝ 원이 그려진 종이에 최대한 빨리 점을 찍는다.
ⓑ 10초 동안 찍은 점의 수를 점수로 기록한다. 이때 원 바깥에 찍은 점은 무효로 한다.

⑥ Side step 검사

이 검사는 다리근육의 민첩성을 검사하는 방법으로서 마루에 그려진 출발선을 중심으로 좌, 우 각각 120㎝ 지점에 출발선과 평행하게 선을 긋고, 제한시간(20초) 동안 좌, 우로 빨리 이동한 횟수를 측정한다. 측정방법은 그림 6-16에서 보는 바와 같다.

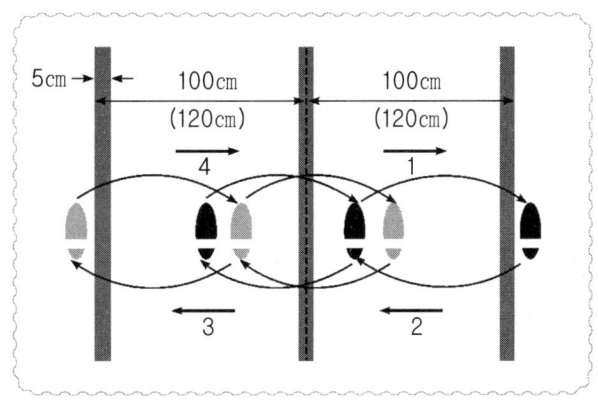

그림 6-16. side step 검사

측정 방법

ⓐ 출발선을 중심으로 양발을 벌리고 서서 출발신호와 함께 좌우평행선으로 빠르게 움직인다.
ⓑ 이때 한쪽 발이 평행선을 통과해야 하지만, 정지상태에서는 선을 넘지 않거나 밟을 경우 점수로 인정하지 않는다.
ⓒ 좌우 평행선으로 움직일 때 발바닥은 마루에 닿아야 한다.

⑦ 부메랑 달리기 검사

부메랑 달리기 검사 boomerang run test는 달리면서 방향을 빠르게 전환시킬 수 있는 능력을 검사하는 방법으로서 측정방법은 그림 6-17에서 보는 바와 같다.

측정 방법

ⓐ P지점으로부터 4.57m 거리에 각각 ①, ②, ③ 3개의 반환지점을 지정한다.
ⓑ 시작신호와 함께 출발선에서 ①지점으로 빠르게 이동한 후 다시 중앙의 P지점을 돌아 ②지점으로 이동한다. 이와 같이 ③지점을 돌아 P지점을 통과한 후 종료지점으로 이동한다. P지점을 돌 때 피검자는 시계방향으로만 돈다.
ⓒ P지점을 건드리면 반칙으로 한다.

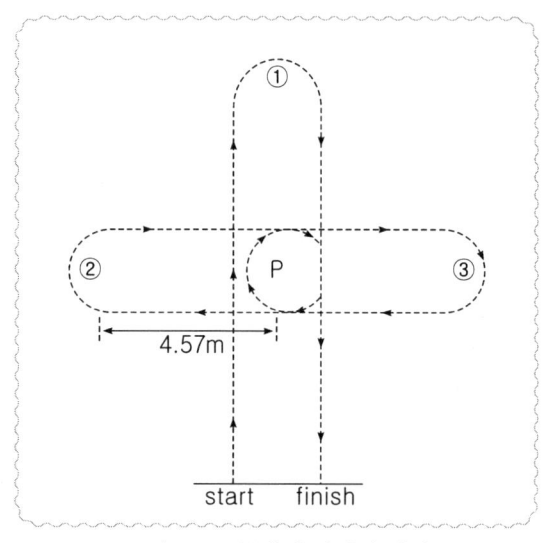

그림 6-17. 부메랑 달리기 검사

⑧ 왕복 달리기 검사

왕복 달리기 검사 shuttle run test는 달리면서 빠르게 방향을 전환시키는 능력을 검사하는 방법으로서 국제 체력연구위원회와 학교현장에서 주로 이용하고 있다. 측정방법은 그림 6-18과 같다.

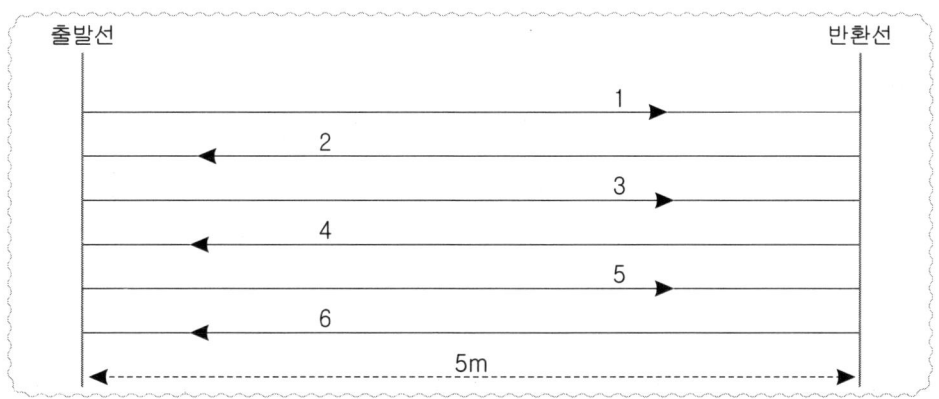

그림 6-18. 왕복 달리기 검사

측정 방법

ⓐ 출발선으로부터 5m 거리에 반환선을 긋는다.

ⓑ 10m, 20m, 50m 등 측정거리에 따라 왕복횟수를 1회, 2회, 5회 등으로 할 수 있다. 출발신호와 함께 피검자는 빠르게 반환선을 통과한 후 다시 출발선으로 돌아와야 한다.

⑨ 지그재그 달리기 검사

지그재그 달리기 검사 *zig zag run test*는 달리면서 빠르게 방향을 전환시키는 능력을 검사하는 방법으로, 측정방법은 그림 6-19에서 보는 바와 같다.

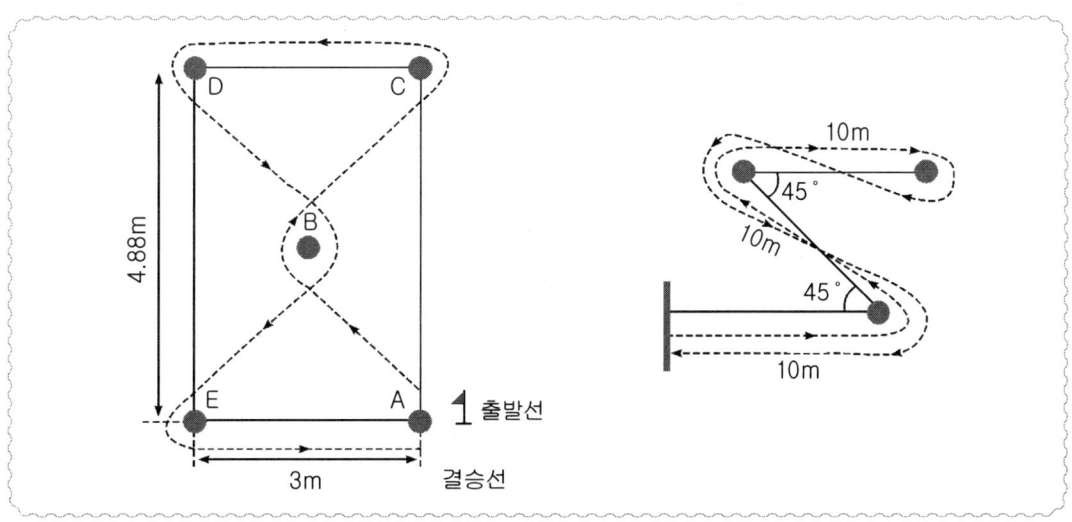

그림 6-19. 지그재그 달리기 검사

측정 방법

ⓐ 가로 3m, 세로 4.88m의 공간에 4각의 모서리와 중앙 반환지점을 설치한다.
ⓑ A지점을 출발선으로 A→B→C→D→B→E 순으로 돌아 A지점으로 돌아온다.
ⓒ 반환지점을 건드릴 경우 반칙으로 하며, 소요된 시간을 0.1초 단위로 기록한다.

⑩ 점프 스텝 검사

점프 스텝 검사 jump step test는 전후, 좌우, 상하로 복합적인 동작을 빠르게 이동하는 능력을 검사하는 방법으로, 측정방법은 그림 6-20에서 보는 바와 같다. 이 검사는 민첩성뿐만 아니라 평형성과 협응력 등을 측정할 수 있으며 난이도가 높다. 또한 이 검사를 1분 이상 실시하면 근지구력도 평가할 수 있다.

측정 방법

ⓐ 가로 30cm, 세로 30cm, 높이 10cm의 측정기구를 준비한다.
ⓑ 측정기구 위에 양발을 붙이고 서서 준비자세를 취한다.
ⓒ 시작신호와 함께 양발을 붙여서 앞으로 점프한 후 다시 준비자세로 되돌아온다.
ⓓ 준비자세에서 뒤로 점프하여 뛰어내린 후 다시 준비자세를 취한다. 이러한 방법으로 좌우 계속 실행한다.
ⓔ 좌우 같은 방법으로 실시하며, 시선은 항상 정면을 향한다.
ⓕ 전후, 좌우 점프 순서가 틀리거나 양발이 떨어지면 다시 시작한다.
ⓖ 10초 동안 점프한 횟수를 기록한다.

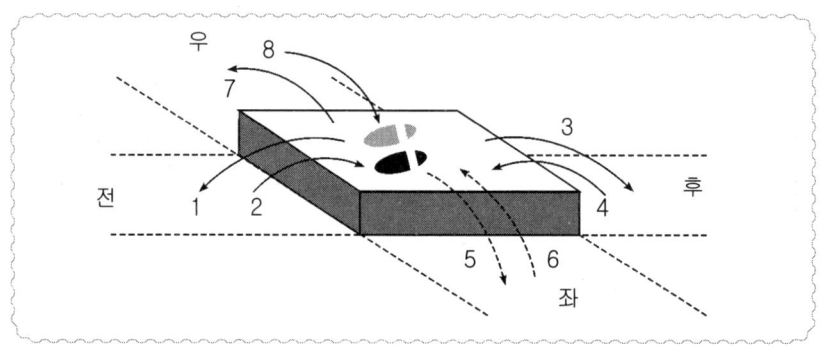

그림 6-20. 점프 스텝 검사

5) 유 연 성

1_ 개 요

유연성은 관절 가동범위의 측정으로서 관절과 연골의 형태, 근육, 건, 인대 그리고 관절과 교차하는 근막의 길이와 신전에 따라 결정된다. 각각의 관절은 다른 가동범위를 가지고 있다.

관절의 상해와 질병은 관절의 가동성을 감소시킬 수 있다. 유연성은 나이, 성, 인종을 포함한 여러 가지 요인에 의해 영향을 받을 수 있다. 적절한 유연성은 요통을 예방하고 최적의 자세를 유지하는데 필요하다. 또한 적절한 유연성은 선수들의 운동수행을 향상시킬 수 있다.

2_ 유연성의 측정

유연성의 측정방법은 거리법, 각도법, 지수법 등이 있으며, 거리법은 측정이 용이하고 간단하지만, 개인의 신체적 특성에 따른 객관적인 평가는 부족할 수 있다. 각도법은 거리법에 의한 단점을 보완할 수 있지만, 측정이 어렵고 전문적인 기술을 요구한다. 지수법은 각도법으로 평가된 값을 비율로 표시하는 방법으로, 각도법과 얼마나 일치하는가를 평가하여 타당도를 판정하는 방법이다.

각 관절의 유연성 검사는 각도기를 이용하여 간단하게 측정할 수 있지만, 관절의 축을 정확하게 측정할 수 없기 때문에 약간의 오차가 발생할 수 있다. 관절의 가동범위를 측정할 수 있는 간접적인 방법으로 앉아 윗몸 앞으로 굽히기, 어깨 유연성 검사, 윗몸 앞으로 굽히기(체전굴), 엎드려 윗몸 젖히기(체후굴), 몸통 유연성 검사 등이 있다.

① 앉아서 윗몸 앞으로 굽히기 검사

앉아서 윗몸 앞으로 굽히기 검사 *sit and reach test*는 고관절의 유연성을 측정하기 위한 검사로서 측정도구와 측정방법은 그림 6-21에서 보는 바와 같다.

측정 방법

ⓐ 피검자는 양발바닥을 측정기구에 위치시키고 무릎을 펴고 앉는다.
ⓑ 윗몸을 천천히 굽히면서 양손의 가운데 손가락으로 수평이동자를 천천히 전방으로 최대한 민다.
ⓒ 보조자는 피검자의 무릎을 눌러 준다.

그림 6-21. 앉아서 윗몸 앞으로 굽히기 검사

② 어깨 유연성 검사

어깨 유연성 검사 zipper test는 가슴과 팔의 유연성을 측정하기 위한 검사이다.

측정 방법

ⓐ 차렷 자세에서 오른팔을 어깨위로 넘겨서 아래로 내리고 동시에 왼팔은 등뒤에서 구부려 위로 올린다.
ⓑ 두 손을 서로 교차시킨다.
ⓒ 교차한 거리를 ㎝ 단위로 기록한다. 만약 손가락이 서로 겹칠 경우 점수는 +가 되며, 겹치지 않을 경우 점수는 -가 된다. 손가락끝이 서로 맞닿으면 0점이 된다.
ⓓ 반대방향에서 위와 똑같은 방법으로 반복 실행한다.

③ 윗몸 앞으로 굽히기 검사

윗몸 앞으로 굽히기 trunk flexion는 체전굴이라고도 하며, 선 자세에서 윗몸을 앞으로 굽힐 수 있는 정도를 측정하기 위한 검사로서 측정방법은 그림 6-22와 같다.

측정 방법

ⓐ 양손을 모으고 무릎을 편 상태에서 상체만 아래로 천천히 굽힌다.

ⓑ 측정 시 상체에 반동을 주어서는 안 된다.
ⓒ 앞으로 굽힐 때 머리는 양 다리 사이에 위치하도록 완전히 숙인다.

④ 엎드려 상체 젖히기 검사

엎드려 상체 젖히기 검사 trunk extension test는 등을 뒤로 젖혀 상체의 유연성을 측정하기 위한 검사로서 측정방법은 그림 6-23과 같다.

측정 방법

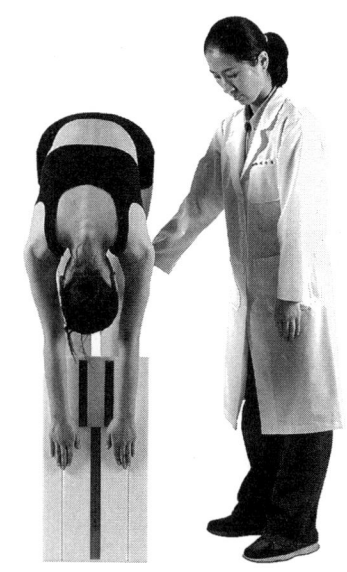

그림 6-22. 윗몸 앞으로 굽히기 검사

ⓐ 바닥에 엎드려 양손을 허리 뒤에 놓는다. 이때 보조자는 피검자의 무릎을 고정시킨다.
ⓑ 시작신호와 함께 천천히 상체를 든다. 이때 반동이 없도록 한다.
ⓒ 머리와 상체를 최대한 뒤로 젖혀 측정한다.
ⓓ 검사가 갑자기 이루어질 경우 피검자의 허리에 상해위험이 있으므로 검사 전 스트레칭을 실시한다.

그림 6-23. 엎드려 상체 젖히기 검사

⑤ 몸통 유연성 검사

몸통 유연성 검사 bridge-up test는 척추의 유연성을 측정하는 검사로서 측정방법은 그림 6-24에서 보는 바와 같다. 이 검사는 다이빙, 체조, 무용수 등의 유연성 평가에 주로 적용되고 있다.

측정 방법

ⓐ 피검자는 마루바닥에 누워 준비자세를 취한다.
ⓑ 시작신호와 함께 등을 최대한 활 모양이 되도록 양팔을 천천히 민다.
ⓒ 이때 측정자는 바닥에서 젖혀진 허리의 가장 높은 부위를 측정하는 방법과 손에서 발까지의 거리를 측정하는 두 가지 방법 중 한 가지 방법을 이용하여 측정한다.

그림 6-24. 몸통 유연성 검사

6) 평 형 성

1_개 요

평형성 balance은 신체의 균형을 유지하는 능력으로, 일상생활에서 낙상위험으로부터의 안전 및 스포츠에서 운동수행과 관련된 체력요소이다. 자세유지는 반사작용에 의해 무의식적으로 발생하고, 그 조절에는 체내의 피드백 *feedback mechanism*이 관여한다.

일반적으로 평형성은 정적 평형성 *static balance*과 동적 평형성 *dynamic balance*으로 분류 한다. 또한 Fleishman(1964)은 평형성에 물체의 평형을 유지하는 능력 *balancing object*을 포함시켰다.

2_ 평형성의 측정

정적 평형성 검사방법은 외발서기, 황새서기, Bass의 정적 평형성 검사 *crosswise, lengthwise* 등이 있으며, 동적 평형성 검사는 평균대 걷기, 눈감고 제자리 걷기, 직선 보행 검사, Bass의 동적 평형성 검사, 공의 균형유지 등이 있다.

① 외발서기 검사

외발서기 검사 *stork stand test*는 한쪽 발로 서서 오래 지탱할 수 있는 능력을 측정하는 검사방법으로서, 측정방법은 그림 6-25와 같다. 이 검사는 가장 기본적인 검사방법으로 남녀 모두에게 쉽게 적용할 수 있다.

측정 방법

ⓐ 피검자는 선 자세에서 한쪽 다리를 뒤로 90°로 굽히고, 다른쪽 다리로 몸을 지탱한 후 발뒤꿈치를 든 상태에서 측정한다.
ⓑ 양팔을 벌리고 뒤로 향한 다리의 발뒤꿈치가 일정한 높이(5cm)가 되게 한다.
ⓒ 지탱하고 있는 발을 움직이거나 뒤로 향한 발이 마루바닥에 닿을 경우에 검사를 중단한다.

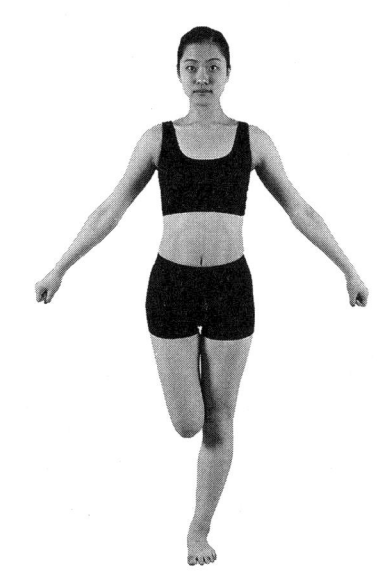

그림 6-25. 외발서기 검사

② Bass 정적 평형성 검사

Bass 정적 평형성 검사 *Bass stick test*(1939)는 정적 평형성을 측정하기 위한 검사로서, 측정방법은 그림 6-26에서 보는 바와 같다. 이 검사는 스틱 *stick* 위에 발을 놓은 위치에 따라 crosswise(스틱 위에 가로로 서는) 방법과 lengthwise(스틱 위에 세로로 서는) 방법이 있다. 스틱은 폭 2.54㎝, 길이 30㎝, 높이 2.54㎝ 이다.

> 측정 방법

ⓐ 피검자는 측정기구 위에 올라서서 양발을 차례로 연습을 한 후 선호한 발을 선택한다.
ⓑ 시작신호와 함께 지탱하는 발로 평형을 유지한다.
ⓒ 지탱하는 발이나 다른 쪽 발이 마루바닥에 닿거나 스틱에서 발이 떨어질 때까지의 시간을 측정하여 초단위로 기록한다.

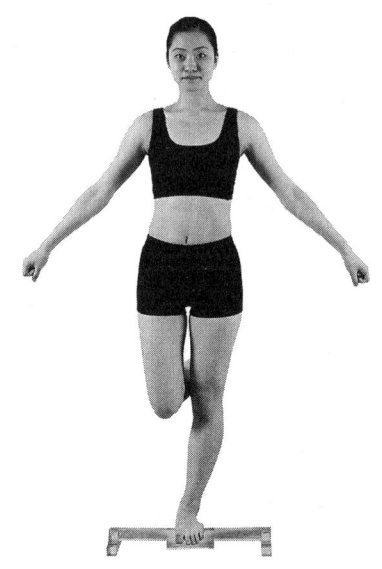

그림 6-26. Bass 정적 평형성 검사 (crosswise)

③ 물구나무서기 검사

물구나무서기 검사 *hand stand test*는 신체의 평형성을 측정하기 위한 검사로서 측정방법은 그림 6-27에서 보는 바와 같다. 이 검사는 난이도가 높은 검사로서 특히 체조선수, 무용수들에게 적절하다.

> 측정 방법

ⓐ 피검자는 양손으로 마루바닥을 짚고 거꾸로 선 자세를 취한다.
ⓑ 시작신호와 함께 평형을 유지한다.
ⓒ 신체의 일부분이 마루바닥에 닿거나 자세가 흔들릴 경우 검사를 중단한다.

그림 6-27. 물구나무서기 검사

④ 직선 보행 검사

직선 보행 검사 *straight walking test*는 보행 시 평형능력을 측정하기 위한 검사로서 측정방법은 그림 6-28에서 보는 바와 같다.

측정 방법

ⓐ 피검자는 눈을 감고 10m 직선을 따라 걷고, 다시 뒤로 돌아 걷는다.
ⓑ 측정자는 시작한 지점에서부터 보행한 거리를 측정하여 기준선과 피검자가 보행한 거리를 계측하여 점수로 기록한다(S_1, S_2).

⑤ Bass 동적 평형성 검사

Bass 동적 평형성 검사 *Modified Bass test of dynamic balance*는 어떤 동작을 하는 동안이나 동작 후에 평형을 유지하는 능력을 측정하기 위한 검사로서 측정방법은 그림 6-29에서 보는 바와 같다. 이 검사는 신뢰도가 높기 때문에 자주 이용되고 있다.

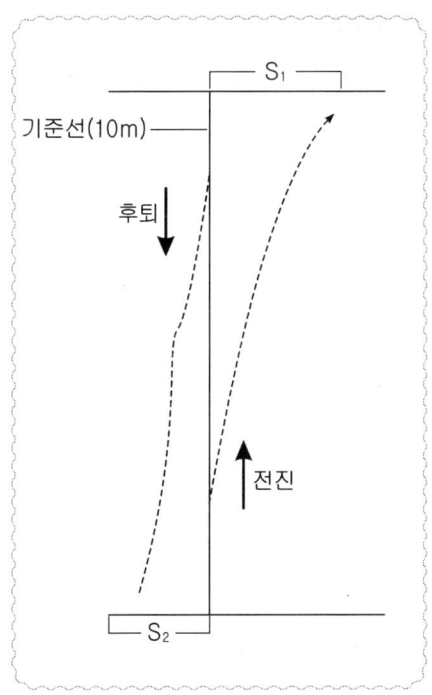

그림 6-28. 직선 보행 검사

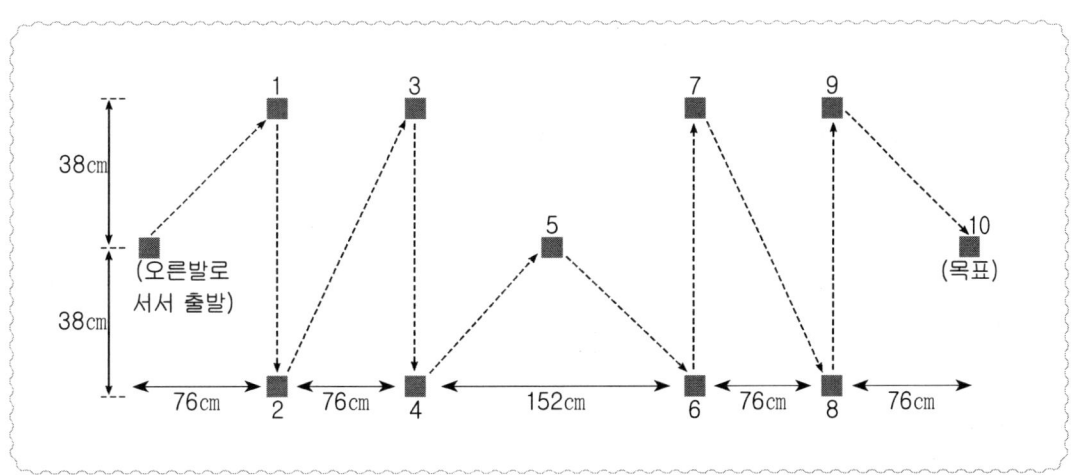

그림 6-29. Bass 동적 평형성 검사

측정 방법

ⓐ 테이프(1.9×1.9㎝)와 초시계를 준비하고, 그림 6-29처럼 검사장을 그린다.
ⓑ 피검자는 출발점에서 오른발로 선다.
ⓒ 출발신호와 함께 왼발 뒤꿈치를 들고 첫번째 지점을 향해 뛰고 착지한 후 5초 동안 평형을 유지한다.
ⓓ 5초 후 오른발 발꿈치를 들고 두 번째 지점을 향해서 뛰고 착지한 후 5초 동안 평형을 유지한다.
ⓔ 이같은 동작을 열 번째 지점까지 발을 교대로 하여 이동하면서 평형을 취한다.
ⓕ 각 지점에서 성공적으로 착지할 경우 5점, 평형을 유지한 시간에 따라 초마다 1점을 부여하고 총점(100점 만점)을 기록한다.

＜감　점＞

·착지 실패 *landing error*
－ 한발로 뛰어 각 지점에 착지하지 못했을 때……0점
－ 발뒤꿈치와 신체의 일부가 마루바닥에 닿았을 때……0점
－ 이와 같은 경우 바른 자세를 취한 후 계속 실행한다.

·평형유지 실패 *balance error*
－ 지탱하는 발 앞부위 이외의 신체 일부분이 마루바닥에 닿았을 때
－ 평형을 유지하는 도중 발이 지점으로부터 벗어났을 때
－ 이와 같은 경우 그때까지의 평형유지 시간을 기록한다.
－ 다음 지점으로 도약하기 위해서는 바른 자세를 취한 후 계속 실행한다.

⑥ 공의 균형유지 검사

공의 균형유지 *ball balance*는 팔을 쭉 뻗은 상태에서 손등에 놓인 공을 오랫동안 유지할 수 있는 능력을 측정하기 위한 검사로서, 측정방법은 다음과 같다.

측정 방법

ⓐ 피검자는 양발을 고정시키고 팔을 어깨높이로 든다.

ⓑ 주먹을 쥔 후 그 위에 측정자가 배구공을 올려주면 피검자는 공이 떨어지지 않도록 자세를 유지한다.
ⓒ 공이 떨어지거나 신체의 다른 부위에 닿거나 발을 움직일 때까지 시간을 초단위로 기록한다.

7) 전신지구력

1 _ 전신지구력의 개념

전신지구력이란 운동의 지속능력을 의미하며, 운동 중 근육활동을 뒷받침하는 에너지의 생산원에 해당되는 것으로, 호흡·순환기능이 직접적으로 관련되기 때문에 심폐지구력이라고도 한다.

규칙적인 운동은 전신지구력을 향상시키고 심장, 폐, 동맥, 기타 기관이 운동자극에 대해 효율적으로 적응함으로써 가능해진다. 전신지구력은 건강과 매우 밀접하게 관련되어 있을 뿐만 아니라, 운동수행과도 관련이 있기 때문에 매우 중요한 체력요소 중의 한 가지이다.

일반적으로 트레드밀 treadmill 또는 자전거 에르고미터 bicycle ergometer를 이용한 최대산소섭취량을 측정한다. 현장 검사로서는 Harvard step test, 발판에서 오르고 내리는 운동, 빨리 걷기(남자 1,500m, 여자 1,000m), 오래달리기(800m, 1,000m, 1,500m), 5분 달리기, 12분 달리기 등이 있다.

전신지구력은 호흡·순환기능을 측정함으로써 가능하다. 따라서 호흡기능은 호흡수, 폐활량, 1초량, 1초율, 최대환기량 등을 검사함으로써 가능하고, 순환기능은 심박수, 최대심박수, 심용적, 적혈구수, 헤모글로빈량, 헤마토크리트치, 수축기와 이완기혈압, 산소섭취율 등을 검사해야 한다.

2 _ 호흡기능의 검사

호흡기능은 심폐기능의 일부로서 순환기능, 폐포기능, 폐순환기능의 3가지 기능에 의해 이루어진다. 호흡기능은 폐기능을 측정함으로써 가능하며, 이러한 폐기능 검사는 폐환기기능, 폐포기능, 폐순환기능으로 구분한다. 주로 폐활량, 분당최대환기량, 최대산소섭취량, 최대확산계수 등을 평가하여 이루어지며, 이 중에서 폐활량과 분당최대환기량은 폐의 예비용량을 간단하게 평가할 수 있는 지표로 이용되고 있다.

그러나 운동 중 호흡기능 변화의 평가는 호흡기능 검사만으로는 불충분하다. 그러므로 폐의 본질적인 기능을 평가하기 위한 지표로서 최대산소섭취량이나 산소섭취율에 대한 검사가 필요하다. 일반적으로 폐기능 검사는 호흡곡선, 운동부하 검사, 그리고 기타 지표를 이용함으로써 가능하다.

호흡곡선에 의한 폐기능 검사는 여러 가지 폐기량 측정치를 37° 대기압 포화 폐기량BTPS: body temperature, ambient pressure, saturated with water vapor으로 환산하여 산출할 수 있다. 이러한 측정치는 신장이나 체표면적과 관계가 있으므로 체력을 평가할 경우 측정치보다는 예측치에 대한 측정치의 비율을 구하는 것이 바람직하다. 폐기량의 분획은 안정시 호기 위치를 기준으로 기본분획과 특수분획으로 분류한다.

기본분획은 1회 호흡량tidal volume : TV, 흡기 예비량inspiratory reserve volume : IRV, 호기 예비량expiratory reserve volume : ERV, 잔기량residual volume : RV 등을 포함하고, 특수분획은 흡기용량inspiratory capacity : IC, 폐활량vital capacity : VC, 기능적 잔기량functional residual capacity : FRC, 총폐용량total lung capacity : TLC 등을 포함한다.

1회 호흡량 tidal volume : TV

1회 호흡량은 정상적으로 호흡을 한 번 들이 마신 후 내뱉는 공기의 양으로, 보통 성인 남자는 약 500cc 이다. 분당환기량은 1분 동안에 폐에 들어갔다 나오는 공기의 양으로서 다음과 같이 산출한다.

> 분당 환기량=1회 호흡량×1분간의 호흡수

흡기 예비량 inspiratory reserve volume : IRV

흡기 예비량은 정상 흡기 후 다시 최대한 들이 마실 수 있는 공기의 양으로서 약 3,000cc 이다.

호기 예비량 expiratoty reserve volume : ERV

호기 예비량은정상 호기에서 최대한 내뱉을 수 있는 공기의 양으로서 약 1,500cc 이다.

잔기량 *residual volume : RV*

잔기량은 최대한 호흡을 내뱉은 후 폐 속에 남아 있는 공기의 양으로서 약 1,000cc 이다.

총폐용량 *total lung capacity : TLC*

총폐용량은 최대한 호기상태에서 최대한 흡입할 수 있는 공기의 양과 잔기량을 합한 것이다.

흡기용량 *inspiratory capacity : IC*

흡기용량은 안정 호기상태에서 최대한 들이 마실 수 있는 공기의 양이다.

폐활량 *vital capacity : VC*

폐활량은 흡기예비량, 1회 호흡량, 호기예비량을 합한 것으로 폐 표면적의 크기를 나타내는 지표이다. 최대 흡기 후 의도적으로 폐에서 호출되는 최대 가스량, 즉 호기 폐활량을 말한다. 또한 폐활량 예측치에 대한 측정치의 비율인 폐활량비를 산출하여 적용할 수 있다.

$$폐활량비(\%) = (폐활량\ 측정치 / 폐활량\ 예측치) \times 100$$

기능적 잔기량 *functional residual capacity : FRC*

기능적 잔기량은 정상 호기상태에서 폐 속에 남아 있는 공기의 양이다.

최대환기량 *maximal expiratory volume : $\dot{V}_{E}max$*

최대환기량은 1분 동안 수의적으로 최대한 빠르고 깊게 호흡할 때의 최대호흡량으로 최대환기능력 *maximum breathing capacity : MBC*이라고도 한다. 동적 환기능력을 나타내므로 산소섭취 능력과 관계가 있으며, 환기능력의 지표로서 활용되기도 한다. 한편, 폐 환기능력의 측정값이 전신지구력을 나타내는 지표로도 이용되고 있으나, 최근에는 운동 중 최대환기량이 주로 이용되고 있다.

호흡수 *respiratory rate : RR*

호흡수는 흉곽의 움직임을 관찰하거나 촉진을 통하여 1분 동안 측정함으로써 가능하다. 격렬한 운동을 할 경우 호흡수는 매분 40~60회로 증가할 수 있으며, 40회 이상이 되면 환기량이나 산소섭취능력이 저하되어 호흡의 효율성이 떨어진다.
이를 보다 쉽게 이해하기 위한 수식은 다음과 같다.

> 총폐용량(TLC) = 폐활량(VC) + 잔기량(RV)
>   = 흡기 용량(IC) + 기능적 잔기량(FRC)
>   = 흡기 예비량(IRV) + 1회 호흡량(TV) + 호기 예비량(ERV) + 잔기량(RV)
>
> 폐활량(VC) = 흡기 예비량(IRV) + 1회 호흡량(TV) + 호기 예비량(ERV)
> 흡기용량(IC) = 흡기 예비량(IRV) + 1회 호흡량(TV)
> 기능적 잔기량(FRC) = 호기 예비량(ERV) + 잔기량(RV)

3_ 순환기능의 검사

① 심박수

심박수 heart rate : HR는 실행한 운동에서 나타난 상대적 자극의 좋은 지표이다. 그러므로 심혈관 체력을 증진시키기 위한 신체활동 강도의 지침은 일반적으로 예비심박수 HRR 혹은 최대심박수 HRmax의 비율에 근거를 두고 있다. 미국 대학스포츠의학회의 지침서에는 심혈관 체력을 유지하거나 향상시키기 위해서 운동 시 예비심박수의 40~85%, 최대심박수의 55~90%로 실행되어져야 한다고 제시되어 있다. 건강한 사람은 주어진 심박수에서 더 강한 운동을 할 수 있지만, 운동의 상대적 강도는 건강한 사람과 그렇지 않은 사람 모두에게 동일하다. 이러한 비율의 계산은 다음에 자세하게 설명되어 있다.
심박수는 노뼈동맥(손목)과 목동맥 부위에 검지와 중지를 함께 이용하여 쉽게 측정할 수 있으며, 심박수모니터 polar를 이용하여 보다 과학적이며 정확하게 측정할 수 있다.

② 예비심박수

예비심박수 heart rate reserve : HRR는 격렬한 신체활동의 최대심박수와 안정시 최저심박수의 차이를 의미하는데, 이를 계산하기 위해서는 최대심박수와 안정시 심박수를 모두 평가해야 한다. 안정시 심박수는 앉아 있거나 누운 상태에서 1분 동안 맥박을 측정함으로써 쉽게 평가할 수 있다. 이상적인 평가를 위해 여러 가지 신체활동이 이루어진 오후보다는 휴식을 취한 이른 아침에 실행하는 것이 적절하다.

예비심박수는 최대심박수에서 안정시 심박수를 빼서 평가하며, 이 심박수는 안정시와 최대맥박수 범위 내에 있다.

건강의 이득을 달성하기 위한 최소심박수 혹은 훈련역치는 예비심박수에 40%작업심박수를 곱하여 안정시 심박수를 더함으로써 결정된다. 목표심박수의 상위한계는 예비심박수에 85%작업심박수를 곱하고 안정시 심박수를 더한 것이다. 역치심박수와 목표심박수의 상위한계를 결정하기 위한 공식은 다음과 같다. 작업심박수 계산을 위한 공식과 분당 68회의 안정시 심박수를 가지고 있는 22세에 대한 예이다. 최상의 결과를 위해서는 낮은 목표지역에서 시작하여 점차 운동강도를 증가시킨다.

안정시 심박수 68bpm인 22세의 경우
예비심박수(HRR) = 최대심박수 - 안정시 심박수
= 193bpm - 68bpm = 125bpm
역치심박수 = 예비심박수(HRR) × 0.4 + 안정시 심박수
= 125bpm × 0.4 + 68bpm = 118bpm
상위한계 심박수 = 예비심박수(HRR) × 0.85 + 안정시 심박수
= 125bpm × 0.85 + 68bpm = 174bpm

대부분의 사람들은 예비심박수 85% 이상의 신체활동을 무산소성 신체활동으로 간주하고 있다. 이러한 고강도 신체활동은 시합을 위해 훈련하는 선수들이나 특별한 신체적인 업무를 하는 사람들에게 필요할 것이다. 그러나 적절한 건강이나 웰니스와 관련된 심혈관 체력을 향상시키는데에는 필요하지 않다.

③ 최대심박수

최대심박수 maximal heart rate : HRmax의 평가는 역치심박수와 목표심박수의 산출을 위해 필요하다. 최대심박수는 최대운동부하에서 얻는 가장 높은 심박수이다. 완전히 탈진상태에서 운동할 때 심전도를 이용하여 측정할 수 있다. 그러나 공식을 이용하여 평가하는 것이 보다 용이하다.

최근까지 간단한 공식인 「최대심박수=220-나이」가 이용되었다. 이 공식이 일반적인 평가를 하지만 젊은 성인에게 과대평가되고, 40세 이상인 사람들에게 과소평가되는 경향이 있다. 여러 가지 연구를 기초로 하여 새로운 공식이 권장되고 있는데, 다음 공식은 성별과 모든

신체활동 수준의 사람들에게 적절한 것으로 나타났다.

다음은 새로운 공식을 이용하여 22세 성인의 최대심박수 계산을 보여준다. 결과로 나타난 최대심박수 193은 이전 공식을 이용했을 때와 비교하여 5회 낮다.

이러한 새로운 공식은 특히 고령자에게 유용하다. 이전의 공식은 최대심박수를 낮게 예측했기 때문에 고령자들에 대한 목표심박수와 트레드밀 검사 동안의 신체적 자극 수준을 과소평가하였다.

$$최대심박수 = 208 - (0.7 \times 나이)$$
$$= 208 - (0.7 \times 22) = 208 - 15.4$$
$$= 193 (192.6에서 반올림)$$

최대심박수를 구한 후 55%의 최대심박수를 계산하여 역치심박수를 결정한다. 목표심박수의 상위한계는 90%의 최대심박수를 계산함으로써 평가된다. 다음은 22세 성인의 예를 제시하고 있다. 최대심박수율을 이용한 이러한 방법은 40~85%의 예비심박수 평가방법과 비슷한 목표심박수를 제공하기 때문에 예비심박수율을 평가 방법의 적절한 대안으로 간주된다.

$$역치심박수 = 최대심박수 \times 0.55$$
$$= 193bpm \times 0.55 = 106bpm (106.15에서 반올림)$$
$$상위한계\ 심박수 = 최대심박수 \times 0.90$$
$$= 193bpm \times 0.90 = 174bpm (173.7에서 반올림)$$

최근에 미국 대학스포츠의학회는 역치심박수를 계산하기 위해 최대심박수의 %를 증가시켰다. 왜냐하면 이전에 사용된 %가 이러한 값을 과소평가하고 있었기 때문이다. 위 공식들에서 나타나듯이 최대심박수율의 공식은 여전히 역치심박수를 과소평가하지만, 목표심박수의 상위한계에 대한 정확한 값을 제시하고 있다.

④ 운동자각도

운동자각도 *ratings of perceived exertion : RPE*는 피험자가 어떻게 느끼는지를 근거로 한 운동강도의 평가이며, 운동에 대한 신체의 주관적인 평가이다. 또한 유산소성 신체활동의 강도를 평가하는 유용한 방법이기도 하다.

신체활동 경험이 있는 사람들이 목표심박수에서 운동을 하는지 알기 위해서 운동자각도가 이용될 수 있다(표 6-9). 운동자각도는 심박수율 및 예비심박수와 매우 관련이 높은 것으로 알려져 있다. 이러한 이유로 운동자각도 평가방법을 습득한 사람들에게 운동강도를 평가하기 위해 운동자각도가 이용된다. 운동자각도 12는 역치심박수와 동일하고 16은 목표심박수의 상위한계와 일치한다. 피험자는 운동자각도를 이용하여 자신이 목표 심박수에 있는지 인지할 수 있다.

표 6-9. 운동자각도

6 7 8	아주 매우 가볍다.(Very, very light)
9 10	상당히 가볍다.(Very light)
11 12	가볍다.(Fairly light)
13 14	약간 힘들다.(Somewhat hard)
15 16	힘들다.(Hard)
17 18	상당히 힘들다.(Very hard)
19 20	아주 매우 힘들다.(Very, very hard)

(Borg, 1982)

⑤ 최대산소섭취량

최대산소섭취량 maximal oxygen uptake : VO_2max은 단위 시간당 산소섭취능력을 측정하는 것으로, 전신지구력을 평가할 때 주로 이용되고 있다. 최대운동부하 검사, 최대하 운동부하 검사, 필드 검사, 무운동 검사 등을 이용하여 최대산소섭취량을 평가할 수 있다.

⑥ 체중당 최대산소섭취량

체중당 최대산소섭취량(VO_2max/kg)은 신체 크기에 따라 측정값이 다르기 때문에 체격조건이 다른 개개인의 전신 지구력을 비교할 경우에는 최대산소섭취량을 체중이나 체표면적

(㎥)으로 나누어 비교해야 한다.

⑦ 최대산소맥

산소맥 oxygen pulse은 분당 산소섭취량을 단위 분당심박수로 나눈 값이다. 최대산소맥 maximum oxygen pulse이 크다고 하는 것은 최대산소섭취량이 크다는 것을 의미한다. 전신지구력을 나타낸다고 평가할 수 있지만, 신체 크기에 최대산소맥이 비례하기 때문에 지구력을 비교할 경우에는 체중으로 나누어야 한다.

⑧ 운동 후 초과산소소비량

운동 후 총산소섭취량에서 안정시 산소섭취량을 뺀 양을 운동 후 초과산소소비량이라 한다. 운동 후 초과산소소비량은 운동 후 회복 중 순산소소비량 또는 동일한 시간 동안 안정시에 일반적으로 소비하는 양을 초과하여 회복기 동안 소비하는 산소의 양으로 정의될 수 있다. 격렬한 운동 후 산소수요량이 개인의 유산소능력을 초과할 경우 운동 후 초과산소소비량도 큰 것으로 나타난다.

⑨ 무산소성 역치

운동강도와 관계에서 혈중젖산농도가 급증하는 시점(한계점)을 무산소성 역치 혹은 염기성 역치라고 한다. 예를 들어 운동강도가 높아지고 최대산소섭취량이 50~55%가 되면 혈액 속의 젖산이 축적되기 시작한다. 또한 운동이 격렬해지면 ATP 재합성의 필요성이 높아지기 때문에 당을 분해하는 능력이 촉진되고, 산소공급이 불충분해져서 초성 포도산이 크렙스회로에 누적되어 젖산이 쌓이게 된다.

훈련된 운동선수는 일반인에 비해 높은 강도의 운동에서도 유산소성 대사에 의한 에너지가 공급될 수 있기 때문에 무산소성 역치가 높은 수준에 머물게 된다.

4 _ 맥박 변화를 통한 순환기능 검사

① Harvard step 검사

Harvard step 검사(Brouha et al., 1943)는 운동 지속시간과 회복기의 맥박수를 측정하여 피검자의 체력을 용이하게 측정하는 방법으로 제2차 세계대전 중 Harvard대학의 피로실험소에서 Brouha 등(1943)에 의해서 발표되었다. 운동지속시간과 회복기의 맥박수를 측정하여 체력을 대략적으로 추정하는 검사방법이다. 일명 Brouha test라고도 하며, 50㎝ 높이의 계단을 5분간 오르내리는 운동을 1분간 30회의 속도로 실시한 후 1분~1분 30초, 2분~2분 30초, 3분~3분 30초까지 3회의 맥박수를 측정하여 다음 공식에 의해서 체력지수를 산출한다.

그러나 간이 Harvard step test는 Harvard step test와 같은 방법으로 실시하지만, 운동 직후 1분에서 1분 30초까지의 맥박수를 오직 한번만 측정한 후 지수를 산출한다.

$$체력지수(PFI) = \frac{운동지속시간(초)}{2 \times 3회의 \ 맥박수 \ 합계} \times 100$$

$$간이 \ Harvard \ step \ test 지수 = \frac{운동지속시간(초)}{5.5 \times 30초간의 \ 맥박수} \times 100$$

표 6-10. Harvard step test 평가표

분 류	체력지수	심박수
매우 우수	90 이상	167 이하
우 수	80~89	168~188
평균보다 높음	65~79	189~232
평균보다 낮음	55~64	233~272
매우 낮은 체력	54 이하	273 이상

② 신체작업능력 검사

신체작업능력 검사 PWC_{170} test(Åstrand, 1947)는 1947년 Åstrand가 개발한 방법으로서 PWC Physical Working Capacity라고 하며, 자전거 에르고미터를 이용하여 심박수가 170 beats/min의 시점에서 작업강도를 구하여 이것을 유산소 작업능력의 지표로 삼는 방법이다. 심박수 170 beats/min의 이용은 정상상태로 유지할 수 있는 작업강도 중에서 가장 높은 수준이 되기 때문이다.

일반적으로 하나의 작업부하시간을 4분 단위로 하기 때문에 검사소요시간은 총 12분이 되며, 측정방법은 아래와 같다.

측정 방법

ⓐ 자전거 에르고미터를 이용하여 3단계 부하강도를 각각 4분씩 일정 속도로 유지한다.
ⓑ 각 부하 단계에서 마지막 1분 동안의 심박수를 측정한다.
ⓒ 측정된 값으로부터 심박수 170beats/min의 운동강도(단위는 kg·m/min)를 내·외삽법으로 산출한다.

5_ 혈압 및 맥박변화를 통한 순환기능 검사

① Schneider 검사

Schneider 검사는 맥박수, 체위변화, 운동부하에 따른 혈압의 변화와 운동 후의 회복상태 등을 검사하여 순환 기능을 평가하는 것으로, 1932년 Schneider가 발표하였다. 측정은 6개 항목의 측정결과를 채점표에서 평가하는데, 누운 자세에서 안정시의 맥박수, 선 자세의 맥박증가수, 선 자세의 맥박수, 운동 직후의 맥박증가수, 맥박회복시간, 선 자세에서의 혈압 변화이다.

② Tigerstedt 검사

Tigerstedt 검사는 최대혈압과 맥압을 측정하여 측정값을 판정지수공식에 대입하여 산출하는 방법으로 Tigerstedt이 고안하였다. 이 지수의 정상범위는 30~50%이며, 판정지수는 다음 공식에 의하여 산출한다.

$$판정지수 = \frac{맥압}{최대혈압} \times 100$$

6_ 최대심폐지구력 검사

① 전력 트레드밀 달리기

전력 트레드밀 달리기 *all-out treadmill*는 Cureton이 개발한 것으로 측정 방법은 다음과 같다.

측정 방법

ⓐ 5분간 안정상태에서 대사기능을 검사한다.
ⓑ 전력 질주 30초를 포함하여 트레드밀 위에서 5분간 준비운동을 한다.
ⓒ 올 아웃(all out)될 때까지 질주하고, 운동 중과 운동 후 15분 동안의 호기를 분석한다.
ⓓ 맥박은 ECG를 이용하여 지속적으로 기록한다.

이 검사의 단점으로는 시간이 많이 소요되고, 고가의 장비와 전문가가 필요하다는 점을 들 수 있다.

② Balke 트레드밀 검사

Balke 트레드밀 검사는 트레드밀, 초시계, ECG를 이용하여 일정한 속도로 트레드밀에서 걷는 동안 이루어진다. 매분 맥박을 측정하고, 1분 후 트레드밀 경사도를 2% 증가시킨 후 분당 맥박이 180회가 될 때까지 1분마다 1%씩 경사도를 증가시킨다.

Balke 트레드밀 검사 평가표가 표 6-11에 제시되었다. 이 방법은 걷기 때문에 위험이 없고, 가스 분석의 필요성도 없으며, 젊은 연령자에서부터 고령자까지 모두 이용할 수 있다는 장점을 가지고 있다.

표 6-11. Balke 트레드밀 검사 평가표

맥박이 분당 180회에 도달한 시간	등 급
12분 이하	매우 저조
13~14분	저 조
15~16분	다소 저조
17분	보 통
18~19분	다소 우수
20~21분	우 수
22분 이상	매우 우수

7_ 최대심폐지구력 예측을 위한 최대하부하 검사

① Åstrand 최대하부하 검사

이 검사는 자전거 에르고미터를 이용하여 측정하며, 측정방법은 다음과 같다.

측정 방법

ⓐ 고정된 자전거 에르고미터를 6분 동안 1분에 50페달 속도로 탄다(양발 한번씩 미는 것이 하나의 사이클). 검사 후에 정리운동을 한다.
ⓑ 자전거 에르고미터를 운동량 300~1200kpm으로 정한다. 건강하지 않거나 작은 사람은 300~600kpm 정도가 적당하다. 건강한 사람은 750~1200kpm 정도로 준비한다. 운동량은 심박수를 최소 125bpm으로 올려야 하지만, 타는 동안에 170bpm 이상 상승시켜서는 안된다.

표 6-12. 자전거를 이용한 예측 산소섭취량 (남자)   (단위 : liters O$_2$/min)

심박수	운동량(kp·m/min)				심박수	운동량(kp·m/min)					심박수	운동량(kp·m/min)				
	450	600	900	1,200		450	600	900	1,200	1,500		450	600	900	1,200	1,500
123	3.3	3.4	4.6	6.0	139	2.5	2.6	3.6	4.8	6.0	155	2.0	2.2	3.0	4.0	5.0
124	3.3	3.3	4.5	6.0	140	2.5	2.6	3.6	4.8	6.0	156	1.9	2.2	2.9	4.0	5.0
125	3.2	3.2	4.4	5.9	141	2.4	2.6	3.5	4.7	5.9	157	1.9	2.1	2.9	3.9	4.9
126	3.1	3.2	4.4	5.8	142	2.4	2.5	3.5	4.6	5.8	158	1.8	2.1	2.9	3.9	4.9
127	3.0	3.1	4.3	5.7	143	2.4	2.5	3.4	4.6	5.7	159	1.8	2.1	2.8	3.8	4.8
127	3.0	3.1	4.2	5.6	144	2.3	2.5	3.4	4.5	5.7	160	1.8	2.1	2.8	3.8	4.8
129	2.9	3.0	4.2	5.6	145	2.3	2.4	3.4	4.5	5.6	161	1.7	2.0	2.8	3.7	4.7
130	2.9	3.0	4.1	5.5	146	2.3	2.4	3.3	4.4	5.6	162	1.7	2.0	2.8	3.7	4.6
131	2.8	2.9	4.0	5.4	147	2.3	2.4	3.3	4.4	5.5	163	1.7	2.0	2.8	3.7	4.6
132	2.8	2.9	4.0	5.4	148	2.2	2.4	3.2	4.3	5.4	164	1.6	2.0	2.7	3.6	4.5
133	2.7	2.8	3.9	5.4	149	2.2	2.3	3.2	4.3	5.4	165	1.6	1.9	2.7	3.6	4.5
134	2.7	2.8	3.9	5.2	150	2.2	2.3	3.2	4.2	5.3	166	1.6	1.9	2.7	3.6	4.5
135	2.7	2.8	3.8	5.1	151	2.2	2.3	3.1	4.2	5.2	167	1.5	1.9	2.6	3.5	4.4
136	2.6	2.7	3.8	5.0	152	2.1	2.3	3.1	4.1	5.2	168	1.5	1.9	2.6	3.5	4.4
137	2.6	2.7	3.7	5.0	153	2.1	2.2	3.0	4.1	5.1	169	1.5	1.9	2.6	3.5	4.3
138	2.5	2.7	3.7	4.9	154	2.0	2.2	3.0	4.0	5.1	170	1.4	1.8	2.6	3.4	4.3

표 6-13. 자전거를 이용한 예측 산소섭취량 (여자)   (단위 : liters O$_2$/min)

심박수	운동량(kp·m/min)					심박수	운동량(kp·m/min)					심박수	운동량(kp·m/min)			
	300	450	600	750	900		300	450	600	750	900		400	600	750	900
123	2.4	3.1	3.9	4.6	5.1	139	1.8	2.4	2.9	3.5	4.0	155	1.9	2.4	2.8	3.2
124	2.4	3.1	3.8	4.5	5.1	140	1.8	2.4	2.8	3.4	4.0	156	1.9	2.4	2.8	3.2
125	2.3	3.0	3.7	4.4	5.0	141	1.8	2.3	2.8	3.4	3.9	157	1.8	2.3	2.7	3.2
126	2.3	3.0	3.6	4.3	5.0	142	1.7	2.3	2.8	3.3	3.9	158	1.8	2.3	2.7	3.1
127	2.2	2.9	3.5	4.2	4.8	143	1.7	2.2	2.7	3.3	3.8	159	1.8	2.3	2.7	3.1
127	2.2	2.8	3.5	4.2	4.8	144	1.7	2.2	2.7	3.2	3.8	160	1.8	2.2	2.6	3.0
129	2.2	2.8	3.4	4.1	4.8	145	1.6	2.2	2.7	3.2	3.7	161	1.8	2.2	2.6	3.0
130	2.1	2.7	3.4	4.0	4.7	146	1.6	2.2	2.6	3.2	3.7	162	1.8	2.2	2.6	3.0
131	2.1	2.7	3.4	4.0	4.6	147	1.6	2.1	2.6	3.1	3.6	163	1.7	2.2	2.5	2.9
132	2.0	2.7	3.3	3.9	4.6	148	1.6	2.1	2.6	3.1	3.6	164	1.7	2.1	2.5	2.9
133	2.0	2.6	3.2	3.8	4.5	149	1.5	2.1	2.6	3.0	3.5	165	1.7	2.1	2.5	2.9
134	2.0	2.6	3.2	3.8	4.4	150	1.5	2.0	2.5	3.0	3.5	166	1.7	2.1	2.5	2.8
135	2.0	2.6	3.1	3.7	4.4	151	1.5	2.0	2.5	3.0	3.4	167	1.6	2.0	2.4	2.8
136	1.9	2.5	3.1	3.6	4.3	152	1.4	2.0	2.5	2.9	3.4	168	1.6	2.0	2.4	2.8
137	1.9	2.5	3.0	3.6	4.2	153	1.4	2.0	2.4	2.9	3.3	169	1.6	2.0	2.4	2.8
138	1.8	2.4	3.0	3.5	4.2	154	1.4	2.0	2.4	2.8	3.3	170	1.6	2.0	2.4	2.7

표 6-14. 자전거를 이용한 산소섭취량 평가표 (mℓ/O₂/min)

영역		17~26세	27~39세	40~49세	50~59세	60~69세
남자	우수한 체력	50 이상	46 이상	42 이상	39 이상	35 이상
	적절한 체력	43~49	35~45	32~41	29~38	26~34
	경계 체력	35~42	30~34	27~31	25~28	22~25
	낮은 체력	35 미만	30 미만	27 미만	25 미만	22 미만
여자	우수한 체력	46 이상	40 이상	38 이상	35 이상	32 이상
	적절한 체력	36~45	33~39	30~37	28~34	24~31
	경계 체력	30~35	28~32	24~29	21~27	18~23
	낮은 체력	30 미만	28 미만	24 미만	21 미만	18 미만

(출처 : 표 6-12, 13, 14는 Astrand와 Rodahi의 자료를 기초로 함)

ⓒ 6분 동안 자전거를 타면서(만약 심박수가 정확한 범위에 있을 경우) 6분 내내 심박수를 검사한다.

ⓓ 표 6-12(남성)와 표 6-13(여성)을 사용하여 자신의 예측된 산소섭취량 점수를 분당 ℓ로 조정한다. 왼쪽 행에서 6분 동안에 기록한 자신의 심박수를 찾고, 운동량(kpm/min)은 위쪽에서 찾는다. 표에서 심박수와 운동량이 맞닿는 지점의 숫자가 예측된 분당 산소섭취량이다.

ⓔ 등급은 일반적으로 분(min)당 체중(kg)당 거리(mℓ)를 기초로 하여 정한 것이다. 자신의 점수를 킬로그램당 밀리리터로 바꾸려면(mℓ/kg/min) 표 6-12나 표 6-13에서 자신의 점수에 1000을 곱한다. 이것이 자신의 점수를 ℓ에서 mℓ로 바꾸는 것이다. 파운드로 되어 있는 몸무게를 2.2로 나누면 몸무게를 kg으로 바꿔준다. 그 후 mℓ로 된 점수를 kg으로 된 몸무게로 나눠준다. 이러한 방법이 점수를 mℓ/kg/min으로 바꿔준다.

ⓕ 예 : 3.5ℓ의 산소섭취량은 3500mℓ와 같다(3.5×1000). 만약 이 점수를 가진 사람이 150파운드가 나간다면 그 사람의 몸무게는 68.18kg이 된다(150÷2.2). 따라서 이 사람의 산소흡입량은 51.3mℓ/kg/min(3500÷68.18)이다.

ⓖ 등급을 정하기 위해 mℓ/kg/min으로 된 점수를 사용한다.

② 오하이오주립대학교의 스텝 검사

오하이오주립대학교의 스텝 검사는 간단한 측정도구(계단)를 이용하여 맥박이 분당 150회에 도달하는 소요시간을 측정하는 항목으로, 측정방법은 다음과 같다.

측정 방법

ⓐ 손잡이가 있으며 높이가 다른 두 개의 계단을 준비한다(38.1㎝와 50.8㎝).
ⓑ 38.1㎝ 계단에서 분당 24스텝과 30스텝으로 각각 6이닝(inning)을 실시한다.
ⓒ 50.8㎝ 계단에서 분당 30스텝으로 6이닝을 실시하며, 총 18이닝을 연속적으로 한다.
ⓓ 각 이닝의 제한된 시간은 50초이며, 운동시간은 30초이고 휴식은 20초이다.
ⓔ 맥박은 각 휴식기의 5초에서 15초까지 10초 동안 측정한다.
ⓕ 피검자의 맥박이 10초간 25회에 도달하면 검사를 종료한다.
ⓖ 기록은 맥박이 분당 150회에 도달한 이닝, 즉 10초 동안 측정하여 25회에 도달한 이닝을 기록한다. 만약 전체 운동(18이닝)을 수행했다면 18점이 된다.

8 _ 달리기를 이용한 전신지구력 측정

달리기를 이용한 전신지구력 측정은 일정한 거리를 달리거나 걷는 시간으로 심폐기능을 평가하는 방법과 일정한 시간, 즉 5분이나 12분 동안 달린 거리로 평가하는 방법이 있다.

① 지구력 달리기

지구력 달리기 *endurance run*는 성·연령에 따라 거리에 차이가 있으며, 600야드 달리기, 600야드 걷기·달리기, 1,500m 빨리 걷기, 1마일 달리기, 1.5마일 달리기, 1,000m 빨리 걷기, 3,000m 달리기, 5,000m 달리기, 10,000m 달리기, 마라톤 등이 있다.

지구력 달리기에서 좋은 성적을 내기 위해서는 다리근의 지구력과 신체 크기에 비해 심폐기능이 우수해야 한다. 장거리나 마라톤에서 일류 선수는 대체로 폐활량이나 체중당 최대산소섭취량이 크고, 스텝 테스트의 점수도 우수하다. 이와 반대로 체지방이 많은 사람은 단거리는 어느 정도 잘 할 수 있지만, 지구력 달리기는 호흡곤란 등으로 기록이 저조하다.

측정 방법

ⓐ 서서 출발하고, 기록은 초단위로 잰다.
ⓑ 지구력 달리기를 할 때 피검자의 건강상태에 주의하고, 질병 유무를 확인한 후 실시하며, 의사의 지시에 따라 달릴 수 없는 사람은 제외시킨다.

② 빨리 걷기

빨리 걷기 *fast walk*는 남녀 성인을 대상으로 1마일을 빠른 걸음으로 걷는 시간을 측정하는 항목으로, 측정방법은 다음과 같다.

측정 방법

ⓐ 준비운동을 한 후 1마일을 무리하지 않는 한도 내에서 최대한 빨리 걷는다. 초단위까지 기록한다.
ⓑ 걷고 난 직후 15초 동안의 심박수를 측정한 후에 4를 곱해서 분당심박수를 구하여 기록한다.
ⓒ 그림 6-30을 이용하여 등급을 결정하기 위해 걸은 시간과 운동 후 심박수를 이용한다.

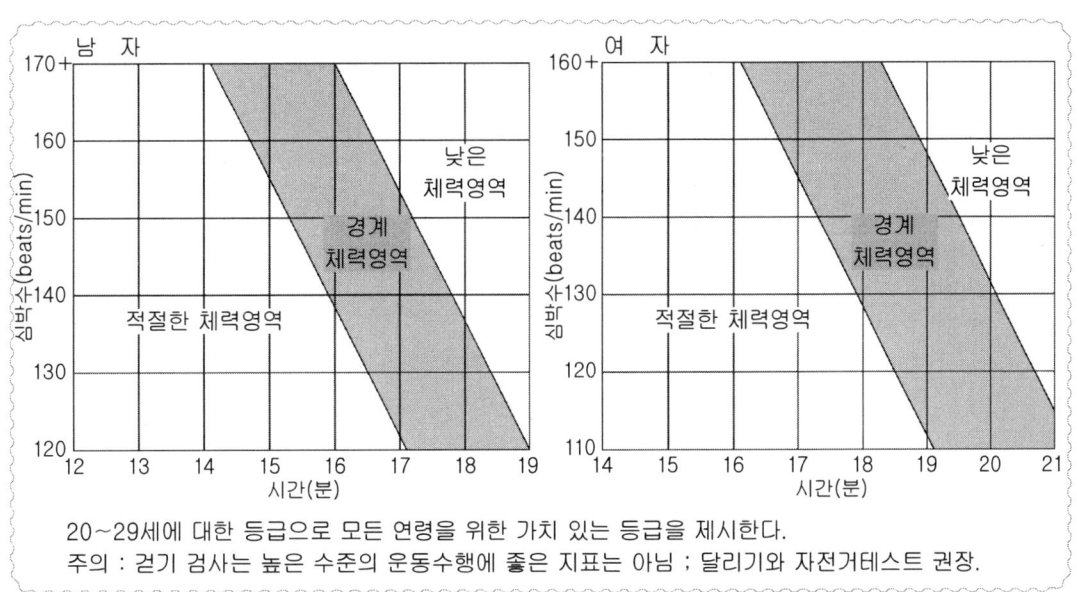

20~29세에 대한 등급으로 모든 연령을 위한 가치 있는 등급을 제시한다.
주의 : 걷기 검사는 높은 수준의 운동수행에 좋은 지표는 아님 ; 달리기와 자전거테스트 권장.

그림 6-30. 걷기 평가(남자와 여자)
(출처 : James M. Rippe, M.D.)

③ 12분 달리기

12분 달리기는 12분 동안 달린 거리를 측정하는 것으로 Cooper가 제시하여 널리 이용되었다. 이 검사는 비용이 적게 들고 간단하면서도 실용적이며, 수많은 피험자를 동시에 검사할 수 있다. 또한 남녀 대부분의 연령집단에 적용할 수 있다. 이 외에도 5분 동안 달리거나 걷는 거리를 측정하는 방법도 있다.

> **측정 방법**

ⓐ 학교운동장의 트랙이나 풋볼 경기장같이 특정거리가 표시된 곳을 찾거나 자전거나 자동차의 주행계를 이용하여 정확한 거리를 측정한다.
ⓑ 초시계를 이용하여 정확하게 12분을 측정한다.
ⓒ 최상의 결과를 위하여 검사 전에 준비운동을 하고 일정한 속도로 12분 동안 달린다. 검사 후에는 정리운동을 한다.
ⓓ 12분 동안 달린 거리를 마일 단위로 측정한다. 표 6-15에 제시된 평가표를 이용하여 자신의 등급을 평가한다.

표 6-15. 12분 달리기 평가표 (단위 : miles)

	영 역	17~26세	27~39세	40~49세	50세 이상
남자	우수한 체력	1.80 이상	1.60 이상	1.50 이상	1.40 이상
	적절한 체력	1.55~1.79	1.45~1.59	1.40~1.49	1.25~1.39
	경계 체력	1.35~1.54	1.30~1.44	1.25~1.39	1.10~1.24
	낮은 체력	1.35 미만	1.30 미만	1.25 미만	1.10 미만
여자	우수한 체력	1.45 이상	1.35 이상	1.25 이상	1.15 이상
	적절한 체력	1.25~1.44	1.20~1.34	1.15~1.24	1.05~1.14
	경계 체력	1.15~1.24	1.05~1.19	1.00~1.14	0.95~1.04
	낮은 체력	1.15 미만	1.05 미만	1.00 미만	0.94 미만

(Cooper, K. H.의 자료를 기초로 함. 이 도표에서 미터로의 변환은 부록 B를 참고)

④ 12분 수영

12분 수영 검사 역시 Cooper가 개발했으며, 수영이나 다이빙 선수들에게 유용한 검사방법이다.

> **측정 방법**

ⓐ 20야드 혹은 그 이상의 거리를 수영할 수 있는 영역을 결정한다.
ⓑ 준비운동 후 선호하는 영법을 이용하여 가능한 멀리 12분 동안 수영한다.
ⓒ 이 검사를 위해 수영의 자신감이 필수조건이다.
ⓓ 표 6-16을 이용하여 점수와 등급을 결정한다. 수영이나 다이빙 선수들에게 유용한 검사방법이다.

표 6-16. 12분 수영 평가표 (단위 : yards)

영역		17~26세	27~39세	40~49세	50세 이상
남자	우수한 체력	700이상	650 이상	600 이상	550 이상
	적절한 체력	600~699	550~649	500~599	450~549
	경계 체력	500~599	450~459	400~499	350~449
	낮은 체력	500 미만	450 미만	400 미만	350 미만
여자	우수한 체력	600 이상	550 이상	500 이상	450 이상
	적절한 체력	500~599	450~549	400~499	450~549
	경계 체력	400~499	350~359	300~399	250~349
	낮은 체력	400 미만	350 미만	300 미만	250 미만

(Cooper, K. H.의 자료를 기초로 함. 이 도표에서 미터로의 변환은 부록 B를 참고)

9_ 지구력지수에 의한 전신지구력 평가

일정한 속도로 트레드밀에서의 주행가능시간, 최대심박출량, 최대산소섭취량, 무산소 작업역치 *anaerobic threshold : AT* 등이 전신지구력의 적절한 생리적 측정지수로 이용되고 있다. 예를 들면 드랍 오프지수 *drop off index*와 지구력비 *endurance ratio*가 흔히 이용되고 있다.

Drop off index= 400m기록 − (50m기록×8)
Endurance ratio= {(50/50m기록 − 400/400m기록)/(50/50m기록)}×100

드랍 오프 *drop off*는 어떤 거리를 달린 시간과 그 거리를 단거리의 스피드로 계속 달렸다고 가정했을 때 시간과의 차이를 의미하며, 지구력비는 단거리에서의 스피드가 더 긴 거리까지 얼마만큼 잘 지속되는가를 나타내는 것이다.

CHAPTER 07
스포츠 기술 검사

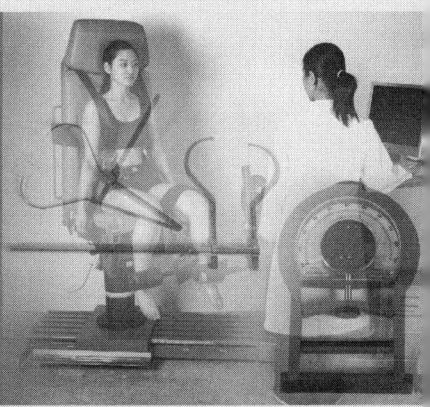

>>> 학습목표
1. 스포츠 기술 검사의 개념과 유형을 이해한다.
2. 각 종목별 스포츠 기술 검사 방법을 습득한다.

1. 개 요

스포츠 기술 검사는 축구, 농구, 배구 등의 스포츠에 대한 특수한 기능 검사를 의미하며, 여러 가지 스포츠 기술 검사가 학자들에 의해 발표되었다. 특히 Collins와 Hudge(1978), Strand와 Wilson(1993)은 체육학에서 사용되고 있는 다양한 스포츠 기술 검사를 발표하였다. 그러나 모든 스포츠 종목의 기술 검사를 설명하는 것은 불가능하므로 여기에서는 축구, 농구, 배구, 야구와 소프트볼, 배드민턴, 테니스, 핸드볼, 체조, 골프, 양궁, 수영 등을 포함한 11개 스포츠 종목의 기술 검사를 소개한다.

2. 스포츠 기술 검사의 유형

한 가지 스포츠 기술을 검사하려고 할 때 다양한 표현형태의 측정이 이루어질 수 있다. 즉 시간, 거리, 정확성과 힘 등이 스포츠 기술 검사의 기본구성요소이며, 측정 과정이 기술평가에 포함될 수 있다.

한 가지 기술을 시간으로 측정할 때, 기술 실행의 과정보다는 결과를 측정한다. 과정과 결과의 차이는 제한된 거리에 소요된 시간을 측정하는 것이다. 예를 들면 아이스하키에서 퍽의 움직임은 결과로서 중요하지만 선수들의 동작은 과정으로서 중요하지 않기 때문에 직접 측정하지 않는다.

또한 한 가지 기술의 반복된 실행의 측정은 시간을 측정하면 가능하다. 시간의 측정은 수영과 트랙 경기와 같은 스피드 종목과 아이스하키나 볼링과 같은 투사체가 바닥에 머무르는 종목에 적절하다. 어떤 물체를 공중으로 발사할 때 힘을 측정하려면 시간보다는 속도가 이용되어야 한다. 한 가지 기술에서 실행횟수를 제한했을 경우에 시간을 측정하는 것은 타당성이 매우 낮다. 왜냐하면 피검자가 정확성을 무시하고 서두를 수 있기 때문이다.

1) 거리의 측정

거리의 측정은 점프와 던지기를 측정할 때 흔히 이용된다. 그러나 점프 기술의 측정에는 적절하지만 던지기 기술의 측정에는 부적절하다. 즉 던지기 기술은 힘과 정확성을 요구하므로 두 개의 목표물을 동시에 던질 때 두 개 모두 비슷한 지점에 떨어진다 할지라도 두 목표물의 탄도는 큰 차이가 있다.

이와 같이 거리를 측정하였을 경우, 던지기를 5회 실행하여 비슷한 점수를 얻는다. 그러나 두 개의 던지기의 투사각이 정확하게 일치하면 적용된 힘은 각각 차이가 있다. 이와 반대로 두 개의 목표물이 동일한 힘으로 투사되었을지라도 공이 날아간 각도의 차이에 따라 거리는 달라질 수 있다. 그러므로 던지기 기술은 정확성과 기술적인 힘의 요소를 고려하여 측정이 이루어져야 하며, 속도와 정확성을 측정함으로써 적절하게 실행될 수 있다.

힘과 정확성의 측정은 필드 경기에 적용되지는 않지만, 스포츠 기술이 아닌 협응력과 순발력을 포함한 특별한 기술에 적용될 수 있다. 특별한 기술은 소프트볼 던지기 등의 기술과 반대되는 개념으로 최대의 힘과 고도의 정확성 및 적절한 힘을 요구한다.

2) 제한된 시간에 실행한 횟수의 측정

스포츠 기술 검사는 제한된 시간에 실행한 기술횟수를 측정함으로써 가능하다. 예를 들면 30초 동안에 실행한 벽치기의 횟수이며, 이 검사의 문제점은 피검자가 친 공을 다시 받아야 한다는 것이다.

3) 속도의 측정

속도를 측정할 때에는 스피드와 투사각도 그리고 투사체의 거리를 고려하여야 힘이 정확하게 측정된다. 속도는 거리에 시간을 나누어서 결정하고 m/sec로 기록한다. 속도는 한 가지 목표물을 공중으로 투사하는 기술을 측정하기 위해 이용되고 있다. 속도의 점수는 발휘된 힘의 양이기 때문에 정확하게 측정해야 한다.

속도의 측정은 여러 가지 방법으로 실행할 수 있다.

첫째, 탄도의 높이를 측정하기 위해 줄을 이용한다. 줄을 이용한 초기의 검사는 Broer와 Miller(1950)가 개발한 테니스 드라이브 검사로서, 네트 1.2m 위에 줄을 설치하여 공이 네트와 줄 사이로 통과한 드라이브는 줄 위로 통과한 드라이브보다 높은 점수를 준다. Glassow(1957)는 특별한 검사를 위해 정해진 점수범위 내에서 다양한 속도를 얻을 수 있고, 줄과 네트 사이의 간격을 줄여야 한다고 제시하였다. 이 원리를 적용하여 Liba와 Stauff(1963)가 배구 패스 검사를 개발하였다.

둘째, 궤도의 높이를 측정하기 위해 투사체의 수직각도를 이용하는 것으로 West와 Thrope(1968)에 의해 개발되었다. 이것은 골프에서 8번 아이언을 이용하여 짧은 샷을 측정할 때 적용된다. 공을 290° 이상으로 칠 경우는 3점, 290° 이하는 2점, 그리고 가장 높게 올라간 공은 1점을 준다. 그러나 이러한 주관적인 판단 때문에 검사자에 대한 객관성의 검증이 이루어져야 한다.

정해진 속도의 근사값은 검사장소의 파워지역을 표시하여 획득될 수 있다. AAHPERD의 테니스 기술 검사와 소프트볼 기술 검사가 이 방법을 사용하고 있다. 파워지역은 투사체가 지정된 거리에 바운드되도록 속도가 충분해야 한다는 전제에 근거한다. 예를 들어 테니스에서 공이 목표지역에서 한 번 바운드되고 그 다음 목표를 6.2m 초과하여 떨어지면 공은 최저 속도로 비행한 것으로 간주한다.

현재 위스콘신대학에서 사용 중인 속도계와 같은 전자장비를 이용하면 속도를 가장 정확하게 측정할 수 있다. 그러나 정확성은 다소 떨어지지만 초시계와 벽 목표물을 이용하여 적절한 속도를 평가할 수도 있다. Safrit와 Pavis(1969)가 어깨 너머로 소프트볼 던지기의 힘을 측정하기 위해 이 방법을 이용하였다.

속도의 점수는 Cooper와 Glassow(1976)의 방법을 적용하여 산출할 수도 있다. 그러나 이 방법은 시간이 많이 소요되므로 손쉽게 산출하기 위해 속도표를 이용할 것을 권장하고 있다.

4) 정확성의 측정

정확성은 기술 검사에서 가장 많이 측정하고 있는 구성요소로서 여러 가지 유형의 목표물을 이용하여 측정할 수 있다. 예를 들어 배드민턴 서브의 정확성을 측정하기 위한 목표는 서브 코트를 3개 구역으로 분할하는 것이다. 초보자들은 셔틀콕을 코트 후방으로 치는 것을 배워야 한다.

또한 배드민턴 서브의 중요한 요소인 셔틀콕 궤도의 높이가 측정되어야 한다. 2개의 셔틀콕을 동일한 목표지역에 떨어지게 할 수 있지만 궤도가 다르기 때문에 오직 정확도만을 측정하는 것은 기술평가에서는 불충분하다.

5) 폼의 측정

폼의 측정은 대조표 혹은 검사목록이나 평가척도를 이용하여 실행된다. 만약 결과가 만족스럽다면 과정을 측정하기 위한 필요성과 관련하여 몇 가지 의문점이 생긴다. 예를 들어 어떤 선수의 킥 성공률이 월등히 높다면, 그 선수의 폼이 전형적인 폼에 적합하지 않다고 해서 문제가 되는가? 이경우 코치들은 뛰어난 선수를 전형적인 폼을 가진 선수로 변화시키려고 하지 않을 것이다.

그러나 이러한 방법은 초보자들의 폼을 교정하는데 적절할 수 있다. 특히 전형적인 방법으로부터의 탈피는 기술 발전의 저해요인이 될 수 있다. 학습자가 결과에 지속적으로 만족할 수 있는 기술을 개발했을 때 지도자는 더 이상 특징적 변화를 시도해서는 안된다. 이것은 대부분의 스포츠에서 선수들이 초보 수준을 능가하여 기술이 향상된 후에는 폼의 측정이 덜 강조되어야 한다는 것을 의미한다.

일반적으로 스포츠 기술은 테니스의 서브, 야구의 공 던지기, 골프의 스윙, 농구의 드리블 등과 같은 스포츠에서 보다 복잡하고 협응적이며 특수한 기술들로 구성된다.

다른 영역과 비교하여 스포츠 기술 검사는 매우 뒤떨어져 있으며, 각 스포츠 종목에서 필요한 적절한 검사방법이 부족한 실정이다. 따라서 스포츠종목에 따른 다양한 기술 검사 개발이 필요하다.

본 장에서는 11개 스포츠종목에서 대표적으로 이용되고 있는 기술 검사를 소개한다.

3. 스포츠 기술 검사의 실제

1) 축 구

1 _ McDonald 검사

McDonald 검사 *McDonald soccer test : McDonald*(1951)는 고등학생부터 대학생을 대상으로 축구기술을 평가하기 위한 검사이다.

높이 3.5m, 너비 9m의 벽에서 2.7m 떨어진 지점에 제한선을 그린 후 실행한다. 3개의 공을 준비하여 2개는 제한선 뒤에 두고, 시작신호와 함께 공 1개를 30초 동안 가능한 많이 벽을 향해 찬다. 킥의 종류나 컨트롤 방법은 제한을 두지 않는다. 공을 놓쳤을 때 손이나 발로 잡아 다시 제한선 뒤에서 킥을 하며, 이때 다른 공을 사용해도 좋다. 30초 동안 제한선을 넘지 않고 정확하게 4회 공을 찬 후 성공 횟수를 기록하고, 4회 중 3회의 좋은 기록을 합산하여 점수로 기록한다.

2 _ Johnson 검사

Johnson 검사 *Johnson soccer test*는 남자 대학생을 대상으로 실시하는 축구 기술 검사이다.

벽에 정규 축구골대 크기(7.2×2.4m)의 목표물을 그린 후 실행한다. 4.5m 떨어진 곳에 제한선을 그린 다음, 그 뒤에 축구공을 놓는다. 30초 동안 연속적으로 가능한 많이 벽에 있는 목표물을 맞히도록 한다. 이때 제한선을 넘지 않아야 하며, 공이 이탈했을 경우 보조자가 다른 공을 준다. 3회 실시하여 목표물에 정확하게 맞춘 횟수를 합산하여 점수로 기록한다.

2) 농 구

1_ Leilich 검사

Leilich 검사Leilich test는 체육전공 여자 대학생을 대상으로 실시하는 농구 기술 검사 방법으로, 검사 항목은 드리블 슛dribble shoot, 30초 동안 슛하기, 투 핸드 체스트 패스two hand chest pass 등이다.

① 드리블 슛

좌, 우 45° 엔드라인 중앙에서 5.4m 떨어진 곳에 출발선을 긋고 그 옆에 의자 1개와 보조자 1명을 대기시킨다. 시작신호와 함께 의자 위의 공을 들고 드리블 슛을 한 후 리바운드하여 보조자에게 패스한다. 또한 반대쪽에서 동일하게 슛을 실행한다. 좌, 우 각각 5회씩 총 10회 슛을 실행하고 드리블은 출발선 뒤에서부터 시작한다.

검사자는 시작신호와 함께 시간을 측정하고 파울 횟수를 기록한다. 보조자는 슛의 횟수와 성공 여부를 기록하고 9번째 슛일 때 검사자에게 알린다. 워킹walking, 더블 드리블double dribble, 출발선 앞에서 드리블한 것 등은 모두 파울로 인정한다.

시간과 정확성으로 점수를 계산하고 시작신호와 함께 10회 슛을 한 후 리바운드를 잡았을 때까지의 소요된 시간을 1/10초 단위로 기록한다. 정확성은 슛이 성공했을 때 2점, 림을 맞추었을 때 1점, 맞지 않았을 때는 점수가 없다. 파울이 발생한 횟수에 따라 1초씩 추가한다. 3회 실시하여 그 중 좋은 기록 2회를 합산하여 기록한다. 각 시기 사이의 휴식은 2분 이내로 한다.

② 30초 동안 슛

피검자는 공을 잡고 골대 바로 밑에 선다. 시작신호와 함께 30초 동안 슛을 던져 가능한 많은 골을 넣는다. 2회 실시하여 좋은 기록을 점수로 한다.

③ 투 핸드 체스트 패스

반지름이 30cm, 60cm, 90cm인 3개의 원이 그려진 목표물을 벽에 부착시킨다. 바깥원 아래

부분이 지면에서 70㎝ 위에 오도록 설치한다. 벽으로부터 3m 떨어진 곳에 벽과 평행이 되도록 바닥에 선을 긋는다. 시작신호와 함께 가슴에서 양손으로 공을 잡고 목표물을 향해 던져 튀어나오는 공을 잡는다. 이와 같은 동작을 30초 동안 실행한다.

제일 작은 원 안에 공을 맞추었을 때 5점, 중간 원 3점, 큰 원 1점이며, 선은 원 안에 포함시킨다. 30초 동안 실시한 점수를 합산한다. 제일 큰 원 밖에 맞추었을 때와 두 발이 제한선 뒤에 있지 않을 때는 파울로 간주하여 점수가 없다. 2회 실시하여 좋은 점수를 기록한다.

2 _ Johnson 검사

Johnson 검사 *Johnson test*(1934)는 남자 고등학생들을 대상으로 한 농구 기술 검사로서, 빠른 슛, 정확하게 던지기, 드리블 검사 등이 있다.

① 빠른 슛

대상자가 원하는 장소에서 시작신호와 함께 30초 동안 빠르게 레이업 슛을 한다. 가능한 한 빨리 슛을 하고 득점당 1점씩 기록한다.

② 정확하게 던지기

3개의 직사각형이 그려진 목표물을 벽에 설치한다. 직사각형의 크기는 1.4×1.0m, 1.0×0.6m, 0.5×0.3m이며, 큰 직사각형 안에 작은 직사각형을 그린다. 제일 큰 직사각형 밑변이 지면에서 40㎝ 위에 오도록 설치한다. 12m 밖에서 야구공 던지기, 혹은 훅 패스로 10회 실행하고, 작은 직사각형 안에 맞추었을 때는 3점, 중간 2점, 큰 직사각형 1점이며, 10회 던진 후 모든 점수를 합산한다.

③ 드 리 블

그림 7-1과 같이 출발선에서 3.6m 떨어진 곳에 첫 번째 허들이나 의자를 놓고, 다시 1.8m 거리에 2, 3, 4번째 허들을 각각 설치한다. 출발선을 밟지 않고 오른쪽으로 돌아가면서 드리블을 한다.

첫 번째 허들은 왼쪽으로 돌며 지그재그로 연속적으로 빨리 드리블한 후 다시 출발선 왼쪽으로 돌아온다. 30초 동안 돌아온 허들의 수를 점수로 기록한다.

농구 기술 검사의 점수는 위의 3가지 종목의 점수를 합산한 것이다.

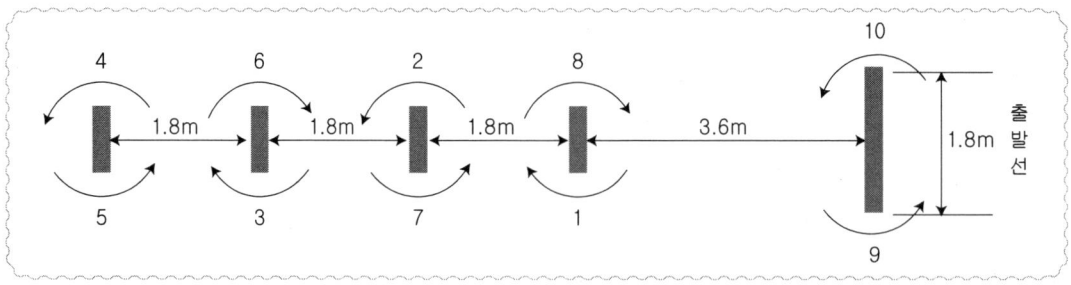

그림 7-1. Johnson의 드리블 검사

3_ Knox 검사

Knox 검사Knox test는 남자 고등학생들을 대상으로 실시한 농구 기술 검사로서, 검사요소는 빠른 드리블, 빠른 패스, 드리블 슛, 페니 컵Penny cup 등이 있다.

① 빠른 드리블

출발선에서 뒤로 돌아 손을 무릎 위에 얹고 선다. 출발신호와 함께 공을 들고 그림 7-2와 같은 방향으로 드리블하여 몇 개의 의자(장애물)를 돌아온다. 출발신호에서부터 다시 출발선까지 돌아오는데 소요된 시간(초)을 점수로 계산한다.

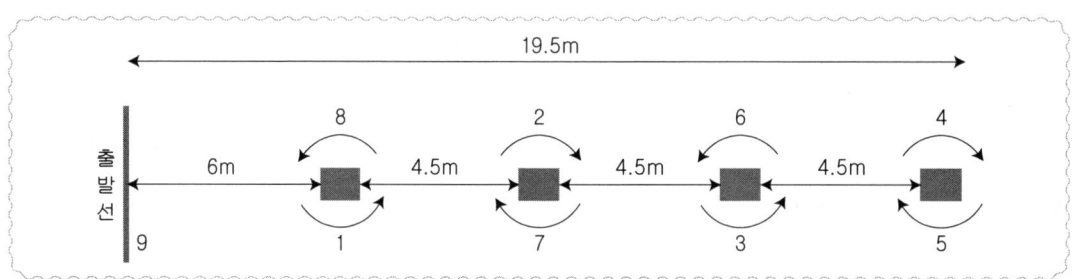

그림 7-2. Knox의 빠른 드리블 검사

② 드리블 슛

빠른 드리블과 비슷한 방법으로 그림 7-3과 같이 의자 3개를 돌아오기 전에 슛을 하는 것이 다르다. 슛은 원 핸드 레이업 슛이 적절하며 성공할 때까지 실시해야 한다. 소요된 시간(초)을 점수로 기록한다.

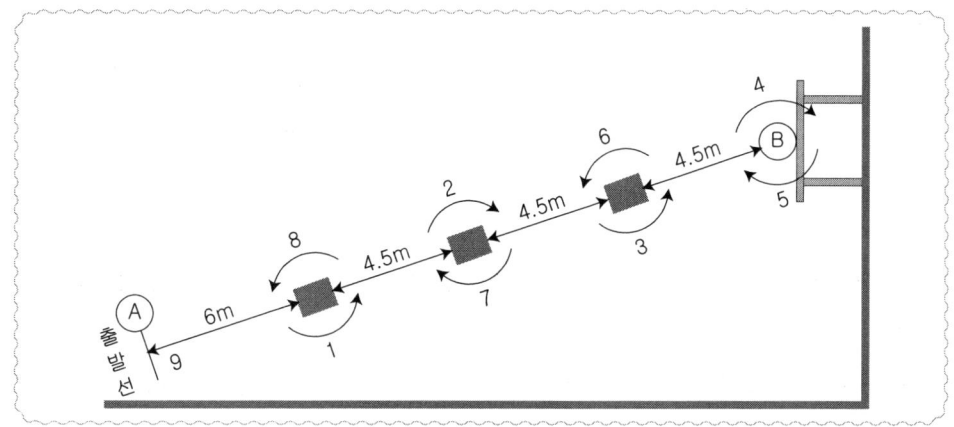

그림 7-3. Knox의 드리블 슛 검사

③ 페니 컵 검사

페니 컵 검사Penny cup test를 위해서는 그림 7-4와 같이 출발선, 신호선, 컵 3개(적색, 백색, 청색)를 준비한다. 출발선에서 한 손에 동전을 들고 뒤로 돌아선다. 출발신호와 함께 돌아서서 달리고 신호선을 통과할 때는 측정자로부터 신호를 듣고 적색, 백색, 청색 중 하나의 컵 속에 동전을 넣는다.

출발신호에서 동전이 소리 내어 떨어질 때까지 시간을 측정한다. 4회 측정하여 소요된 시간을 합산하여 점수로 기록한다. 동일한 조건에서 실행할 수 있도록 4회 측정하는 것이 좋다. 예를 들면 적색, 청색, 적색, 백색을 되풀이한다.

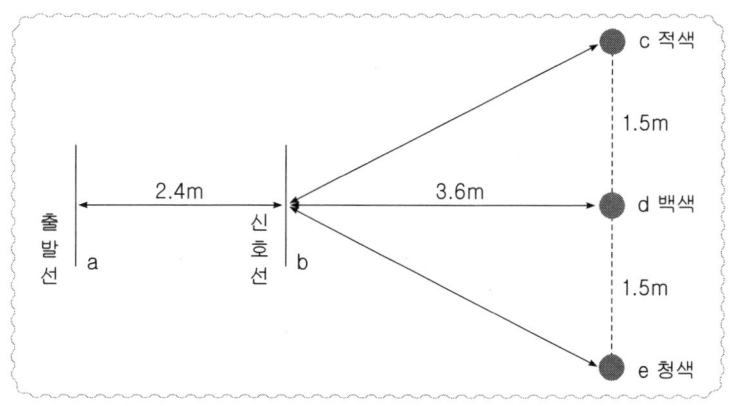

그림 7-4. 페니 컵 검사

4 _ AAHPERD 검사

10세 어린이에서부터 대학생을 대상으로 실시하는 기술 검사로서, 검사요소는 연령에 따라 제한된 거리에서 1분 동안 슛, 패스, 드리블 콘트롤*dribble control*, 수비기술 등을 포함한다.

① 빠른 슛하기

그림 7-5와 같이 5개의 다른 각도의 일정한 거리에서 슛을 던지는 위치를 표시한다(A, B, C, D, E 위치).

나이에 따라 림의 중심으로부터 떨어진 거리가 다르다. 예를 들면 10~11세는 2.7m, 12~13세는 3.6m, 14세에서 대학생까지는 4.5m로 한다. 대상자는 나이에 따라 맞는 거리에서 시작신호와 함께 슛을 던지고 리바운드와 드리블하여 5개의 다른 지역을 한 번씩 던지는 것을 1회로 하여 60초 동안에 많이 던져 넣으면 된다. 3회 실시하되 첫 번째는 연습이고 나머지 2회를 기록한다. 레이업 슛을 4회 할 수 있지만 계속해서 2회는 불가능하다.

기록은 문자와 숫자로 한다. 문자는 던지는 장소이며 숫자는 레이업 슛을 던진 횟수이다. 슛이 들어가면 2점, 림에 맞거나 백보드에 맞고 림에 맞으면 1점으로 하여 2회 실시한 것을 합산하여 점수로 기록한다. 워킹과 더블 드리블은 0점이며, 레이업 슛을 계속해서 2회 실시할 경우 2회째의 기록은 0점이 되고 4회 이상의 레이업 슛도 0점 처리를 한다. 5개의 각 지점에서 슛이 되지 않을 경우 실시하지 않은 곳에서부터 다시 실시한다.

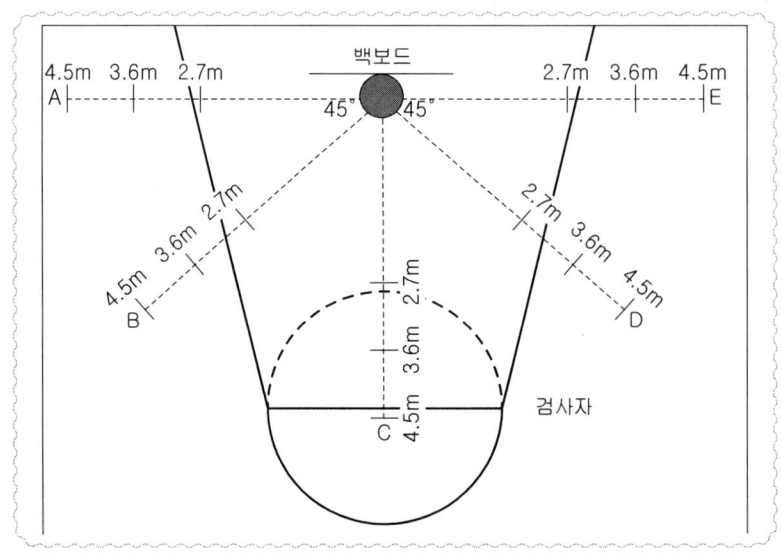

그림 7-5. 빠른 슛 측정을 위한 농구코트

② 패 스

그림 7-6과 같이 한 변이 0.6m인 정사각형 6개를 벽에 그린다. 지면에서 1.5m, 0.9m씩 위에 있고 0.6m의 간격을 둔다. 벽으로부터 2.4m 떨어진 지점에 제한선을 그린다.

검사방법은 왼쪽 제한선 뒤에 서서 시작신호와 함께 첫목표인 정사각형에 체스트 패스를 하고 튀어나오는 공을 잡고 오른쪽으로 이동한다. 계속해서 B목표에 패스하고 F지점까지 이동한다. F지점에서 연달아 체스트 패스를 2회하고, 다시 왼쪽으로 이동하면서 패스한다. 1회 시기는 30초 동안이며 3회의 기회를 준다. 첫 1회는 연습이며 나머지 2회를 기록한다. 선이나 정사각형 안에 맞으면 2점, 정사각형 사이에 맞으면 1점이 되며, 기록한 2회의 시기를 합산한 점수를 기록한다.

체스트 패스를 하지 않거나 제한선 앞으로 침범하여 패스할 경우 점수는 무효가 된다. 또 B, C, D, E 목표에 연속적으로 2회 패스할 경우 두 번째의 패스는 무효가 되어 점수가 없다.

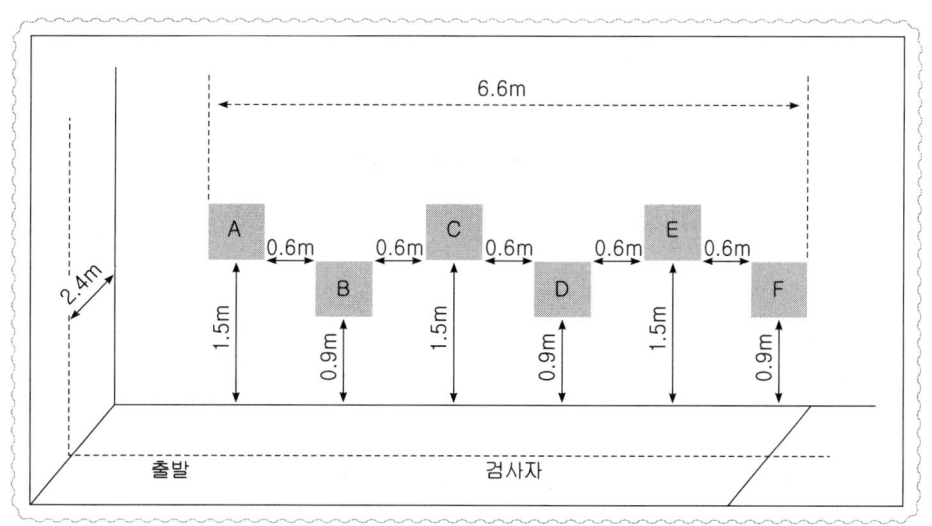

그림 7-6. 패스 검사

③ 컨트롤 드리블

컨트롤 드리블 control dribble을 위해서는 농구 경기장의 정해진 지역에 6개의 원뿔을 그림 7-7과 같이 설치한다. 시작신호와 함께 왼쪽 출발선에서부터 드리블하면서 출발한다. 원뿔을 돌면서 적절하게 손을 바꾸어 드리블한다. 양발이 최종지점을 통과한 시간을 측정하고 3회를 실시하되 1회는 연습이며 마지막 2회를 기록한다.

　1/10초 단위로 기록하며 마지막 2회를 합산하여 점수로 환산한다. 워킹, 더블 드리블을 하거나 원뿔을 도는 방향이 틀리거나 공을 놓쳤을 때에는 검사를 중단하고 출발선으로 돌아가서 다시 실행한다.

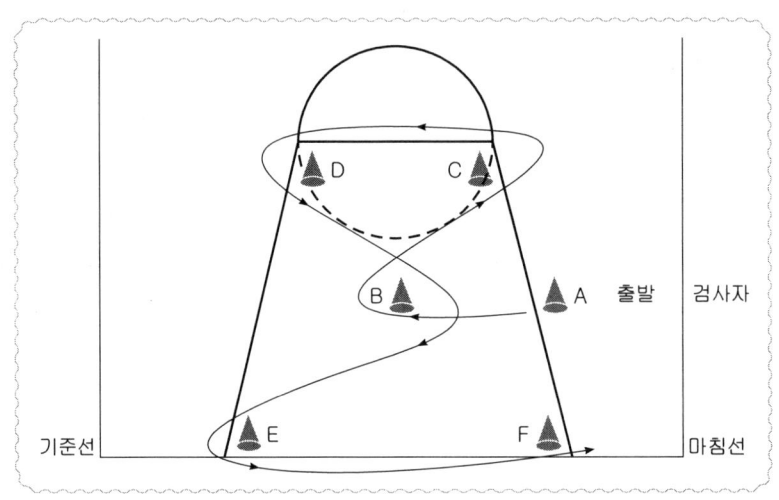

그림 7-7. 컨트롤 드리블

④ 수비 동작 검사

　농구 경기장의 정해진 지역에서 외곽선을 이용하여 측정한다. 그림 7-8과 같이 사다리꼴의 모서리에 테이프로 정해진 지역을 표시하고, 양쪽의 엔드라인에서 3m 떨어진 곳에 C, F 표시를 한다.

　시작신호와 함께 A지점에서 출발하여 B지점으로 슬라이스 스텝으로 이동한다(크로스 스텝이 아님). 왼손으로 레인 바깥인 B지점을 짚으면서 드롭 스텝을 하고 C지점으로 가서 오른손으로 짚는다.

　계속하여 최종 지점인 A지점까지 오는데 소요된 시간을 1/10초 단위로 측정한다. 3회 실시하되 1회는 연습이고 마지막 2회를 점수로 기록한다. 발이 크로스 되거나 달리는 스텝일 때, 손이 레인 바깥의 정확한 지점에 닿지 않았을 때, 손이 바닥에 닿기 전에 드롭 스텝을 실시할 경우 파울로 인정하여 검사를 중단하고 다시 시작한다.

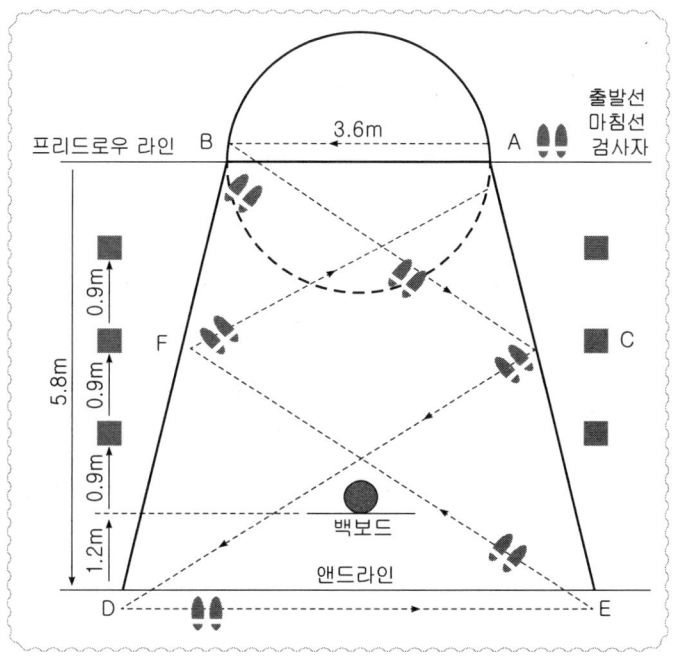

그림 7-8. 수비 동작 검사

3) 배 구

1 _ Brady 검사

Brady 검사 *Brady volleyball test*(Brady, 1945)는 배구 게임능력을 측정하는 것으로, 이 검사의 목적은 능력별 분류와 지도에 대한 향상도, 스킬 향상도, 등급기초를 마련하는데 있다.

그림 7-9에서 보는 바와 같이 마루로부터 3.5m 높이의 벽에 15㎠의 정사각형 목표지역을 그린다. 공을 벽에 던짐으로써 검사가 시작된다. 튀어나오는 공을 1분 동안 연속적으로 토스하는데, 이때 토

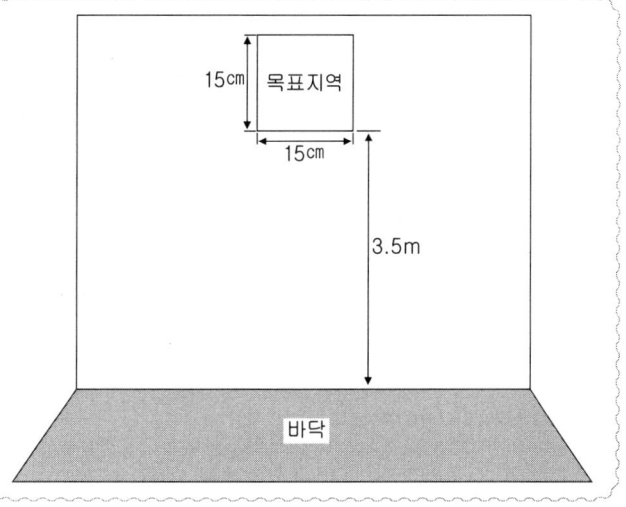

그림 7-9. Brady 검사

스의 종류는 정할 수 있다. 공이 목표지역에 맞는 횟수를 점수로 기록한다. 공을 놓치거나 이탈했을 때에는 다시 시작한다. 이 검사의 신뢰도계수는 r=0.93이었고, 타당도는 r=0.86으로 나타났다.

2 _ Brumbach 검사

Brumbach 검사*Brumbach volleyball service test*(Brumbach, 1967)는 중·고·대학생들을 대상으로 배구공을 상대편 코트 깊숙한 지점과 낮게 서브하는 능력을 평가한다. 그림 7-10에서 보는 바와 같이 피검자는 엔드라인 뒤에 서서 네트와 줄 사이로 상대 코트 후면 깊숙한 지점으로 공을 서브한다. 6회씩 2번 총 12회를 시도한다. 공이 네트와 줄 사이로 통과한 후 목표지역에 떨어지면 높은 점수를 받지만 공이 줄 위로 통과할 경우에는 낮은 점수가 주어진다. 총 12회 시도 중에서 가장 좋은 10회의 점수를 합산하여 기록한다. 한 코트에서 한 시간 내에 20명이 검사를 받을 수 있고, 오직 정확한 서브만을 점수로 인정한다.

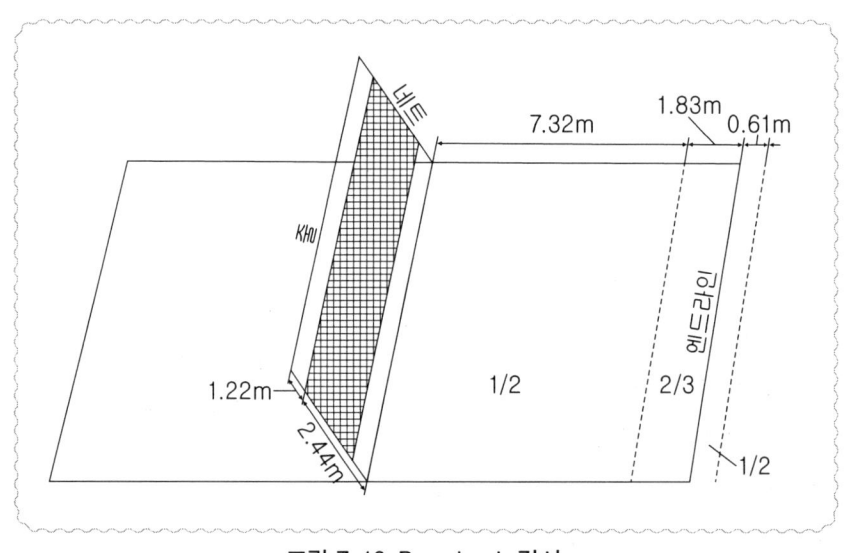

그림 7-10. Brumbach 검사

3 _ Russell-Lange 검사

Russell-Lange 검사*Russell-Lange volleyball test*는 여자 고등학교 1학년생을 대상으로 실시하는 배구 기술 검사 방법으로서, 검사항목은 언더핸드 토스와 서브를 포함한다.

① 토 스

마루에서 높이 2.25m, 길이 3m의 네트선을 그린다. 벽으로부터 0.9m 떨어진 지점에 벽과 평행하게 9m 길이의 제한선을 마루에 그린다. 피검자는 제한선 뒤에서 30초 동안 언더핸드 토스를 3회 실시하여 가장 좋은 점수를 기록한다. 만약 공을 놓쳤을 때는 그 공을 다시 잡은 후 계속할 수 있다.

② 서 브

그림 7-11와 같이 코트를 분리하여 각 지역에 점수를 표시한다. 서브 지역에서 서브를 하고 공이 떨어진 지점의 숫자를 점수로 하며, 선에 떨어졌을 때에는 큰 쪽의 숫자를 점수로 부여한다. 10개의 서브를 2회 실시하여 좋은 점수를 기록한다. 반복 토스와 서브 검사의 신뢰도계수는 각각 r=0.89와 r=0.92이었으며, 타당도는 반복 토스 검사가 r=0.80, 서브 검사가 r=0.68로 나타났다.

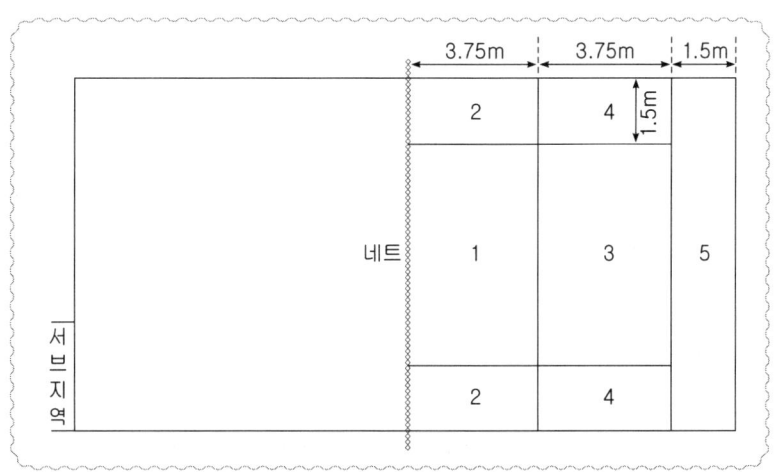

그림 7-11. Russell-Lange의 서브 검사

4 _ French-Cooper 검사

French-Cooper 검사 *French-Cooper volleyball test*는 Russell-Lange 검사를 발전시킨 것으로서, 15초 동안 반복토스와 10개의 서브 중에서 가장 좋은 5개 서브 점수를 합산하여 기록한다.

5 _ AAHPERD 검사

① 토 스

Brady Willy 검사와 비슷하다. 바닥으로부터 3.3m 높이의 벽면에 1.5m의 제한선을 긋고 양끝에서 수직으로 0.9~1.2m의 수직선을 위로 긋는다. 1분 동안 제한선 위의 벽에 가능한 많이 토스하며, 최고 점수는 50점이다.

② 서 브

그림 7-12와 같이 피검자는 서브 라인 뒤 'X'지점에 선다. 10개의 공을 서브하여 공이 떨어지는 지점의 점수를 합산한다. 12세 이하의 어린이는 네트에서 6m 떨어진 서브 라인에서 실시한다.

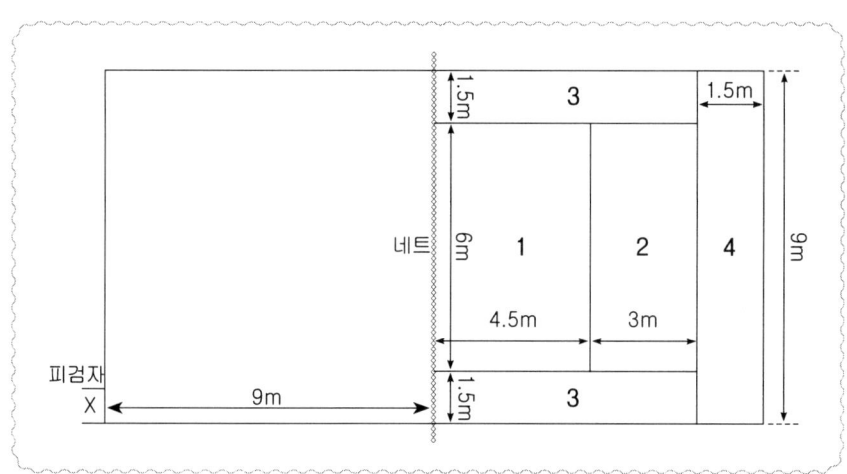

그림 7-12. AAHPERD의 서브 검사

③ 패 스

그림 7-13과 같이 던지는 사람(T)이 피검자(F)에게 공을 높게 토스한다. 피검자는 정확한 패스로 설치해 둔 줄을 통과시켜 코트의 빗금친 지점으로 배구공을 보낸다. 왼쪽, 오른쪽 바꾸어가면서 20회 실시한다. 줄에 닿거나 목표지점 바깥에 떨어질 경우 0점이 된다. 줄 높이는 2.4m이고, 최고점수는 20점이다.

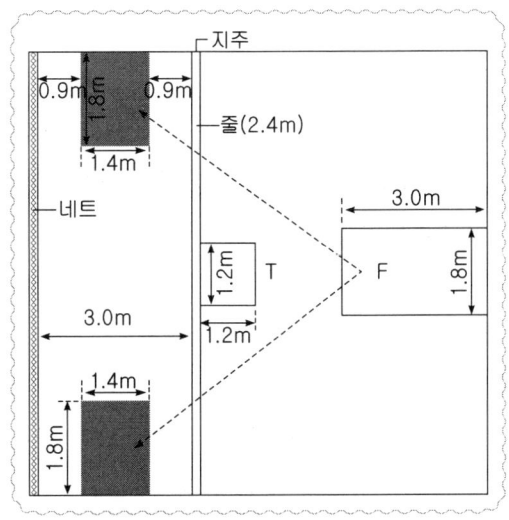

그림 7-13. AAHPERD의 패스 검사

④ 세트 업

그림 7-14와 같이 던지는 사람(T)이 피검자(S)에게 높게 토스한다. 피검자는 3m 높이의 줄을 통과시켜 공을 빗금친 목표지점으로 보낸다. 오른쪽에서 10회를 실시하고, 왼쪽에서 10회를 실행하므로 2명이 동시에 실시할 수 있고, 최고점수는 20점이다. 공이 네트와 줄에 닿거나 목표지점 밖에 떨어지면 0점이 된다. 던지는 사람의 공은 피검자가 있는 1.8×1.5m 지점에 정확히 떨어져야 한다.

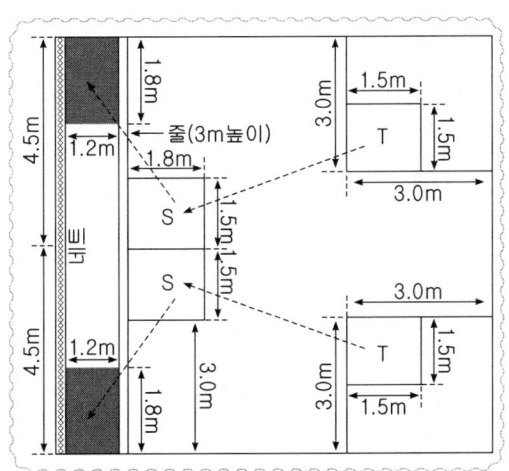

그림 7-14. AAHPERD의 세트 업 검사

4) 야구와 소프트볼

야구와 소프트볼의 기초 기술 검사로서 남·여 청소년들을 대상으로 야구와 소프트볼의 기초 기술을 검사하기 위하여 AAHPERD에 의해 개발되었다. 오버핸드 던지기, 언더핸드 던지기, 빠르게 던지기, 펑고 히팅, 베이스 러닝, 필드 그라운드 볼, 멀리 던지기 등 7개 항목으로 구성되어 있다.

1_ 오버핸드 던지기 검사

오버핸드 던지기 검사 *overhand throw test*를 위하여 직경이 180cm인 원과 그 안에 직경이 120cm, 60cm인 원이 그려진 목표물을 지면으로부터 90cm 높이에 설치한다. 목표물로부터 남자는 20m, 여자는 12m 떨어진 지점에서 실시한다. 목표는 벽 앞에 매트를 두고 그곳에 그려도 된다.

오버핸드 피칭 연습을 1~2회 한 후 10회 던진다. 직경이 가장 작은 원에 맞으면 3점, 두 번째 원은 2점, 바깥 원에 맞으면 1점이 된다. 공이 선에 맞으면 보다 큰 점수를 부여한다. 10회 실시한 점수를 합산하여 기록한다.

2_ 언더핸드 던지기 검사

언더핸드 던지기 검사 *underhand throw test*를 위해 스트라이크 존을 나타내는 목표에 2개의 직사각형을 그린다. 바깥 직사각형은 지면에서 45cm 떨어진다. 바깥 사각형의 크기는 너비 100cm, 높이 72cm이고, 안쪽 사각형은 너비 75cm, 높이 42cm로 한다. 피검자가 목표에서 떨어지는 거리는 남자가 13.8m이고, 여자가 11.4m이며, 60cm의 던지기 선을 그린다.

1회 연습 후에 15회 언더핸드 던지기를 한다. 공을 들고 한 발은 던지기 선을 밟고 서서 다른 발을 앞으로 내밀으면서 언더핸드로 던진다. 목표 뒤에 매트를 두어도 좋다. 공이 작은 사각형의 선과 안쪽에 맞으면 2점이고, 바깥쪽에 맞으면 1점이다. 15회 던져 합한 수를 점수로 한다.

3_ 빠르게 던지기 검사

빠르게 던지기를 위해 벽에서 2.7m 떨어진 제한선에 공을 잡고 선다. 시작신호와 함께 오버핸드로 던지고 튀어나오는 공을 잡은 후 다시 던져 15회를 가능한 빠른 시간에 실시한다. 벽과 제한선 사이에서 공을 잡아도 되지만 제한선 뒤에서 던져야 한다. 공이 이탈했을 경우 다시 실행한다.

처음 공이 벽에 닿을 때 스톱워치를 작동시키고 15번째 공이 벽에 닿을 때 검사를 중단하고 1/10초 단위로 기록한다. 3회를 실시하여 처음 1회는 연습으로 하고, 나머지 2회 실시하여 빠른 것을 점수로 기록한다.

4 _ 펑고 히팅

펑고 히팅 *fungo hitting*은 노크 배트라고도 한다. 피검자는 한 손에 배트를 세워들고 홈플레이트에 선다. 공을 토스하여 배트를 휘둘러 맞춘다.

먼저 오른쪽 1루와 2루 사이로 공을 날려 보내고 다음 배팅은 2루와 3루 사이로 공을 보낸다. 각 1회씩 연습을 한 후에 오른쪽, 왼쪽 순서대로 20회 배팅을 한다. 2회 연달아 공을 치지 못하면 1회시기로 간주한다. 공이 적절히 날아가면 2점이 되고, 바운드되어 그라운드 볼이 되면 1점이 되며 다른 방향으로 떨어질 경우 점수가 없다. 최고점수는 40점이다.

5 _ 베이스 러닝

베이스 러닝 *base running*을 위해 배트를 들고 왼쪽 배트 박스에 선다. 시작신호와 함께 완전한 스윙을 하고 배트를 놓고 1루, 2루, 3루와 홈플레이트를 연속적으로 밟으면서 달린다. 배트를 가져가거나 던지지 않도록 한다. 시작신호로부터 홈플레이트를 밟는 순간까지의 시간을 1/10초 단위로 측정하여 점수로 기록한다.

6 _ 필드 그라운드 볼 검사

필드 그라운드 볼 검사 *field ground ball test*을 위해 5×18m의 직사각형에 2개의 선인 7.5m

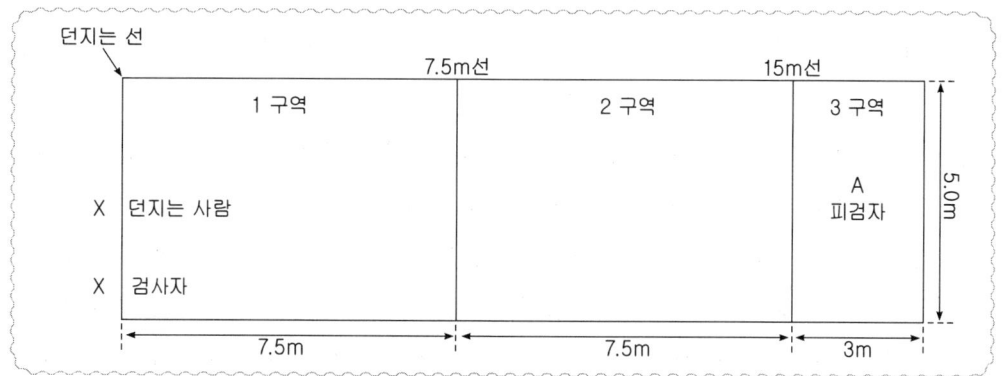

그림 7-15. 필드 그라운드 볼 검사

선과 15m선을 그림 7-15와 같이 그린다. 피검자는 15m 선 뒤에 선다. 던지는 사람이 피검자를 향해 오버핸드로 공을 5초 간격으로 빠르게 던진다. 이때 공이 7.5m 선 앞에서 최소한 1회 바운드되어야 한다.

그라운드에 바운드되지 않는 공은 다시 던져야 한다. 피검자는 15m 선 뒤에서 출발하여 7.5m 선을 넘지 않아야 하며 공을 잡으면 즉시 옆으로 토스해야 한다. 1회 연습을 하고 20회 실시한다. 한 번 잡으면 1점이 되고 잡지 못하면 0점이 된다. 최고점수는 20점이다.

7 _ 멀리 던지기 검사

멀리 던지기 검사를 위하여 1.8m 간격으로 제한선을 긋고 5m 간격마다 제한선과 평행하게 선을 긋는다. 피검자가 공을 던져서 지면에 닿는 지점을 표시한다. 5명이 3회씩 실시하여 가장 멀리 가는 지점으로 마크를 옮긴다. 제한선과 직각이 되게 10cm단위로 측정할 때 피검자가 확인하도록 한다.

5) 배드민턴

1 _ Poole 검사

Poole 검사 *Poole long serve test* (Poole & Nelson, 1970)는 셔틀콕을 상대 코트 후방 깊숙한 지점으로 서브하는 능력을 측정하기 위한 방법이다.

그림 7-16과 같이 서브 지역에 4개의 점선을 그린다. 끝줄로부터 5cm 뒤에 1개의 선과 끝줄에서 안으로 4개의 선(40cm 폭)을 그린다. 네트 가까운 곳에서부터 점수(1, 2, 3, 4, 5)를 정하고 코트 밖 선까지 5점으로 한다. 네트에서 3.3m 떨어진 중앙지점에 40×40cm의 정사각형을 그린다. 한 사람이 라켓을 높이 들고 서서, 셔틀콕이 라켓을 넘지 못하면 "낮다"라고 외친다. 대상자는 '×'지역에서 12회 긴 서브를 실시한다.

셔틀콕이 떨어진 지점이 점수이고, 총 12회 실시하여 그 중에 10회 좋은 점수를 합산하여 기록한다. 최고점수는 50점이다. 상대편 라켓을 넘지 못한 서브는 1점 감점된다. 규정에 위반되지 않는 서브를 해야 하고 라켓의 높이는 중요하지 않으므로 극단적인 방법은 피한다. 네트로부터 3.3m 혹은 2.7m 높이의 줄을 설치해도 된다. 서브를 8회 실시하여 보다 좋은 6회 점수를 기록한다. 이때 셔틀콕이 선 위에 떨어지면 경우 높은 점수를 부여하고 상대 라켓을 넘지 못하면 1점 감점한다.

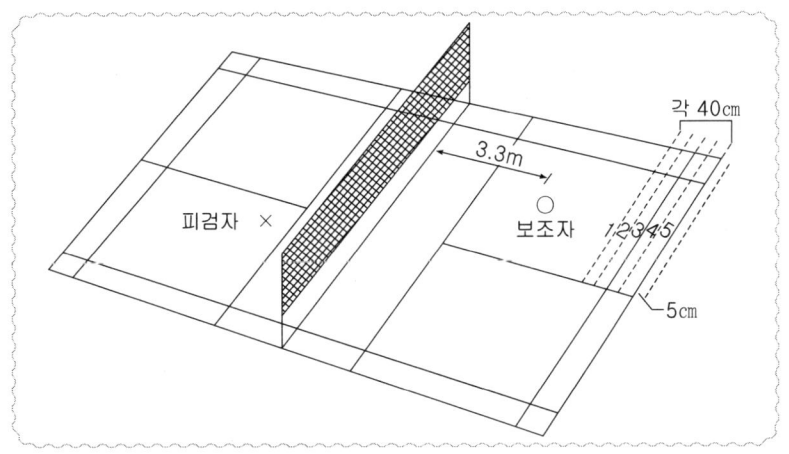

그림 7-16. Poole의 서브 검사

2 _ French 검사

French 검사 *French short serve test*(Scott et al., 1941)는 중·고등학생을 대상으로 낮고 짧으며 정확하게 서브할 수 있는 능력을 측정하기 위한 검사방법이다. 네트 50㎝위에 줄을 설치한다. 그림 7-17과 같이 서브 코트의 모서리에 너비 5㎝ 테이프를 포함한 반지름 55㎝, 75㎝, 95㎝, 115㎝의 1/4 원을 그려서 작은 원부터 5, 4, 3, 2, 1의 점수를 지정한다. 네트와 줄 사이로 20회 짧은 서브를 실시한다. 선에 떨어지면 큰 쪽의 점수를 부여한다.

네트와 줄 사이를 통과하지 않을 경우와 서브 지역 밖으로 떨어질 경우 0점이며, 네트 위

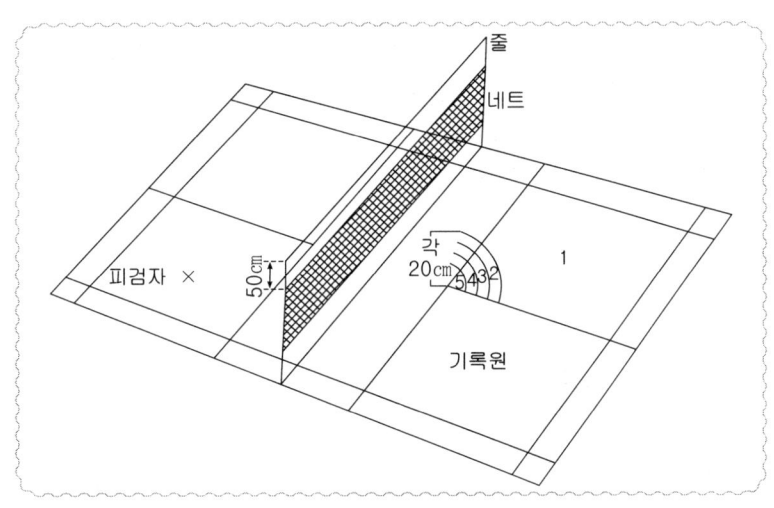

그림 7-17. French의 서브 검사

나 줄에 맞으면 다시 실시한다. 검사를 하기 전에 적절한 연습이 필요하고, 어느 정도 수준이 되어야 적절한 검사를 할 수 있다. 여러 코트에서 실행할 수 있으므로 시간이 절약되고, 실제 경기와 같은 분위기에서 실시할 수 있다.

3_ Poole 검사

Poole 검사*Poole forehand clear test*(Poole & Nelson, 1970)는 포핸드 혹은 백핸드 클리어의 능력을 측정하는 검사이다.

그림 7-18과 같이 네트와 평행하게 2개의 선을 코트에 표시한다. 40×40cm의 정사각형을 '○'지역과 '×'지역에 그린다. 피검자는 '×'지역에 왼발(오른손잡이일 경우)을 딛고 셔틀콕을 토스하여 포핸드 클리어 혹은 백핸드 클리어를 실시한다. 셔틀콕이 라켓에 맞을 때까지 오른발이 '×'지역을 딛고 있어야 한다.

'○'지역의 사람은 라켓을 위로 뻗쳐들고 셔틀콕이 닿게 되면 "낮다"라고 외친다. 점수는 네트에서부터 1, 2, 3, 4로 하고 끝 줄 뒤의 지역은 2점으로 한다. 총 12회 실시하여 10회 좋은 점수를 합산하여 기록한다.

셔틀콕이 선 위에 떨어지면 더 좋은 점수를 부여한다. 최고점수는 40점이다. 셔틀콕이 라켓에 닿으면 1점을 감한다. 8회 실시하여 6회의 가장 좋은 점수를 선택하는 방법을 이용해도 좋다.

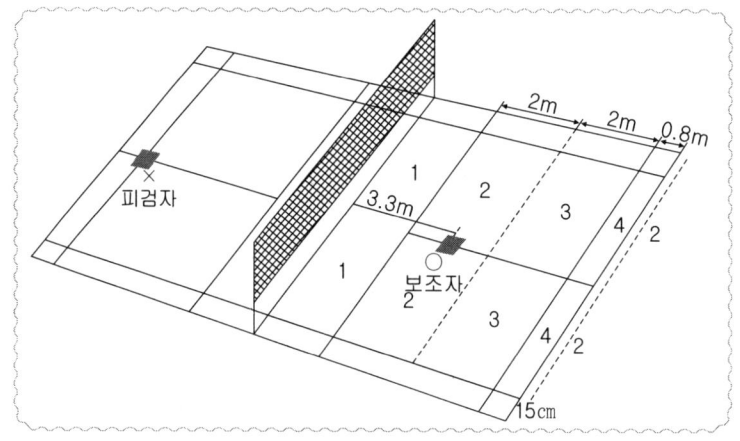

그림 7-18. Poole의 포핸드 클리어 검사

4_ Lockhart-McPherson 검사

Lockhart-McPherson 검사(Lockhart-McPherson, 1949)는 중·고등학생을 대상으로

배드민턴 게임능력을 측정하기 위한 검사방법이다.

지면으로부터 1.5m 위의 벽에 가로 3m, 세로 3m의 네트라인을 그린다. 출발선은 벽에서 2m 떨어진 지점에 벽과 평행하게 그리고, 제한선은 벽에서 0.9m 떨어진 지점에 그린다. 피검자는 라켓과 셔틀콕을 들고 출발선 뒤에서 준비신호와 함께 네트라인 위의 벽에 서브한다. 30초 동안 가능한 많이 셔틀콕을 네트라인 위 벽을 향해 친다. 3회 실시하고 각 시기마다 휴식이 주어지며, 첫시기에는 15초간의 연습시간을 준다. 네트라인 위에 셔틀콕이 닿은 횟수가 점수이고, 3회 실시한 후 점수를 합산하여 기록한다. 제한선을 밟거나 넘어가면 무효로 한다.

5 _ Miller 검사

Miller 검사 *Miller wall volley test*(Miller, 1951)를 위하여 가로 3m, 세로 4.5m의 벽이 필요하고, 지면에서 2.25m 위에 지면과 평행하게 제한선을 그린다. 벽으로부터 3m 떨어진 지점에 벽과 평행한 선을 마루에 그린다. 첫 번째 시기 전에 1분 동안 연습을 한다. 시작신호와 함께 3m 뒤에서 벽의 제한선 위로 서브한다. 튀어나오는 셔틀콕을 1분 동안 클리어를 계속한다. 발이 3m 선을 넘어가거나 셔틀콕이 제한선 밑에 닿았을 때에는 횟수로 인정하지 않는다. 검사자는 대상자가 선을 넘어 갈 때마다 "백 *back*"이라고 외친다.

검사가 중단되었을 경우 제한선 뒤에서 정확한 서브로 다시 시작한다. 30초 동안 3회 실시하여 셔틀콕이 벽에 닿은 수를 합산하여 기록한다. 셔틀콕을 줍지 않고 실행할 수 있도록 한다. 그러나 바닥에 바운드된 후 셔틀콕을 치는 것은 점수로 인정하지 않는다.

6 _ 스매시 검사

스매시 *smash* 검사는 고등학생과 대학생을 대상으로 스매시 능력을 측정하기 위한 검사방법이다. 그림 7-19와 같이 테이프나 분필로 코트에 선과 점선을 표시한다. '×'지점에 피검자가 선다. 맞은편 코트의 점선 사이가 점수를 얻는 지역이다. 7회 연습한 후 코트 왼쪽 혹은 오른쪽에서 10회 실시하고, 최고점수는 10점이다.

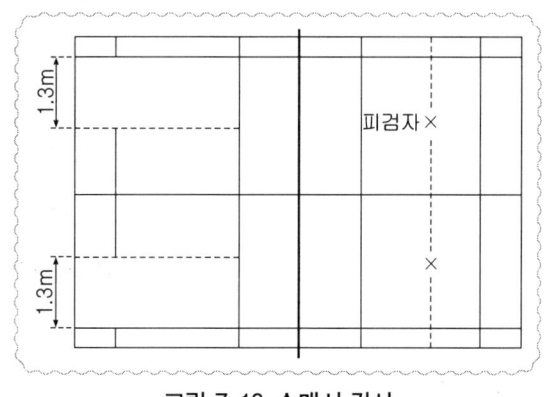

그림 7-19. 스매시 검사

6) 테 니 스

1 _ Broer-Miller 검사

Broer-Miller 검사는 테니스의 백핸드 backhand와 포핸드 스트로크 forehand stroke를 측정하는 방법이다. 먼저 네트 위 1.2m 지점에 제한선을 설치한다. 대상자는 베이스 라인 뒤에서 공을 바운드하여 반대편 코트로 스트로크한다.

그림 7-20과 같이 서비스 지역의 중간을 반으로 나누어 선을 긋고, 서비스 라인과 베이스 라인 밖으로 1.5m 떨어져 2개의 선을 베이스 라인과 평행하게 그어서 점수를 정한다. 점수는 네트 가까운 곳에서부터 2, 4, 6, 8, 6, 4, 2점으로 할당한다. 공이 네트 제한선 사이를 통과한 후 바운드되는 지역의 점수를 기록한다. 제한선 위로 공이 통과할 때는 바운드되는 지역의 점수를 반으로 한다. 공을 치지 못하였을 때는 다시 실행한다.

코트가 그려진 점수카드를 이용하여 바운드된 지점의 점수를 기록한다. 경계선에 공이 떨어졌을 경우 높은 쪽의 점수를 부여한다. 점수는 포핸드 14회와 백핸드 14회를 실시한 점수를 합산하여 기록한다. 검사의 신뢰도계수는 중급자의 경우 r=0.89이었으며, 초보자는 r=0.82로 나타났다. 경험이 풍부한 테니스 감독의 기술등급과 중급자 사이의 상관계수는 r=0.87로 나타났으나, 초급자는 r=0.66이었다.

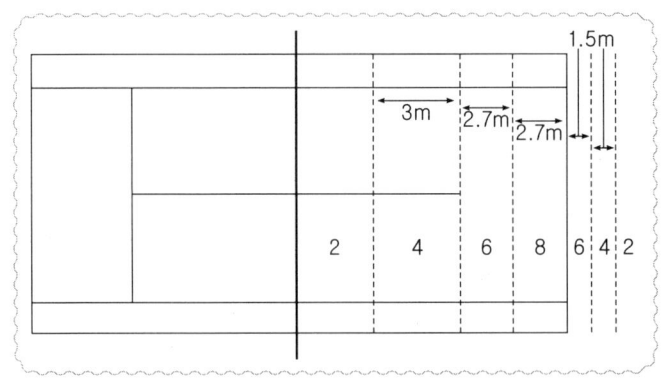

그림 7-20. Broer-Miller의 스트로크 검사

2 _ Dyer 검사

Dyer 검사를 위하여 지면으로부터 0.9m 위에 길이 4.5m, 높이 3m의 벽에 10cm의 선을

지면과 평행하게 그린다. 벽으로부터 1.5m 떨어진 바닥에 제한선을 벽과 평행하게 그린다.

상자에 여분의 테니스공을 담아 오른손잡일 경우 왼쪽에 둔다. 30초 동안 가능한 많이 벽치기를 실시한다. 이때 제한선을 넘어가도 좋지만 횟수에는 포함시키지 않는다. 벽의 제한선 위에 바운드된 공의 수를 합산한다. 벽에 바운드되고 바닥에 리바운드되는 횟수에는 제한이 없다. 공이 이탈하였을 경우 새로운 공으로 3회 측정하여 가장 좋은 점수를 기록한다.

3 _ Hewitt 검사

Hewitt는 선수들의 테니스 서브와 랠리능력을 평가하기 위해 개발된 Dyer 검사를 초·중급자들에게 적용할 수 있도록 개정하였다. 그리고 Dyer 검사를 보완하여 테니스 초·중급자 및 선수들의 수준을 평가하기 위한 서브 플레이스먼트 검사, 서비스 속도 검사, 포핸드와 백핸드 드라이브 검사를 고안하였다.

① Dyer 검사의 개정(Hewitt, 1965)

Hewitt는 초·중급자들의 테니스 랠리와 서브능력을 측정하기 위해 개정하였다. 백보드 backboard 테니스 검사를 위하여 벽에 높이 90㎝, 길이 6m의 네트를 그린다. 벽으로부터 6m 떨어진 지점에 벽과 평행하게 길이 6m의 제한선을 그린다. 피검자는 2개의 공을 들고 제한선 뒤에서 네트선 위로 공을 서브한다.

서브자세는 자유롭게 하고 공이 벽에 닿을 때부터 시간을 잰다. 튀어나오는 공을 스트로크 유형에 상관없이 랠리를 계속한다. 공이 이탈할 경우 새로운 공으로 서브를 다시 한다. 30초씩 3회 실시하고, 공이 네트선이나 그 위에 맞는 횟수만을 점수로 인정하고, 발이 제한선을 넘으면 점수로 인정하지 않는다.

② 서브 플레이스먼트 검사(Hewitt, 1966)

정확성 검사를 위하여 네트로부터 2.1m 위에 줄을 설치한다. 그림 7-21과 같이 왼쪽 코트에 선을 그어 1~6의 점수를 부여한다. 이러한 점수의 할당을 다양하게 할 수 있다. 피검자는 다른 코트에서 10분 동안 준비운동과 연습을 한 후 표시된 코트로 10개의 공을 서브한다. 서브한 공은 네트와 줄 사이로 통과해야 한다. 공이 바운드된 지점의 10회 점수를 합산하여 기록한다. 공이 네트와 줄에 닿으면 다시 시작하고, 줄 위로 통과하면 0점이 된다.

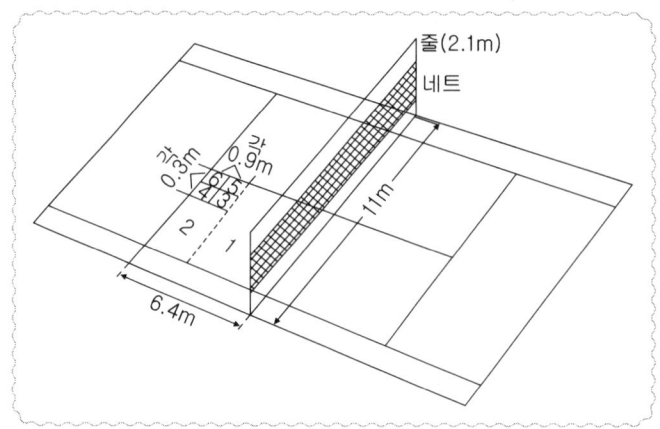

그림 7-21. Hewitt의 서브 플레이스먼트 검사

③ 서브 속도 검사(Hewitt, 1966)

서브 속도 검사는 서브 정확성 검사와 함께 병행하여 실시할 수 있다. 그림 7-22에서 보는 바와 같이 4지역으로 나눈다. 1지역은 서비스 라인과 베이스 라인 사이, 2지역은 베이스 라인에서 3m 떨어진 지역, 3지역은 베이스 라인에서 3m와 6m 사이의 지역, 4지역은 베이스 라인에서 6m 뒤의 지역으로 한다. 슬라이스와 스핀spin 서브를 고려하여 코트 옆 지역을 사선으로 연장할 수 있다. 점수는 각 지역의 횟수로 한다.

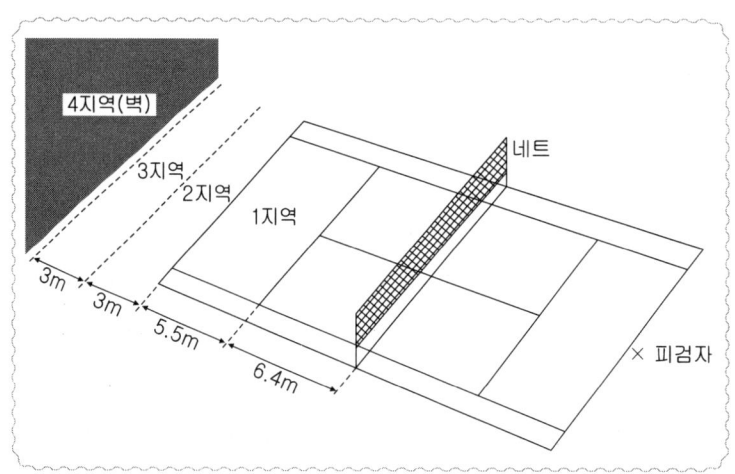

그림 7-22. Hewitt의 서브 속도 검사

④ 포핸드와 백핸드 드라이브 검사(Hewitt, 1966)

그림 7-23에서 보는 바와 같이 포핸드와 백핸드 드라이브 검사를 위하여 네트로부터 2.1m 위에 줄을 설치한다. 서브 라인과 베이스 라인 사이를 4등분하기 위하여 3개의 점선을 그린다. 피검자는 반대편 코트 중앙에 선다. 검사자는 맞은편 서비스 라인 중앙에서 피검자가 있는 쪽을 향해 공을 던진다. 공은 서브 코트 뒤에서 바운드되어야 한다. 5회 연습을 한 후 포핸드 10회, 백핸드 10회를 실시한다.

이때 스트로크 순서는 피검자가 정해도 좋다. 네트와 줄 사이로 공을 통과시키면서 베이스 라인 깊숙이 보내도록 노력한다. 모든 학생에게 같은 속도와 방법으로 공을 던지게 한다. 공 던지는 기계를 사용하면 더욱 효과적이다. 공이 네트와 줄에 닿으면 다시 시작한다. 점수는 베이스라인 가까운 지역에서부터 5, 4, 3, 2점을 주고, 공이 바운드되는 지역의 20회 점수를 합산한다. 공이 줄 위로 통과할 경우 바운드되는 지역의 점수를 절반으로 인정한다.

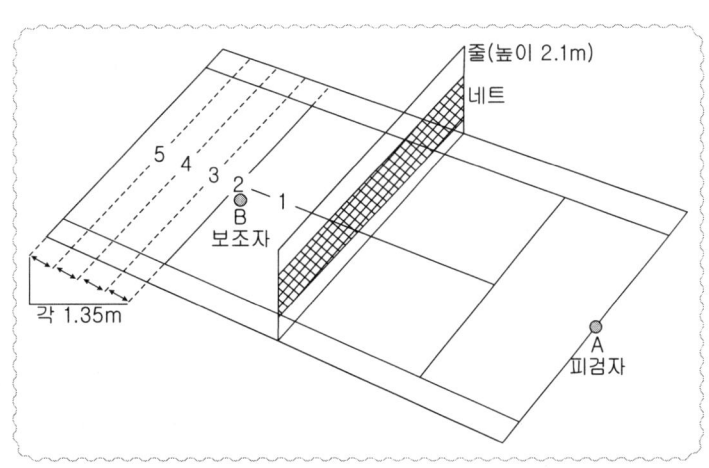

그림 7-23. Hewitt의 포핸드와 백핸드 드라이브 검사

7) 핸 드 볼

1 _ Cornish의 파워 검사

파워 검사를 위하여 그림 7-24와 같이 코트를 5개 지역으로 나눈다. 벽으로부터 13.8m 떨어진 지점에서 벽을 마주보고 선다. 공을 벽에 설치된 제한선 아래로 최대한 힘껏 던져 공

이 바닥에 바운드되는 지역을 점수로 한다. 공이 벽의 제한선 위에 맞거나 발이 코트 안으로 들어갔을 때에는 다시 시작한다. 5회 실시하여 합산한 점수를 기록한다.

2 _ Cornish 검사-30초 간 발리

30초간 발리 검사를 위하여 벽으로부터 13.8m 떨어진 지점에서 벽을 마주보고 선다. 공을 바닥에 바운드시켜 벽에 리바운드 되게 한다. 공을 다시 잡아 30초 동안 되풀이한다. 리바운드 되는 공이 제한선까지 되돌아오지 않을 때에는 선을 넘어가서 잡을 수 있으나 던질 때에는 제한선 뒤에서 던져야 한다. 공을 놓쳤을 때에는 다른 공으로 실행한다. 공이 벽에 맞는 것을 1회로 하고 30초 동안의 횟수를 점수로 한다.

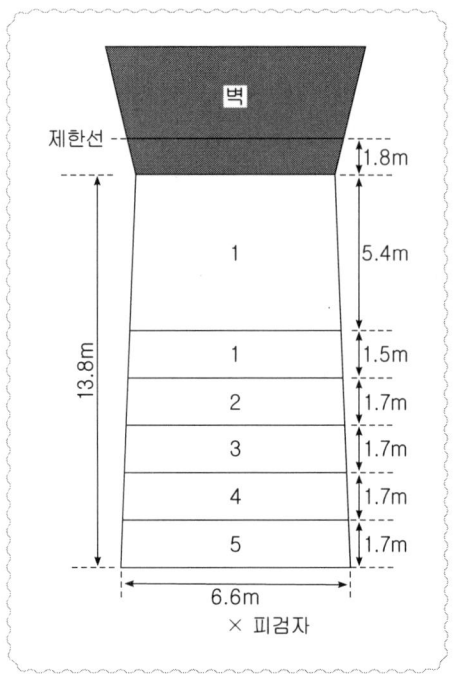

그림 7-24. Cornish의 파워 검사

8) 체 조

1 _ 기계체조 기초 기술 검사

기계체조 기초 기술 검사는 고등학생과 대학생을 대상으로 기계체조 능력을 측정하는 검사방법이다. 맨손체조 12항목, 평형성과 유연성 기술 12항목, 뜀틀 11항목, 트램플린 21항목, 평균대 27항목, 2단 평행봉 18항목, 평행봉 19항목, 철봉 16항목, 링 17항목, 안마 14항목으로 구성되어 있다.

2 _ Wettstone 검사

Wettstone 검사는 단순한 구조적 또는 체력적 구성 요소로부터 '잠재적 체조능력' 이라 불리는 복잡성을 측정한다. 이 검사는 우수한 체조팀을 구성하기 위해서 무경험자들의 선별과 동기유발을 위해 이용될 수 있다.

예를 들면 코치들이 22명을 대상으로 7개월 동안 훈련시킨 후 체조능력을 평가하였고, 피검자들이 챔피언급 champion caliber, 우수선수급, 보통선수급, 저조한 선수급, 비선수급 중 어떤 선수인지를 측정하는데 이용한 계산법은 아래와 같다.

최종 예언방정식

잠재적 체조능력= $0.335x_1 + 0.260x_2 + 0.035x_3 + 13.900$

x_1 : 넙다리둘레/신장
x_2 : 턱걸이+dips 횟수+넙다리 들어올리기 횟수.
넙다리 들어올리기는 피검자가 늑목에 매달린채 엉덩이 관절 높이까지 다리를 수평으로 들어올리는 것임.
x_3 : 10초 동안 정확하게 수행한 횟수
턱걸이+dips+늑목에서 다리 들어올리기

위의 예언방정식에서 x_1 은 신장으로 나눈 넙다리 둘레, x_2 는 근력으로 턱걸이, dips, 넙다리 들어올리기 횟수의 합계, x_3 은 10초 동안 정확하게 수행한 횟수를 대입하여 점수로 환산한다.

9) 골 프

1 _ Clevett의 퍼팅 검사

Clevett의 퍼팅 검사 Clevett's putting test(Clevett, 1931)를 위하여 길이 6.1m, 폭 0.68m인 카펫에 그림 7-25와 같이 점수를 표시한다. 10개의 골프공으로 4.6m 떨어진 지점에서 홀을

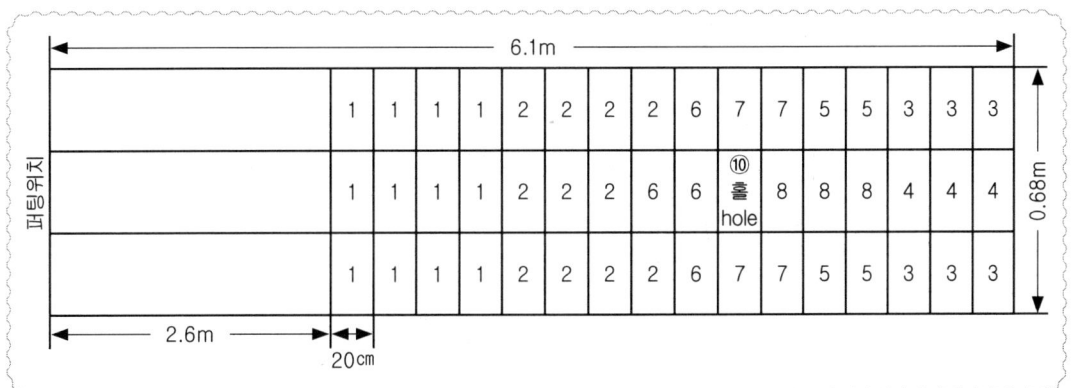

그림 7-25. Clevett의 퍼팅 검사

향해 퍼팅한다. 퍼팅을 홀에서 멀리할 수 있도록 홀 뒷부분의 점수를 높게 정한다. 퍼팅을 10회 실시하여 공이 멈추는 지점의 숫자를 합하여 점수로 기록한다. 공이 선에 멈추면 보다 높은 점수를 부여한다. 카펫에 구멍을 뚫어 홀로 이용해도 좋다. 사각형의 크기는 20×20㎝이며 표면에 덮개를 씌어 다르게 할 수 있으며, 이때 점수는 다르게 정한다. 퍼팅거리를 다르게 할 수도 있다.

2_ Nelson 피칭 검사

Nelson 피칭 검사*Nelson pitching test*는 중·고등학생과 대학생을 대상으로 한 골프 피칭 검사 방법이다. 검사에 필요한 적절한 골프 클럽은 8번, 9번 아이언 혹은 피치이며, 13개의 골프 공이 필요하다. 홀의 깃발에서 18m 떨어진 곳에 제한선을 2개의 깃발로 표시하고, 제한선에서 다시 18m 떨어진 지점에서 피칭 검사를 실시한다.

그림 7-26과 같이 홀에서 바깥쪽으로 목표물의 지름이 1.8m, 4.8m, 7.8m, 10.8m, 13.8m, 16.8m, 19.8m의 원을 그린다. 각각의 원을 4등분하여 점수를 표시한다. 2명의 대상자가 동시에 피칭을 하여 공을 가능한 깃발 가까이 가도록 한다. 처음 3회 연습을 한 후 10회 실시한 것을 합산하여 점수로 기록한다. 어떤 스윙이라도 1회 시기로 간주한다. 공이 선 위에 있을 경우 높은 점수를 부여한다. 공의 색깔을 구분하여 3명이 실시할 수 있다. 시간이 지연되는 것을 방지하기 위하여 시간제한을 둔다. 제한선을 넘기 전에 바운드 될 경우 점수로 인정하지 않으며 시기마다 점수를 불러 준다.

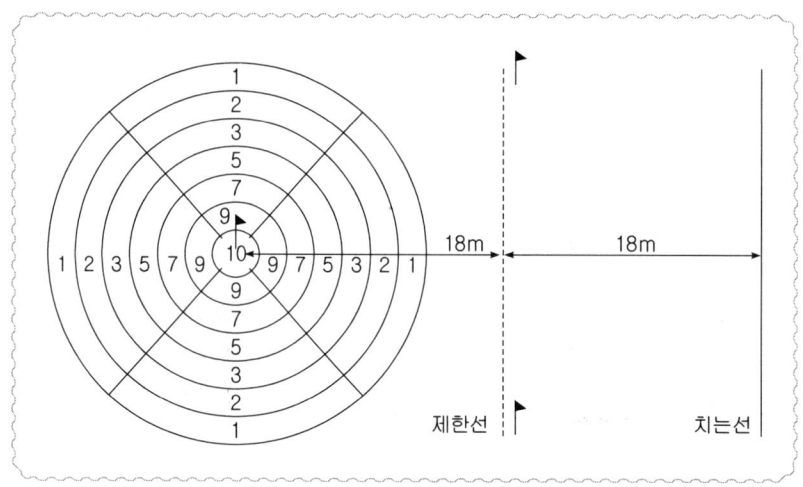

그림 7-26. Nelson 피칭 검사

이 검사는 객관적인 기록향상을 볼 수 있기 때문에 연습방법으로도 좋다. 따라서 잔디 위의 선 부분을 태워서 영구적으로 연습을 하거나 검사장으로 사용할 수 있다. 효과적인 측정을 위해 피칭거리는 다양하게 조절할 수 있다. 시간이 부족하면 신뢰성이 떨어지므로 10회 점수 중 가장 낮은 점수 3회를 제외한 7회의 피칭점수를 기록한다.

3_ 아이언 기술 검사

아이언 기술 검사는 고등학생과 대학생을 대상으로 각각의 아이언 능력을 측정하기 위한 검사이다. 검사를 위하여 3번, 5번, 7번, 9번 아이언과 10개의 플라스틱 골프공을 준비한다.

그림 7-27과 같이 12개의 사각형이 그려져 있는 목표물을 준비한다. 사각형 한 개의 폭은 4.5m이고, 길이는 대상자 가까운 곳에서부터 9m, 6m, 6m, 6m로 하고 가장 먼 중앙의 사각형에는 4점으로 하여 깃발을 꽂는다.

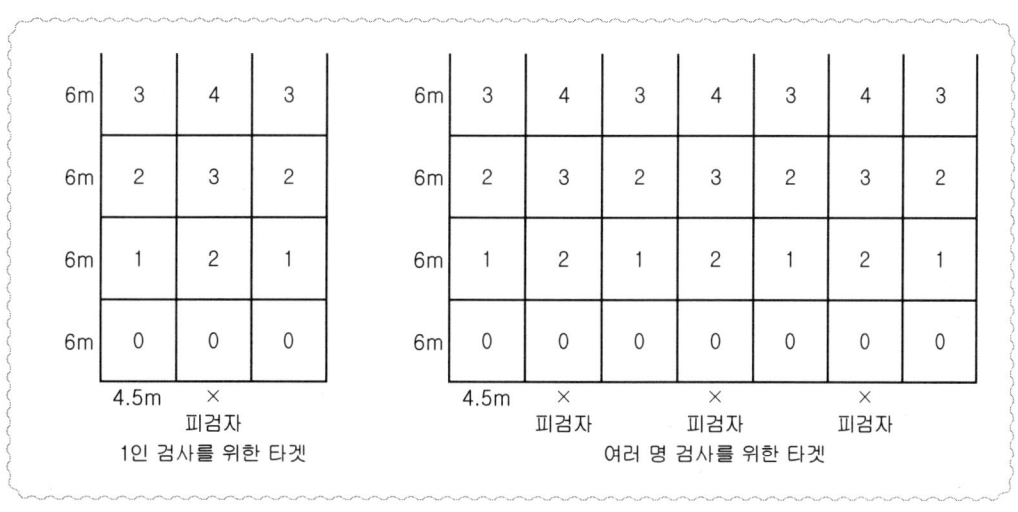

그림 7-27. 아이언 기술 검사(플라스틱 골프공)

한 번 스윙을 1회로 간주하며 각 아이언마다 10회의 기회가 주어진다. 점수는 공이 목표물에 첫바운드되는 지점을 점수로 한다. 탑볼이 되면 1점을 감하고, 목표물 밖으로 떨어지면 점수를 부여하지 않는다. 선 위에 떨어질 경우 보다 높은 점수를 부여한다. 각 아이언마다 최고점수는 40점이다. 이 검사는 축구장과 체육관에서도 실시할 수 있다.

10) 양 궁

1_ AAHPER 검사

AAHPER 검사(AAHPER, 1967)는 12~18세의 남녀 모두를 대상으로 양궁기술을 검사하는 방법이다. 표준 48인치 목표물(안쪽 원에서부터 바깥쪽으로의 점수는 9, 7, 5, 3, 1점) 4개, 개인 활과 화살 12개를 준비한다. 4개조(1조에 1개 목표)로 남자는 10, 20, 30야드, 여자는 10, 20야드에서 실시한다.

각 거리에서 4회 연습을 한 후, 10야드에서 6개씩 2회를 쏘고 10점 이상이면 다음 거리에서 활을 쏜다. 보조자가 화살을 뽑아주고 채점을 한다. 표준 목표 점수를 이용할 수 있으며, 금색=9, 빨강색=7, 파랑색=5, 검정색=3, 흰색=1점이다. 흰색부분을 벗어난 화살은 0점, 목표물에 바운드된 화살은 7점을 부여한다. 총 검사 점수는 각 거리에서 얻은 점수의 합계이다. 이 검사의 남녀 평가표가 표 7-1과 7-2에 제시되었다.

표 7-1. 20야드 양궁 검사 평가표 (남자) (AAHPER, 12개 화살)

백분율	연 령				
	12~13	14	15	16	17~18
95	53	61	77	78	78
75	31	23	58	59	59
50	22	26	39	46	43
25	12	16	24	33	29
5	3	6	9	14	11

표 7-2. 20야드 양궁 검사 평가표 (여자) (AAHPER, 12개 화살)

백분율	연 령				
	12~13	14	15	16	17~18
95	40	47	55	58	71
75	17	28	34	34	42
50	9	18	23	23	26
25	0	8	13	13	15
5	0	0	0	0	0

2_ 준거 관련 기술 검사

준거 관련 기술 검사(Shifflett & Shuman, 1982)는 준거 관련 검사방법을 적용하여 양궁 능력을 측정하기 위한 검사방법이다. 검사를 위하여 여러 개의 무게가 다른 활끝, 다양한 길이의 활, 목표물, 표적지, 3각대, 채점용지가 필요하다.

측정방법으로 대상자는 목표물로부터 20야드 떨어진 제한선에 서서 48인치 표적지에 12개의 화살을 쏜다. 채점방법은 화살이 1, 3, 5의 표적지에 명중했을 경우 0점, 7과 9에는 1점을 부여한다. 점수는 12회 실시하여 환산된 점수의 합계이다. 5점 이상의 점수를 받은 학생은 숙달자, 5점 이하는 비숙달자로 분류한다. 남녀 대학생들을 대상으로 한 검사타당도는 r=0.73이었고 신뢰도는 p=0.87이었다. 이때 p는 2회 검사에서 일치된 비율이다.

11) 수 영

Hewitt 검사는 남녀 고등학생과 대학생을 대상으로 수영기술을 검사하는 방법이다.

1 _ 대학생 수영 기술 검사

15분 수영하기

이 검사를 위하여 수영장 한쪽에 레인을 설치한다. 대상자는 15분 동안 수영을 하고 그 거리를 점수로 환산한다. 15분 동안 수영을 하지 못할 경우 0점으로 간주한다.

잠수하여 25m 가기

이 검사는 25m 잠영능력을 평가하기 위한 것으로서 잠수하여 25m 가기는 25m 거리를 잠영하되, 영법은 제한을 두지 않고 잠수한 시간을 1/10초 단위로 측정하여 점수로 기록한다.

20m 혹은 50m 자유형, 평영, 배영

25m 혹은 50m를 자유형, 평영, 배영 중 정해진 영법으로 수영을 하게 한 후 소요된 시간을 1/10초 단위로 측정하여 점수로 기록한다.

50m 글라이드-릴렉세이션 검사

50m 글라이드-릴렉세이션 검사는 기본배영, 횡영, 평영 능력을 측정하기 위한 검사로서 모든 출발은 물속에서 하고 점수는 스트록 stroke의 수로 한다.

2_ 고등학생 수영 기술 검사

50m 자유형

이 검사는 50m 자유형능력을 검사하는 것으로 소요된 시간을 1/10초 단위로 측정하여 점수로 기록한다.

25m 수구공 밀며 수영하기

25m 수구공 밀며 수영하기는 시작 신호와 함께 수구공을 밀면서 25m를 수영하여 소요된 시간을 1/10초 단위로 측정하여 점수로 기록한다.

25m 글라이드-릴렉세이션

25m 글라이드-릴렉세이션 검사는 기본수영능력(배영, 횡영, 평영)을 측정하기 위한 방법으로서 출발은 물속에서 하고 점수는 스트록의 수로 한다.

CHAPTER 08
인지영역의 검사

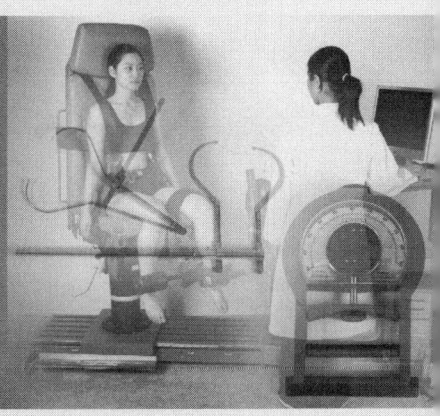

>>> 학습목표
1. 인지영역 검사의 개념을 이해한다.
2. 인지영역 검사과정과 분석법을 이해한다.

1. 개 요

인간의 운동수행과 운동습성은 체육교사들과 운동과학자들에게 주요 관심사이다. 교사들은 사람들의 건강, 웰빙과 신체활동의 관계에 대한 지식뿐만 아니라 효과적인 신체 움직임의 원리를 가르친다. 또한 스포츠에 참여하기 위해 습득해야 하는 규칙과 게임전략을 가르친다.

한편, 학생들은 이러한 규칙과 기술 그리고 전략을 배우고 싶어한다. 예를 들면 피트니스 클럽에서 회원들은 단순히 신체활동에 참여하기보다는 신체활동을 많이 하기를 원하며 운동처방을 위한 과학적인 원리와 장·단기 운동효과에 대해 더 많은 것을 습득하기를 원한다. 또한 사설 클럽에서 회원들은 기술이나 규칙뿐만 아니라 특별한 스포츠 종목을 위해 컨디션 조절 원리를 배워야 한다. 따라서 인지 검사를 개발하고 이용하기 위한 노력이 반드시 필요하다. 이와 같이 학교를 포함한 체육현장에서 인지 검사는 학습을 보충하기 위해 필요한 적절한 방법이다.

이 장에서는 여러 가지 형태의 인지영역에 대한 필기시험 문항을 설명하고 있다. 시험문항은 규준지향 혹은 준거지향평가를 위해 만들어진다(Roid, 1984). 아마도 이러한 유형의 모든 문항들을 전형으로 한 시험을 치름으로써 문항에 익숙해 질 것이다. 제2장의 내용타당도에서 알 수 있듯이 인지 검사의 개발은 어떤 다른 검사 유형과 마찬가지로 조심스럽게 실행되어야 한다. Johnson과 Nelson(1986)은 체육필기시험에 대한 일련의 자료를 발표하였고, 여러 가지 다양한 스포츠와 신체활동을 위한 최고의 검사항목이 McGee와 Farrow(1987)에 의해 개발되었다.

1) 구체적인 목록

인지 검사의 첫 단계는 구체적인 목록을 개발하는 것이다. 그래서 인지에 대한 기본적인 범주가 확정되고 각각 상대적 중요성에 관한 결정이 이루어진다. 이러한 계획을 세우지 않고서는 시험 출제자의 노력은 무의미할 수 있다. 사실에 대한 기억과 사실의 이용을 검사하기 위해 얼마나 많은 문항이 포함되어야 하는가는 좋은 요점이다.

그 후 구체적인 목록이 만들어지고 범주에 포함되어야 하는 문항수를 지시하는 각 범주의 상대적인 중요성이 신중하게 고려되어야 한다. 예를 들면 체육수업에서 운동의 과학적인 원리는 기본적인 운동처방의 지식보다 2배 이상 중요할 것이다. 만약 그렇다면 2배 이상의 시험문항이 과학적인 원리를 기초로 하여 출제되어야 한다. 농구수업의 경우 규칙이 게임전략에 대한 인지보다 중요할 수 있고 혹은 덜 중요할 수 있으므로 문항수는 그 나름대로 조정되어야 한다.

물론 다른 사실이 시험기간에 영향을 미칠 수 있다. 예를 들면 수험생은 제한된 시간에 전체 문항수를 대답할 수 있어야 한다. 일반적인 경험으로 한 개의 선다형 문항을 위해 45초가 필요하고 진위형 문항에는 30초가 소요된다. 그러나 실질적인 시험의 경험은 시험기간에 대한 보다 정확한 반응을 제공한다.

2) 시험관리

시험관리에 대한 지침을 분명하게 진술해야 한다. 시험관리 지침을 소개하는 가장 바람직한 방법은 수험생이 볼 수 있도록 시험지에 지침을 인쇄하는 것이다. 시험이 시작될 때 몇몇 수험생들은 지침을 주의 깊게 보지 않기 때문에 시험 관리자는 지침을 소리 내어 읽어야 한다. 필기시험을 위한 다음과 같은 지침의 예가 이용될 수 있다.

> **지 침**
>
> 시험이 시작되기 전에 다음의 지침을 주의 깊게 읽는다. 이 시험은 6페이지로 35개의 선다형 문항으로 구성되어 있다. 따라서 시험지가 6페이지로 되어 있는지 확인하고 모든 페이지의 순서가 정확한지를 확인한다. 질문에 가장 적합한 답을 동그라미 친다. 각 문항에 오직 1개의 정답이 있다. 각 문항에 2점을 부여하고 시험지 상단에 이름을 쓴 후 시험을 시작한다.
>
> 한편, 시험 관리자는 잘못 선택한 답을 수정할 수 있도록 수험생에게 알려줘야 한다. 또한 수험생들에게 시험에 도움이 되는 내용에 주의를 환기시켜야 한다. 예를 들면 시험시간은 몇 시간인가? 주기적으로 수험생에게 시험 잔여시간을 알려준다. 시험지는 몇 페이지입니까? 시험지가 빠졌거나 공백인지를 확인하기 위하여 페이지수를 세도록 한다. 어떤 문항이 다른 문항에 비해 보다 가중치를 더 주었습니까? 만약 그렇다면 시험을 시작할 때 알려주어야 하고 따라서 수험생은 현명하게 시간을 배분할 수 있다. 각 문항에 할당된 점수가 시험지에 인쇄되어져야 한다.
>
> 컴퓨터를 이용한 시험지 개발은 시험작성 프로그램을 이용하여 보다 쉽게 실행할 수 있다. 현재 수많은 프로그램을 구입할 수 있으며 문항을 컴퓨터에 입력한 후 출력하면 된다. 그 다음 시험문항의 조정은 간단한 일이다. 때때로 수험생들은 문항을 이용한 적이 없을 때 문항이 적절한지 혹은 불충분한 것인지 깨닫지 못할 것이다. 그렇다면 그런 문항은 개정되거나 삭제시켜야 할 것이다. 이것은 전체 시험을 다시 타이프치지 않고도 컴퓨터에서 그 문항을 정정함으로써 가능하다. 교사들은 종종 지난해에 과목에 포함된 모든 내용을 가르치지 않음으로써 지난해의 시험이 올해에는 적절하지 않을 수 있다. 포함되지 않은 문항은 컴퓨터에서 삭제시키고 새로운 문항을 첨가시킬 수 있다. 문항은 한 줄로 작성되거나 특별한 문항들을 요구받을 수 있다.
>
> 따라서 실제로 시험을 치르기 전에 시험관리는 조심스럽게 할 필요가 있다. 교사들은 수험생들을 함정에 빠뜨리지 않고, 시험내용을 얼마나 잘 만들 수 있는지에 관심이 있다.

3) 인지단계

Bloom(1956)은 교육목적에 대한 분류법 *taxonomy of educational objectives*으로 인지, 이해, 적용, 분석, 조정, 평가의 6단계를 제시하였다. 표 8-1은 Bloom의 교육목적 6단계와 하위분류에 대한 목록이다.

4) 인지 검사 유형

인지 검사 *knowledge tests*의 유형에는 논술과 객관식, 숙련도와 차별화시험 등이 있다. 교사들은 인지 검사의 문제를 출제하기 전에 반드시 시험유형을 선택해야 한다. 인지 검사에서 문제로 제시된 각각의 질문을 문항 *item*이라 한다.

표 8-1. 교육목적의 분류법(Bloom, 1956)

1.00	인 지	
	1.10	세부적 인지
	1.20	인지방법과 특정수단
	1.30	일반적인 인지와 한 분야에서 추상
2.00	이 해	
	2.10	번역
	2.20	해석
	2.30	외삽법*
3.00	적 용	
4.00	분 석	
	4.10	요인분석
	4.20	관계분석
	4.30	조직원리의 분석
5.00	조 정	
	5.10	독특한 대화 수립
	5.20	계획 수립
	5.30	추상적인 관계의 파생
6.00	평 가	
	6.10	내재적 증거에 의한 판단
	6.20	외재적 증거에 의한 판단

* 외삽법 : 보외법(extrapolation, 補外法)은 그림과 같이 곡선 위의 2점 A,B와 이 2점으로 한정된 부분위의 다른 점 P의 위치는 추정하는 보간법(補間法)에 대하여, A, B로 한정된 밖의 부분의 점 Q의 위치를 추정하는 것.

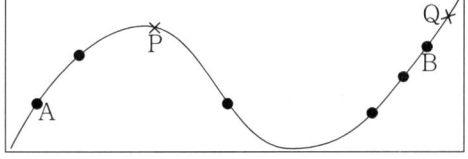

1_ 논술과 객관식 시험

논술시험은 학생들이 어떠한 정보를 선택하여 답을 문장으로 서술하여 각 문항에 답을 하는 형태의 시험문제이다. 논술문제의 답은 학생들이 얼마나 알고 있고, 문제가 얼마나 충분한 답을 요구하는지에 따라 길거나 짧을 수도 있다. 진위형, 선다형, 배합형과 같은 객관식 시험은 각 시험문제에 정답을 가지고 있다. 문제를 읽은 후에 학생들은 제시된 답들 중에 한 가지를 택한다. 그러나 진위형 문제에서는 참이나 거짓 중에서 한 가지를 택한다.

논술형이나 객관식 시험 중 어떤 유형의 문제를 선택할 것인가는 철학적이고 경제적인 문제를 야기시킨다. 몇몇 교사들은 객관식 문제가 학생들에게 문제를 총체적으로 이해하기보다는 암기하도록 조장한다고 믿고 있다. 따라서 그들은 학생들이 완전히 이해하여 답할 수 있도록 논술시험을 이용한다. 한편, 어떤 교사들은 논술시험은 학생들이 해당 과목에 대하여 인지하고 있는 모든 것을 쓸 수 있도록 한 반면, 객관식 시험은 학생들이 질문을 알고 있는지 아닌지 결정하는 것이라고 주장한다. 흔히 학생들은 객관식 시험을 치른 후 자신들이 알고 있던 내용을 교사들이 묻지 않았다고 불평한다.

객관식 문제는 문제를 출제하는데 시간이 많이 소요되지만 평가는 빠르다. 그러나 논술시험은 이와 상반된다. 세 개에서 다섯 개의 일반적인 논술형 문제를 출제하는데는 시간이 적게 걸리지만, 답을 정확하게 읽고 평가하는데는 상당한 시간이 걸린다. 수많은 학생들을 대상으로 시험을 치를 때 소요되는 전체 시험시간은 객관식 시험이 논술형보다 훨씬 경제적이다. 객관식 시험은 한 번 개발되면 사용하기 쉽고 평가가 빠르기 때문에 논술형보다 많이 사용되고 있다.

2_ 숙련도와 차별화 시험

준거관련 기준의 형성평가 유형인 숙련도 시험 *mastery test*은 학생들이 필수적인 내용을 숙달했는지를 평가하기 위한 시험이다. 교사는 대부분의 학생들이 알고 있는 교과내용을 시험문제에 반드시 포함시켜야 한다. 이들 대부분의 문제는 쉽고 모든 학생들이 정확하게 답할 수 있어야 한다. 그러나 숙련도 시험에 대한 합격표준치는 높은 편이다. Bloom과 그의 동료 (1981)들은 인지도 시험의 합격에 대한 표준치를 정답의 80~90%로 제한할 것으로 제시하였으며, 이것은 숙련도 시험이 반드시 합격-불합격으로 평가되어야 한다는 것을 의미한다.

규준관련 기준의 총괄평가 형태인 차별화 시험의 목적은 인지도에 따라 학생들을 차별화하는 것이다. 시험문제는 능력에 따라 집단으로 차별화하기 위해 출제된다. 따라서 차별화 시험은 숙련도 시험보다 어려운 문제를 많이 포함하고 있다. 또한 차별화 시험에서 기초지식은 완전하게 차별화하지 못하기 때문에 출제되지 않는다. 대체로 차별화 시험에서는 소수의 훌륭한 학생들이 높은 점수를 받는 반면에, 나머지 학생들은 상대적으로 낮은 점수를 받을 것이다.

숙련도 시험은 Bloom의 분류표(1956)에서 인지도, 이해, 그리고 적용단계의 문제를 포함하고 있으며, 차별화 시험은 보다 상위 단계에서 문제를 출제하는 경향이 있다. 차별화 시험은 숙련도 시험보다 더 어렵기 때문에 합격기준을 더 낮게 해야 한다. 예를 들어 100점 만점에서 A는 80~100, B는 70~79, C는 55~69, D는 45~54, 그리고 F는 45점 이하이다.

숙련도 시험과 차별화 시험 중 어느 시험을 이용할 것인가에 대한 결정은 어떤 시험점수가 이용될 것인가에 달려 있다. 즉 학생들의 성취도에 대한 형성평가를 할 경우 숙련도 시험이 적절하고, 총괄평가를 하려면 반드시 차별화 시험을 이용해야 한다. 형성평가는 합격-불합격을 근거로 채점이 이루어지고, 총괄평가에서는 개개인의 성취도 차이를 교사들이 문자로서 증명한다.

오랫동안 교사들은 총괄평가를 하기 위해 숙련도 시험을 이용해왔다. 대부분 문항은 너무 쉬워서 정확하게 차별화하지 못했기 때문에 숙련도 시험점수에 대한 성적표의 신뢰도는 항상 낮았다. 신뢰도를 높이기 위해서는 시험문항에 대한 차별화가 이루어져야 하고, 학생들의 점수는 고르게 분포되어야 한다. 표준편차가 크면 클수록 Kuder-Richardson 신뢰도가 더 높고, 표준편차가 낮을수록 신뢰도는 측정표준오차가 시험의 표준편차와 비슷하다는 것을 의미한다.

예를 들면 초기 학습에서 숙련도 시험을 실시하고 그 점수를 근거로 문자점수를 부여하는 것이 일반적이다. 100점 만점의 시험에서 A : 93~100, B : 87~92, C : 78~86, D : 70~77, F : 69점 이하로 기준을 정했다고 가정하자. 표준편차가 8이고 시험의 신뢰도가 0.44이면 해당 시험의 측정표준오차는 6이다. 따라서 88점을 받은 학생이 재시험을 치를 경우 82점과 94점 사이(88±6)의 점수를 받을 확률은 0.68이다. 이것은 82점이 C이고 94점이 A이므로 부여된 성적은 신뢰할 수 없다는 의미이다. 만약 형성표준이 이용되고 80점 이상의 점수를 합격한 것으로 가정할 경우, 그 학생의 점수가 82점이든 94점이든 상관없이 합격이기 때문에 큰 표준오차는 문제가 되지 않는다.

체육수업의 목적이 스포츠 규칙을 인지하는데 있다고 가정하자. 이러한 상황에서 적합한 방법은 형성평가에 의한 숙련도 시험을 실시하는 것이다. 숙련도 시험은 기본적인 규칙의 인지도를 측정하기 위해 만들어진다. 만약 한 학생이 시험에서 문제의 80%를 정확하게 답했다면, 교사는 그 학생이 스포츠를 하기 위한 충분한 지식을 가진 것으로 생각할 수 있다.

물론 규칙의 단순한 인지도가 스포츠를 하는데 충분하지 않지만, 반드시 적용되어야 하고 여러 다른 규칙들이 상황해결을 위해 고려되어야 한다. 규칙을 설명하기 위해 인지영역의 상위 단계가 반드시 이용되어야 한다. 교사는 경기에서 규칙을 적용하고 분석하며, 학생들의 능력에 대한 총괄평가를 위해 차별화 시험을 이용할 수 있다. 비록 학생들이 모든 기본규칙을 알고 있다 할지라도 규칙을 이해하거나 적용할 수 있는 능력은 차이가 있을 수 있다.

2. 인지영역 검사의 실제

1) 출 제

교사들은 자신의 인지도 시험을 개발해야 한다. 교사가 직접 출제한 시험의 주요 장점은 학생들이 시험내용을 이해하고, 수업에서 강조했던 내용을 포함하고 있다는 것이다. 따라서 교사에 의해 출제된 시험은 내용타당성을 가진다. 그러나 다른 사람에 의해 출제된 시험은 중요한 내용을 생략하고 부적절한 내용을 포함할 뿐만 아니라, 익숙하지 않은 용어들을 사용하여 학생들에게 혼란을 줄 수도 있다.

1 _ 과 정

훌륭한 인지도 시험을 출제하는 것은 문항을 쓰고, 시험지를 타이핑하고, 시험을 실시하는 것보다 훨씬 중요하다. 인지도 시험을 출제할 때 준수해야 할 기본적인 4단계 절차가 아래에 제시되었다.

1단계 출제 설명서를 작성한다.
2단계 시험의 본질을 결정한다.
3단계 시험문제를 작성한다.
4단계 시험 형태와 세부적인 관리를 결정한다.

첫번째 단계의 출제 설명서는 시험 출제를 위한 요점으로서 표 8-2에 제시된 바와 같이 시험을 실시하기 위한 인지영역과 수준 목록이다. 출제 설명서를 이용하여 출제자는 시험에 대한 모든 내용이 포함되고 정확한 가중치가 각 분야에 주어졌는지를 확인할 수 있다.

두 번째 단계는 시험의 본질을 결정할 때 논술형과 객관식 시험의 장단점을 고려하고, 객관식 시험이 선택된 후 진위형, 객관식 혹은 다른 형태의 문제를 고려해야 한다. 이러한 선택은 교과내용에 대한 교육목적을 최대로 실현시킬 수 있는 시험 형태에 달려 있다.

일반적으로 체육교사와 운동전문가는 진위형 혹은 객관식 문제를 선택하는 경향이 있지만, 그 어떤 것도 최선의 선택이 아닐 수도 있다. 동일한 형태의 모든 문항들이 함께 묶여야 하지만, 반드시 단일형태의 문제로 구성되어야 할 필요는 없다. 일반적으로 진위형이나 객관식 문제 모두를 포함하거나, 몇 개의 객관식과 몇 개의 논술문제를 포함한 시험도 있다.

표 8-2. 농구 검사의 출제 설명서

자료	시험항목 유형		
	인 지	이 해	적 용
규 칙	15%	5%	0%
선수 의무	20%	10%	0%
공격 플레이	10%	10%	10%
방 어	5%	5%	0%
전 술	0%	0%	10%

세 번째 단계는 시험문제를 작성하는 것이다. 시험을 치르기 전에 미리 시험문제를 작성해야 하고, 신중하게 문제를 개발하기 위한 충분한 시간을 갖는 것이 매우 중요하다. 예를 들어 조급하게 출제된 시험은 출제범위를 충분히 반영하지 못할 뿐만 아니라 부적절한 단어가 이용되고, 애매하여 이해하기 힘든 경우가 있다. 따라서 시험을 출제한 후 출제자는 반드시 문제를 읽고 수정하고, 최소한 하루 정도 여유를 가져야 한다.

마지막 단계로 시험 형태를 선택한다. 이때 한 가지 중요한 고려사항은 시험지 상단에 지시방법을 표시하는 것이다. 지시방법에는 시험의 형태, 학생의 나이, 문항의 형태, 답안지의 사용, 채점과정 등이 포함된다.

또 다른 고려사항은 문제의 외형이다. 즉 충분한 여백과 함께 문제를 읽기 쉽게 깨끗하게 인쇄해야 하며, 시험문제가 내용과 도형을 포함하고 있을 때 그 내용과 도형은 반드시 같은 페이지에 제시하도록 한다.

2_ 시험문항의 유형

인지시험에서 흔히 이용되고 있는 문항의 유형은 진위형, 선다형, 배합형, 짧은 단답형과 논술형이 있다.

각 유형에 따라 문항 출제 시 고려사항으로서 첫째, 선다형의 경우 문항 출제가 가장 어렵고, 채점은 용이하다. 이와 반대로 논술형의 경우 출제는 쉽지만 시험답안의 주관적인 특성 때문에 채점이 어렵다. 각 시험문항의 유형에 대한 자세한 내용은 다음과 같다.

① 진 위 형

진위형 *true-false*의 문항은 짧게 정답과 오답을 판단하는 유형으로서, 양자택일형 *alternative-*

*response type*이라고도 한다. 진위형에서 문제가 사실일 경우 참 혹은 T라고 표시하고, 거짓이면 거짓 또는 F라고 표시한다. 진위형 문항의 장단점은 아래와 같다.

장 점
- 학생들이 문제에 빠르게 답할 수 있기 때문에 많은 문항을 출제할 수 있다.
- 다른 형태의 객관식 문제보다 출제가 쉽고 빠르다.
- 채점을 빠르게 할 수 있다.
- 실제 내용을 쉽게 검사할 수 있다.
- 표준화된 답안지를 이용할 수 있다.

단 점
- 50% 확률로 정답을 추측할 수 있다.
- 부정행위의 가능성이 있다.
- 사실을 이해하는 것보다 암기를 조장할 수 있다.
- 학생과 교사가 동일한 방법으로 문제를 해석할 수 없다.
- 하찮은 질문을 할 수 있다.
- 신뢰도를 높이기 위해 선다형보다 많은 문항을 요구한다.

문제출제 과정
진위형 문제를 출제하는 것이 용이하지만 모든 경우가 동일하지 않다. 진위형 문제는 반드시 다음의 규칙에 따라 주의하여 출제되어야 한다.
- 진술*statement*이 간략해야 한다. 진술이 길면 학생들이 여러 번 반복해서 읽어야 하고, 읽는데 상당한 시간이 소요되므로 많은 문제를 풀지 못할 수 있다.
- 한 가지 진술에 한 가지 개념을 적용한다. 즉 학생이 부정확한 답을 할 경우 개념을 정확하게 이해하지 못하고 있음을 확인할 수 있어야 한다.
- 간단한 어휘를 사용한다.
- 학생들에게 의견을 확인하기 위한 목적이 아니라면 교과서 내용과 똑같은 문장을 사용하지 않는다.
- 가능한 부정문보다는 긍정문으로 진술한다.

- "항상", "결코", "모두", 그리고 "어떤 것도 …않다" 등과 같은 용어는 항상 거짓이라는 것을 학생들이 인지하고 있기 때문에 가능한 사용하지 않는다.
- 동일한 답을 가진 문제가 60% 이상 되지 않도록 한다.
- 참-거짓, 참-거짓 등과 같은 반복적인 답의 패턴을 피한다.
- 다른 문제의 답에서 힌트를 주지 않도록 한다. 예를 들어 1번 문제의 진술이 14번 문제를 답하는데 도움이 되지 않도록 한다.
- 상호 의존하는 문제를 피한다.

② 선 다 형

선다형 *multiple choice* 문제는 문항에 따라 세 개에서 다섯 개의 답지로 구성되어 있으며, 짧고 완전하거나 혹은 불완전한 문장으로 되어 있다. 선다형 문제는 다른 문제 형식과 비교하여 내재적인 결함이 적으며 내용의 다양성이나 포괄성이 높다. 또한 피검자의 우연적 오차가 적기 때문에 객관도가 높다. 따라서, 전문적인 시험 출제자에게 가장 인기 있는 문제형태로서 인지영역 검사를 실행하는 사람들에게 흔히 이용되고 있다.

장 점
- 학생들이 문제에 빠르게 답할 수 있기 때문에 많은 문제를 출제할 수 있다.
- 채점을 빠르게 할 수 있다.
- Bloom의 분류에 따라 인지영역의 모든 단계를 평가할 수 있다.
- 진위형 문제와 비교하여 정확한 답을 추측할 확률이 매우 낮다.
- 표준화된 답안지를 이용할 수 있다.

단 점
- 진위형 문제와 비교하여 문제수가 적다.
- 응답하는데 상당한 시간이 걸린다.
- 부정행위의 가능성이 있다.
- 사실 관련 *implication*과 상관없이 암기를 조장한다.
- 학생들의 지식수준 확인이 불가능하다.

문제출제 과정

선다형 문제의 출제는 어렵고, 적절한 지문과 해답을 가진 문제를 개발하는데 시간이 많이 소요된다. 그러나 다음의 몇 가지 규칙을 적용할 경우 적절한 문제를 만들 수 있다.
- 지문과 해답을 모두 짧고 분명하게 한다.
- 모든 해답은 뚜렷하고, 분명해야 한다.
- 한 문제에 대한 응답의 수를 다섯 개로 한다. 이런 경우 예측확률을 20%로 낮출 수 있고, 모든 선다형 문제가 동일한 수의 응답을 가질 필요는 없지만 그것이 이상적이다.
- 지문이 불완전한 문장일 경우 정답에서는 완전한 지문이 되도록 해야 한다.
- 한 문제의 답이 또 다른 문제의 답에 영향을 미치지 않도록 한다.
- 학생들의 생각을 현혹시키는 방법으로 지문을 만들지 않도록 한다. 예를 들어, "무엇이 반드시 이루어져야만 하는가?" 혹은 "당신은 무엇을 할 것인가?" 등의 질문으로 시작해서는 안 된다.
- 지문의 수가 숫자일 경우 정답은 문자로(a, b, c, d, e) 한다. 정답이 숫자일 경우 학생들은 문제수와 정답수를 혼동하는 경향이 있다. 특히 표준화된 답안지를 이용할 때 더욱 그러하다.
- 지문은 부정적인 용어보다는 긍정적으로 진술한다.

③ 배 합 형

배합형 *matching*은 논리적인 객관식 문제 유형으로서 학생들이 선택할 수 있는 여러 가지 답을 제시하며, 전제 *premises*, 응답 *response*, 그리고 전제와 응답을 배합하는 지시문으로 구성되어 있다. 전제와 응답은 형식상의 차이일 뿐 내용에는 차이가 없으며, 단어·문항·도표 등을 사용하여 작성할 수 있다. 또한 배합형은 진위형이나 객관식 문제보다 적게 사용되지만, 여러 시험문제에 대한 동일한 답을 요구할 때 매우 유익하다.

장 점
- 몇 가지 질문에 똑같은 답을 요구할 경우 시험지 여백을 줄일 수 있다.
- 이론적으로 정답을 추측할 수 있는 가능성이 매우 낮다. 왜냐하면 선택 가능한 답이 많기 때문이다. 실제적으로 학생들은 질문에서 오직 5~8가지 답을 찾아낼 수 있다.
- 객관식 문제보다 출제가 빠르다.

단 점
- 일반적으로 단순한 사실을 평가한다(Bloom의 분류에서 최하위 단계).
- 표준화된 답안지 이용이 불가능하다.

문제출제 과정
공정한 시험이 되기 위해 다음의 규칙을 준수해야 한다.
- 문제와 해답을 분명하게 진술한다.
- 문제는 숫자로 하고 해답은 문자로 표시한다.
- 문제 좌측에 답을 작성하도록 필요한 여백을 둔다.
- 모든 문제와 해답이 같은 페이지에 오도록 출제한다.
- 모든 문제를 내용상 비슷하게 만든다. 내용을 혼합하는 것보다 몇 개의 배합형 문제를 출제하는 것이 바람직하다.
- 삭제 *elimination*시키는 방법으로 답을 추론 *deduce*하지 않도록 문제보다 더 많은 답을 제공한다.
- 정답이 한 개 이상일 수도 있다는 것을 지침에 제시한다.

④ 단 답 형

단답형 문제는 문제의 일부분을 비워 놓고 그 곳에 한 개의 단어나 여러 개의 단어를 채우도록 요구하는 문제유형이다. 이러한 문제유형은 사용하는데 제한점이 있고 객관식 문제보다 분명하지 못하다. 즉 문제가 주의 깊게 진술되지 않을 경우 학생들은 출제자가 어떤 내용을 요구하는지 확실하게 이해하지 못한다.

장 점
- 다른 문제유형과 비교하여 출제가 가장 쉽다.

단 점
- 한 개 이상의 응답이 정확할 수 있다.
- 출제자가 요구하는 응답을 할 수 없다.
- 응답은 여러 가지 단어 혹은 문장으로 답해야 한다.

- 단순히 암기를 측정한다.

> **문제출제 과정**

공정한 시험이 되기 위해서 다음의 규칙을 준수해야 한다.
- 문장 속에 중요한 의미를 비워놓는다.
- 문장 속에 답을 암시하는 내용을 포함시키지 않는다.
- 교과서 내용을 그대로 옮기지 않는다.

⑤ 논 술 형

단답형과 논술형 문제는 학생들에게 지식의 깊이와 사실을 종합하여 정리할 수 있는 능력을 평가하려고 할 때 적절한 문제유형이다. 단답형은 간단한 단어·구·문장·숫자 등 제한된 형태로 대답하는 형식을 의미하지만, 논술형은 논술식 문항을 포함한 몇 개의 문장으로 답을 작성해야 한다. 흔히 어떤 사실의 해석을 요구하므로 각 문제에서 가장 적절하다고 생각하는 사실과 규칙에 답한다.

> **장 점**

- 문제에 대한 응답이 자유롭다.
- 지식수준을 평가하는데 이용된다.
- 학생들에게 단순사실 획득보다 총체적인 개념으로 모든 내용을 이해시킬 수 있도록 한다.
- 문제의 출제가 쉽고 빠르다.
- Bloom의 분류에서 모든 단계를 논술 문제로 평가할 수 있다.

> **단 점**

- 채점하는데 시간이 많이 소요된다.
- 시험점수의 객관성이 매우 낮다.
- 시험점수의 신뢰도가 매우 낮다.
- 개개인에 따라 여러 가지 표현기술이 필요하다.
- 문장의 서법 *penmanship*과 매끈함이 점수에 영향을 준다.

문제출제 과정

대부분의 교사들이 단답형 문제나 논술형 문제를 적절하게 출제할 수 있지만, 문제가 애매모호하게 출제될 경우 학생들은 출제자가 요구하는 방법으로 답을 작성할 수 없다. 또한 이러한 문제가 가지고 있는 가장 큰 단점은 채점이다. 교사들은 문제의 특성을 확인하고 부분 점수를 어떻게 할당할 것인지를 결정한 후 답안지에 점수를 기록해야 한다. 답안지가 없다면 점수의 신뢰도는 매우 낮을 것이다.

단답형과 논술형 문제를 출제할 때 다음의 규칙을 지킨다면 문제가 쉽게 해결될 수 있다.
- 가능한 문제를 분명하고 간략하게 서술한다.
- 시험을 치를 때 각 문제에 적절한 시간을 할당하도록 한다.
- 각 문제에 할당된 점수에 유의해야 한다.
- 주의하여 시험답안지를 작성한다.

2) 시험관리 및 점수부여

1_ 시험관리 절차

시험장소는 조용하고 깨끗해야 하며, 적당한 조명과 실내온도를 갖추어야 하고, 공간이 충분해야 한다. 이런 조건을 갖추지 못한 시험장소일 경우 학생들은 불이익을 받을 수 있다. 때때로 체육교사와 운동전문가들은 시험장소와 준비에 소홀히 하는 경우가 있다.

시험관리를 위해 교사는 철저한 준비가 필요하다. 즉 시험을 치를 때 학생들은 반드시 동일한 방향으로 앉게 하고, 교사는 학생들을 모두 볼 수 있는 적당한 위치에 있어야 한다. 시험을 치르는 자리는 원래 자기 자리가 아닌 다른 자리에 앉도록 배치시킨다. 학생들의 시선은 시험지에만 집중토록 하고, 다른 학생이 보지 못하도록 답안지를 가리게 한다. 동일한 시험문제보다는 순서가 다른 선택형 시험지를 이용할 수 있다.

또한 답안지를 회수하는 과정도 중요하다. 답안지를 제출하기 위해 기다리는 동안 답을 바꿀 수 있으며, 더욱이 답을 바꾸기 위해 다른 학생과 이야기를 주고받을 수도 있다.

시험을 2회에 걸쳐 치를 경우 시험을 치른 학생이 다음에 치를 학생에게 시험문제나 답을 알려주지 않도록 해야 한다. 시험이 동시에 이루어지는 경우에는 문제가 노출되지 않지만 한 시간 정도 시험간격이 있다면 시험내용은 알려지게 된다. 따라서 최선의 방법은 몇 가지 다른 시험문제 유형을 이용하는 것이다.

2_ 채점 절차

논술시험을 채점할 때에는 충분한 시간을 가지고 한 문제씩 정확히 채점해야 한다. 모범답안지를 이용하여 채점할 수도 있지만, 성급하게 채점할 경우 신뢰도 문제가 야기된다. 이것이 논술시험을 채점하는데 시간이 많이 소요되는 이유 중 한 가지이다.

진위형과 객관식 문제의 채점은 비록 논술시험보다 시간이 적게 소요되지만 지루할 수 있다. 50개의 진위형 문제를 180명의 학생들에게 실시한다고 가정해보자. 모범답안지를 이용하여 채점했을 때 시험지당 최소한 2분이 소요되고, 총 6시간이 걸린다.

3) 분석 및 수정

대부분의 교사들은 1회 이상 객관식 문제를 이용한다. 객관식 시험을 치르고 채점한 후 교사는 반드시 시험의 장·단점을 평가해야 한다. 시험을 다시 치르기 전에 개정하고 삭제해야 할 문제를 확인하는 절차가 이루어져야 한다. 시험 실시 후 인지영역에 대한 분석이 이루어지지 않으면 점수의 신뢰도와 효율성을 저하시킬 뿐만 아니라, 공정성 문제를 초래할 수도 있다.

시험을 치르고 채점한 후 교사는 반드시 다음의 특성을 고려해야 한다.
- 전반적인 시험 난이도
- 시험점수의 분포
- 신뢰도
- 각 문항의 난이도
- 각 문항의 차별성 혹은 효율성
- 객관식 문제의 질

1_ 시험 분석

시험의 난이도는 학급의 평균점수를 시험문제수로 나누어서 계산할 수 있다. 즉 평균점수가 높으면 높을수록 시험난이도는 낮다. 시험점수의 분산은 표준편차를 계산하여 결정한다. 표준편차가 크면 클수록 집단간의 차별화가 잘 이루어진 것이다.

신 뢰 도

필기시험의 신뢰도는 동일한 유형의 시험에서 획득한 점수를 상관분석을 이용하여 결정한다. 비록 2회 실행한 시험에서 문항이 다르더라도 그들은 비슷한 내용을 포함한다. 검사-재검사법은 수험생이 첫 번째 시험의 문항들을 기억할 수 있기 때문에 부적절하다.

필기시험의 신뢰도를 결정하기 위해 가장 많이 사용하는 방법은 내부일관성 *internal consistancy* 측정이다. 이 방법은 오직 1회 시험이 실행되었을 경우 계산이 가능하고 일반적으로 반분법 혹은 Kuder-Richardson 공식을 이용하여 계산할 수 있다. Kuder-Richardson 공식은 다음과 같다.

$$KR_{21} = \frac{k}{k-1}[1 - \frac{\overline{X}(k - \overline{X})}{k(s^2)}]$$

KR_{21} : 신뢰도계수
k : 시험문항수
$\overline{X}$: 평균점수
s^2 : 시험점수의 변량(표준편차의 자승)

반분법

반분법은 시험문항을 1/2로 나누어 학생이 획득한 점수를 이용하여 산출하는 방법이다. 시험 분할은 1반-2반 혹은 홀수-짝수 문항 등의 다양한 방법으로 분할할 수 있다. 일반적으로 인지영역 검사에서는 홀수-짝수 방법이 적절하며, 상관계수를 산출하여 신뢰도를 결정한다.

2_ 문항 분석

두 가지 시험의 특징인 문항의 난이도와 유효성 그리고 보기의 효율성은 문항 분석 *item analysis*을 통하여 결정된다. 문항 분석은 전체 검사의 일부로서 각 개별문항의 유효성을 결정하기 위한 절차이며, 어떤 피검자 집단에게 검사를 실시하고 난 후 적용한다.

일반적으로 문항 분석의 결과는 전체 검사의 결과에 대한 정보를 제공한다. 문항 분석의 적절한 신뢰도를 얻기 위해서 최소한 100명 이상의 학생들이 시험에 응시해야 한다. 그러나 오직 문항들의 상호작용에 대해서 평가하고자 할 경우 적은 수를 대상으로 비공식적인 분석이 이루어질 수 있다. 그럼에도 불구하고 많은 학생이 필요한 이유는 모든 학생들의 능력을 파악할 수 있기 때문이며, 응시자가 적을 경우 산출된 상관계수는 비정상적으로 높거나 낮음으로서 그만큼 신뢰도가 떨어진다.

문항의 난이도

문항의 난이도 *item difficulty*는 문항에 정확하게 답한 학생수의 비율을 계산함으로써 쉽게 결정할 수 있다. 문제가 쉬울 때 비율이 높고, 어려울 때 낮다. 다음의 공식을 이용하여 문항 난이도를 계산한다.

$$P = \frac{R}{N} \times 100$$

P : 문항의 난이도
R : 정확하게 응답한 자의 수
N : 전체 사례수

일반적으로 문항이 너무 쉽거나 어려워서는 안된다. 왜냐하면 학생들의 성취도에 대한 많은 정보를 제공해 주지 못하기 때문이다. 문항 난이도의 평가가 이루어졌다고 해서 정확히 응답한 학생들에게 특별한 정보를 제공해 주지 못한다. 즉 "문항에 정확히 응답한 학생이 전체 검사에서도 역시 높은 점수를 받을 수 있는가?"라는 의문이 남는다.

이러한 문제는 문항의 난이도(P)만을 계산해서는 해결할 수 없으므로 다음 단계인 판별지수 *discrimination index : D*를 계산해야 한다.

판별지수

문항의 효율성과 판별력은 시험을 잘 본 학생 중 우열의 판별을 적절하게 하고 있는지를 보여주는 것이다. 즉 우등생이 열등생보다 정답률이 높을 경우 적절한 판별이 이루어진 것이다. 이와 반대로 열등생이 우등생보다 정답률이 높을 경우 문항은 부적절하고 판별이 잘못된 것이다. 따라서 시험에 이용된 문항이 부적절한 판별력을 가지고 있을 경우 재시험 전에 이들 문항들을 수정해야 한다.

문항의 판별을 결정하기 위하여 판별지수(D)를 산출한다. 판별지수는 문항에 정확하게 답한 고득점자와 저득점자의 비율을 비교하여 판별하는 방법으로 세부적인 단계는 다음과 같다.

① 가장 높은 점수를 받은 상위집단(전체집단의 약 27%)과 가장 낮은 점수를 받은 하위집단(전체집단의 약 27%)으로 시험지를 분리한다.
② 각 집단별로 각 문항에 대한 정답수를 똑같이 확인한다.

③ 정답수를 시험지에 기록한다.
④ 상위집단의 정답수에서 하위집단의 정답수를 뺀다. 이러한 차이를 최대가능차이, 즉 상위(또는 하위)집단의 전체수로 나눈다.

$$D = \frac{\text{상위집단이 정답을 맞힌 수} - \text{하위집단이 정답을 맞힌 수}}{\text{상위집단의 전체 수}}$$

상위집단과 하위집단의 차이를 극대화시키기 위하여 27% 양극단을 주로 적용하지만, 25~33% 사이의 비율도 수용될 수 있다. 전체집단의 규모가 작은 경우 상·하위 9%를 두 번씩 계산할 수 있다. 이론상으로 판별지수가 1.00까지 될 수 있지만, 이러한 지수는 결코 존재하지 않으며, 판별지수의 크기에 대한 평가는 표 8-3과 같다.

표 8-3. 판별지수 크기의 평가

판별 지수	문항 평가
0.40 이상	매우 우수한 문항
0.20~0.39	적절한 문항(낮은 판별계수일 경우 수정이 필요하다)
0.19 이하	부적절한 문항(삭제시키거나 반드시 수정이 필요한 문항)

또한 판별지수(D)는 한 문항 점수와 전체 문항 점수 사이의 상관계수를 산출하여 평가할 수 있다. 가장 가능성이 큰 판별지수에 해당하는 상관계수는 +1에서 −1까지의 범위를 가진다. 각 문항의 점수와 총문항의 점수 사이의 상관분석은 시간이 많이 소요되고 다음의 공식(Scott and French, 1969 ; Sheehan, 1971)을 이용하여 계산할 수 있다.

$$D = \frac{\text{상위집단이 정답을 맞힌 수} - \text{하위집단이 정답을 맞힌 수}}{\text{각 집단의 수}}$$

상위집단이 하위집단보다 정답률이 더욱 높을 경우 판별지수는 양의 수를 얻고, 0의 수는 양집단의 정답이 정확하게 동일한 수일 때 얻어진다. 모든 시험성적이 문항효율성을 결정한다고 가정했을 때 일반적으로 문항 분석을 하기 전에 내용 효율성을 조사하여 전체적인 시험 효율성을 결정해야 한다. 문항 효율성은 전체적인 시험이 적절하지 않을 경우 무의미하다. 또한 앞에서 언급했듯이 표준편차가 크면 클수록 시험의 신뢰도는 더욱 높고 시험의 차별성이 높으면 높을수록 표준편차는 더욱 크다.

3_ 시험의 수정

각 문항의 난이도와 판별지수를 계산한 후 전체적인 시험과 각 문항의 질을 결정해야 하고, 필요한 경우 문항을 수정해야 한다.

CHAPTER 09
감성행위의 검사

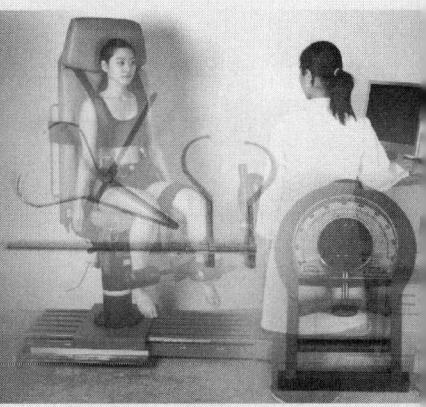

>>> 학습목표
1. 감성행위의 개념을 이해한다.
2. 대표적인 감성행위 검사방법을 습득한다.

1. 개 요

스포츠심리학자인 Morgan은 여러 가지 요인이 운동수행에 영향을 미치며 이 중 몇 가지는 신체적인 것이며, 또 다른 요인은 자존심, 태도, 심리적인 특성 등의 감성행위라고 하였다.

감성은 노여움, 두려움, 슬픔 그리고 기쁨과 같은 감정이다. 그러나 교사들은 감성이라는 용어를 느낌이나 행동에서 표출된 사회적·심리적 특징으로서 보다 폭넓게 해석하고 있다. 이러한 포괄적인 정의는 그 의미가 분명하지 않지만, 체육학에서 흔히 사용되고 있다.

체육학에서 발달, 자존심, 공정한 놀이, 협동 등의 특성을 기술하기 위한 참고문헌들이 정립되지 않았으나 개인적·사회적 발달 유형에 관하여 감성영역을 개념적으로 분류한 Hellison과 Templin(1991)의 시도는 매우 획기적인 것이다.

Hellison(1993)은 체육에서 감성목표를 다음과 같이 분류하고 있다.

- 의류나 언어와 같은 사회적 관습

- 신체활동의 올바른 인식과 애정
- 자존심, 효능감, 용기, 동기부여, 자립심과 같은 심리적 구성 개념
- 다른 사람의 권리 존중, 동정심, 정의의 존경과 같은 윤리적인 특성
- 쾌활함과 우아함 같은 미적 특성
- 영적 권위

운동과학 분야에서 부정확하게 정의된 감성의 개념은 무의미하다. 일반적으로 체육지도자들은 태도, 흥미, 가치, 심리적인 특성과 감정상태에 관심이 많고, 더욱이 체육과 신체활동에 대한 개개인의 태도를 측정하기 위한 목록 개발에 관심이 집중되었다. 스포츠와 신체활동에서 개개인의 심리적 특성을 평가하기 위하여 개발된 목록들은 체육지도자와 운동과학자들보다는 일반 연구자들이 더 많이 사용하고 있다.

1) 태도의 개념

태도는 상황, 사람, 활동 등의 특별한 대상에 대해 가지고 있는 느낌 feeling이다. Allport는 "태도란 모든 대상과 상황에 대한 개인의 반응에 영향을 미치며, 경험에 의하여 체계화된 심적이고 신경적인 준비상태이다"라고 하였으며, Newcomb은 "태도란 자극과 반응(사회적 행동)을 중개하는 매개변수이며, 행동은 태도나 동기를 통해서 변한다"고 하였다.

긍정적인 태도를 가지고 있는 사람이 바람직한 행동을 보인다고 주장된 이래 체육과 운동과학에서 태도에 관한 연구가 시작되었다. 예를 들면 사람들이 신체활동에 대한 자신의 태도와 관련하여 질문을 받을 때 대부분은 긍정적인 견해를 표현할 것이다. 그러나 이들 중 많은 사람들은 신체활동이 부족한 생활양식으로 살아가고 있다. 태도와 행동은 상호 관련이 있지만, 둘 사이의 결합은 매우 복잡하며, 그 관계는 매개변인들에게 영향을 미칠 수 있다. 즉 흡연자는 흡연이 건강에 해로운 것을 알고 있기 때문에 흡연에 대한 부정적인 태도를 보일 것이다. 사실상 흡연자의 태도는 긍정적일 수 있으나, 중재변인으로서 인식은 제시된 관계에 영향을 미친다.

체육수업과 사설 체육센터에서 좋은 교육프로그램을 통하여 신체활동에 대한 비판적인 태도를 변화시킬 수 있다는 인식은 태도 측정을 위한 이론적 근거를 제공한다. 신체활동에 대한 호의적인 태도의 견지에서 이러한 이론적 근거는 많은 효과를 상실하고, 한 사람에게 나타난 호의적인 태도를 보다 더 호의적인 태도로 변화시키는 실질적인 중요성이 줄어든다. 그러나 진정한 태도가 다듬어질 수 있다면 태도를 바꾸기 위한 조정은 생산적일 것이다.

체육학에서 자주 측정된 또다른 감성행위는 여러 가지 형태의 신체활동, 프로그래밍 *programming*, 스케줄링 *scheduling* 등에 대한 사람들의 좋고 싫음에 영향을 미치는 관심 *interest* 이다. 흔히 학교에서 스포츠정신을 강조하고, 교사들이 체계적이고 객관적인 방법으로 이러한 특징을 측정할 수 없지만, 일부 교사들은 스포츠정신을 바탕으로 하여 학생들에게 점수를 부여한다. 체육현장에서 동료들 간의 관계를 포함한 사회적 행동을 측정하기 위하여 여러 가지 도구가 개발되었고, 가장 오래 지속된 관심은 긴장, 불안과 여러 가지 개성요소 등 심리적 특성에 관한 측정이다. 그러나 이러한 심리적 특성은 심리학 전공자에 의해서 검사가 이루어져야 한다.

감성목록의 이용과 관련하여 여러 가지 단점이 있다. 즉 조사자들은 정해진 기간 동안 대상자들에게 중재를 강요하여 감성행위를 변화시키려고 노력한다. 감성행위의 사전 검사는 중재하기 전에 실시되고, 사후 검사는 그 후에 이루어진다. 그러나 검사효과인 것으로 알려진 두 번째 목록 검사는 첫 번째 검사로부터 반작용 효과에 의해 영향을 받는데, 이것을 검사효과라고 부른다.

감성행위를 측정하기 위한 여러 가지 도구들의 또 다른 단점은 응답변화의 가능성이다 (Shaver, 1971). 예를 들면 대상자들은 자신들의 좋고 나쁜 반응을 속이거나, 사회적으로 바람직한 방법으로 대답하거나, 다른 방법으로 반응을 왜곡하여 정직하게 응답하지 않을 수 있다. 이와 같이 반응을 왜곡하는 수험생들의 성향을 검사하기 위하여 보다 정교한 목록들이 개발되었다.

2) 측정유형

감성행위를 측정하려면 감성형태가 정의되어야 한다. 각 항목수는 항목의 중요성을 근거로 결정되며, 이 단계에서 등급척도, 강압-선택 목록과 설문지 등의 항목유형이 결정되어져야 한다.

1 _ Likert 척도

Likert 척도 *Likert scale*는 감성에 관한 질문에서 개개인의 일치와 불일치 정도를 나타내는 것으로, Kenyon의 신체활동표에 대한 태도 *Kenyon's attitude toward physical activity inventory*가 Likert 척도를 이용하고 있다.

표 9-1에서 보는 바와 같이 Likert 척도는 다섯 개의 응답 중 한 개를 선택하는 것으로

서, 이 척도를 이용한 사례는 다음과 같다. 예를 들어 "올림픽 팀에 선발되기 위하여 나는 힘든 훈련을 기쁘게 할 것이다"라는 진술 statement에 대한 응답유형은 "강력히 동의한다", "동의한다", "결정하지 않았다", "부정한다", "강력히 부정한다"이다. 이러한 감성질문에 대하여 피검자는 자신에게 맞는 답을 동그라미로 표시한다. 만약 진술이 긍정적이면 동그라미로 표시한 숫자가 점수가 되지만, 부정적일 경우 점수를 반대로 채점한다.

점수를 계산하기 위해 피검자가 응답한 숫자를 최고 점수에서 뺀 후 1을 더한다. 예를 들어 한 명의 피검자가 어떤 질문에서 4로 응답했다고 가정하자(매우 숙련된 선수들이 과도한 신체활동에 참석해야만 한다). 이것은 진술에 동의는 하지만, 과도한 신체활동의 부정적인 인식을 나타내고 있다. 이와 같이 4를 가장 높은 숫자 5에서 뺀 다음 1을 더한다. 즉 정확하게 수험자의 부정적인 인식에 영향을 미치는 "2의 부정"과 똑같다(5-4+1).

일반적으로 Likert 척도는 5개 혹은 7개 응답유형으로 구성되어 있지만, 10개 이상의 응답유형을 가질 수도 있다. 응답유형의 숫자가 증가하면 항목의 신뢰도가 높아지지만 대부분의 평가자들은 여러 응답유형을 사용할 수 없고, 결국 7개 응답유형을 초과하지 않은 것이 가장 적절하다.

표 9-1. Likert 척도

1	2	3	4	5
강력히 부정	부 정	결정하지 않음	동 의	강력히 동의

2_ 의미차별의 척도

의미차별 semantic differential의 척도는 상반된 단어를 이용하여 감성의 개념을 평가하는 척도로서, 상호 반대의미를 지닌 단어는 좋은-나쁜, 강-약, 능동적인-수동적인 등이 있다. 신체활동에 대한 사람의 태도를 평가하기 위하여 사용되고 있는 의미 차별의 척도가 그림 9-1에 제시되었다.

여러 가지 개념을 평가하기 위하여 상반된 단어를 쉽게 조정할 수 있고, 똑같은 평가 서식을 이용하여 쉽게 평가할 수 있다. 예를 들어 대상자는 질문에 대해 자신의 느낌을 가장 잘 나타내는 7개의 응답 중에서 한 개를 표시해야 한다. 만약 한 쌍의 긍정적인 단어가 오른쪽에 기입되면 각 항목의 점수를 1에서 7까지 배열하고, 긍정적인 단어가 왼쪽에 기입되면 7에서부터 1까지 배열한다.

	신체활동								
		1	2	3	4	5	6	7	
유쾌한									불쾌한 (E)
느슨한									긴장한 (A)
수동적인									활동적인 (A)
실패한									성공한 (E)
유순한									난폭한 (P)
빠른									느린 (A)
좋은									나쁜 (E)
나약한									강한 (P)
무거운									가벼운 (P)

그림 9-1. 신체활동에 대한 태도를 측정하기 위한 의미 차별의 척도

그림 9-1에서 오른쪽에 제시되어 있는 E, A, P 등의 문자는 의미차별의 척도로 측정될 수 있는 한 가지 개념에 대한 세 가지 영역을 나타낸다. 평가는 개념의 우수성을 의미하고, 이러한 영역은 흔히 반성의 태도로서 간주한다. 활동(A)은 개념과 관련된 활동에 영향을 미치고, 잠재력(P)은 그 개념의 강도를 의미한다. 평가(E)영역은 선-악, 활동(A)영역은 빠르고-느린, 잠재력(P)영역은 강-약 등의 상반된 단어로 가장 잘 설명된다.

최소한 세 가지 항목이 각각의 영역에 포함되어야 하고, 두 가지 긍정적·부정적 항목이 각 열에 배치되어야 한다. 한 개 이상의 영역을 측정할 때 단어의 짝들은 임의로 정렬되고, 각 영역을 나타내는 짝들은 측정도구 전체로 흩어진다. 의미 차별의 척도를 어린이들에게 적용할 경우에는 학생들의 독서이해수준과 결부시켜 단어를 선발해야 하는데, 이는 독서전문가에 의해서 결정된다.

3 _ 다른 유형의 척도

Likert 척도나 의미차별*semantic differential*의 척도가 이용될 때 응답자는 한 가지 특별한 개념의 특별한 의미를 위한 일치나 불일치를 표현한다. 정-오로 대답해야 하는 진술이 일치-불일치 척도의 또 다른 예이다.

신체평가와 유인척도*physical estimation & attraction scale*는 정-오 응답을 이용하며, 방법적으로 강압-선택 항목과 비슷하다. 강압-선택 항목의 척도에도 불구하고 대상자는 찬성과 반대

를 동일하게 나타내는 두 개 이상의 양자택일 사이에서 선택을 해야만 한다.

또한 등급척도가 감성행위를 측정하기 위하여 이용된다. 예를 들면 스포츠정신을 측정하기 위하여 5점 척도가 사용될 수 있다. 스포츠정신의 바람직한 요소는 5점 이하, 바람직하지 못한 요소는 1점 이하가 될 것이다. 그 사이의 점수들은 여러 단계의 스포츠정신을 나타낸다. Hellison(1993)이 다른 사람들에게 봉사에 대한 감성목표를 측정하기 위한 한 가지 등급척도를 제시하였으며, 척도는 아래와 같이 5점척도로 구성되어 있다.

- 0 : 통제 불능/남용
- 1 : 휴식
- 2 : 별도의 노력
- 3 : 직접 활동
- 4 : 돕는 역할의 의지

이러한 척도를 이용하여 교사는 학생 행동을 지속적으로 관찰할 수 있다. 운동과학에서 이용되고 있는 또 하나의 척도유형은 운동 중 신체적 노력에 대한 인식을 평가하는 인지노력 척도이다(Borg, 1973).

감성행위를 측정하기 위한 또 다른 방법은 설문지이다. 일반적으로 일련의 조건으로부터 응시자는 반응을 선택함으로써 질문에 응답한다. 이러한 도구유형의 예가 건강과 관련된 체력 설문지이다(Safrit and Wood, 1983). 특히 이같은 도구는 감성목표에 대한 체육프로그램의 총괄적인 유효성을 평가하기 위한 심리적 속성(효능감)을 검사하는데 사용되고, 개개인의 점수가 학생 평가에 사용되어서는 안된다.

4 _ 불완전한 척도

흥미의 감성을 측정하기 위해 잘 갖추어진 표준 검사는 없다. 이와 반대로 적절한 검사가 고안되었을지도 모르지만, 실제 현장에서 검사 시간이 너무 소요되고, 또한 기술적인 문제를 포함하고 있다. 따라서 신속하고 쉽게 관리될 수 있는 짧은 검사지를 개발하는 것이 바람직하다.

이러한 유형의 측정은 바람직하지만, 검사의 신뢰도와 타당도가 낮은 것으로 나타났다. 짧은 시간에 응답을 요구하는 검사에서 수험자에게 불충분한 측정을 적용할 경우 척도의 타당성이 부족함에도 불구하고 매우 가치가 있다. 표 9-2에서 보는 바와 같이 간단한 등급척도가 학생태도의 피드백을 얻기 위하여 고안되었다. 비록 이러한 척도가 불완전한 검사이지만

표 9-2. 조깅에 대한 학생 태도의 불충분한 측정

오늘 조깅에 대하여 당신은 어떻게 느꼈습니까?									
아주 나쁜	1	2	3	4	5	6	7	아주 좋은

태도의 대략적인 평가를 위해 지속적으로 사용되었다면 정당화될 수 있다. 즉 수업시간에 학생들이 12분 달리기를 강요받았을 때 학생들이 이러한 활동을 싫어한다면 체육에 대한 부정적인 태도는 점차 커지게 될 것이다.

학생들은 자신의 느낌을 가장 잘 나타내는 번호에 동그라미 표시를 해야 하고, 수업이 끝날 때 기록할 수 있으며, 어떠한 시간도 강요받지 않는다. 학생들은 다른 방법으로 서식에 응답할 것을 요구받지 않고, 익명으로 답한다. 그러나 하루 동안에 이런 자료를 획득하려고 노력해서는 안되며 학생들의 응답 평균이 매주 계산될 수 있고 그림 9-2와 같이 그림으로 작성될 수 있다

등급 2, 3은 척도에서 중간점수를 나타내기 때문에 평균이 중간점수 이상이면 바람직하다. 많은 학생들이 조깅에 관해서 "아주 낮다"고 느꼈다면 어떤 형태의 조정이 필요하다. 가장 먼저 체육교사들은 학생들이 부정적인 느낌을 가지고 있는 이유를 찾기 위하여 학생들과 대화를 해야 한다.

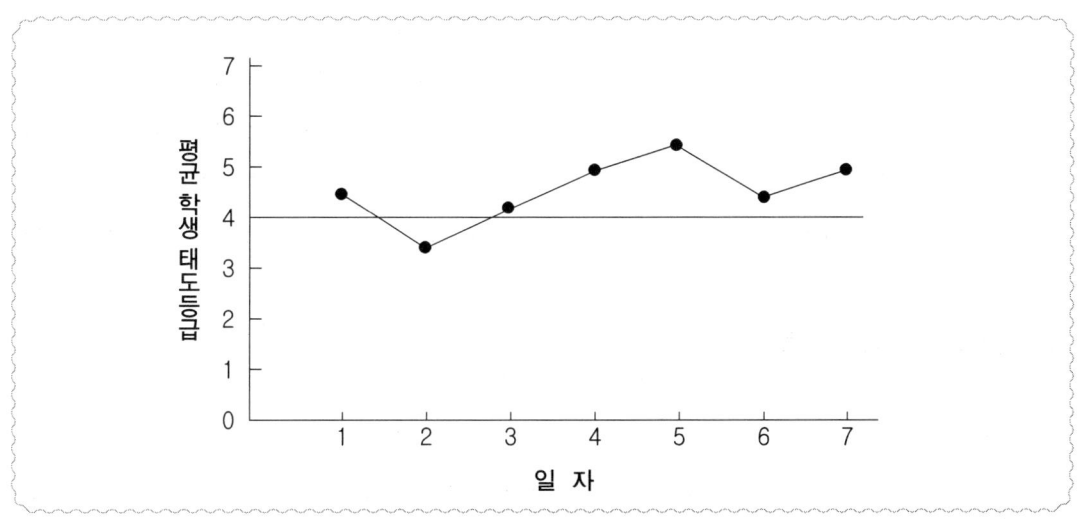

그림 9-2. 조깅에 대한 학생들의 태도

2. 감성행위 검사의 실제

1) 감성행위 검사의 이용

스포츠와 신체활동에서 감성행위의 측정은 체육수업에서 학생 개개인의 감성행위와 학급의 감성행위 수준을 평가하며, 수행 중인 연구에서 감성행위를 조절하기 위하여 이루어진다.

먼저 학생 개개인의 감성행위를 고려해야 하는데, 이 경우 교사들은 체육, 스포츠정신, 자아개념에 대한 학생들의 태도에 관심을 표시한다. 많은 체육교사들은 학생의 태도가 점수의 중요한 요소가 되어야 한다고 생각한다. 게다가 보통 교사들은 체육수업에 참가한 학생들의 태도에 관심이 높다. 즉 수업 중 학생의 행위와 태도는 가끔 다음 질문에 대한 대답을 근거로 하여 판정된다. "적절한 유니폼을 입었는가?", "학생이 열심히 수업을 받는가?", "학생이 수업 후에 샤워를 하는가?" 등이다.

체육에서 학생들의 감성행위를 평가하기 위하여 개발된 검사도구가 없고, 비록 그 분야에서 많은 검사방법이 개발되었지만, 몇 년 전에 개발된 검사방법의 표준을 현재에 적용시키기에는 무리가 있다. 운동과학 분야에서 이용된 여러 가지 감성행위의 검사방법이 본 장의 끝부분에서 언급될 것이다.

체육에서 대부분의 감성목록은 집단행동을 조사하는데 이용되고 있다. 체육수업에 대한 태도목록을 분류하여 관리하고 학급자료의 평균과 표준편차를 계산하여 체육프로그램 평가의 일부분으로 사용하는 것이 적절하다. 만약 학생들의 수업태도가 부정적일 경우 체육교사는 보다 긍정적인 환경을 조성하기 위하여 새로운 방법을 시도할 수 있다. 그러나 체육수업에 대한 태도를 점수로 결정하기 위하여 태도목록에 학생들의 점수를 이용하는 것은 부적절하다.

2) 감성행위의 검사방법

흥미를 감성행위로 검사하기 위하여 여러 가지 검사방법들이 운동과학자에 의해 개발되었으나, 정확한 표준자료를 토대로 한 교육적·심리적 검사를 위한 측정도구는 거의 없다(APA, 1985). 대부분 신뢰도는 높게 나타난 반면 내용타당도와 구성타당도는 불충분하였으며, 빈번히 무시되기도 하였다. 여기에서는 다음의 네 가지 형태의 검사도구를 설명한다.

① 긴장과 불안, ② 사회적 행동, ③ 태도, ④ 스포츠정신과 지도력

1 _ 긴장과 불안

긴장목록(Miller and Allen, 1982)

검사목적 : 개개인의 긴장 수준을 측정하기 위하여
설   명 : 목록이 표 9-3에 제시되었다.
논   평 : 여러 가지 긴장척도들에 관한 정보를 제공한다. 이런 관점에서 이 목록은 논리적인 타당성을 가질 것이다. 여러 항목에 "예"라고 표시한 대상자는 분명히 높은 수준의 긴장을 느끼는 것으로 간주되고, 낮은 수준의 긴장을 느끼는 사람은 대부분의 항목에 "아니오"라고 응답할 것이다. 모든 사람이 어느 정도의 긴장을 느끼고 있기 때문에 모든 도구에서 "아니오"라고 답하는 것은 어려운 일이다.

표 9-3. 긴장목록

예	아니오	다음의 질문에 "예"혹은 "아니오"로 답하시오
☐	☐	1. 두통과 요통을 자주 경험합니까?
☐	☐	2. 의자에 앉아서 대화를 나눌 때 편안한 자세를 유지하기 위해 계속 움직입니까?
☐	☐	3. 저녁에 잠자리에 들었을 때 곧바로 잠을 못잡니까?
☐	☐	4. 불쾌한 일이 발생했을 때 이빨을 자주 갑니까?
☐	☐	5. 즉시 해결이 안되는 문제에 직면하였을 때 쉽게 화를 내거나 좌절합니까?
☐	☐	6. 피곤하다고, 자주 불평합니까?
☐	☐	7. 강렬하게 집중할 때 얼굴에 나타납니까?
☐	☐	8. 짜증을 부릴 때 목적 없이 억지로 손가락을 자주 움직입니까?
☐	☐	9. 앉거나 걸을 때 자세가 뻣뻣하게 보입니까?
☐	☐	10. 한번에 한 가지 문제에 집중할 수 없습니까?
☐	☐	11. 자발적으로 긴장을 풀 수 없습니까?
☐	☐	12. 신경과민이나 불안한 느낌을 자주 경험합니까?
☐	☐	13. 계획이 중단되거나 변경될 때 화를 냅니까?
☐	☐	14. 스포츠, 검사점수가 일상생활에서 경쟁적입니까?
☐	☐	15. 시간을 잘 지킵니까?
☐	☐	16. 열심히 노력했지만 실패했을 때 극도의 불만과 불안을 경험한 적이 있습니까?
☐	☐	17. 공격적인 사람입니까?
☐	☐	18. 너무 바빠서 신체활동에 참여할 시간이 없습니까?
☐	☐	19. 하루 일과를 계획하거나 시간 계획을 자주 세웁니까?
☐	☐	20. 실수를 할 때 스스로 비판합니까?
☐	☐	21. 하루가 끝날 무렵 긴장을 느낍니까?
☐	☐	22. 다른 사람이 약속에 늦을 때 참을성이 부족합니까?
☐	☐	23. 자신을 위해 목표나 성취수준을 높게 세웁니까?
☐	☐	24. 나쁜 분위기를 자주 경험합니까?
☐	☐	25. 당신의 믿음과 신념에 다른 사람이 동의하지 않을 때 완고합니까?

스포츠경쟁불안 검사(Martens, 1977)

검사목적 : 스포츠 경쟁불안 구성과 특성에 대한 개개인의 차이를 측정하기 위하여
설 명 : 어린이들을 위한 스포츠 경쟁불안 검사(SCAT-C)는 표 9-4에 제시되었다.
측 정 도 구 : 검사용지와 연필
채 점 방 법 : 문항 2, 3, 5, 8, 9, 12, 14, 15번은 다음 척도를 이용하여 채점한다.
　　　　　　1=거의 하지 않는다
　　　　　　2=때때로
　　　　　　3=자주
　　　　　　문항 6과 11은 다음 척도를 이용하여 채점한다.
　　　　　　1=자주
　　　　　　2=때때로
　　　　　　3=거의 하지 않는다
　　　　　　문항 1, 4, 7, 10, 13과 나머지는 채점하지 않는다. 불안보다는 다른 경쟁요소에 주의를 집중시키기 위하여 가짜 문항으로서 목록에 포함되었다.
타 당 도 : 내용타당도는 문항의 문법 투명성과 내용타당도의 6개 판정에 의한 평가를 토대로 구한다. 스포츠 경쟁불안 검사(SCAT-C)의 고득점자는 저득점자보다, 긴장감이 높은 경쟁상황에서 보다 높은 A상태를 나타낸다.
신 뢰 도 : 5, 6, 8, 9학년 남녀 학생들을 대상으로 검사-재검사 신뢰도의 경우 당일 신뢰도계수 $r=0.85\sim0.93$이었고, 검사-재검사 신뢰도 범위는 $r=0.61\sim0.87$이었다. r_{xx}가 신뢰도를 평가하기 위하여 계산될 때 상관계수 범위가 $r=0.68\sim0.89$이었다.
규 준 : 초등학교 4~6학년, 중학교 1~3학년의 청소년들을 위한 표준점수와 백분율 규준이 표 9-5와 표 9-6에 제시되었다.
논 평 : 이 검사는 집단자료를 관리하는데 용이하다.

표 9-4. 어린이들을 위한 스포츠 경쟁불안 검사(Illinois 경쟁 설문지) C형

지 침

우리는 당신이 경쟁을 어떻게 느끼고 있는지 알기를 원합니다. 당신은 경쟁이 무엇인지 알고 있으며 우리 모두는 항상 경쟁을 합니다. 우리는 어떤 일이든지 형제나 친구보다 더 잘하려고 노력합니다. 또한 게임에서 보다 나은 점수를 받으려고 합니다. 우리는 학급에서 가장 좋은 점수를 받고, 상을 타려고 노력합니다. 이렇게 우리 모두는 스포츠와 게임에서 서로 경쟁을 합니다. 남녀 어린이들이 스포츠와 게임에서 경쟁을 할 때, 그들이 어떻게 느끼는가를 묻는 방법을 아래에 제시하였습니다. 다음의 문제를 읽고 느낌을 결정하십시오. 만약 당신이 별로 느끼지 않는다면 A에 표시하고, 가끔은 B, 자주는 C에 표시하시오. 정확한 답이 없더라도 어느 한 상황에 너무 많은 시간을 보내지 마시오.

(계속)

스포츠 경기에서 경쟁을 할 때, 어떻게 느끼고 있는지 질문에 답하시오.

	별로 느끼지 않음	가 끔	자 주
1. 다른 사람과의 경쟁은 재미 있다.	A	B	C
2. 경쟁하기 전 불안을 느낀다.	A	B	C
3. 경쟁하기 전 잘 실행할 수 있을지 걱정한다.	A	B	C
4. 경쟁을 할 때 훌륭한 스포츠인이다.	A	B	C
5. 경쟁을 할 때 실수하는 것을 걱정한다.	A	B	C
6. 경쟁하기 전에는 조용하게 있는다.	A	B	C
7. 경쟁을 할 때 목표를 정하는 것이 중요하다.	A	B	C
8. 경쟁하기 전 위에서 이상한 느낌이 든다.	A	B	C
9. 경쟁하기 직전 심박수가 빨라진다.	A	B	C
10. 격렬한 경기를 좋아한다.	A	B	C
11. 경쟁하기 전 편안함을 느낀다.	A	B	C
12. 경쟁하기 전 안절부절못한다.	A	B	C
13. 팀 스포츠가 개인 스포츠보다 재미있다.	A	B	C
14. 게임을 시작하려고 할 때 흥분한다.	A	B	C
15. 경쟁하기 전 보통 긴장한다	A	B	C

표 9-5. 스포츠 경쟁불안 검사(SCAT-C)의 규준 자료(초등학교 4~6학년)

원점수	남 자		여 자	
	표준점수	백분율	표준점수	백분율
30	730	99	688	99
29	709	99	669	97
28	687	99	649	96
27	665	97	630	91
26	644	93	610	88
25	622	90	591	84
24	601	85	571	76
23	579	79	552	70
22	558	73	532	63
21	536	66	513	53
20	515	59	493	49
19	493	51	473	42
18	472	43	454	35
17	450	37	434	30
16	429	30	415	26
15	407	24	395	19
14	486	18	376	17
13	364	12	356	12
12	342	8	337	9
11	321	4	317	5
10	299	2	298	2

표 9-6. 스포츠 경쟁불안 검사(SCAT-C)의 규준 자료(중학교 1~3학년)

원점수	남 자		여 자	
	표준점수	백분율	표준점수	백분율
30	744	99	734	99
29	722	99	711	99
28	700	99	688	98
27	678	97	666	97
26	656	95	643	92
25	634	90	620	88
24	612	87	597	85
23	590	84	575	80
22	568	77	552	74
21	546	71	529	67
20	524	63	507	56
19	502	56	484	48
18	480	46	461	39
17	458	41	438	31
16	436	33	416	24
15	415	28	393	16
14	393	21	370	14
13	371	13	347	10
12	349	9	325	6
11	327	2	302	2
10	305	1	279	1

2_ 사회적 행동

Cowell의 사회적응 지수(Cowell, 1958)

검사목적 : 학생들의 사회적응내용(긍정적, 부정적)을 측정하기 위하여
설   명 : 표 9-7과 표 9-8에 제시된 바와 같이 척도 A형과 B형이 있다.
측정도구 : 검사용지와 연필
채점방법 : 총점은 A형 검사지 10개 문항 점수의 합에서 B형 검사지 10개 문항 점수의 합을 뺀 값이다.
타 당 도 : $r_{xy}=0.63$, $r_{xy}=0.50$
신 뢰 도 : $r_{xx'}=0.82$
규   준 : 남자 고등학교 학생들을 대상으로 한 규준자료가 이용 가능하다.
논   평 : 이 지수는 Cowell에 의해서 개발되었고, 12~17세 남녀 청소년들에게 적용될 수 있다.

표 9-7. Cowell의 사회적응 지수(A형)

> **지시사항**
> 집단상황에서 학생들의 행동을 주의깊게 관찰하고 표현 정도에 따라 행동경향을 체크하라.

행위의 특성	학생 표현			
	뚜렷이 (+3)	약간 (+2)	아주 약간 (+1)	전혀 (0)
1. 진정으로 그리고 기쁘게 사교 의도를 이해한다.	☐	☐	☐	☐
2. 솔직하고, 수다스럽고, 사교성이 있으며 격식을 차리지 않는다.	☐	☐	☐	☐
3. 자신감과 신뢰성이 있고 성공을 당연한 일로 여긴다. 솔선수범하고 앞장서기를 좋아한다.	☐	☐	☐	☐
4. 동작이 빠르고 명확하며 엄청난 에너지를 발산한다.	☐	☐	☐	☐
5. 집단활동, 일, 놀이를 선호한다. 개별적인 일에 쉽게 만족하지 않는다.	☐	☐	☐	☐
6. 새로운 환경에 적응을 잘 하고, 변화를 좋아한다.	☐	☐	☐	☐
7. 침착하고 당황함을 결코 보이지 않는다.	☐	☐	☐	☐
8. 정신적으로 의기양양하고 결코 우울하거나 침울하지 않는다.	☐	☐	☐	☐
9. 폭넓은 우정을 찾고 동료나 게임에 배타적이 아니다.	☐	☐	☐	☐
10. 낯선 사람에게 친절하고 친구를 쉽게 사귄다.	☐	☐	☐	☐

표 9-8. Cowell의 사회적응 지수(B형)

> **지시사항**
> 집단상황에서 학생들의 행동을 주의깊게 관찰하고 표현 정도에 따라 행동경향을 체크하라.

행위의 특성	학생 표현			
	뚜렷이 (+3)	약간 (+2)	아주 약간 (+1)	전혀 (0)
1. 약간 수줍어하고, 어색하며, 사교적 모임에서 쉽게 당황한다.	☐	☐	☐	☐
2. 숨기는 경향이 있고 틀어박히기를 좋아하며 대화를 회피한다.	☐	☐	☐	☐
3. 자신감과 솔선수범이 부족하다.	☐	☐	☐	☐
4. 동작이 느리고, 깊이 생각하며, 우유부단하고, 에너지 분출이 보통이거나 부족하다.	☐	☐	☐	☐
5. 오직 일과 놀이를 좋아하고, 집단활동을 피하는 경향이 있다.	☐	☐	☐	☐
6. 새로운 상황 만들기를 두려워한다.	☐	☐	☐	☐
7. 부끄러워하고, 쉽게 당황하며, 소심하고 수줍어한다	☐	☐	☐	☐
8. 의기소침하는 경향이 있고, 자주 우울하거나 침울해한다.	☐	☐	☐	☐
9. 좁은 범위의 친밀한 우정을 선호하고 인간관계에서 다른 사람을 제외시키는 경향이 있다.	☐	☐	☐	☐
10. 친밀한 우정과 거리가 멀다.	☐	☐	☐	☐

> **Blanchard 행동등급 척도**(Blanchard, 1936)
>
> 검사목적 : 학생들의 개성과 특성을 측정하기 위하여
> 설   명 : 표 9-9에 제시된 바와 같이 학급에서 학생들을 평가하기 위하여 교사들이 이용한다. 교사는 각 항목에 학생들의 행위평가를 가장 잘 반영하는 문항에 표시한다.
> 측정도구 : 검사용지와 연필
> 채점방법 : 총점은 24개 문항 전체에 응답한 수의 합이다. 획득 가능한 최고 점수는 120점이다.
> 타 당 도 : $r_{xy} = 0.93$
> 이 계수는 동일한 특성을 측정하는 문항 간의 상관계수를 이용한 것이다.
> 신 뢰 도 : $r_{xx'} = 0.71$
> 교사와 학생 평가자 점수의 상관계수를 이용한 것이다(상호평가자 일치).
> 규   준 : 규준자료는 발표되지 않았지만, 부분적인 규준이 여러 학교와 학급을 대상으로 쉽게 만들어질 수 있다.
> 논   평 : 이 척도는 12~17세 남녀 어린이들에게 이용될 수 있으나, 몇몇 문항은 학생들의 특성을 평가하는데 편견을 초래할 수 있다. 예를 들면 문항 24 '우호적인' 것에 주목하라. 교사가 5등급으로 평가하기 위해서 학생들에게 어떤 행동을 기대할 수 있는가? 그 등급은 무엇이며, 다른 교사가 동일한 학생에게 똑같은 등급 판정을 내릴 수 있는가?

표 9-9. Blanchard 행위빈도등급 척도

개인정보	조사빈도수	결코 아니다	좀처럼 아니다	적절히 자주	자주	아주 자주	점수
지도력							
1. 급우들에게 인기가 있다.		1	2	3	4	5	
2. 교실에서 책임감을 찾는다.		1	2	3	4	5	
3. 수업시간에 지적인 지도력을 보여준다.		1	2	3	4	5	
능동적이고 활동적인 특성							
4. 참을성을 요구하는 일을 그만둔다.		5	4	3	2	1	
5. 다른 사람과의 관계에서 적극성을 보인다.		1	2	3	4	5	
6. 익숙하지 않은 상황에서 책임을 지는데 솔선수범을 보인다.		1	2	3	4	5	
7. 새로운 기회를 경계한다.		1	2	3	4	5	
능동적이고 정신적인 특성							
8. 열망하는 마음을 보여준다.		1	2	3	4	5	
9. 자발적인 생각		1	2	3	4	5	
자기억제							
10. 급우들의 결정에 불평을 한다.		5	4	3	2	1	
11. 급우나 교사에게 화를 내지 않고 정당한 비판을 받아들인다.		1	2	3	4	5	

(계속)

개인정보	조사빈도수	조사빈도					점수
		결코 아니다	좀처럼 아니다	적절히 자주	자주	아주 자주	
협 력							
12. 집단에 충성한다.		1	2	3	4	5	
13. 집단의 책임을 잘 실행한다.		1	2	3	4	5	
14. 교사에 대한 태도가 협조적이다.		1	2	3	4	5	
사회활동 기준							
15. 큰 목소리로 비평하거나 논평한다.		5	4	3	4	1	
16. 다른 사람의 권리를 존중한다.		1	2	3	4	5	
윤리적 사회적 특성							
17. 속인다.		5	4	3	2	1	
18. 솔직하다.		1	2	3	4	5	
효율의 특성							
19. 할당된 일을 교묘히 속이면서 만족한 것처럼 보인다.		1	2	3	4	5	
20. 신뢰할 수 있고 믿을 수 있다.		5	4	3	2	1	
21. 좋은 공부 습관을 가지고 있다.		1	2	3	4	5	
사회성							
22. 다른 사람으로부터 사랑을 받는다.		1	2	3	4	5	
23. 집단에서 다른 사람에게 친절하게 접근한다.		1	2	3	4	5	
24. 친절하다		1	2	3	4	5	

3_ 태 도

신체활동에 대한 태도목록(Kenyon, 1968)

검사목적 : 신체활동에서 능동적 또는 수동적인 참여에 대한 6가지 태도특성을 측정하기 위하여
설   명 : 건강과 체력 척도에서 검사 문항과 신체활동의 관계에서 6가지 특성 중 한 가지가 표 9-10에 제시되었다. 신체활동에 대한 태도의 목록(ATPA)이 Kenyon에 의해서 개발되었다. 6가지 특성과 각 특성에 대한 간단한 설명이 아래에 제시되었다.
  1. 사회적 경험……신체활동은 사회관계의 매개체로서 가치가 있다.
  2. 건강과 체력……신체활동은 건강과 체력증진에 영향을 주기 때문에 가치가 있다.
  3. 혼란의 추구……신체활동은 참가자에게 위험요소를 제거하는 수단으로서 가치가 있다.
  4. 미적인 경험……신체활동은 참가자들에게 미적 요소를 제공하고 동작의 아름다움을 경험하게 하는 수단으로 가치가 있다.
  5. 정신적 정화……신체활동은 긴장을 해소시킴으로서 본성을 정화시키는데 가치가 있다.
  6. 금욕……신체활동은 힘든 훈련에 헌신적으로 자기를 희생하는 수단으로서 가치가 있다.
측 정 도 구 : 검사용지, 연필

채 점 방 법 : 신체활동에 대한 태도(ATPA) 목록의 각 척도는 개별적으로 채점한다. 그래서 수험생은 각 척도에 한 개씩 총 6개 점수를 받는다. 신체활동에 대한 한 가지 태도 척도를 얻기 위해 6개 점수를 합산해서는 안된다. 6개의 각각의 점수가 수험생의 태도를 가장 정확하게 설명해 주기 때문에 총점수를 산출할 필요가 없다.

문항에 대한 응답은 7점 척도를 이용하여 "매우 강력한 불일치"에서부터 "매우 강력한 동의"에 이르기까지 포함한다. 각 특성에 따른 가능한 최대점수는 표 9-11에 제시되었다.

영역점수를 합산하기 전에 여러 문항의 채점은 반대로 해야 한다. 예를 들어 건강과 체력 척도 문항에서 힘이 세고, 우수한 체력이 생활에 가장 중요한 것은 아니다. 이 진술에 동의하는 대상자는 7점을 얻을 것이다. 그러나 진술이 부정적으로 표현되었기 때문에 그 점수는 체력에 대한 부정적인 태도로서 1점으로 변환시켜야 한다. 문항을 채점할 때 채점 척도를 유지한다.

타 당 도 : Kenyon은 신체활동에 대한 6가지 태도 특성을 요인분석(factor analysis)을 적용하여 검증하였다. 신체활동에서 능동적, 수동적인 참여에 대한 6가지 특성의 태도를 적절하게 나타냈다고 전문가들은 보고하고 있다. 집단의 차이를 이용하여 구조타당도에 대한 수많은 연구가 실행되었다. 일반적으로 성별 남녀 척도에 차이가 있는 것처럼 운동선수와 비 운동선수들의 척도에서도 차이가 나타났다.

신 뢰 도 : 총 6가지 특성에서 남녀의 당일 측정 신뢰도 계수가 표 9-12에 제시되었다.

규 준 : 여러 연구의 평균과 표준편차의 자료는 많이 제시되었지만 규준 자료는 발표되지 않았다.

논 평 : 신체활동에 대한 태도 검사는 스포츠사회학자에 의해 개발된 목록으로 조사현장에서 사용되고 있으며, 고등학생에서부터 남녀 대학생들에게 적절하게 이용될 수 있다.

표 9-10. 건강과 체력 척도의 문항

VSA	SA	A	U	D	SD	VSD	
VSA	SA	A	U	D	SD	VSD	·신체활동을 하는 이유의 첫번째 목적이 체력증진은 아니다.
VSA	SA	A	U	D	SD	VSD	·기회가 주어지면 가벼운 신체활동을 통하여 강한 신체활동을 택할 것이다.
VSA	SA	A	U	D	SD	VSD	·대부분 나의 일상생활을 과격한 운동에 투자한다.
VSA	SA	A	U	D	SD	VSD	·강하게 되고 건강이 매우 좋다고 해서 건강이 인생에 가장 중요한 것이 아니다.
VSA	SA	A	U	D	SD	VSD	·매일 미용체조를 하는데 소비한 시간은 여러 가지로 유리하게 이용될 수 있다.
VSA	SA	A	U	D	SD	VSD	·근력과 스태미나는 일생에서 가장 중요한 필요조건이다.
VSA	SA	A	U	D	SD	VSD	·신체활동 가운데 미용체조는 바람직하지 못한 활동 유형 중의 하나이다.
VSA	SA	A	U	D	SD	VSD	·미용체조를 하루 20~30분 동안 활발하게 해야 한다.
VSA	SA	A	U	D	SD	VSD	·모든 신체활동의 목적은 체력을 유지하거나 향상시키는 것이다.
VSA	SA	A	U	D	SD	VSD	·활발하고 일상적인 운동은 건강을 유지하는데 절대적으로 필요하다.

VSA : Very strongly agree 매우 강한 긍정, SA : Strongly agree 강한 긍정, A : Agree 긍정,
U : Undecided 결정 못함. 잘 모르겠음, D : Disagree 부정, SD : Strongly disagree 강한 부정,
VSD : Very strongly disagree 매우 강한 부정

표 9-11. ATPA 특성의 최고점수

	남 자	여 자
사회성	70(10개 문항)	56(8개 문항)
건강과 체력	70(10개 문항)	77(11개 문항)
혼란	70(10개 문항)	63(9개 문항)
미	70(10개 문항)	63(9개 문항)
정화	63(9개 문항)	63(9개 문항)
금욕	70(10개 문항)	56(8개 문항)

표 9-12. ATPA의 당일 신뢰도 계수

	남 자	여 자	인 원
사회적 경험			
미 국	.782	.794	120
영 국	.783	.790	120
건강과 체력			
미 국	.866	.883	120
영 국	.782	.840	120
혼란의 추구			
미 국	.910	.883	120
영 국	.867	.806	120
미적 경험			
미 국	.865	.915	120
영 국	.851	.839	120
정신적 정화			
미 국	.859	.873	120
영 국	.884	.868	120
금 욕			
미 국	.874	.892	120
영 국	.780	.789	120

신체활동에 대한 태도목록(Kenyon, 1968)

검사목적 : 적극적인 신체활동에 대한 어린이들의 태도를 측정하기 위하여
설　　　명 : 신체활동에 대한 어린이들의 태도(CATPA ; Children's Attitude Toward Physical Activity)는 신체활동에 대한 태도(ATPA) 이후에 만들어졌다. 특성에 따라 의미차별의 척도가 이용되었고, 8쌍의 상반된 형용사를 기초로 각 특성의 값을 평가하기 위하여 사용되었다. CATPA 사회적 특성을 위한 문항들이 표 9-13에 제시되었다.
측 정 도 구 : 검사용지, 연필

채 점 방 법 : 6개 CATPA 척도는 개별적으로 채점한다. 각 쌍의 상반된 형용사는 7점 척도로 분리되고, 각각 8개 형용사 쌍에 부여된 숫자는 한 가지 특성에 대한 수로 합산된다. 각 특성의 최고점수는 56이다.

타 당 도 : 6개 ATPA 특성은 동일한 연령의 어린이들을 묘사하는 것으로 가정되었다. 고행을 제외한 CATPA 특성의 이름은 ATPA에서 사용된 이름과 동일하다. 특성에 대한 설명은 동일한 연령의 어린이들을 위해 변경되었다. 구조타당도에 관한 연구에서 CATPA에 대한 어린이들의 점수가 신체활동에서 능동적인 일과 중요하게 관련된 것으로 나타났지만 운동기술 잠재력과는 어떠한 관계도 없었다.

신 뢰 도 : $r_{xx'}$ = 0.80 − 0.89, 당일 평가 ; $r_{xx'}$ = 0.44 − 0.62, 검사−재검사 평가

규 준 : 규준 자료가 발표되지 않았다.

논 평 : 초·중학교에서 프로그램 평가에 유용하다.

표 9-13. CAPTA의 사회적 영역을 위한 항목

다음의 제시된 글은 당신에게 무엇을 의미하는가?
사회경험으로서 신체활동 ; 신체활동은 사람을 만나고 친구와 함께 있을 기회를 제공한다.

	위에서 제시한 내용을 항상 생각하라.						
1. 좋 은	1	2	3	4	5	6	7	나 쁜
2. 소용없는	1	2	3	4	5	6	7	유용한
3. 기쁘지 않은	1	2	3	4	5	6	7	기 쁜
4. 고통스러운	1	2	3	4	5	6	7	안락한
5. 괜찮은	1	2	3	4	5	6	7	지독한
6. 행복한	1	2	3	4	5	6	7	슬 픈
7. 더러운	1	2	3	4	5	6	7	깨끗한
8. 안정된	1	2	3	4	5	6	7	불안정한

신체적 자존감과 신체활동의 흥미척도(Sonstroem, 1974)

검사목적 : 격렬한 신체활동에서 흥미(attraction)와 신체적 자존감(estimation)의 특성을 측정하기 위하여

설 명 : 신체적 자존감과 흥미 척도(PEAS)는 무작위 순서로 11개의 중립적 문항, 50개의 흥미 문항, 33개의 자존감 문항을 포함하고 있다. 표 9-14에 몇 가지 문항이 제시되었고 두 가지 응답 선택이 있다. 만약 수험생이 그 상황에 동의할 경우 "참", 그렇지 않을 경우 "거짓"으로 응답한다. 수많은 문항들이 수험생에게 한 가지 활동에 선택을 요구하는 강요−선택 유형에 관한 것이다.

측 정 도 구 : 검사용지, 연필

채 점 방 법 : 정확한 응답에 1점

타 당 도 : 구조타당도에 관한 많은 연구가 실행되었다(Sonstroem, 1978). PEAS의 흥미와

신 뢰 도	자존감에서 체력이 우수한 어린이와 저조한 어린이의 점수는 큰 차이를 보였다. 신체적 자존감과 체력 사이, 신체적 자존감과 흥미 사이에는 중정도 상관이 보고되었다.
	: $r_{xx'}$ = 0.87, 당일 측정의 흥미 척도 ; $r_{xx'}$ = 0.87, 당일 측정의 자존감 척도 ; $r_{xx'}$ = 0.99 검사-재검사 평가
규 준	: 규준 자료가 발표되지 않았다.
논 평	: 본 척도는 남녀성인과 청소년들에게 사용되고 있지만, 타당도는 거의 청소년을 대상으로 하여 결정되었다. PEAS 항목에 대한 응답이 왜곡될 수 있고, 점수가 응답자료로부터 영향을 받을 수 있기 때문에 왜곡단위를 사용하는 것이 바람직하다. 이러한 목적을 위한 척도는 검사개발자에 의해 개발되어야 한다.

PEAS : Physical Estimation and Attraction Scale

표 9-14. PEAS로부터 예시 문항

자존감 문항	
문항 6	나의 몸은 비슷한 나이의 다른 남자어린이들과 비교하여 힘이 세고, 근육이 잘 발달되어 있다.
문항 26	나는 다른 사람들 보다 조정력이 좋다.
문항 33	나는 친구보다 아주 힘이 세다.
흥미 문항	
문항 4	나는 차를 타고 외출하는 것보다 차라리 소프트볼 놀이를 할 것이다.
문항 17	나는 오랫동안 달리기를 요구하지 않는 스포츠를 좋아한다.
문항 34	나는 소프트볼보다는 차라리 포커놀이를 할 것이다.

Wear 태도 척도(Wear, 1955)

검사목적	: 체육에 대한 태도를 측정하기 위하여
설 명	: A, B형 두 가지 척도가 개발되었고, A형이 표 9-15에 제시되었다. 학생들은 체육수업 시간에 배운 내용을 인지에 따라 답을 해야 한다. 다음과 같이 5개 응답이 가능하다. "강하게 동의", "동의", "미결정", "동의하지 않음", "강하게 동의하지 않음". 학생들은 익명으로 대답해야 하고, 응답은 체육점수에 영향을 미치지 않는다는 것을 알린다.
측정도구	: 검사용지, 연필
채점방법	: 총점은 30개 문항에 대한 점수의 합이다. 긍정적으로 표시된 문항은 5-4-3-2-1로 채점하고, 부정적으로 표현한 문항은 1-2-3-4-5로 채점한다. 높은 점수는 체육에 대한 긍정적인 태도를 반영한다.
타 당 도	: 내용타당도
신 뢰 도	: $r_{xx'}$ =0.94 A형 ; $r_{xx'}$ =0.96 B형
논 평	: 심리적 특성이 오늘날의 표준에 의해 강화되었지만, Wear 태도 척도는 가장 좋은 감성 검사의 하나로서 오랫동안 사용되고 있다.

표 9-15. Wear 태도 척도(A형)

1. 어떠한 이유로 교과과정에서 몇 과목은 제외시킬 경우 그 중 한 과목은 체육이어야 한다.
2. 체육활동은 감정을 조절하기 위한 학습기회를 제공해 주지 못한다.
3. 체육활동은 바람직한 사회기준을 유지하고 수립하는데 도움을 주는 중요한 과목 중 하나이다.
4. 과도한 신체활동은 유해한 감정적 긴장을 해소시키지 못한다.
5. 만약 그것이 요구되었다면 나는 오로지 체육을 택할 것이다.
6. 체육활동의 참여는 개발에 기여하지 않는다.
7. 신체적 기술은 청소년들에게 점차 중요하기 때문에 기술을 향상시키고 습득하기 위해서는 도움을 받는 것이 필수적이다.
8. 규칙적인 미용체조는 건강에 유익하다.
9. 활동적인 게임이나 스포츠에서 기술은 가장 충만한 삶을 유지하기 위해 필요하지 않다.
10. 체육은 신체에 유익하기보다 해롭다.
11. 체육활동을 통하여 다른 사람과 교제하는 것은 즐거운 일이다.
12. 체육수업은 보다 좋은 시민을 만드는 태도의 형성을 위한 장소를 제공한다.
13. 체육하는 장소는 친구를 사귀기 위한 보잘것없는 곳이다.
14. 체육기술은 삶을 풍요롭게 하는데 기여한다.
15. 체육기술은 삶의 풍요에 가치 있게 기여를 한다.
16. 사람들은 그들이 일상업무를 돌보는데 필요한 모든 신체활동을 한다.
17. 신체적으로 활동가능한 사람에게 매일 1시간의 체육은 도움이 될 것이다.
18. 체육은 일상생활을 위한 근력과 지구력을 증가시키는데 가치가 있다.
19. 체육은 여러 가지 신체활동에서 사람들에게 서로를 능가하라고 격려함으로써 사회성을 분열시킨다.
20. 체육활동의 참가는 생활에 보다 건전한 전망에 도움이 된다.
21. 체육은 사교성을 향상시키는데 어떠한 도움이 되지 않는다.
22. 체육수업 활동은 신체적 긴장을 해소시키는데 도움을 줄 것이다.
23. 체육활동 참여는 사람에게 건강하고 감성적인 생활을 유지하는데 도움이 된다.
24. 체육은 학교프로그램에서 가장 중요한 과목이다.
25. 신체적 행복에 관한 체육의 가치는 없다.
26. 모든 학교 프로그램에서 체육을 포함시켜야 한다.
27. 체육수업에서 습득한 기술은 사람에게 도움이 되지 않는다.
28. 체육은 인격을 향상시키기 위한 장소를 제공한다.
29. 체육은 보다 즐거운 삶에 도움이 된다.
30. 체육은 현대교육에서 주장할 만한 가치가 없다.

4 _ 스포츠정신과 지도력

운동선수의 경쟁에 대한 태도(Lakie, 1964)

검사목적 : 경쟁에 대한 선수들의 태도를 측정하기 위하여
설   명 : 표 9-16에 Lakie 척도가 제시되었다. 피검자들은 각 문항을 주의 깊게 읽고 가장 잘나타나는 행동을 표시한다.
측 정 도 구 : 검사용지, 연필

채점방법 : 각 문항 점수를 합산하고 부정적인 문항의 채점은 역순으로(5-4-3-2-1)로 한다. 점수가 높을수록 선수들은 보다 경쟁적이다. 높은 점수는 어떠한 희생을 감수하더라도 승리하기 위한 욕구에 영향을 미친다. 척도는 22개 문항을 포함하며, 가능한 최고 점수는 110점이다.
타 당 도 : 내용타당도
신 뢰 도 : $r = 0.81$
규   준 : 발표된 규준자료가 없다.
논   평 : Lakie 태도 척도는 현장에서 개발된 발표되지 않은 여러 다른 검사유형과 비슷하다. 경쟁에 관한 태도는 오랫동안에 걸쳐 변경되었고, 현재 사용되고 있는 몇 가지 적절한 행동은 보잘 것 없는 스포츠정신으로 간주되었다. 분명한 답을 가지고 있는 문항을 포함하지 않고서는 이러한 유형의 검사도구를 개발하는 것은 어려운 일이다.

표 9-16. 운동선수의 경쟁에 대한 Lakie 태도

다음의 상황은 스포츠에서 나타나는 행동을 표현하고 있다. 각 상황에 따라 설명된 행동에 대하여 당신의 느낌을 표시하라.   (1=강력히 찬성; 2=찬성; 3=미결정; 4=불찬성; 5=강력히 불찬성)

1	2	3	4	5	
1	2	3	4	5	1. 미식축구 경기에서 A팀은 45야드 선에 공을 가지고 있고, 최종 다운을 위해 1야드를 가야한다. 코치는 쿼터백에게 팀이 돌진하는 경기를 하라고 신호를 보낸다.
1	2	3	4	5	2. A팀은 방문한 농구팀이고, 선수들이 자유투를 던질 때마다 야유를 보낸다.
1	2	3	4	5	3. 테니스선수 A는 자주 소리치고, 팔을 들어 올리거나, 상대방의 서브가 의심스러울 때 아웃이라고 한다.
1	2	3	4	5	4. A팀은 1마일 달리기에서 한 사람에게 시합 절반 동안 빠른 속도로 달리게 한 후 탈락시킨다.
1	2	3	4	5	5. 미식축구에서 B팀의 쿼터백은 손을 대지 않거나 경기하지 않는데도 불구하고 태클을 받는다.
1	2	3	4	5	6. 골프를 치는 Sam은 드라이브를 거칠게 한다. 그는 우연히 발로 공을 움직였다. 공의 위치가 좋게 되지는 않았지만 벌점을 받았다.
1	2	3	4	5	7. 한 명의 농구선수가 수비에서 아웃되었고, 상대방에게 필드골을 허용하는 것보다 차라리 파울을 범했다.
1	2	3	4	5	8. 골프 시합 중 A선수는 B선수가 샷을 준비할 때 날카로운 소리와 빠른 동작을 취했다.
1	2	3	4	5	9. A학교는 강하지만 매우 느린 축구팀을 가지고 있다. 경기 전날 밤 그들은 운동장에 물을 뿌려 운동장이 질척거려 속도가 떨어지게끔 하였다.
1	2	3	4	5	10. A농구팀은 상대편의 고득점자를 파울로 유인하기 위하여 A선수를 이용하였다.

(계속)

1	2	3	4	5	11. A대학의 동문회에서는 선수들의 자격요건과 허가를 낮추도록 이사회에 압력을 가하였다.
1	2	3	4	5	12. 부상을 가장하여 A팀은 승리한 경기를 종료시킬 만큼 오랫동안 시간을 지연시킬 수 있었다.
1	2	3	4	5	13. 테니스선수 A는 백중한 경기에서 잘못된 판정의 장점을 얻었다. 그 후 공을 고의적으로 바깥으로 보내 판정을 동등하게 하였다.
1	2	3	4	5	14. A팀의 농구코치는 심판 판정에 항의하여 팀을 경기장에서 철수시켰다.
1	2	3	4	5	15. 시즌 중에 코치는 A대학에서 B대학으로 옮겼고, 그 후 A대학의 선수 세 명을 B대학으로 옮길 것을 설득하였다.
1	2	3	4	5	16. 백중한 미식축구 경기에서 진 후, 코치는 심판의 편파적인 판정을 공개적으로 비난하였다.
1	2	3	4	5	17. C대학은 운동 장학금을 받은 남자어린이의 입학조건을 완화하였다.
1	2	3	4	5	18. A팀의 벤치선수는 득점을 위하여 공이 땅에 닿기 전에 되받아 찼다. 심판들에게 들키지 않았으므로 그는 자기 팀의 벤치로 가버렸다. 그의 코치는 이 사실에 대하여 심판에게 알리지 않았다.
1	2	3	4	5	19. 운동 장학금을 줄 수 없는 A대학은 선수들에게 우선적으로 모든 형태의 학교 일을 준다.
1	2	3	4	5	20. C대학의 부유한 동문들은 재정적 도움이 필요한 여러 선수들에게 매달 선물을 준다.
1	2	3	4	5	21. K대학은 시합이 끝날 때까지 여러 대학과 교류를 허락하지 않은 정책을 가지고 있다.
1	2	3	4	5	22. C대학의 이사진은 축구코치를 사임시켰는데, 이는 지난 5년 동안 선수권대회에 우승하지 못했기 때문이다.

스포츠 지도력 설문지(Nelson, 1966)

검사목적 : 경기장에서 지도력을 측정하기 위하여

설　　명 : 두 개의 설문지가 만들어졌다(하나는 코치, 다른 하나는 팀 선수들을 위하여). 코치들을 위한 설문지는 14개 문항으로 구성되어 있고(표 9-17), 선수들을 위한 설문지는 20개 문항으로 구성되어 있다(표 9-18). 팀 구성원을 위한 용지에 대상자는 익명으로 첫 번째 선택(1번 아래)과 팀 구성원에 관한 두 번째 선택(2번 아래)을 기재해야만 한다. 팀 구성원의 이름이 여러 차례 사용될 수 있다. 대상자는 익명으로 설문지를 작성한다.

검사도구 : 검사용지, 연필

채점방법 : 설문지에 나오는 팀 구성원의 이름을 기입한다. 1번에 제시된 이름은 5점, 2번에 제시된 이름은 3점을 부여한다. 선수들의 점수를 더하고, 모든 설문지의 점수를 합산한다. 총점과 평균점수에 따라 선수들의 등위를 매긴다.

타　당　도 : 내용타당도 ; 지도자와 비지도자를 비교한 구성타당도

신　뢰　도 : $r_{xx'}$ = 0.96, 중학교 3학년 축구선수들 ; $r_{xx'}$ = 0.78, 대학 농구선수들(Johnson & Nelson, 1974)
규　　준 : 발표된 규준자료가 없다.
논　　평 : 검사지침이 설문지에 인쇄되어 제시되어야 하고, 남녀 중학생부터 대학생까지 이 설문지를 사용할 수 있다. Johnson과 Nelson(1974)은 선수들을 위한 수정된 설문지를 발표하였다. 이 설문지에서 특별한 스포츠종목에 따라 용어의 제한이 있고, 보다 광범위하게 적용되고 있다.

표 9-17. 스포츠 지도력 설문지(Nelson)-코치용

동일한 이름이 여러 차례 사용될 수 있고 어떤 경우에서든지 각 질문에 첫 번째와 두 번째 선택을 한다.
(1 : 5점, 2 : 3점)

1. 팀에서 가장 인기 있는 선수는 누구입니까?
    1.＿＿＿＿＿＿＿＿＿＿＿＿　　2.＿＿＿＿＿＿＿＿＿＿＿＿
2. 팀에서 농구전술과 팀 플레이에 대하여 가장 많이 알고 있는 선수는 누구입니까?
    1.＿＿＿＿＿＿＿＿＿＿＿＿　　2.＿＿＿＿＿＿＿＿＿＿＿＿
3. 선수들 가운데 경기의 결정적인 순간에 어떤 선수가 가장 평정심을 유지합니까?
    1.＿＿＿＿＿＿＿＿＿＿＿＿　　2.＿＿＿＿＿＿＿＿＿＿＿＿
4. 팀에 책임을 맡고 있는 선수는 누구입니까?
    1.＿＿＿＿＿＿＿＿＿＿＿＿　　2.＿＿＿＿＿＿＿＿＿＿＿＿
5. 팀에서 지속적으로 공을 가장 잘 다루는 사람은 누구입니까?
    1.＿＿＿＿＿＿＿＿＿＿＿＿　　2.＿＿＿＿＿＿＿＿＿＿＿＿
6. 팀에서 누가 가장 일관된 골잡이 선수입니까?
    1.＿＿＿＿＿＿＿＿＿＿＿＿　　2.＿＿＿＿＿＿＿＿＿＿＿＿
7. 팀에서 누가 가장 소중한 선수입니까?
    1.＿＿＿＿＿＿＿＿＿＿＿＿　　2.＿＿＿＿＿＿＿＿＿＿＿＿
8. 팀을 위해 경기를 가장 잘 한 두 명의 선수는 누구입니까?
    1.＿＿＿＿＿＿＿＿＿＿＿＿　　2.＿＿＿＿＿＿＿＿＿＿＿＿
9. 팀에서 종합적인 능력을 가지고 있는 선수는 누구입니까?
    1.＿＿＿＿＿＿＿＿＿＿＿＿　　2.＿＿＿＿＿＿＿＿＿＿＿＿

(계속)

10. 팀에서 누가 가장 호감이 가는 선수입니까?
    1. _____   2. _____
11. 최고의 코치가 되도록 만들 선수는 누구입니까?
    1. _____   2. _____
12. 만약 당신이 연습장에 나타나지 않을 경우 어느 선수가 당신의 책임을 집니까?
    1. _____   2. _____
13. 지도력의 자질을 타고난 선수는 누구입니까?
    1. _____   2. _____
14. 지도자 능력이 가장 적은 선수는 누구입니까?
    1. _____   2. _____

표 9-18. 스포츠 지도력 설문지(Nelson)-선수용

설문지에 이름을 적지 말고 질문에 가장 적합한 팀 구성원의 이름을 기입한다. 어떤 경우에도 첫 번째와 두 번째 선택을 한다. 자신의 이름을 써서는 안되며, 선수들의 이름이 여러 차례 사용될 수 있다.
(1 : 5점, 2 : 3점)

1. 만약 여행 중 호텔방을 공유해야 할 경우 어떤 선수와 할 것입니까?
    1. _____   2. _____
2. 팀에서 가장 인기 있는 선수는 누구입니까?
    1. _____   2. _____
3. 팀에서 학문이 가장 뛰어난 선수는 누구입니까?
    1. _____   2. _____
4. 팀에서 농구전술과 팀 플레이에 대해서 가장 많이 알고 있는 선수는 누구입니까?
    1. _____   2. _____
5. 연습경기에 코치가 나타나지 않을 경우 어떤 선수가 책임을 잘 집니까?
    1. _____   2. _____
6. 만약 중요한 시합 중 팀 분열이 일어났을 경우 어떤 선수가 가장 먼저 당신 말을 듣습니까?
    1. _____   2. _____

(계속)

7. 경기 10초를 남겨두고 팀이 1점 뒤져 있다면, 당신은 어떤 선수에게 패스할 것입니까?
   1._____   2._____

8. 선수들 가운데 경기의 결정적인 순간에 어떤 선수가 가장 평정심을 유지합니까?
   1._____   2._____

9. 팀에 책임을 맡고 있는 선수는 누구입니까?
   1._____   2._____

10. 팀에서 지속적으로 공을 가장 잘 다루는 사람은 누구입니까?
    1._____   2._____

11. 팀에서 누가 가장 일관된 골잡이입니까?
    1._____   2._____

12. 팀에서 누가 가장 소중한 선수입니까?
    1._____   2._____

13. 팀에서 가장 관심이 많고 헌신적인 선수는 누구이고 누가 팀을 위해 경기를 가장 잘 합니까?
    1._____   2._____

14. 팀에서 가장 종합적인 능력을 가진 선수는 누구입니까?
    1._____   2._____

15. 팀에서 누가 가장 호감이 가는 선수입니까?
    1._____   2._____

16. 팀에서 어떤 선수가 당신에게 영향을 가장 많이 미치는가?
    1._____   2._____

17. 실제로 어떤 선수가 당신을 가장 많이 도와줍니까?
    1._____   2._____

18. 최고의 코치가 되도록 만들 선수는 누구입니까?
    1._____   2._____

19. 가장 통솔력이 있는 선수는 누구입니까?
    1._____   2._____

20. 팀에서 가장 열심히 노력한 선수는 누구입니까?
    1._____   2._____

5 _ 기타 측정방법

운동자각도(Borg, 1982)

검사목적 : 운동 중 신체적 노력에 대한 지각력을 평가하기 위하여
설   명 : 표 9-19에 척도가 제시되었고 운동 중 규칙적인 간격으로 대상자는 신체노력에 대한 지각력에 영향을 미치는 등급을 선택한다. 어떤 시점에 평가가 이루어질 때 신체활동을 중단한다.
논   평 : Borg(1982)는 비율 특성을 가지고 있는 자각적 운동강도의 척도를 개발하였다. 표 9-19에 제시된 20점 척도가 응용연구를 위해 최상의 방법이다.

표 9-19. 운동자각도

6 7 8	아주 매우 가볍다.(Very, very light)
9 10	상당히 가볍다.(Very light)
11 12	가볍다.(Fairly light)
13 14	약간 힘들다.(Somewhat hard)
15 16	힘들다.(Hard)
17 18	상당히 힘들다.(Very hard)
19 20	아주 매우 힘들다.(Very, very hard)

(Borg, 1982)

CHAPTER 10
측정평가를 위한 통계방법

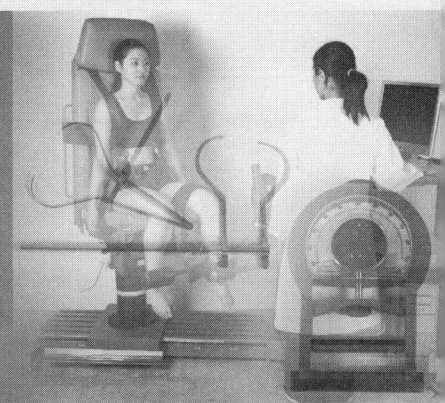

>>> 학습목표

1. 통계의 의의 및 개념을 이해한다.
2. 통계의 기본적 구성요인을 이해한다.
3. 집중경향치, 분산도, 표준점수, 상관도 등의 통계용어를 이해하고, 계산하고 해석할 수 있도록 한다.
4. 추리통계, 분산분석, 평균치의 사후비교를 할 수 있도록 한다.
5. SAS를 이용하여 기술통계량을 산출하고, t-검증과 상관분석을 할 수 있도록 한다.

1. 통계의 의의 및 개념

1) 통계의 의의

현대생활에서 통계는 진리탐구를 위한 모든 학문 분야의 조사연구와 스포츠현장, 경제상황 등 여러 분야의 일상생활에서 매우 중요한 비중을 차지하고 있다. 즉 각 종목 운동선수는 경기에 우승하기 위하여 최선을 다하고, 경제정책 담당자는 실업률을 낮추고 물가안정을 위하여 심혈을 기울인다. 기상대는 현재 혹은 예상되는 기온과 강우량을 포함한 정확한 날씨에 관한 정보를 제공하기 위하여 노력한다.

이와 같이 우리는 각종 통계지표를 참고하여 노력하며 생활하고 있으나 예상한 대로 이루어지지 않는다. 어떤 야구팀의 승률이 높다고 해서 그 팀이 반드시 승리하는 것도 아니다. 따라서 우리는 불확실성의 세계에서 살고 있는데, 통계학이란 이러한 불확실한 상황에서 합리적인 의사결정을 내리기 위한 방법론을 연구하는 학문이라 할 수 있다. 통계는 필요한 자료 및 정보를 체계적인 방법으로 수집하거나, 수집한 자료를 과학적이고 논리적인 이론에 의하여 정리·분석하는 것이다.

2) 통계의 개념

통계 statistics란 한 집단으로부터 얻은 점수·빈도 등의 자료를 통해 그 집단의 특성을 이해하려는 방법으로서, 점수나 빈도의 의미를 파악하고, 그와 관련된 사실 및 현상을 정확하고 간결하게 기술·설명·예측하는 수단이다. 즉 통계란 어떤 현상을 요약·기술해 주는 기능과 함께 관찰된 결과를 토대로 관찰되지 않은 현상에 대한 일반적 결론을 내리는 기능을 가지고 있다.

통계의 목적은 관찰대상이 되는 어떤 집단에서 관련된 특징(변인)을 파악하는 것으로서, 모집단이나 표본에 대한 관찰과 측정을 통하여 얻어진 자료를 정리하여 서술하거나, 모집단의 특성(모수 parameter)을 추측하는 것이다. 여기에서 추측은 통계적 추정과 검증에 의해서 이루어지는데, 그 방법에는 차이가 있다. 즉 추정은 표본조사에서 얻어진 통계를 기준으로 모수가 포함될 구간을 확률적으로 판단하는 것이다.

통계적 방법은 기술통계 descriptive statistics와 추리통계 inferential statistics로 구분된다. 기술통계란 모집단의 특성과 관련된 자료를 정리하여 제시하는 통계기법으로 자료를 수정하여 분류하고 정리하는 반면에, 추리통계는 모집단의 특성을 추측하는 통계방법이다. 기술통계는 모집단의 특성과 표본의 특성에 대한 기초가 요구되며, 추리통계는 표본이론 및 추정과 가설검증에 대한 제반 지식이 요구된다.

통계학의 목적은 방대한 양의 자료를 가장 보편적으로 이해할 수 있도록 간편한 형태로 축소해 주며, 모집단과 표본에 관한 연구를 지원해주는데 있다. 또한 연구자가 의사결정을 할 수 있도록 객관적인 근거를 제공할 뿐만 아니라, 측정자료로부터 신뢰성 있는 예측을 할 수 있도록 한다.

2. 통계의 기본적 구성요인

통계적 분석을 위해서는 많은 지식과 통계를 구성하는 기본적인 요인을 이해해야 한다. 여기에서는 변인과 전집에 대하여 살펴본다.

1) 변 인

변인 variable이란 연구의 대상이 되는 일련의 개체가 어떠한 속성이나 특징을 지니고 있어 집단별로 서로 다른 가치를 지니거나 개체를 서로 구별할 수 있는 것을 말한다. 여기서 개체는 분석할 수 있는 단위로서 국가, 사회, 집합체, 가족, 개인 등은 물론 개성, 인격까지도 분석 대상에 포함될 수 있다. 예를 들어 일반학생과 운동선수는 성별, 신장, 체중, 폐활량, 심박수, 최대산소섭취량 등에서 차이가 있다면 이러한 특성들이 변인이 되는 것이며, 훈련이나 불안의 정도 등도 사람에 따라 측정치가 달라질 수 있기 때문에 변인이 된다.

그러나 조사집단이 모두 여성일 경우 성별은 변인이 아니라 상수 constant가 되는데, 여기서 상수란 조사대상이 동일한 값일 경우를 의미한다. 변인은 시각적 관점에 따라서 다양하게 분류할 수 있다. 성별·직업·성격 등과 같이 수량화할 수 없는 변인을 질적 변인 qualitative variable이라고 하며, 키·몸무게·산소섭취량·심박수·운동시간 등과 같이 정량적으로 수량화할 수 있는 변인을 양적 변인 quantitive variable이라고 한다. 또한 변인은 인과관계에 따라 독립변인 independent variable과 종속변인 dependent variable으로 구분된다.

두 변인을 X, Y라고 가정했을 때 $Y=f(X)$라는 함수관계가 있다면 X를 독립변인, Y를 종속변인이라고 한다. 이러한 함수관계에서 독립변인의 값을 통해 종속변인의 값을 예측할 수 있다. 다시 말해 "A이면 B이다"라고 가정할 때 독립변인은 선행변인인 A이며, 종속변인은 그 결과변인으로 B가 되는 것이다.

예를 들어 연구주제가 "인삼복용이 체력에 미치는 영향"이라면 연구자가 연구목적에 따라 조작하거나 통제하는 변인이 독립변인이 되기 때문에 영향을 미치는 변인, 즉 인삼복용이 독립변인이고, 영향을 받는 변인, 즉 체력 정도가 종속변인이 된다. 따라서 실험연구에서 연구자가 임의로 조작하고 통제하는 변인이 독립변인이며, 이러한 통제나 조작의 결과가 종속변인이다.

그러나 주의해야 할 점은 어떤 속성들이 언제나 독립변인과 종속변인으로 정해져 있지 않다는 점이다. 예들 들어 훈련 수준이 운동수행능력에 영향을 미친다고 가정할 때, 훈련수준은 독립변인이 되며, 운동수행능력은 종속변인이지만, 연구의 상황이나 관점에 따라 운동수행능력이 독립변인이 되고, 훈련수준이 종속변인이 될 수도 있다는 점을 기억해야 할 것이다.

한편, 변인은 연속적 변인 continuous variable과 비연속적 변인 discrete variable으로 분류할 수 있다. 연속적 변인은 연구에서 이용된 특정 척도의 어떠한 값을 취할 수 있는 변인으로 신장·체중·맥박수·체온 등 소수점 이하의 수치가 나올 수 있지만, 비연속적 변인은 연령·턱걸이횟수·주사위점수 등과 같이 소수점 이하의 수치는 불가능하여 오직 정수값만을 갖는 특징이 있다.

2) 전 집

전집 population이란 한정된 집단의 전체 구성원과 전체 사례를 의미하며, 표본 sample은 전집의 일부로서 전집으로부터 선발하여 실제 조사되는 대상을 의미한다. 전집에서 나온 결과를 모수치 parameter라고 하며, 표집에서 얻은 결과를 통계치 statistics라고 한다. 예를 들어 우리나라의 전체 남자 고등학생의 평균신장을 측정한다면 남학생 전체가 전집이 된다.

그러나 이러한 방법은 엄청난 노력과 경비가 소요되기 때문에 전집의 특성을 추정하기 위하여 우리나라 전체 남자 고등학생을 대표할 수 있는 소수집단을 추출하여 실제로 조사하는 대상을 표본이라고 한다. 위의 예에서 전집에서의 평균신장은 전집치 또는 모수치라고 하며, 표본에서의 평균신장은 통계치라고 한다.

3. 자료의 정리

통계적 방법은 일반적으로 기술통계 descriptive statistics와 추리통계 inferential statistics로 구분한다. 기술통계는 자료의 수립·정리·요약 등 자료집단의 성격을 기술하는데 중점을 두고, 추리통계는 모집단으로부터 추출된 표본의 통계량을 기초로 모집단의 특성인 모수를 규명하는데 중점을 둔다.

관심의 대상인 모집단으로부터 추출된 표본이든 실험이나 관찰을 통해서 수집된 자료든 그 자료를 정리·요약함으로써 집단의 특성을 명확히 파악할 수 있다. 그리고 수집된 자료를 얼마나 정확하고 타당성 있게 정리하는가에 따라 신뢰성 있는 분석 결과가 도출되기 때문에 자료의 정리는 통계처리과정의 기본이 된다.

여기에서는 빈도분포와 빈도분포 작성을 중심으로 자료정리의 형태와 방법에 대하여 살펴본다.

1) 빈도분포

빈도분포는 한 집단에서 얻은 측정치들의 빈도 *frequency*를 크기 순서로 요약 정리한 수의 배열인데, 빈도분포 작성의 주목적은 자료의 성격에 대한 초보적인 자료를 얻기 위한 것이다.

예를 들어 180명의 학생들로 구성된 집단에서 유연성 검사를 실시한 결과 얻은 점수를 최고점에서부터 차례로 적어 나간다. 점수의 크기순으로 배열한 점수분포는 표 10-1과 같다.

표 10-1. 크기순으로 배열한 유연성 검사점수 빈도분포

점수	빈도	점수	빈도	점수	빈도	점수	빈도	점수	빈도	점수	빈도
69	1	61	1	53	7	45	7	37	5	29	1
68	2	60	2	52	6	44	4	36	4	28	0
67	1	59	3	51	3	43	4	35	2	27	0
66	0	58	2	50	7	42	5	34	1	26	0
65	2	57	6	49	11	41	5	33	3	25	1
64	4	56	14	48	8	40	4	32	2	24	1
63	5	55	12	47	7	39	3	31	0		
62	3	54	7	46	9	38	4	30	1		

1_ 점수범위

표 10-1에서 최고점은 69점, 최하점은 24점이므로 68점부터 차례로 적어 내려간 것이다. 여기에서 우리는 점수범위 *range*를 계산할 수 있는데, 범위는 최고점과 최하점의 차이에 1을 더해준 것이다. 따라서 범위는 (69-24)+1=46이 된다. 1을 더하는 이유는 최하점도 범위에 포함되어야 하기 때문이다.

점수범위 = (최고점-최하점)+1

점수범위가 산출되면 그 다음은 빈도분포를 작성한다. 즉 원자료에서 동일한 점수를 가진

사람수를 조사하여 각 점수에 대한 빈도로 나타낼 수 있다. 이와 같이 점수를 크기 순서로 배열하여 빈도분포를 작성하면 점수분포의 특성을 파악하기 쉽고, 특정한 점수를 받은 개인의 위치를 쉽게 확인할 수 있다.

한편, 점수의 범위가 크고 사례수가 많을 때는 점수분포를 일정한 간격으로 묶어서 제시하는 묶음 빈도분포가 도움이 된다. 이 묶음 빈도분포의 작성은 계산 없이 통계처리를 하고자 할 때, 분포의 어떤 특정한 형태를 분명하게 드러내고자 할 때, 그리고 빈도분포를 도표로 나타내고자 할 때 도움이 된다.

2_ 급간의 크기

묶음 빈도분포를 작성하기 위해서는 먼저 점수들을 묶기 위한 급간의 크기를 결정해야 한다. 통상적으로 급간의 수는 10개부터 15개 사이로 제한하고 있다. 급간의 수가 많을수록 묶음에 의한 오차는 적어지지만, 계산은 복잡해지는 단점이 있다.

급간의 크기를 결정하기 위해서는 점수범위를 급간의 수로 나눈다. 예를 들어 점수범위가 46이라면 46(점수범위)/10(급간의 수)=4.6으로 크기를 얻을 수 있다.

이때 급간의 크기는 정수의 값을 가지며 홀수인 1, 3, 5, 7, 9… 중에서 정하는 것이 바람직하다. 그 이유는 통계처리에서 급간의 중간점이 소수의 값을 가지는 것을 피할 수 있기 때문이다. 따라서 앞에서 계산된 급간의 크기 4.6은 5로 정하여야 취급하기 편리하다.

3_ 급간의 점수한계

급간의 크기가 결정되면 급간의 점수한계를 설정해야 한다. 즉 각 급간의 점수범위를 정해야 한다. 이때 맨아래 급간의 하한계는 일반적으로 급간의 배수로 시작하는 것이 좋다. 예를 들면 표 10-2에서 보는 바와 같이 급간의 크기가 5, 최하점이 20이면 최하점을 포함하는 급간의 크기 5의 배수는 25가 된다. 이를 기초로 다음 급간은 30, 그 다음은 35, 40… 이 된다.

표 10-2의 급간 20~24, 25~29, 30~34… 에서 각 급간의 처음 점수 20, 25, 30 등은 그 급간의 하한계이며, 24, 29, 34 등은 그 급간의 상한계이다. 각 급간의 상한계 점수는 바로 위 급간의 하한계 점수보다 한 단계 낮은 점수가 된다. 처음 급간의 하한계를 급간의 크기의 배수로 하는 이유는 급간의 크기를 파악하기 쉽고, 누가 묶든 간에 급간의 크기가 같아 상호 비교가 가능하기 때문이다.

4 _ 정확한계

표 10-2의 유연성점수는 비연속적 변인이 아닌 연속적 변인임을 상기할 필요가 있다. 연속적 변인일 경우 측정치는 오차를 수반하기 때문에 예를 들어 40점은 정확하게 39.5~40.5의 모든 점수를 포함한다는 사실을 기억해야 한다. 24.5는 정확 하한계, 29.5는 정확 상한계이다.

급간의 정확한계의 작성은 연구에 사용된 변인이 연속적인 변인이라는 가정에 근거를 두고 있다.

우리는 흔히 용이함 때문에 점수한계를 사용하고 있으나, 하나의 측정치를 보다 정확하게 표현하기 위해서는 정확한계를 사용해야 한다. 정확한계는 점수 하한계보다 0.5가 적으며 점수 상한계보다 0.5가 많은 점수범위임을 염두에 두어야 한다.

급간의 크기가 1보다 클 경우 묶음 빈도분포는 원자료의 진짜 정보를 잃어버릴 가능성을 내포하고 있다. 왜냐하면 원점수를 급간으로 묶음으로써 급간 내의 모든 점수는 동일하게 취급되기 때문이다. 실제 계산에서 한 급간을 대표하는 수치(평균치, 대표치)로서 중간점을 사용하게 되는데, 만일 한 급간 내의 모든 점수가 하한계 혹은 상한계 점수 쪽으로 몰려 있다면 중간점은 그 급간을 대표하는 평균치가 될 수 없게 된다.

이러한 예는 특히 급간의 크기가 크고 급간 내의 사례수가 적을 때 많이 발생하며, 따라서 계산의 정확성을 기하기 위해서는 급간의 크기를 적게 할 필요가 있다. 그러나 한 급간의 중간점이 해당 급간의 평균치 역할을 하지 못하더라도 각 급간 간에 서로 상쇄되어 분포 전체로 볼 때는 비교적 정확한 값을 얻을 수 있다.

급간의 한계가 설정되면 각 급간에 포함되는 점수의 빈도를 셀 수 있다. 빈도는 각 점수를 해당 급간에 막대기(卌 //)를 표시함으로써 얻을 수 있다. 빈도 세기가 끝나면 그 수를 빈도

표 10-2. 유연성 검사점수의 묶음 빈도분포

급 간	정확한계	중 간 점	빈 도
65~69	64.5~69.5	67	6
60~64	59.5~64.5	62	15
55~59	54.5~59.5	57	37
50~54	49.5~54.5	52	30
45~49	44.5~49.5	47	42
40~44	39.5~44.5	42	22
35~39	34.5~39.5	37	18
30~34	29.5~34.5	32	7
25~29	24.5~29.5	27	2
20~24	19.5~24.5	22	1

(f : frequency의 약자)칸에 기록한다. 이와 같이 해서 묶음 빈도분포의 작성이 완료된다. 표 10-2는 위의 과정을 걸쳐 완성된 묶음 빈도분포이다.

2) 빈도분포 작성

체육학에서 통계적 방법을 사용하는 목적 중의 하나는 각종 자료를 좀 더 의미 있게 이해할 수 있도록 제시하기 위해서이다.

지금까지 우리는 일련의 점수를 빈도분포로 요약 정리해 보았다. 그러나 빈도분포가 어떠한 형태를 취하고 있는지는 빈도분포만으로는 알기 어렵다. "점수가 고르게 분포되어 있는가?", "어느 한쪽에 치우쳐 있지는 않은가?" 등등…….

자료의 특성을 이해할 때에는 그래프가 적지 않은 정보를 제공해 준다. 따라서 여기에서는 빈도분포를 그래프로 작성하는 방법과 가장 많이 쓰이고 있는 막대그래프, 절선그래프, 바 차트 *bar chart*, 누가백분율 곡선을 비교·제시한다.

1 _ 막대그래프와 절선그래프

그림 10-1은 표 10-2의 묶음 빈도분포를 막대그래프로 작성한 것이다. 그래프에서 가로

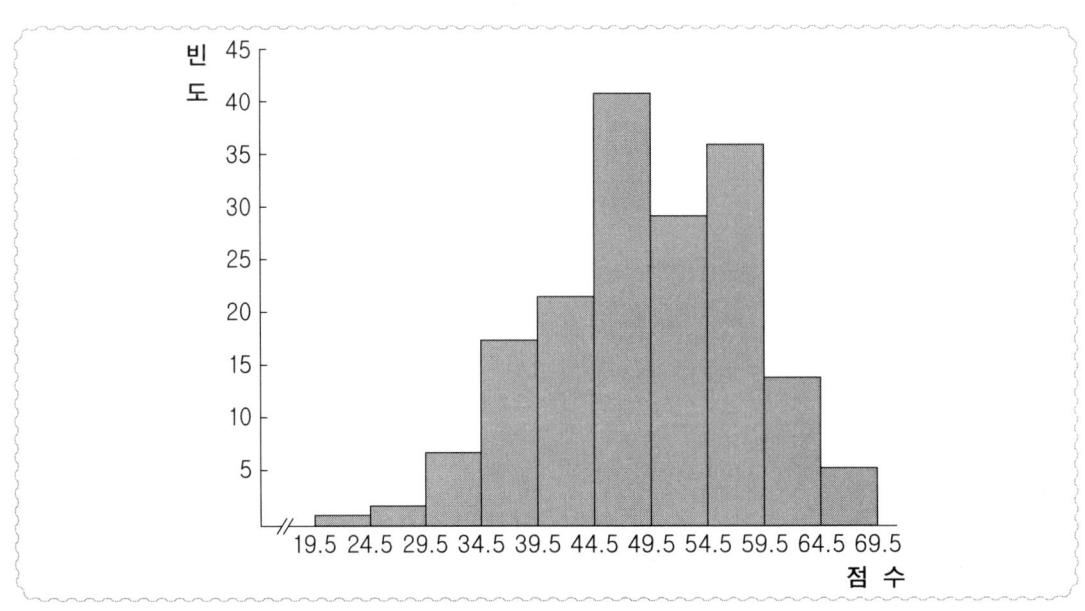

그림 10-1. 유연성 검사 점수분포의 막대그래프

축(X축)은 검사점수, 세로축(Y축)은 빈도이다. 여기에서 유의할 점은 가로축에 적혀 있는 검사점수는 각 급간의 정확한계라는 점이다. 다시 말하면, 한 급간의 빈도는 점수한계에 속하는 것이 아니라 정확한계에 속하는 것으로 보아야 한다. 따라서 빈도는 그 급간의 중간점을 통하는 수직선상에 찍어야 한다.

예컨대, 표 10-2의 묶음 빈도분포에서 급간 35~39의 빈도 18은 다음과 같은 정확한계 (34.5~39.5) 위에서 중간점 37에 찍어야 한다.

그림 10-2는 표 10-2의 묶음 빈도분포를 절선그래프로 제시한 것이다. 절선그래프를 작성할 때 유의해야 할 점은 각 급간을 대표하는 점수는 중간점이다. 즉 중간값의 빈도를 직선으로 연결시켜 작성해야 한다. 측정치의 빈도를 찾아내는데는 막대그래프가 용이하지만, 분포의 유형과 빈도를 파악하기 위해서는 절선그래프가 더욱 유용하다.

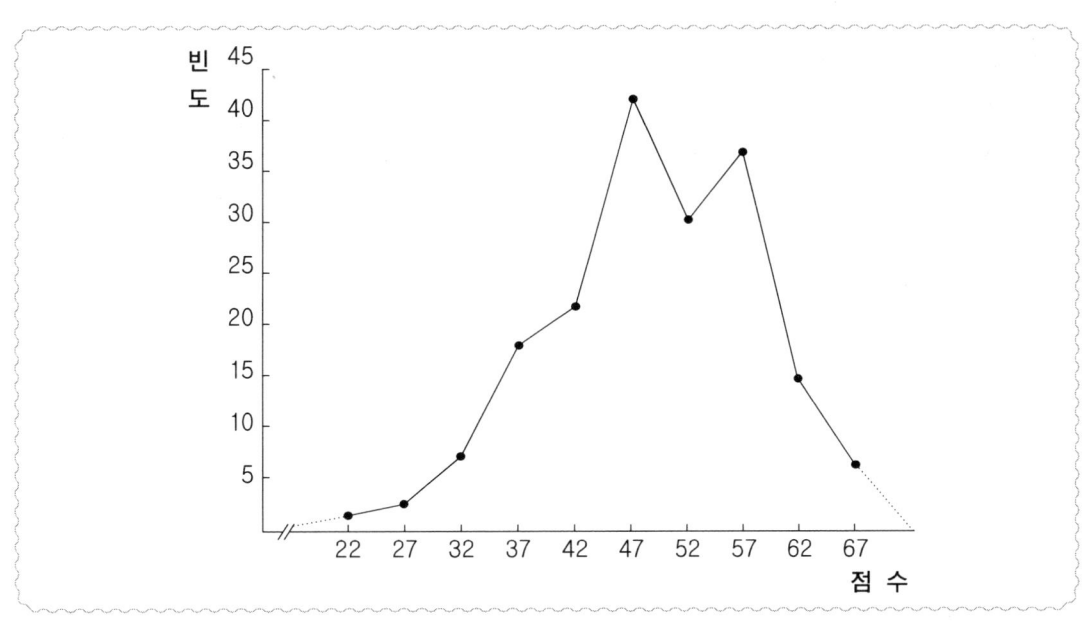

그림 10-2. 유연성 검사 점수분포의 절선그래프

2_ 누가빈도분포

한 집단의 점수분포에서 어떤 점수 이상 또는 이하의 전체 사례수 중 몇 명 혹은 몇 퍼센트가 포함되어 있는가를 알고자 할 때 누가빈도분포 cumulative frequency를 적용한다.

누가빈도(cf)는 최저 급간에서부터 각 급간의 빈도를 누가적으로 합산하여 얻어진다. 이 누가빈도를 전체사례수에 대한 백분율로 다시 환산한 것이 누가백분율($c\%$)이다. 즉 누가백분율은 각 급간의 누가빈도를 전체사례수로 나누어 100을 곱한 것이다.

$$c\% = (cf/N) \times 100$$

3_ 누가백분율 곡선

누가백분율 곡선 cumulative percentage curve은 누가백분율을 그래프로 표시한 것으로, 누가

표 10-3. 누가빈도와 누가백분율 포함한 빈도분포

급 간	정확한계	중간점	f	cf	%	$c\%$
65~69	64.5~69.5	67	6	180	3.33	100.00
60~64	59.5~64.5	62	15	174	8.33	96.67
55~59	54.5~59.5	57	37	159	20.56	88.34
50~54	49.5~54.5	52	30	122	16.67	67.78
45~49	44.5~49.5	47	42	92	23.33	51.11
40~44	39.5~44.5	42	22	50	12.22	27.78
35~39	34.5~39.5	37	18	28	10.00	15.56
30~34	29.5~34.5	32	7	10	3.89	5.56
25~29	24.5~29.5	27	2	3	1.11	1.67
20~24	19.5~24.5	22	1	1	0.56	0.56

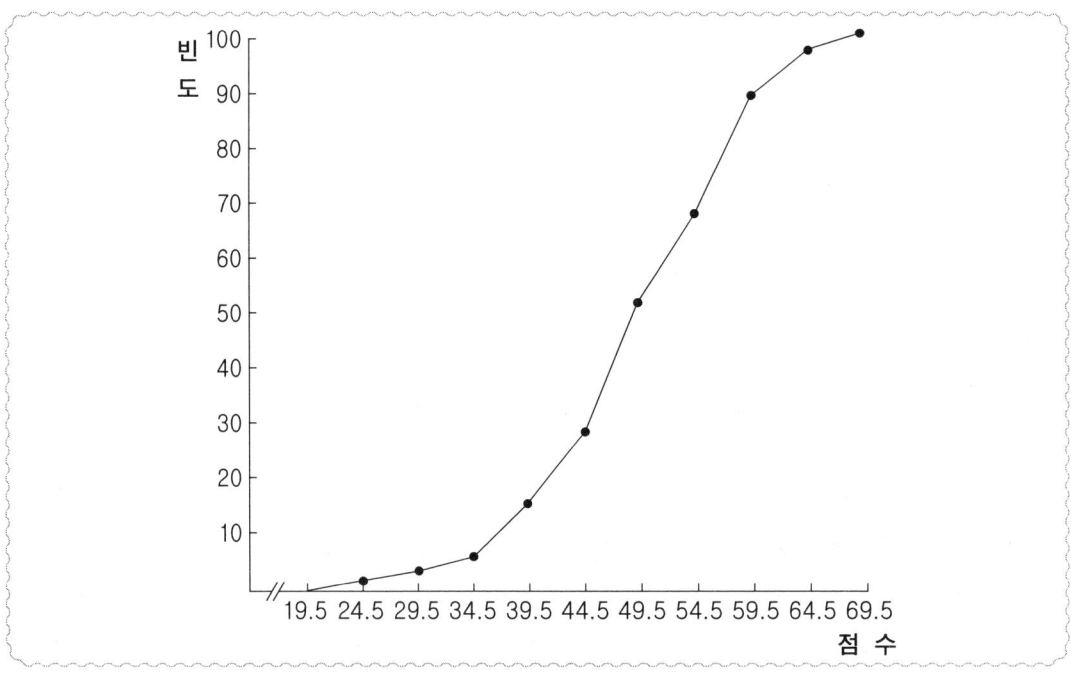

그림 10-3. 유연성 검사 점수의 누가백분율 곡선

도수분포 *ogive* 곡선이라고도 부른다. X축에는 각 급간간의 정확상한계에 해당하는 누가백분율 *cumulative percentage*이나 누가빈도 *cumulative frequency*를 Y축에 점을 표시하여 연결한다. 예를 들어 표 10-3은 누적빈도와 백분율을 계산한 것이며, 그림 10-3은 표 10-3을 누가백분율 곡선으로 그린 것이다.

4 _ 분포의 유형

그래프화된 빈도분포는 여러 가지 분포유형이 있고, 점수분포는 그 유형에 따라 각각 다르게 나타난다. 예를 들면 점수분포의 중앙을 기준으로 왼쪽의 빈도가 적고 오른쪽의 빈도가 많으면, 즉 왼쪽의 꼬리가 길면 부적 편포 *negatively skewed distribution*라고 부른다. 이와 반대로 왼쪽의 빈도가 많고 오른쪽의 빈도가 적으면 정적 편포 *positively skewed distribution*라고 한다. 그리고 좌우가 대칭인 종 모양을 한 분포는 정상분포 *normal distribution*라고 부른다. 그림 10-4는 여러 가지 분포의 유형을 나타낸 것이다.

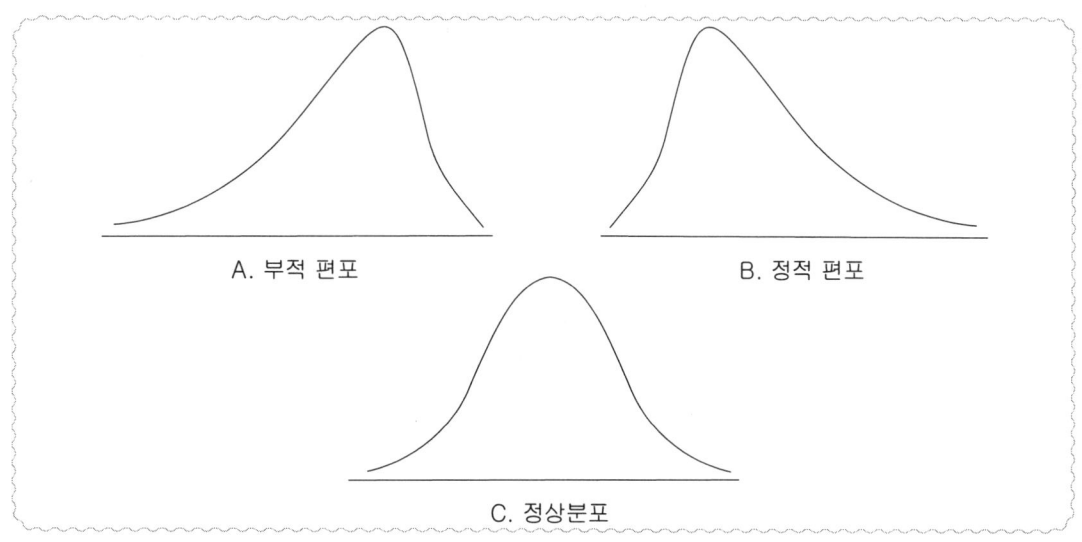

그림 10-4. 분포의 유형

5 _ 백분위와 백분점수

백분위 *percentile rank : PR*는 어떤 점수에 해당하는 누가백분율이며, 백분점수 *percentile score : P*는 점수분포에서 일정한 누가백분율에 해당하는 점수를 말한다. 중앙 집중과 분산도에 관한 측정치는 자료의 분포를 기술하는 통계치이지만, 개별 측정치의 상대적 위치는 나타나지 않는다. 그러나 백분점수는 개별점수의 상대적 위치를 나타내는 것으로서 주어진 백분율에 해당하는 척도상의 점수를 의미한다.

예를 들어 80번째 백분점수란 분포상에서 80% 아래 부분으로서 20% 윗부분을 구분하는 점수를 의미한다. 중앙치를 백분점수의 관점에서 본다면 중앙치는 분포상에서 50% 윗부분과 50% 아래 부분으로 분리되는 값이기 때문에 50번째 백분점수, 즉 P와 동일한 점수가 된다. 따라서 백분점수의 공식은 중앙값의 공식과 같은 논리로 구성되어 있다. 백분위와 백분점수를 구하는 공식은 다음과 같다.

백분위 구하는 공식

$$PR_x = (Fe + \frac{X - ll}{i} \times f)\frac{100}{N}$$

PR_x: X점에 해당하는 백분위
X : 백분위를 구하려는 원점수
ll : X점이 들어 있는 급간의 정확 하한계
i : 급간의 크기
Fe : X점이 들어 있는 급간 바로 아래 급간의 누가빈도
N : 전체 사례수
f : X점이 들어 있는 급간의 빈도

백분점수 구하는 공식

$$P_x = LL + i(\frac{N_p - Fe}{f})$$

P_x : 백분위 X에 해당하는 백분점수
LL : 백분점수가 포함된 급간의 정확 하한계
i : 급간의 크기
N_p : 특정한 백분위 p에 해당하는 사례수(cf)
Fe : 백분점수가 들어 있는 급간 바로 아래 급간의 누가빈도
f : 백분점수가 들어 있는 급간의 빈도

백분위 구하는 공식을 이용하여 표 10-3의 자료에 대한 백분점수 53에 해당하는 백분위 (PR_{53})를 구하면 다음과 같다.

$$PR_{53} = (92 + \frac{3.5}{5} \times 30) \times \frac{100}{180}$$
$$= 113 \times \frac{100}{180}$$
$$= 62.78$$

백분점수 구하는 공식을 이용하여 표 10-3의 자료에 대한 백분위 34에 해당하는 백분점수(P_x)를 구하면 다음과 같다.

$$P_{34} = 44.5 + (\frac{180(0.34) - 50}{42}) \times 5$$
$$= 44.5 + (\frac{61.20 - 50}{42}) \times 5$$
$$= 45.83$$

즉 점수분포에서 34%에 해당하는 백분점수는 45.83임을 알 수 있다.

4. 집중경향치

실험이나 관찰에 의하여 수집된 자료를 빈도분포표로 정리하면 어떤 계급구간에서는 빈도가 적게 나타나고 어떤 계급구간에서는 많이 나타나는 것을 볼 수 있다. 일반적으로 빈도분포표에서 중심에 있는 계급구간에 가장 많은 빈도수가 나타나게 된다. 그러므로 집중경향을 나타내는 통계치가 가장 많고, 그 중심성향으로부터 멀리 떨어진 계급구간에는 통계치가 점점 적게 나타나는 것을 볼 수 있다.

다시 말하면, 집중경향치란 수집된 자료의 통계치가 중심을 향하고자 하는 성격을 나타내는 값인데, 그 중심성향의 값이 바로 자료집단을 대표하는 값으로 간주될 수 있다. 집중경향을 나타내는 중심집중치는 최빈치, 중앙치, 평균치가 있으며, 체육학분야의 연구에서 일반적으로 사용하는 대표치는 평균치이다.

1) 최 빈 치

최빈치 mode : Mo란 수집된 자료집단에서 빈도수가 가장 많이 나타나는 통계치이다. 최빈치는 계산하기보다는 빈도를 세거나 조사하여 구하는데, 자료집단이 빈도분포표로 정리되었을 경우 가장 많은 빈도수를 나타내는 계급구간의 중앙값이 바로 최빈치이다. 또한 한 분포에서 최빈치가 두 개일 경우도 있는데, 이러한 분포를 쌍봉분포라 부른다. 그러나 급간에 의해서 자료가 집단화되었을 때 가장 높은 빈도를 갖는 급간의 중간값을 최빈치로 간주한다.

2) 중앙치

중앙치 *median* : *Mdn*란 수집된 자료의 통계치를 크기 순서대로 나열했을 때 가장 중앙에 위치하는 값을 의미한다. 즉 자료의 값을 크기 순서대로 나열했을 때 중앙에 있는 값이 그 집단의 집중성향을 나타내는 대표값이 될 수도 있다.

예를 들어 점수분포가 50, 40, 20, 15, 8일 경우, 사례수는 홀수(N=5)이므로 중앙치는 $(N+1)/2$로 계산하여 중앙에 있는 점수로서 20이 중앙치가 된다. 그러나 점수분포가 50, 30, 16, 10, 5, 3이면 사례수는 짝수(N=6)이므로 중앙치는 $(N/2)$와 $(N/2)+1$의 중간값으로 계산된다. 즉 중앙치는 6/2=3과 (6/2)+1=4의 중간치로서 16과 10의 중간인 13이 된다.

표 10-2, 10-3과 같이 집단화된 자료일 경우에는 중앙치를 구하는 방법이 달라지는데, 그 공식은 다음과 같다.

$$중앙치(Mdn) = LL + i\left(\frac{\frac{N}{2} - Fe}{f}\right)$$

LL : 중앙치가 들어 있는 급간의 하한계
i : 급간의 크기
N : 총사례수
Fe : 중앙치가 들어 있는 급간 바로 아래 급간의 누가빈도
f : 중앙치가 들어 있는 급간의 빈도

따라서 표 10-2, 표 10-3의 중앙치를 산출하면 다음과 같다.

$$중앙치 = 44.5 + \left(\frac{\frac{180}{2} - 50}{42} \times 5\right) = 44.5 + 4.76 = 49.26$$

3) 평균치

평균치 *mean* : $\overline{X}$는 모든 연구에서 가장 많이 사용하고 있는 집중경향치이다. 왜냐하면 표집에 따른 변화가 가장 적고 안정성 있는 대표치를 얻을 수 있기 때문이다. 평균치는 한 집단에 속해 있는 모든 개개인의 점수의 합을 사례수로 나눈 것으로 정의된다. 이것을 공식으로 표시

하면 다음과 같다.

$$\bar{X} = \frac{\Sigma X}{N}$$

$\bar{X}$: 평균치
X : 측정치(개인의 점수)
N : 총화 혹은 합
Σ : 전체 사례수

평균치의 두 가지 수리적 성질은 첫째 편차의 합은 0이고, 둘째 편차의 자승합은 최소가 된다는 것이다. 일반적으로 평균치는 신뢰할 수 있고 안정성이 있는 대표치를 구하고자 할 때, 점수분포가 좌우대칭일 때, 동시에 다른 통계치(예 : 표준편차, 상관계수(r), t 검증 등)를 산출할 필요가 있을 때, 측정치가 동간적이거나 비율적일 때(즉 가감승제가 가능한 측정치일 때) 사용할 수 있다.

4) 집중경향치들의 비교

최빈치, 중앙치, 평균치 등은 한 점수 분포의 대표치를 나타내는 통계치라는 점에서 같다. 그러나 정의나 성질·용도는 세 가지 통계치간에 각각 차이가 있다. 최빈치는 한 분포에서 가장 많은 척도상의 수치를 말한다. 따라서 최빈치를 결정할 때는 최대의 빈도를 가진 급간만을 고려하게 되며, 나머지 빈도들이 척도상에서 어떻게 배열되든지 최빈치는 영향을 받지 않는다. 세 가지 집중경향치는 빈도분포를 관찰함으로써 비교가 가능하다.

그림 10-5에 제시된 바와 같이 분포의 봉우리가 하나이고 좌우 대칭인 정상분포일 때 세 가지 집중경향치는 상호 일치한다. 그러나 분포가 좌우 대칭이고 쌍봉일 때는 평균치와 중앙치는 일치하지만 최빈치는 두 개가 된다. 그림 10-5의 C는 왼쪽(부적)으로 분포되어 있으며, D는 오른쪽(정적)으로 분포되어 있다. 부적 분포에서 평균치는 중앙치보다 적으며 중앙치는 최빈치보다 적다. 즉 '평균치<중앙치<최빈치'의 관계를 갖는다. 반대로 정적 분포에서는 최빈치는 중앙치보다 적다. 즉 '최빈치<중앙치<평균치'의 관계를 갖는다. 따라서 빈도분포가 좌우 대칭이 아닐 경우 세 가지 집중경향치를 나타내는 것이 바람직하다.

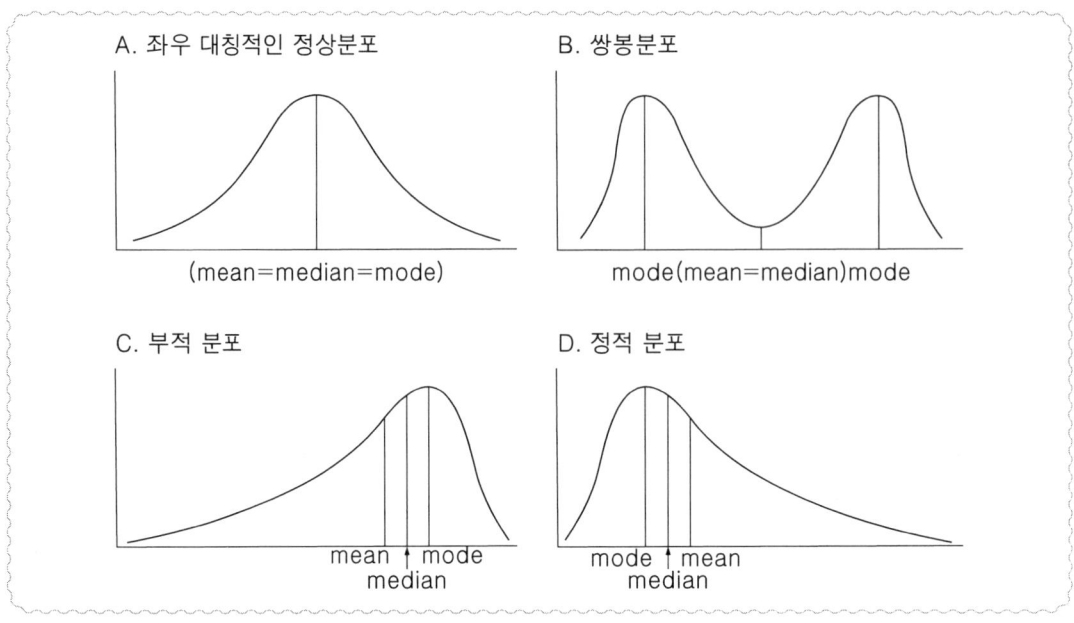

그림 10-5. 집중경향치를 나타내는 빈도분포의 유형

5. 분 산 도

집중경향치는 측정값의 크기만을 설명하고 측정값의 변화는 설명하지 못한다. 분포의 특성을 기술하기 위해서는 집중경향치와 함께 분산도 dispersion, measures of variation가 제시되어야 한다. 분산도는 점수분포의 분산정도를 나타내는 것으로서 측정 결과 얻은 분산도값은 척도상의 거리를 의미한다. 분산도를 나타내는 측정치에는 범위, 사분편차, 평균편차, 변량, 그리고 표준편차 등이 있다.

1) 범 위

범위 range : R는 수집된 자료의 통계치들이 나타내는 최대 변화폭이다. 즉 자료의 최대치와 최소치의 차이를 범위라고 한다. 범위는 계산하기 쉬운 장점은 있으나, 분산도를 기술해 주는 통계치로서 타당성이 낮다.

범위는 점수 분포상에서 양극단의 점수를 기초로 하여 계산하기 때문에 사례수의 크기에 따라 영향을 받으며 안정성이 낮다. 범위 R을 단순히 '최대값-최소값'으로 나타내기도 하지만, 정확히 표시하면 범위 'R=(최대값-최소값)+1'이다.

2) 사분편차

사분편차 quartile deviation : Q란 자료집단의 통계치를 작은 값에서 큰 값으로 순서대로 나열했을 때 1/4번째 해당하는 자료값과 3/4번째에 해당하는 자료값의 차이를 2로 나눈 값이다. 자료집단 내에 존재하는 극단치의 값(아주 작은 값이나 매우 큰 값)에 따라 범위는 큰 값으로 나타나지만, 사분편차는 극단치의 값에 크게 영향을 받지 않는다. 사분편차를 Q라고 하면 다음과 같은 공식으로 표시할 수 있다.

$$Q = \frac{Q_3 - Q_1}{2}$$

Q_3 : 75%에 해당하는 점수(P_{75})
Q_1 : 25%에 해당하는 점수(P_{25})

위 공식을 이용하여 표 10-2, 표 10-3의 유연성 검사 점수분포의 사분편차를 구하면 다음과 같다.

$$Q_3 = P_{75} = 54.5 + \{\frac{(180)(0.75) - 122}{37}\} \times 5 = 56.26$$
$$Q_1 = P_{25} = 39.5 + \{\frac{(180)(0.25) - 28}{22}\} \times 5 = 43.36$$
$$Q = \frac{56.26 - 43.36}{2} = 6.45$$

3) 평균편차

평균의 속성은 각 측정치(X)에서 평균값($\overline{X}$)을 빼고 모두 더하면, 즉 $\Sigma(X-\overline{X})$는 '0'이 되며, 각 측정치와 평균값 차이의 자승합, 즉 $\Sigma(X-\overline{X})^2$는 최소가 된다. 이처럼 평균으로부터 각 측정치의 차이(편차)는 양수와 음수로 나뉘어져 결국 합하면 0이 되지만 평균을 기준으로 한 이러한 평균편차mean deviation : MD의 값은 다른 어떤 값을 기준으로 한 평균편차의 값보다 반드시 적지 않다는 것을 유의해야 한다. 따라서 평균이 각 측정치 차이의 자승합을 최소로 하기 때문에 평균편차보다는 표준편차나 변량이 더욱 유용한 것이다.

$$MD = \frac{\Sigma(X - \overline{X})}{N}$$

4) 변 량

동간척도와 비율척도에서 얻은 자료의 분산도를 계산하는 바람직한 방법은 변량variance : σ^2, S^2이다. 변량은 편차($x = X - \overline{X}$) 제곱의 평균이다. 변량의 공식에는 전집과 표본의 변량 공식이 있다.

$$\text{전집의 변량}(\sigma^2) = \frac{\Sigma(X - \mu)^2}{N} = \frac{\Sigma x^2}{N}$$

μ: 전집의 평균치 X: 개개인의 점수 N: 전집의 사례수

$$\text{표본의 변량}(S^2) = \frac{\Sigma(X - \overline{X})^2}{n-1} = \frac{\Sigma x^2}{n-1}$$

$\overline{X}$: 표본의 평균치 n: 표본의 전체사례수

표본의 변량공식에서 n 대신 자유도 n-1로 나누는 것은 $\Sigma(X - \overline{X})^2$를 n으로 나눌 경우, S^2은 σ^2을 과소 추정하는 결과를 초래하기 때문에 n-1로 나누면 S^2는 σ^2의 불편 추정치가 되어 σ^2을 보다 타당하게 대표하게 된다.

5) 표준편차

표준편차standard deviation : SD는 여러 분산도에서 통계적으로 가장 신뢰할 수 있는 지수로서 측정치가 집단의 평균치로부터 떨어져 있는 편차를 기초로 하여 분포의 분산 정도를 나타내는 것이다. 표준편차는 기호 SD, s, σ로 표시하는데, 변량의 평방근이나 편차 제곱의 평균

평방근으로 표시된다.

$$SD = \sqrt{s^2} = \sqrt{\frac{\Sigma(X - \overline{X})^2}{n-1}}$$

표준편차는 단일표본이 정상분포를 이룬다고 가정할 때 일정한 관계를 갖는다. 즉 표준편차를 알면 일정한 점수와 거기에 포함되는 면적(빈도)과의 관계를 알 수 있다. 이러한 관계는 경험적 법칙 *empirical rule*에 근거한 것으로서, 정상분포나 약간의 비대칭적 분포에서도 유용한 자료를 제공한다. 정상분포에서 적용되는 경험적 법칙이란 다음과 같다.

- 측정치의 약 68%가 평균의 1 표준편차 사이에 포함된다($\overline{X}\pm1S$).
- 측정치의 약 95%가 평균의 2 표준편차 사이에 포함된다($\overline{X}\pm2S$).
- 측정치의 약 99%가 평균의 3 표준편차 사이에 포함된다($\overline{X}\pm3S$).

예를 들어 학생들의 IQ점수가 정상분포에 있으며 평균 $\overline{X}$=100, 표준편차 SD=15라고 한 경우 IQ점수가 85점과 115점 사이에 있는 학생들의 점수분포는 약 68%가 포함된다. 또한 70점과 130점 사이의 점수분포는 약 95%, 그리고 55점과 145점 사이의 점수분포는 약 99% 이상이 포함되어 있다.

6. 표준점수와 정상분포

지금까지 분포의 형태, 집단을 대표하는 집중경향치, 분포의 분산 정도를 나타내는 분산도가 무엇이며 어떠한 목적으로 사용될 수 있는가에 대해 배웠다. 그러나 이러한 통계자료들은 집단의 특성은 기술해 주고 있으나, 집단 내에서 개개인의 위치 혹은 통계적 분석이나 해석에 필요한 충분한 정보는 제공해 주지 못한다. 따라서 각 척도 간의 점수를 상호 비교하기 위해서는 표준점수를 이해해야 하며, 또한 각종 표준점수의 이용은 점수분포가 정상분포라는 가정을 전제로 하기 때문에 정상분포의 성질을 파악해야 한다.

1) 표준점수

표준점수 standard score : Z는 원점수가 평균치로부터 떨어져 있는 거리를 표준편차 단위로 표시하는 통계치이다. 이는 전체의 점수분포에서 각 점수의 상대적 위치를 나타내는 가장 대표적인 값으로서, 평균의 편차를 분포의 표준편차로 나눈 값을 의미한다. 표준점수는 비교할 수 있는 준거점을 평균치로 설정한다. 즉 표준점수로 0을 평균치에 두고 있다. 원점수를 표준점수로 환산하기 위해서는 그 점수를 평균치와 비교해야 한다.

표준점수 분포는 3가지 특성을 가지고 있다. 첫째, 원점수 분포 모양을 그대로 유지한다. 둘째, 평균치는 항상 0이다. 셋째, 변량과 표준편차는 항상 1이다.

표준점수를 계산하기 위한 공식은 다음과 같다.

$$Z = \frac{X - \mu}{\sigma}$$

X : 원점수, μ : 평균치, σ : 표준편차

위의 공식을 이용하여 평균이 40이고, 표준편차가 8인 분포에서 원점수 36, 42, 50의 표준점수는 다음과 같다.

$$Z_{36} = \frac{36 - 40}{8} = -0.05$$
$$Z_{42} = \frac{42 - 40}{8} = 0.25$$
$$Z_{50} = \frac{50 - 40}{8} = 1.25$$

여기에서 부적(-) 표준점수는 원점수가 평균치보다 낮은 점수임을 의미하며, 정적(+) 표준점수는 평균치보다 높은 점수를 의미한다. 평균치와 동일한 원점수는 표준점수로 0이 된다. 따라서 원점수 36은 평균치로부터 아래로 0.05 표준편차만큼 떨어진 위치에 있음을 뜻한다.

2) 정상분포

정상분포 normal distribution는 모양이 다른 여러 가지 형태로 나타날 수 있다. 각각의 분포는 평균치와 표준편차에 의해 결정된다. 우리가 측정하고 있는 신체적·심리적 특성은 대부분 정상적으로 분포되어 있다고 말할 수 있다. 예를 들어 성인의 신장 혹은 지능지수와 같은 어떤 자연현상의 분포가 정상적으로 분포되어 있다는 말은 무엇을 뜻하는가?

정상분포의 수리적 공식은 프랑스의 수학자 De Moiver에 의해 제안되었다. 그는 여러 개의 동전을 계속적으로 던졌을 때 표면이 나올 확률곡선은 정상분포에 접근한다는 사실을 확인하였다. 정상분포곡선을 수리적으로 유도해 낸 공식은 다음과 같다.

$$y = \frac{N}{\sigma\sqrt{2\pi}} e^{-(x-\mu)^2/2\sigma^2}$$

y : 특정한 값에 대응하는 X곡선상의 높이
π : 원주율(3.1416)
e : 상수로서 2.7189(자연대수의 기초)
N : 한 분포의 전체 사례수
σ : 한 분포의 표준편차
μ : 한 분포의 평균

위의 공식은 어느 특정한 평균치와 표준편차를 가진 정상분포를 의미하며, 이 공식으로 수표를 이용하여 확률을 결정할 수 있다.

그림 10-6에서 보는 바와 같이 A의 경우 표준편차는 같으나 평균치가 다른 정상분포이며, B는 평균치는 같으나 표준편차가 다른 분포이다. C는 평균치와 표준편차가 모두 다른 분포이다.

그러나 이와 같이 서로 상이한 분포를 보이고 있음에도 불구하고 이들 분포는 세 가지 다음과 같은 동질적인 특성을 가지고 있다. 첫째, 정상분포는 평균치가 가장 높고 꼭지점이 하나이며 좌우 대칭적인 종 모양을 하고 있다. 둘째, x축의 자료가 연속적인 척도에서 얻어진 것이면 각각의 X값은 y(분포의 높이)값을 갖는다. 셋째, 정상분포곡선은 x축과 만나지 않는 점근선이다.

표준정상분포는 평균 0, 표준편차가 1인 정상적으로 분포된 표준점수분포이다. 표준정상분포곡선의 면적비율은 그림 10-7과 같다. 그림 10-7은 평균치를 중심으로 ±1Z 사이에는 전체 사례 .6826(68.26%)이 들어 있고, ±2Z 사이에는 .9554(95.54%), 그리고 ±3Z까지는

.9974(99.74%)가 들어 있다는 것을 지적해 주고 있다. 면적비율은 각 Z점수에 대한 백분위를 뜻한다. 예를 들어 Z=2.00 이하에 해당하는 백분위(누가백분율)는 큰 쪽의 면적비율, 즉 .9772(97.72%)가 된다.

표준정상분포의 성질을 이용하여 정상분포곡선 아래에서 어떤 두 점수 사이의 면적비율을 결정할 수 있는 두 가지 예가 아래에 제시되었다.

첫째, $N=100$, $X=50$, $\sigma=10$인 점수분포에서 65점 아래의 전체 사례수는 몇 %가 포함되는지를 계산하여 보자. 먼저 원점수를 Z점수로 환산한 후 정상분포곡선의 수표를 이용해야 한다.

$$Z = \frac{X - \mu}{\sigma} = \frac{65 - 50}{10} = \frac{15}{10} = 1.5$$

수표에서 Z=1.50에 해당하는 B는 .9332이다. 이 문제는 65점 이하에 해당하는 사례수의 %를 구하는 것이므로 큰 쪽의 면적 B를 찾아야 한다. 따라서 답은 약 93%이다. 65점 이하의 점수를 받은 사례수를 구한다면 $N=100$이므로 $100 \times .9332 = 93.32$이다. 여기에서 사람수는 소수점 이하를 반올림하여 약 94명으로 간주한다.

둘째, $N=100$, $X=50$, $\sigma=10$인 점수분포에서 $X_1=40$, $X_2=55$ 사이의 사례수는 모두 몇 명인

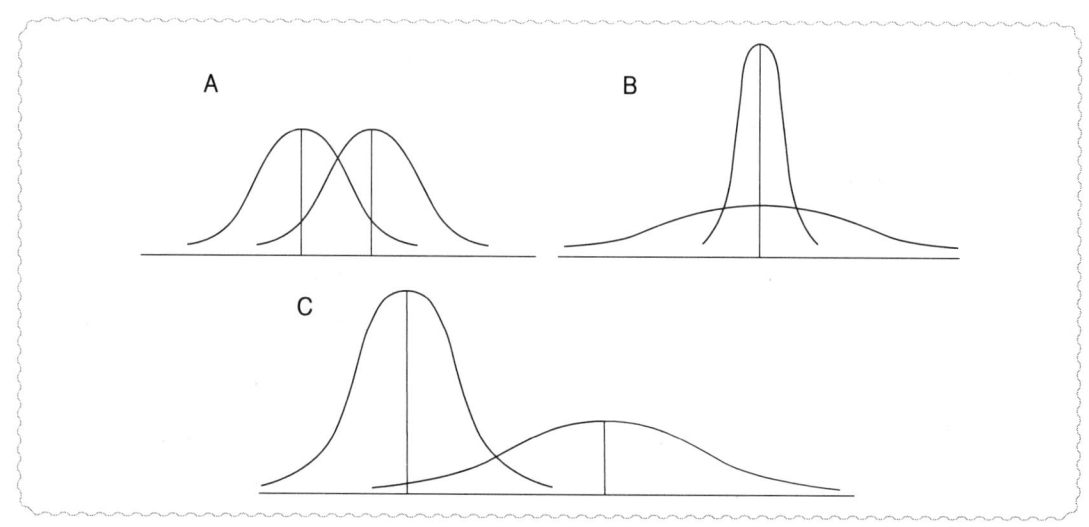

그림 10-6. 여러 가지 유형의 정상분포

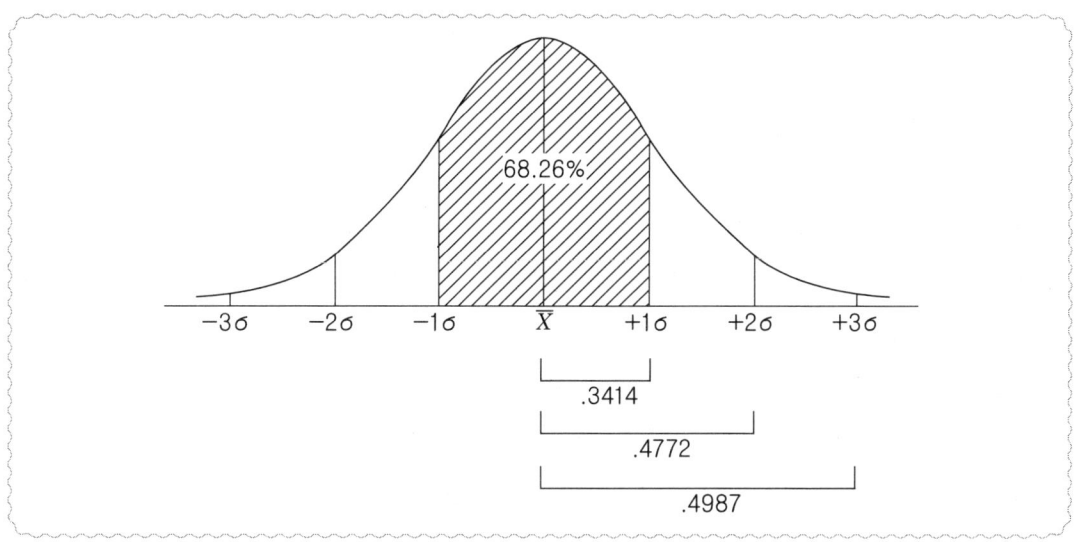

그림 10-7. 표준정상분포 곡선의 면적비율

가? X를 Z점수로 환산하면 $Z_1=(40-50)/10=-1.0$, $Z_2=(55-50)/10=0.5$이다. 이 문제는 먼저 X에서 X_1까지의 면적을 구하고, 다시 X에서 X_2까지의 면적을 구하여 두 면적을 합하면 된다.

따라서 수표에서 $Z=0.5$까지의 면적을 A란에서 찾으면 .1915이며, $Z=1.0$까지의 면적을 다시 A란에서 찾으면 .3414이다. 이 두 면적을 합하면 .5328, 즉 전체사례수의 53.28%가 40점과 55점 사이에 들어 있다. 따라서 100×.5328=53.28, 약 54명이다.

3) 확 률

확률이론은 표집 결과 얻은 통계치를 가지고 전집의 모수치를 추정하는 중요한 근거로 이용된다. 대부분의 사람들은 실제로 확률에 대하여 어느 정도 지식을 가지고 있다. 예를 들어 임산부가 딸을 낳을 확률은 .50이며, 동전을 던졌을 때 앞면이나 뒷면이 나올 확률도 .50이 된다. 우리가 잘 알고 있는 바와 같이 배구시합에서 선제 공격팀을 결정할 때 동전을 던지는 것은 양 팀이 토스하여 이길 수 있는 확률(양 팀 모두 .50씩 성공확률)을 동등하게 가지고 있기 때문이다. 확률은 소수의 형태로 표시하는데, 소수의 값이 클수록 어떤 특정한 사건이 발생할 확률도 커진다.

확률은 일반적으로 다음과 같이 표기한다. 동등하게 일어날 가능성을 가진 전체사례(N) 중 어느 하나가 발생할 확률은 사례수(N)에 대한 그 하나의 비율($1/N$)로 표시한다. 전체사례

중 어느 하나를 X_i라고 하면 X_i의 확률(P)은 다음과 같이 나타낼 수 있다.

$$P(X_i) = \frac{1}{N}$$

추리통계에서 확률은 설정된 가설을 긍정 혹은 부정하는 결정을 내리는데 필요한 근거를 제공한다. 가설을 긍정 혹은 부정하는데 필요한 준거는 가설에 의해 제시된 값(평균치)과 표본값(평균치) 간의 차이 정도와 표본통계치 분포이다.

확률이론과 관련하여 다음의 2가지 법칙이 있다.

첫째, 각각의 사례가 나타날 가능성이 동등하고, 또 어느 한 사례가 나타난다면 다른 사례는 나타나지 않는 조건에서, 나타날 가능성이 있는 몇 가지 사례 중 어느 사례가 나타나도 무방한 확률은 이들 사례가 각각 나타날 확률들을 합한 것이다. 이것을 가법정리하고 한다. 예를 들어 주사위를 던져 2, 4, 6이 나올 확률을 합한 것이 된다. 주사위 1~6 중 짝수인 2, 4, 6이 나올 확률은 각각 1/6이며, 이것을 모두 더한다면 3/6 혹은 0.5가 된다.

둘째, 각각의 사례가 나타날 가능성이 동등하고, 또 어느 한 사례가 나타나면 다른 사례는 나타나지 않는 조건에서, 어느 특정한 사례와 또 다른 특정한 사례가 반드시 나타날 확률은 이들 두 사례가 각각 나타날 확률을 곱한 것이다. 이것을 승법정리라 한다.

7. SAS를 이용한 기술통계량의 산출

체육학에서 수집된 자료를 이용하여 새로운 자료를 만들거나 이들 자료로부터 여러 가지 통계량의 값을 구하기 위하여 자료 분석용 컴퓨터 프로그램인 SPSS와 SAS*statistics analysis system : SAS*를 이용한다. SAS는 세계적으로 가장 많이 사용하는 통계 패키지 중 하나로서 사용인구가 점차 증가하고 있는 추세이다. 여기에서는 SAS를 이용하여 기술통계를 위한 프로그램의 작성 및 실행과 그 결과의 해석에 대하여 소개한다.

앞에서 설명한 바와 같이 기술통계량을 구하려면 자료의 정보를 표시해 주는 집중 경향치(평균치, 중앙치, 최빈치), 분산도(분산, 표준편차, 범위, 사분편차, 평균편차, 표준오차, 변이계수), 비대칭도(왜도, 첨도)를 이해해야 한다. 산포의 정도를 나타낼 때 가장 일반적으로 사용되는 표준편차는 자료의 단위에 따라 그 크기가 다르므로 단순한 표준편차만으로 두 집단의 분산 크기를 비교할 수 없다. 따라서, 표준편차를 평균값으로 나눈 상대적인 값을 구하여 비교하게 되는데, 이것을 변이계수 *coefficient of variation*라 한다.

비대칭도는 대표값과 분산도를 나타내는 통계량 외에 분포의 비대칭도를 나타내는 왜도 *skewness*와 분포의 봉우리가 얼마나 뾰족한가를 나타내는 첨도 *kurtosis*가 있다. 왜도와 첨도를 계산하는 공식은 다음과 같다.

$$\text{왜도} \quad S_k = \sum_{i=1}^{n} \frac{[(X_i - \overline{X})/s]^3}{n-1}$$

$S_k = 0$ 좌우 대칭
$S_k < 0$ 왼쪽으로 긴 꼬리
$S_k > 0$ 오른쪽으로 긴 꼬리

$$\text{첨도} \quad K = \sum_{i=1}^{n} \frac{[(X_i - \overline{X})/s]^4}{n-1} - 3$$

$K = 0$ 좌우 대칭
$K < 0$ 왼쪽으로 긴 꼬리
$K > 0$ 오른쪽으로 긴 꼬리

SAS에서는 PROC MEANS, PROC SUMMARY, PROC UNIVARIATE, PROC TABULATE 등을 이용하여 기술통계량을 구할 수 있다. 그러나 최근 SAS 9.1 Window version에서는 PROC문이나 명령어를 치지 않고 마우스를 이용하여 쉽게 통계량을 산출할 수 있다. 가장 많이 사용하는 PROC MEANS 문장의 기본형태는 다음과 같다.

```
PROC MEANS [options];
   VAR variables;
   BY variables;
   CLASS variables;
   FREQ variables;
   WEIGHT variables;
   OUTPUT OUT=SAS dataset keyword=변수명;
```

아래의 그림은 '중학생의 체격 및 악력 측정치'의 대표치와 분산도 등의 기술통계량을 구하는 기본적인 프로그램의 예이다. 여기에서는 PROC문장 뒤에 출력될 기술통계량의 옵션*option*과 변수명을 지정하는 VAR문을 사용하지 않았으므로 SAS dataset(test 1)에 들어 있는 모든 변수들의 기초 기술통계량이 출력된다.

```
DATA test1;
   INPUT id sex age hgt shgt wgt cht tcp sdsp grp_l grp_r;
   CARDS;
                      [중학생의 체격 및 악력 측정치]
       ;
   RUN;
PROC MEADS DATA=test1; RUN;
PROC PRINT  DATA=test1; RUN;
```

다음은 실행하여 얻은 기술통계량의 출력결과이다.

Obs	① Variable	② N	③ Minimum	④ Maximum	⑤ Mean	⑥ StdDev
837	ID	275	1.0000000	275.0000000	138.0000000	79.5298686
	SEX	275	1.0000000	2.0000000	1.4763636	0.5003516
	AGE	275	13.0000000	15.0000000	14.1090909	0.3348781
	HGT	275	141.0000000	189.0000000	159.5527273	7.9735921
	SHGT	275	75.0000000	98.5000000	86.0560000	9.8487120
	WGT	275	33.5000000	85.0000000	53.3869091	6.2904050
	CHT	275	68.0000000	99.9000000	81.4985455	6.2904050
	TCP	275	5.0000000	34.0000000	13.4963636	5.3929825
	SDSP	275	5.0000000	37.2000000	13.4669091	5.7642710
	GRP_L	275	6.8000000	48.0000000	21.9698182	7.6771106
	GRP_R	275	7.3000000	48.8000000	20.6021818	7.4506108

이를 간단히 설명하면 다음과 같다.

① SAS dataset에 있는 변수들을 가리킨다.

② 데이터 개수를 가리킨다. 데이터 중에서 missing이 있으면 개수에서 빠진다. 이 데이터의 개수도 때때로 자료분석에 유용한 정보를 제공해 준다.

③ 데이터의 최소값이다.

④ 데이터의 최대값이다.

⑤ 데이터의 평균값을 나타낸다.
⑥ 데이터의 표준편차를 나타낸다.

8. 상관도

1) 상관계수의 개념

어떤 변수들은 다른 변수들보다 강한 관련성을 나타내는 경우가 있다. 예를 들면 사람들의 발 크기는 손 크기와 높은 관련성이 있다. 그러나 발 크기와 머리카락수와는 관련성이 거의 없다. 한편, 기업규모의 크기와 새로운 기술개발과는 어느 정도 관련성이 있을 수 있으나, 그 관련성의 정도는 약하다.

이렇게 두 변수 사이에 또는 여러 변수들끼리 관련성의 정도에 중점을 두는 분석이 상관분석이다. 상관계수는 두 변인 간의 관련 정도를 수량적으로 표시한 통계치이다. 상관계수를 산출하기 위해서는 반드시 두 변인(예 : 키와 몸무게)의 측정치가 있어야 한다. 상관계수는 이러한 두 변인의 관련정도와 방향을 나타내준다. 그 관련 정도는 .00(완전 무상관)으로부터 1.00(완전 상관)까지로 표시하고, 그 방향을 +와 −로 표시한다. 따라서 상관계수는 ±1.00 사이의 어떤 수치로 표시된다.

한편, −1.0(완전부적 상관)≤ r ≤1.0(완전 정적상관), $r=0$일 때, 두 변인 간에는 직선적인 관계가 전혀 없으며, 상관계수는 −1.00부터 +1.00 사이의 값을 갖는다. 상관계수의 부호는 관계의 방향을 뜻하며, 계수의 절대치는 관계의 정도를 나타낸다.

일반적으로 두 변인이 상호 관련되어 있는 정도를 알아보기 위해 각각의 빈도분포를 하나의 표로 정리해 놓은 것을 상관도표라고 하는데, 두 변인 간의 다양한 관계(정도 및 방향)를 나타낸다(그림 10-8).

또한 상관계수는 체육학을 포함한 모든 학문분야에서 다양하게 사용되고 각종 검사의 신뢰도 reliability와 타당도 validity 등을 계산할 때 사용된다.

신뢰도란 동일한 대상을 동일한 검사로 반복 측정하여 어느 정도 동일한 결과를 얻느냐의 문제이다. 예를 들어 체력 검사를 한 집단에 실시하고 일주일 후에 같은 집단을 다시 검사하여 얻은 두 결과 간의 상관도를 체력 검사의 신뢰도라 부른다. 신뢰도는 한 검사 그 자체의 상관도를 의미하는데, 이를 계수로 표시한 것이 신뢰도계수이다. 검사의 신뢰도계수로는 보통 $r=0.90$ 이상을 요구하고 있다.

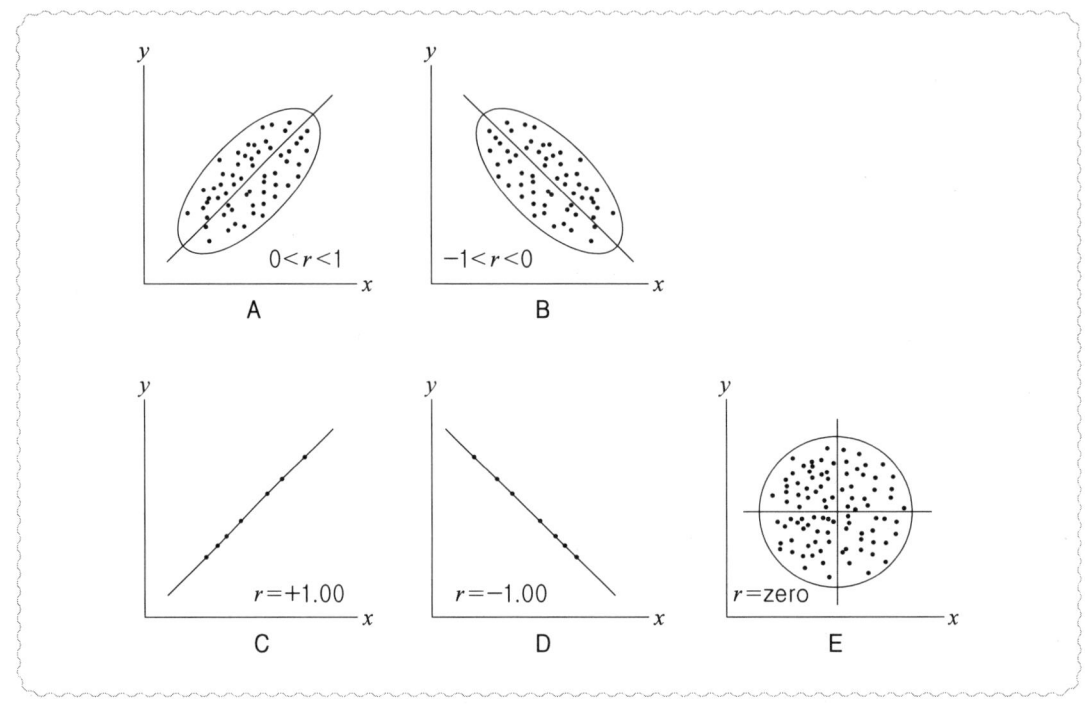

그림 10-8. 상관의 정도가 서로 다른 상관도표

타당도란 검사가 측정하려고 하는 것을 어느 정도 측정하고 있느냐 또는 이 검사가 실제로 무엇을 재고 있느냐의 문제이다. 예를 들어 운동선수의 근력을 측정하기 위해 제작된 검사가 실제 근력이 아닌 민첩성을 측정하고 있다면, 이 검사는 근력 검사로 타당하지 못한 것이다. 타당도는 일반적으로 한 검사와 다른 준거 criterion measure와의 상관계수로 표시된다.

2) 상관계수의 계산

상관계수는 두 변인 간의 교적화 평균을 표준점수로 제시한 것이다. 두 변인 간의 상관계수를 계산하기 위해서는 개개인이 얻은 두 변인의 점수를 곱하여 모두 합함으로써 얻을 수 있다. 한편, 교적화는 그 자체만으로는 사용될 수 없는 두 가지 이유가 있다. 첫째, 교적화의 크기는 각 변인의 측정치 단위에 의해 영향을 받는다는 점이다. 둘째, 교적화의 크기가 사례수의 크기에 따라 영향을 받는다는 점이다. 이 문제를 해결하기 위해서는 교적화를 사례수(N)로 나누어 교적화의 평균을 구해야 할 것이다. 두 변인(X와 Y) 간의 상관계수를 계산하기 위한 공식은 다음과 같다.

$$r_{xy} = \frac{\Sigma Z_x Z_y}{N}$$

위의 공식은 원점수를 표준점수로 바꾸어야 하기 때문에 사례수가 많거나 평균치가 소숫점 이하의 값을 가질 경우 매우 복잡해진다. 따라서 원점수에 의해 처리가 가능한 방법으로 전환시킬 필요가 있으며, 다음과 같이 편차점수로 전환이 가능하다.

$$r_{xy} = \frac{\Sigma xy}{\sqrt{(\Sigma x^2)(\Sigma y^2)}}$$

r_{xy} : X와 Y간의 적률상관계수
x : X치의 편차($X - \overline{X}$)
y : Y치의 편차($Y - \overline{Y}$)

위의 공식은 두 변인의 편차를 계산하여 상관계수를 산출할 때 사용한다. 이외에 원점수를 그대로 이용하여 적률상관계수를 산출하는 공식은 다음과 같다.

$$r_{xy} = \frac{N\Sigma XY - (\Sigma X)(\Sigma Y)}{\sqrt{[N\Sigma X^2 - (\Sigma X)^2][N\Sigma Y^2 - (\Sigma Y)^2]}}$$

원점수를 이용하여 적률상관계수를 계산하기 위한 자료가 표 10-4에 제시되었고, 이 자료에 공식을 적용한 계산은 다음과 같다.

$$\begin{aligned} r &= \frac{N\Sigma XY - \Sigma X \Sigma Y}{\sqrt{\{N\Sigma X^2 - (\Sigma X)^2\}\{N\Sigma Y^2 - (\Sigma Y)^2\}}} \\ &= \frac{10 \times (472) - (70)(65)}{\sqrt{\{10 \times 624 - (70)^2\}\{10 \times 533 - (65)^2\}}} \\ &= 0.14 \end{aligned}$$

표 10-4. 원점수를 이용한 적률상관계수 계산

X	Y	X^2	Y^2	XY
13	7	169	49	91
12	11	144	121	132
10	3	100	9	30
8	7	64	49	56
7	2	49	4	14
6	12	36	144	72
6	6	36	36	36
4	2	16	4	8
3	9	9	81	27
1	6	1	36	6
ΣX 70	ΣY 65	ΣX^2 624	ΣY^2 533	ΣXY 472

3) 적률상관계수의 크기에 영향을 미치는 요인

적률상관계수를 산출하고자 할 때 필요한 가정과 상관계수의 크기에 영향을 미치는 요인을 이해하는 것은 매우 중요하다. 일반적으로 크게 영향을 미치는 요인으로 세 가지가 있으며, 자세한 설명은 다음과 같다.

첫째, 분포의 직선성이다. 피어슨 상관계수 r은 두 변인이 직선적 관계를 가지고 있다는 기본 가정을 만족시킬 때 계산할 수 있다. 즉 두 변인이 $Y=bX$처럼 정확하게 직선적인 관계를 가져야 한다는 것이 아니라 자료의 전체적인 경향이 직선적인 형태를 취해야 한다는 것이다. 피어슨 상관계수 r은 두 변인 간의 직선적인 관계가 성립될 때 계산될 수 있다. 곡선적인 관계를 가지고 있는 자료로 r을 계산한다면 r은 과소 추정된다.

r의 크기에 영향을 미치는 두 번째 요인은 두 집단분포의 동질성, 즉 점수분포의 범위이다. 어느 한쪽 혹은 두 변인의 점수분포 범위가 좁을수록 분포의 변량은 적어지며, 분포의 변량이 적어지면 상관계수는 낮아진다. 즉 하나 혹은 두 변인의 점수분포의 범위가 좁으면 좁을수록 변량(혹은 표준편차)은 0에 접근하게 되며, 따라서 점수범위가 좁을수록 상관계수는 낮아지게 된다. 다시 말하면, 어느 하나 혹은 두 변인의 점수분포가 좁을수록 분포의 변량은 적어지고, 따라서 상관계수는 낮아진다는 것이다.

셋째, 표본 사례수의 크기는 상관계수의 정확성에 영향을 미친다. 표집된 사례수가 적으면 계산 결과 얻은 상관계수는 신뢰할 수 없게 된다. 따라서 사례수가 적을 경우 산출된 상관계수를 절대적인 것으로 생각해서는 안된다. 일반적으로 표본사례수의 크기는 상관계수의 크기에 영향을 미치는 것이 아니라 상관계수의 안정성에 영향을 미친다.

4) 상관계수의 해석

상관계수는 두 변인이 공통으로 변하는 방향과 정도를 수치로 표시한 것이다. 그러나 상관계수는 측정치가 아닌 일종의 지수 *index* 이기 때문에 대소의 구분은 가능하지만 계수 간에 가감승제는 할 수 없다. 즉 상관계수는 서열척도와 같은 것이다.

산출 결과 얻은 상관계수의 해석은 상관계수의 이론적 가정, 실용적 의의, 상관계수에 영향을 미치는 여러 조건 등이 종합적으로 고려되어야 한다. 즉 목적에 따라서는 아주 높은 상관계수만이 의의 있는 것으로 해석될 수 있다. 따라서 상관계수는 위에 제시한 여러 조건에 비추어 상대적으로 해석해야 한다. 그러나 특별한 용도를 고려하지 않고 상관계수를 해석하면 다음과 같다.

```
.90 ~ 1.00    매우 높은 상관
.70 ~ .90     높은 상관
.50 ~ .70     보통 상관
.30 ~ .50     낮은 상관
.00 ~ .30     아주 낮은 상관
```

5) 상관계수의 종류

상관계수는 변인의 측정척도(명명, 서열, 동간, 비율)에 따라 여러 가지 방법을 적용하여 산출할 수 있다. 즉 적률상관계수는 동간척도 및 비율척도에서 얻은 측정치들의 상관을 계산하는데 사용되고, 그 외의 척도에 대해서는 다른 상관계수 산출방법을 사용해야 한다. 따라서 두 변인 중 최소한 한 변인의 측정치가 동간척도 이하일 때 사용할 수 있는 여러 가지 상관계수 산출방법이 아래에 제시되었다.

1_ Pearson의 적률상관계수

Pearson의 r은 두 변인 간의 관련 정도를 기술하는데 사용될 수 있는 가장 일반적인 지수이다. r을 계산하기 위해서는 두 변인이 모두 동간척도 이상의 연속적인 것이어야 하며, 회귀선은 직선적이어야 하고, 회귀선을 중심으로 각 급간의 동변량성이 유지되어야 한다. 원점수에 의한 두 변인 간의 적률상관계수 산출공식은 다음과 같다.

$$r = \frac{N\Sigma XY - \Sigma X \Sigma Y}{\sqrt{\{N\Sigma X^2 - (\Sigma X)^2\}\{N\Sigma Y^2 - (\Sigma Y)^2\}}}$$

2_ Spearman의 등위차 상관계수

등위차 상관계수는 영국의 심리학자 Spearman에 의해 창안된 것으로서 Spearman ρ (rho)라고도 한다. 등위차 상관계수는 서열적인 자료에 적용될 수 있다. 즉 두 변인을 측정한 척도 자체의 동간성이 의심될 때 혹은 두 변인의 측정치가 동간 또는 비율척도라 할지라도 점수로 표시되어 있지 않고, 등위(또는 서열)로 표시되어 있을 때 사용될 수 있는 방법이다.

Spearman의 등위차 상관계수는 피어슨 r에 대한 근사치로 간주할 수 있는가 라는 문제에 대해서 이보다는 엄밀하지 못한 단점이 있다. 왜냐하면 등위로 바꿀 때 점수 간의 간격(범위)을 고려하지 못하기 때문이다. 그러나 사례수가 30명 이하인 경우 상관계수를 빨리 계산하고 싶을 때 효과적으로 사용할 수 있다. 등위차 상관계수의 공식은 다음과 같다.

$$\rho = 1 - \frac{6\Sigma d^2}{N(N^2-1)}$$

N = 사례수
d = 두 짝의 점수 순위의 차

3_ 양분상관계수

양분상관계수는 r_b로 표시된다. 양분상관계수 r_b는 수리적으로 볼 때 피어슨 r에서 유도된 것이기 때문에 기본 가정은 r과 같으나 측정치의 성질에 따라 그 적용에 차이가 있다. 양분상관계수는 두 변인 중 하나가 연속적인 동간·비율척도에서 얻은 측정치이고, 다른 하나는 두 유목으로 양분되어 있는 자료일 때 계산할 수 있다. 그러나 양분 r_b의 기본 가정은 두 유목으로 양분된 변인도 실제로는 연속적이면서 정상적으로 분포되어 있어야 한다. 즉 양분상관계수는 한 변인이 연속적 변인이면서 두 유목으로 양분되고, 다른 한 변인은 최소한 동간척도 이상일 때 적용할 수 있는 상관계수로서, 계산공식은 다음과 같다.

$$r_b = \frac{\overline{Y}_1 - \overline{Y}_0}{\sigma y} \times \frac{pq}{y}$$

$\overline{Y}_1$= 양분된 변인에서 "능력"의 상부(1)에 속하는 집단의 Y평균치
$\overline{Y}_0$= 양분된 변인에서 "능력"의 상부(0)에 속하는 집단의 Y평균치
y= 단위정상분포곡선하에서 그 곡선하의 면적을 $p \cdot q$로 나누는 점의 종축치
p= 전체사례수 중 양분된 X변인에서 1에 해당하는 사례수의 비율
q= 전체사례수 중 양분된 X변인에서 0에 해당하는 사례수의 비율($q=1-p$)
σy= Y변인의 전체분포의 표준편차

4 _ 양류상관계수

양류상관계수 point-biserial correlation coefficient : r_{pb}는 한 변인이 비연속적인 변인이면서 두 유목으로 양분되고, 다른 변인은 최소한 동간척도 이상일 때 적용할 수 있는 피어슨 r의 특수한 예이다.

$$r_{pb} = \frac{\overline{Y}_1 - \overline{Y}_0}{\sigma y} \times \sqrt{pq}$$

5 _ 사간상관계수

사간상관계수(r_t)는 연속적이고 정상적으로 분포되어 있는 X, Y 변인이 모두 유목으로 양분되어 있을 때 적합한 상관계수이다. 계산공식은 다음과 같다.

$$r_t = \cos \frac{180°}{1 + \sqrt{BC/AD}}$$

6 _ 파이계수

파이계수 phi : Φ는 두변인이 비연속적 변인이면서 두 유목으로 양분되었을 때 적용할 수 있는 피어슨 r의 특수한 예이다. 공식은 다음과 같다.

$$\Phi = \frac{BC - AD}{\sqrt{(A+B)(C+D)(A+C)(B+D)}}$$

7_ 유관계수

유관계수 contingency coefficient : C는 X, Y 두 변인이 비연속적이면서 여러 개의 유목으로 구분되었을 때 사용하는 상관계수이다. 그러나 원래 공식은 유목수의 크기에 따라 C계수의 크기가 제한을 받기 때문에 이러한 문제점을 제거한 Cramer가 제안한 C계수의 산출공식이 많이 사용되고 있으며, 그것은 다음과 같다.

$$C = \sqrt{\frac{x^2}{N(L-1)}}$$

N = 전체 사례수
L = X 혹은 Y 변인 중 유목의 수가 적은 쪽의 유목 수

8_ Kendall의 등위상관계수

Kendall은 스피어만 ρ와 같이 서열척도에서 얻은 측정치 간의 상관계수를 계산하기 위해 등위상관계수 τ(타우)를 제안하였다. τ는 X, Y 변인의 측정치를 각각 동일한 방향으로 등위를 매겼을 때 그 등위가 서로 일치하는 정도에 근거를 두고 있다. 따라서 연구자는 t를 위의 일치 정도를 파악하기 위해 사용할 수 있다. 그러나 Kendall의 τ는 계산이 복잡하기 때문에 대부분의 연구자는 스피어만 ρ를 사용한다.

9_ 등위양분상관계수

등위양분상관계수(r_{rb})는 한 변인이 비연속적이면서 양분되어 있고 다른 변인이 서열척도일 때 적절하게 사용할 수 있는 상관계수이다. 계산공식은 다음과 같다.

$$r_{rb} = \frac{2}{N}(\bar{Y}_1 - \bar{Y}_0)$$

N = 전체 사례수
$\bar{Y}_1$ = 양분된 X변인에서 1에 속하는 개개인의 평균등위
$\bar{Y}_0$ = 양분된 X변인에서 0에 속하는 개개인의 평균등위

6) SAS를 이용한 상관분석

상관분석을 위해서는 SAS절차 중 PROC CORR문장을 이용하게 되는데, 그 형태는 다음과 같다.

```
PROC CORR [options];
VAR variables;
WTTH variables;
PARTIAL variables;
WEIGHT variables;
FREQ variables;
BY variables;
```

위의 PROC CORR문장에 따르는 옵션들 options은 Dataset 옵션, 상관계수 선택 옵션, 출력(프린트) 옵션, 기타 옵션이 있다.

아래 그림은 '중학생의 체력 및 악력 측정치'의 각 변수 간의 상관계수를 구하기 위한 프로그램의 예이다. 여기에서 ⓐ의 VAR문은 INPUT문의 변수 중에서 hgt, wgt, cht, tcp의 4개 변수만을 지정한 것이다. 여기에서 출력되는 결과는 단순기술통계량인 사례수, 평균, 표준편차, 합계, 최소값, 최대값과 Pearson의 적률상관계수 r이다.

만약 단순기술통계량이 출력되지 않고 각 변수와의 상관계수를 절대값의 크기 순으로 출력시키고자 할 경우에는 「PROC CORR」 문장 뒤에 NOSIMPLE과 RANK의 옵션을 지정하면 된다.

```
DATA test10
  INPUT id sex age hgt shgt wgt cht tcp sbsp grp_l grp_r;
  CARDS;
                    [중학생의 체격 및 악력측정치, ID=001~144]
    ;
 ⓐ PROC CORR DATA=test10; VAR hgt wgt cht tcp  RUN;
  PROC PRINT DATA=test10; RUN;
```

아래 그림은 위 그림의 ⓐ에서 「PROC CORR」 문장 뒤의 VAR문에 지정한 변수들에 대한 단순기술통계량과 변수들 간의 Pearson의 적률상관계수이다. 여기서 hgt(신장)와 wgt(체중)의 상관관계를 분석해 볼 때, 표본상관계수가 0.68665이고 t검증을 통한 유의수준이 0.0001로 유의수준 0.05보다 작아 "hgt(신장)와 wgt(체중)는 서로 상관이 없다"는 가설을 유의수준 0.05에서 기각한다. 그러므로 신장과 체중은 서로 상관이 있으며, 신장이 큰 사람이 체중이 무겁다는 결론을 내릴 수 있다.

```
                      CORRELATION ANALYSIS
                          Simple Statistics

Variable      N         Mean        Std Dev      Sum      Minimum      Maximum
  HGT        144     163.46528      8.32253     23539    141.00000    189.00000
  WGT        144      55.31111     10.56522      7965     37.00000     85.00000
  CHT        144      81.15347      6.48959     11686     69.00000     99.00000
  TCP        144      11.19444      4.75928      1612      5.00000     32.00000

     Pearson Correlation Coefficients / Prob > : R : under Ho: Rho=0 / N=144

                    HGT           WGT           CHT           TCP
       HGT        1.00000       0.68665       1.61818       0.19385
                    0.0         0.0001        0.0001        0.0199

                    HGT           WGT           HGT           WGT
       WGT        0.68665       1.00000       0.96628       0.74324
                   0.0001         0.0          0.00001       0.0001

                    HGT           WGT           HGT           WGT
       CHT        1.61818       0.96628       1.00000       0.75582
                   0.0001        0.0001         0.0          0.0001

                    HGT           WGT           HGT           WGT
       TCP        1.19385       0.74324       0.75582       1.00000
                   0.0199        0.0001        0.0001         0.0
```

9. 추리통계

1) 표집방법

표집이란 전집으로부터 표본을 추출하는 과정을 말한다. 표집의 궁극적인 목적은 모수치의 추정에 있기 때문에 추출된 표본은 전집의 특성을 대표할 수 있어야 한다. 표본 추출방법은 확률표집과 비확률표집으로 구분되고, 확률표집 방법에는 단순무선표집, 체계적표집, 유층표집, 군집표집과 다단계표집 등이 있으며, 비확률표집 방법에는 할당표집, 목적표집, 임의표집, 배합표집 등이 있다.

1 _ 단순무선표집

단순무선표집 simple random sampling은 전집의 모든 사례가 표본으로 추출될 확률이 동일하며, 또한 전집으로부터 어느 사례를 추출하든 추출 결과는 다른 사례의 표집에 영향을 미치지 않는다.

2 _ 체계적 표집

체계적 표집 systematic sampling은 전집의 모든 사례 중 k번째 사례가 선정되는 확률표집방법의 하나이다. 여기에서 $1/k$은 표집분수이다. 표본의 첫째 사례는 1부터 k 사이의 정수로부터 무선적 표집에 의해 결정된다.

3 _ 유층표집

유층표집 stratified sampling은 전집의 특성을 고려하여 몇 개의 부분집단으로 나눈 후 각 부분집단으로부터 표본을 추출하는 방법이다. 연구자가 전집의 특성에 대한 사전지식을 가지고 있을 때 부분집단을 용이하게 구분할 수 있다.

4 _ 군집표집

군집표집 cluster sampling은 표집의 단위가 전집의 구성원 개개인이 아니라 집단이다. 이때 집단은 무선적으로 선정하고 집단의 구성원을 모두 표집한다.

5 _ 다단계표집

다단계표집 multi-stage sampling은 유층표집, 군집표집, 무선표집이 혼합된 표집방법이다. 표본의 대표성을 유지할 수 있기 때문에 전집이 방대하고 다양한 특성을 가지고 있을 때 흔히 사용된다.

6_ 할당표집

할당표집 *quota sampling*은 전집의 여러 특성을 고려하여 표본을 할당해서 표집하는 비확률표집의 일종이다. 표집방법은 주관적 판단에 의해 결정하지만, 전집의 여러 특성을 고려하여 표본을 할당해서 표집하기 때문에 대표성은 비교적 유지된다.

7_ 목적표집

목적표집 *purposive sampling*은 연구자가 어떤 목적을 가지고 의도적으로 표본을 추출하는 방법이다. 이 방법에서 표집오차는 큰 문제가 되지 않고 확률표집이 실제로 불가능한 경우에 사용이 가능하다.

8_ 임의표집

임의표집 *accidental sampling*은 가장 얻기 쉬운 집단으로부터 연구자의 임의대로 표본을 선정할 뿐만 아니라, 표본의 크기조차도 임으로 정하는 방법이다.

9_ 배합표집

배합표집 *matched sampling*은 비확률표집 방법의 하나로서 전집을 대표한다고 판단되는 두 개 이상의 표본을 추출하여 표본간의 성격을 비교하려는 방법이다. 임의표집보다는 대표성이 강하지만 목적표집과 유사하다.

2) 표본조사의 절차와 표본의 크기

통계자료의 신뢰도와 관련하여 표집의 크기를 결정하는 문제는 연구자에게 가장 큰 관심거리이다. 일반적으로 표본이 크면 클수록 분포는 정상분포에 이르며 전집을 보다 신뢰성 있게 대표할 수 있다. 그러나 전집을 대표한다고 하여 시간과 경비를 고려하지 않고 무조건 크게 할 수는 없다. 따라서 전집의 규모가 클 경우 전집의 약 3% 내지 5%를 표집하면 안전하다고 할 수 있다.

표본의 크기를 수리적으로 추정하는 방법은 계산될 통계치가 무엇인가에 따라 다르며, 여기에서 평균과 비율을 추정하는데 요구되는 공식은 다음과 같다.

평균추정

$$n = \frac{N}{(\frac{\varepsilon}{\lambda})^2 \frac{N-1}{s^2} + 1}$$

n : 평균치 추정과 관련된 표본수
ε : 정도(오차)
λ : 신뢰도
N : 전집의 사례수
s^2 : 변량

비율추정

$$n = \frac{N}{(\frac{\varepsilon}{\lambda})^2 \frac{N-1}{P(1-P)} + 1}$$

3) 가설검증

가설검증hypothesis testing이란 모집단의 특성을 대표하는 어떠한 주장을 확인하기 위하여 모집단으로부터 표본을 추출하여 표본을 분석함으로써 모집단에 관한 어떠한 주장의 타당성을 검토하는 것이다. 여기에서 가설이란 분석자가 자기의 주관적인 판단이나 어떠한 경험적인 자료에 의하여 모집단의 특성을 가상적으로 서술한 것이라 할 수 있다. 전집의 평균치에 관한 가설을 검증하고자 할 때, 표본에서 얻은 표준편차(s)는 전집표준편차(δ)의 추정치로 사용한다. 따라서 표본평균치의 표집분포로 추정된 표준오차는 $s/\sqrt{n}$이 된다.

1 _ 가설진술

표본들의 평균치 사이에 나타난 차이가 표집오차로 인해 생긴 것이라고 진술할 때 이것을 영가설null hypothesis : H_0이라고 한다.

상대가설은 영가설을 부정하는 형태로 기술되며, 연구자가 조사를 통해 기대되는 결과를 진술한 것으로 연구가설이라고도 한다. 상대가설은 양방적nondirectional 혹은 일방적directional으로 진술할 수 있다. 일방적 상대가설의 경우 전집의 모수치(평균치, 상관계수 등)는 가상치hypothesized value보다 크다(혹은 작다)라고 진술한다. 양방적 상대가설의 경우 전집의 모수치는 가상치와 차이가 있다고 진술한다.

가설검증에서 범하게 되는 오류에는 두 가지가 있다. 제1종 오류(α)는 실제로는 영가설(H_0)이 사실인데 이를 부정하는 오류이고, 제2종 오류(β)는 실제로는 영가설(H_0)이 거짓인데 이를 긍정하는 오류이다.

2_ t 분포

스튜던트 t student t 분포는 대칭적인 분포들로 구성되어 있다. 표본수가 증가함에 따라 t 분포는 정상분포에 가까워진다. 가설을 검증하는 과정에서 t 분포는 표본수가 적을 때 정상분포 대신 사용된다. 평균치의 표집분포는 표본수가 달라짐에 따라 변화하는데, 이러한 결과로 가설을 검증하기 위해서는 매 표본수별로 설정된 특정한 t 분포를 사용해야 한다.

3_ 자 유 도

자유도 degree of freedom란 독립적으로 변할 수 있는 수, 즉 자유롭게 변할 수 있는 수를 말한다. 자유도는 통계적인 제한을 가진 수를 뺀 것이다. 평균치의 경우에는 $n-1$이 자유도이다.

4_ 유의도 수준

유의도 수준 level of significance : α level은 영가설의 수용 여부를 결정하기 위한 기준으로 사용된다. 즉 표본집단으로부터 얻은 통계치가 가정된 전집의 모수치와 우연적인 오차범위를 넘어 현저하게 차이가 있다고 한다면, 우리는 영가설을 부정하고 통계치와 모수치간에 의의 있는 차이가 있다고 해석한다.

따라서, 유의수준은 곧 통계적으로 의의 있다고 판정할 수 있는 확률수준을 뜻한다. 사회과학분야에서 가장 많이 사용되고 있는 유의도 수준은 .05와 .01 즉 5%와 1%이다. 그러나 연구의 성격에 따라 .001 혹은 .10 수준을 사용할 수 있다.

5_ 가설검증 과정

가설검증 과정이라 함은 가설로 설정한 영가설(H_0)을 채택할 것인지 혹은 기각할 것인지를 결정하는 과정을 의미한다. 즉 가설검증 과정은 모집단의 특성을 규명하기 위해서 표본크기를 결정하여 표본을 추출한 후에 다음과 같은 과정을 거쳐 가설을 검정한다.

- 영가설(H_0)과 연구가설(H_a)을 설정한다.
- 유의도 수준(α)을 결정한다.
- 검증 통계치를 계산한다.
- 영가설의 기각 여부를 결정한다(검증통계치와 기준치를 비교).

- 결론

가설검증을 보다 더 쉽게 이해하기 위하여 t-검증과 비모수 검증 등 두 가지 가설검증의 예가 아래에 제시되었다.

① t-검증

t-검증 t-test이란 두 집단 간의 평균값을 비교하여 평균차이를 검증하는 통계법이다. t-검증 방법에는 양방검증 two-tailed test과 일방검증 one-tailed test이 있으며, 평균치 간의 단순한 차이 여부를 검증할 경우에는 양방검증 방법을 이용하고, 어떤 집단에서 차이가 크거나 작은지의 여부를 검증할 경우에는 일방검증 방법을 이용한다.

t-검증은 독립표본과 종속표본에 대한 평균치간의 차이검증으로 구분되는데, 독립표본은 대상자가 두 개의 전집에서 각각 무선표집 random sampling되었거나, 두 개의 실험처치 조건에 무선배정 random assignment된 경우에 해당되며, 종속표본은 2개 표본집단의 대상자가 동일한 경우에 해당된다. 예를 들어 "훈련방법에 대한 축구선수와 농구선수들의 운동수행능력의 비교"에서 축구선수와 농구선수의 모집단이 각각 독립적으로 존재하여 독립표본의 t-검증방법이 적용되며, "인삼복용이 체력에 미치는 효과"에 대한 연구를 검증할 경우, 하나의 동일집단으로 실험처치 전(인삼을 복용하지 않은 경우)과 실험처치 후(인삼 복용 후)에 체력 정도의 차이를 비교하는 측정을 하였을 경우, 동일한 모집단을 갖기 때문에 종속표본의 t-검증방법이 적용된다.

그러나 어떠한 경우든지 t-검증은 평균값의 차이를 검증하는 방법인데, 공식은 다음과 같다.

독립표본의 t-검증 $\quad t = \dfrac{(\overline{X_1} - \overline{X_2})}{\sqrt{\sigma^2(\dfrac{1}{n_1} + \dfrac{1}{n_2})}}$

σ^2 = 합동추정량(pooled estimator of variances)

σ^2을 모르기 때문에 Sp^2을 이용한다.

$$Sp^2 = \dfrac{\Sigma(X_1 - \overline{X_1})^2 + \Sigma(X_2 - \overline{X_2})^2}{n_1 + n_2 - 2}$$

종속표본의 t-검증 $\quad t = \dfrac{\overline{d} - m}{Sd/\sqrt{n}}$

$\overline{d}$ = 전후 평균차이

예를 들면 남녀 각 5명씩 합계 10명을 대상으로 성별에 따른 근력의 평균치에 대한 차이를 검증하기 위하여 측정한 결과는 표 10-5와 같다.

위 자료를 근거로 t-검증을 단계별로 살펴보면 다음과 같다.

표 10-5. 성별에 따른 근력의 평균

	남	여
남($n-1$)=5 여($n-2$)=5 J=2	3 5 8 14 15	2 3 5 10 15
X	9	7
S^2	S_1^2=28.5	S_2^2=29.5

$$S^2 = \frac{\Sigma(X-Y)^2}{n-1}$$

영가설과 연구가설의 검증

· 영가설(H_0)······성별에 따른 근력의 평균치에는 차이가 없을 것이다.
· 연구가설(H_a)······성별에 따른 근력의 평균치에는 차이가 있을 것이다.

검증통계치의 계산(t=0.23)

$df = n_1 + n_2 - 2$

모집단의 변량을 모르기 때문에 표집분포는 남, 여 10명 중에서 2명을 뺀 자유도를 갖는 t 분포를 이룬다고 가정할 수 있다.

영가설 기각의 영역 결정

· α=0.05
· $df = n_1 + n_2 - 2 = (5+5) - 2 = 8$
· 기준치 (cv)=0.23

즉 자유도 df=8이 되며, 유의도 α=0.05 수준으로 영가설에서는 두 평균값 중 어느 하나가 크든 작든 관계없이 단지 차이만을 검증하므로 양방검증 two-tailed test이 되기 때문에 t분포표(부록참조)의 양방검증에서 기준치를 찾아보면 2.30으로 나타나 있다.

영가설의 기각 여부를 결정

- t값>기준치 : 영가설 기각
- t값<기준치 : 영가설 채택
- t값(0.23)<기준치(2.30)가 되므로 영가설이 채택된다.

결 론

성별에 따른 근력의 평균치에는 차이가 없다.

② SAS를 이용한 t-검증

t-검증은 두 집단 간(평균치)의 차이를 분석하고자 하는 경우에 사용하는 기법이다. 이를 통계학적으로 설명하면 "두 집단의 평균치의 차이가 표본오차에 의한 것인지, 두 집단의 속성에 의한 것인지를 밝히는 가설검증기법"이다. t-검증을 위해서는 PROC TTEST 문장을 이용하게 되는데, 그 형태는 다음과 같다.

```
PROC TTEST [options];
CLASS variables
VAR variables
BY variables
```

기본 프로그램과 실행 결과

다음 그림은 '중학생의 체력 측정치'를 그룹별(sex)로 각 평균치 간에 차이가 있는가를 검

```
DATA test;
  INPUT id sex age hgt shgt wgt cht tcp sbsp grp_l grp_r;
  CARDS;
                [중학생의 체력 측정치]
    ;
RUN;
PROC TTEST DATA=test; CLASS sex;
VAR grp_l grp_r; RUN;
PROC PRINT DATA=test; RUN;
```

증(t-검증)하기 위한 프로그램의 예이다. 여기에서 보는 바와 같이 t-검증에 사용되는 PROC TTEST 문장은 두 부분으로 구성된다. 즉 CLASS문은 그룹부분(독립변수)으로 sex를 지정하였고, VAR문은 분석하고자 하는 변수(종속변수)로 grp_l과 grp_r을 지정하였다.

다음 그림은 위 프로그램에 대한 실행 결과이다(독립 t-test).

```
                        TTEST PROCEDURE
       Variable: GRP_R
①    SEX     N      Mean      Std Dev    Std Error    Minimum     Maximum
     ---------------------------------------------------------------------
       1    144   26.3625000  7.5664504   0.6305375    6.8000000  48.0000000
       2    131   17.1412214  4.0470477   0.3535922    9.5000000  30.3000000

          Variances      T        DF       Prob>:T:
     ---------------------------------------------------------------------
③-1   Unequal      12.7557    222.8      0.0001
③-2   Equal        12.4241    273.0      0.0000

         ② For H₀: Variances are equal,  F'=3.50   DF=(143, 130)   Prob> F'=0.0000
   **********************************************************************
   Variable: GRP_R
       SEX     N      Mean      Std Dev    Std Error    Minimum     Maximum
     ---------------------------------------------------------------------
       1    144   24.8326389  7.3933237   0.6161103    7.3000000  48.8000000
       2    131   15.9519084  3.9062150   0.3412876    8.0000000  30.0000000

          Variances      T        DF       Prob>:T:
     ---------------------------------------------------------------------
      Unequal      12.6089    221.3      0.0001
      Equal        12.2762    273.0      0.0000

         For H₀: Variances are equal,  F'=3.58   DF=(143, 130)   Prob> F'=0.0000
```

위 그림에서 보는 바와 같이 악력우(grp_l)의 경우 남자(sex=1)는 관측자료수가 144개(n=144)이고 평균값이 26.36로 나타났으며, 여자(sex=2)는 관측자료수가 131개(n=131)이고 평균값이 17.14로 나타났다. 여기에서 남자의 경우 t값이 12.7557이고, 여자의 경우 t값이 12.4241이라는 말이 아니라는 것을 알아야 한다.

출력 결과를 간단히 설명하면 다음과 같다.

① 남녀별(sex)로 악력우(grp_l)에 대한 기술통계량을 프린트한 것이다.

② t-검증은 두 그룹의 분산의 동일성 검증(F검증)을 행하는 것이다. 여기에서 ②는 설정된 영가설(H_0 : 분산이 동일하다)을 긍정 또는 부정하기 위한 것들이다. 여기에서 F검증의 자유도(df=143,130)는 ①에서 나타난 각각의 자료수에서 1을 뺀(144−1, 131−1)값이다. 자유도는 143,130인 F분포에서 F값(F'=3.50)보다 클 확률이 0.0000으로 유의수준 0.05보다 작으므로 영가설을 기각한다.

③ 영가설이 기각되므로 ③-1 *variance unequal*을 선택한다. 자유도가 221.3이라는 이상한 값을 가진다. t-검증에서 두 집단의 분산이 다를 경우에의 Satterthwait(1946)의 자유도 근사식을 통해 검정을 한다. 자유도 221.3의 분포에서는 t값 12.7557보다 클 확률이 0.0001로서 유의수준 0.05보다 작으므로 영가설(H_0 : 두 집단의 평균값이 같다)을 기각한다. 만약에 ②의 분산검정에서 분산이 동일하다는 결론이 나면 ③-2를 선택한다. 이때의 자유도는 전체 표본수에서 2를 뺀 273(275−2)이다.

쌍체비교의 프로그램과 실행 결과

일반적인 설문자료에서는 해당되는 경우가 거의 없으나, 어떤 훈련효과나 정책효과 등 처리효과를 분석하고자 하는 경우에는 처리 전·후의 자료를 묶어 그 차이에 의미가 있는지를 쌍체비교 *paired-comparison*의 t-검증을 통하여 분석한다.

예를 들어 실험 전·후의 효과에 대하여 분석한다고 하자. 이와 같이 대응이 있는 쌍체비교 자료의 경우에는 실험 전과 실험 후의 자료의 차이를 구한 후 "실험 전과 실험 후의 차이가 0과 같은가?"를 검증하는 형태이다.

실험 전과 실험 후의 차이가 0과 같은지를 검정하기 위해서는 PROC TTEST 문장 대신에 PROC MEANS 문장을 이용하여 t 분포의 통계치를 구한다. PROC MEANS 문장을 이용하여 t-검증을 하는 경우에는 t-검증의 통계치를 출력하기 위하여 MEAN, STDERR, T, PRT의 옵션을 사용한다. 다음 그림은 쌍체비교의 t-검증을 위한 프로그램이다. 여기에서는 실험 전*pre*과 실험 후*post*의 차이를 나타내는 새로운 변수 diff(post−pre)를 지정하였고, diff가 0과 같은지를 검정하기 위하여 PROC TTEST 문장 대신에 PROC MEANS 문장을 이용하여 t 분포의 통계치를 구한다. PROC MEANS 문장을 이용하여 t-검증 통계치를 구하기 위하여 MEAN, STDERR, T, PRT의 옵션을 사용하였다.

아래 그림의 자료*test*를 대응이 없는 경우로 생각하여 아무런 생각 없이 두 그룹의 차이에 대한 연속변수의 검증은 t-검증을 사용하고, SAS 절차에서는 무조건「PROC TTEST」를 사용한다는 것만을 알고서「PROC TTEST」문장을 사용하면 전혀 엉뚱한 결과를 얻게 된다는 점에 유의해야 한다.

```
DATA test;
  INPUT pre post @@ ;  diff=post-pre;
  CARDS;
  PRE      71 73  80 82  70 74  71 76  62 66  88 94  84 84
  POST     73 77  66 72  57 67  90 95  88 89  59 62  76 86
    ;
    PROC MEANS DATA=test MEAN STDERR T PRT; VAR diff; RUN;
    PROC PRINT  DATA=test; RUN;
```

아래 그림은 프로그램을 실행한 출력 결과이다. 여기에서 실험 전pre과 실험 후$post$의 차이를 나타내는 변수$difference$는 평균이 4.4285이고 표준오차가 0.7894이며, 이에 해당하는 t값(Mean/Std Error)은 5.6096이다. 이는 유의수준 0.05 수준에서 "실험 전과 실험 후의 차이는 통계적으로 유의한 차이(0과 같지 않다)가 있다"는 것을 나타내고 있다.

Analysis Variable : DIFF				
N Obs	Mean	Std Error	T	Prob⟩:T:
14	4.4285714	0.7894517	5.6096804	0.0001

③ 비모수 검증

비모수 검증$nonparametric\ test$은 명명척도와 서열척도로 측정된 자료의 가설을 검증할 때 사용된다. 일반적으로 모수적 검증보다 전집분포에 대한 기본가정이 덜 요구된다. 그러나 추리통계의 통계적 검증절차는 모수 검증과 동일하다.

χ^2 분포

χ^2분포는 자유도에 따라 분포의 모양이 다르다. t 분포에서와 마찬가지로 특정한 α 수준에 해당하는 χ^2값을 찾기 위해서는 하나의 자유도 값만 있으면 된다. 그러나 자유도가 30 이상일 경우 검증통계치의 표집분포는 정상분포가 된다.

검증

χ^2 chi-$square$ 분석방법의 선행조건은 다음과 같다.

- 연구가설과 영가설을 설정한다(여기에서 영가설이란 두 변인 간의 상호관계가 기각될 것을 상정하는 것으로 연구가설과는 반대적 의미를 지닌다).
- χ^2값과 95%의 신뢰도 수준에서 기준치를 산출한다.
- 산출된 χ^2값과 기준치를 비교하여 영가설의 기각 여부를 결정한다.

χ^2는 두 명명척도 간의 관계를 측정하는 것으로, 두 변인 간의 관계가 상호 독립적이라는 영가설을 통계적으로 검증하는 것이다. 즉 χ^2는 관찰빈도와 기대빈도의 차이를 계산함으로써 두 변인 간의 관계에 대한 유의성 또는 상호 독립성 여부를 검증하는 방법이다. 관찰빈도와 기대빈도의 일치 정도를 적합도라고 하며, 두 빈도 간에 차이가 나타나지 않을 경우 두 변인 간에는 아무런 관계가 존재하지 않는다는 영가설이 적합하다고 볼 수 있다. 따라서 χ^2값이 크면 적합도가 낮고, 반대로 χ^2값이 작으면 적합도가 높다고 할 수 있다.

$$\chi^2 = \sum_{i=1}^{k} \frac{(O_i - E_i)^2}{E_i}$$

O : 관찰빈도
E : 기대빈도
K : 유목 또는 집단의 수

④ SAS를 이용한 χ^2 검증

빈도분포와 카이제곱법(검증)

통계분석을 할 때 가장 중요한 것은 자료의 정확성에 있다. 또한 통계적 기법을 적용하기 전에 먼저 자료에 대한 개괄적인 안목을 가지는 것이 중요하다. 빈도 및 누적빈도분포를 알아보는데 사용되는 것이 PROC FREQ 문장이다. 이 문장은 일반적인 설문지 작성에서 가장 많이 사용되며, 선택사항 *option*을 통하여 카이제곱법(검증)을 실시할 수 있다. PROC FREQ 문장의 기본형태는 다음과 같다.

```
PROC FREQ [options 1];
TABLES requests(테이블형식)/[options 2];
WEIGHT variables;
by variables;
```

기본프로그램과 실행 결과

다음 그림은 '여고생의 체격과 가정환경 및 성적 성숙'의 각 변수에 대한 빈도 분포도표를 구하는 기본적인 프로그램 예이고, 그 다음에 나오는 그림은 프로그램에 대한 실행결과이다.

PROC FREQ 문장에서 TABLES 문장이 없으면 SAS dataset에 들어있는 모든 변수들에 대하여 일차원 빈도분포표(빈도수, 누적빈도수, 구성비, 누적구성비)를 출력한다. 여기서는 TABLES문에 2개의 변수(are, e01)만 지정하였다.

프로그램을 실행하여 출력한 빈도분포표를 간단히 설명하면 다음과 같다.
① TABLES문에서 지정한 변수를 가리킨다.
② 변수의 각 행에 관측치의 빈도수(개수)를 나타낸다.
③ 변수의 각 행에 관측치의 구성비(비율)를 나타낸다.
④ 변수의 각 행에 관측치의 누적빈도수를 나타낸다.
⑤ 변수의 각 행에 대한 관측치의 누적구성비를 나타낸다.

```
DATA test;
   INPUT id hgt wgt cht age are e01 e02 e03 e04 e05 e06 e07 e08;
   CARDS;
         [여고생의 체격, 가정환경 및 성적 성숙에 관한 자료]
    ;
PROC FREQ DATA=test3; TABLES are e01 ; RUN;
PROQ PRINT DATA=test3; RUN;
```

① ARE	② Frequency	③ Percent	④ Cumulative Frequency	⑤ Cumulative Percent
1	139	50.0	139	50.0
2	139	50.0	278	100.0
E01	Frequency	Percent	Cumulative Frequency	Cumulative Percent
1	12	4.3	12	4.3
2	107	38.5	119	42.3
3	139	50.0	258	92.8
4	20	7.2	278	1000

이차원 빈도분포표와 χ^2검증을 위한 응용프로그램과 실행 결과

이차원 빈도분포표 및 χ^2검증을 위한 통계치의 출력은 TABLES문의 형식 및 옵션 2에 의하여 결정된다. 아래 그림의 「TABLES area*e08」은 변수 area와 e08에 대한 테이블 형식 *REQUESTS*의 이차원 빈도분포표(cell빈도, cell퍼센트, 행 퍼센트, 열 퍼센트)의 출력을 위한 변수의 지정이다. 데이터에 missing 데이터가 있으면 제외되며, 각 빈도분포표 아래에 missing 데이터의 개수가 별도로 출력된다.

또한 TABLES문 뒤에 오는 옵션 2는 카이제곱 통계치와 기대도수 등을 출력하거나 또는 특정 통계치를 출력하고 싶지 않을 경우의 옵션들이다. 일반적으로 가장 많이 사용되는 옵션 2가지는 EXPECTED(각 cell의 기대빈도를 출력함)와 CHISQ(독립성을 검증하는데 필요한 χ^2의 결과를 출력함)이다.

```
DATA test4
   INPUT id hgt wgt cht age are e01 e02 e03 e04 e05 e06 e07 e08;
   CARDS;
              [여고생의 체격, 가정환경 및 성적 성숙에 관한 자료]
       ;
   PROC FREQ DATA=test4; TABLES are*e08 / CHISQ; RUN;
   PROQ PRINT DATA=test4; RUN;
```

한편, 아래 그림은 프로그램을 실행한 결과이다. 프로그램의 PROC PRINT DATA=test4; 와 TABLES are*e08 / CHISQ; RUN;라는 SAS문장에 의하여 많은 통계량이 출력되었다. 이들 중 필요 없는 통계량을 출력하고 싶지 않을 때, 예를 들어 Col Pct를 프린트하고 싶지 않으면 options 2에서 「TABLES are*e08 / NOCOL CHISQ;」로 지정하면 된다.

출력 결과를 설명하면 다음과 같다.

① 실제 빈도수를 나타내는 것으로 area=1이며 e08=11인 인원을 나타낸다.
② 전체 빈도수 278명 중 27명의 퍼센트를 나타낸다.
③ 행 퍼센트를 나타내는 것으로 are=1에 해당하는 139명 중 e08=11에 해당하는 27명의 퍼센트이다.
④ 열 퍼센트를 나타내는 것으로 e08=11에 해당하는 37명 중 are=1에 해당하는 27명의 퍼센트이다.
⑤ 행의 합계와 퍼센트를 나타내는 것으로 are=1의 합계(139명)와 이에 대한 전체합계의

```
                          TABLE OF AREA BY E08

        ARE      │ E08
     Frequency   │
      Percent    │
      Row Pct    │
      Col Pct    │
                 │   11 :     12 :     13 :     14 :     15 :     16 :
     ────────────┼──────────────────────────────────────────────────────
          1      │ ①  27       42       39       25        6    ⑤ 139
                 │ ②  9.71    15.11    14.03     8.99     2.16     50.00
                 │ ③ 19.42    30.22    28.16    17.99     4.32
                 │ ④ 27.92    51.22    44.83    43.86    40.00
                 │
          2      │    10       40       48       32        9      139
                 │    3.60    14.39    17.27    11.51     3.24     50.00
                 │    7.19    28.78    34.53    23.02     6.47
                 │   27.03    48.78    55.17    56.14    60.00
     ────────────┼──────────────────────────────────────────────────────
        Total    │ ⑥  37       82       87       57       15      278
                 │   13.31    29.50    31.29    20.50     5.40
```

STATISTICS FOR TABLE OF AREA BY E08

⑦   Statistic   DF   Value   Prob
    Chi-Square   4   10.250   0.036
    Likelihood Ratio Chi-Square   4   10.559   0.032
    Mantel-Haenszel Chi-Square   1   7.252   0.007
⑧   Phi Coefficient   0.192
⑨   Contingency Coefficient   0.189
⑩   Cramer's V   0.192
    Sample size = 278

퍼센트이다.

⑥ 열의 합계와 퍼센트를 나타내는 것으로 해당하는 e08=11의 합계(37명)와 이에 대한 전체 합계의 퍼센트이다.

⑦ 출력된 이차원빈도분포의 χ^2검증을 위한 검증 통계이다.

  DF : 분할표의 자유도

  Value : 독립성 검증에 사용되는 카이제곱값

  Prob : 자유도가 4인 분포에서 값이 10.250보다 클 확률은 0.036이다. 이 확률은

0.05보다 작으므로 $\alpha=0.05$ 수준에서 설정된 영가설을 기각한다.

⑧ 파이계수로 두 변인이 비연속적인, 즉 질적변인으로 양분(2×2)되었을 때만 사용할 수 있는 Pearson의 적률상관계수(r)의 특수한 예이다.

⑨ 유관계수(C)로 두 변인이 비연속적이면서 두 유목으로 양분(2×2)되었을 때 뿐만 아니라 2×3, 3×5 등의 유목수를 가진 분할표에도 적용된다. 이 계수의 단점은 두 변인의 유목수의 크기에 따라 C계수의 크기가 제한을 받는다는 것이다.

⑩ Cramer의 C계수로 유관계수의 단점을 해결하기 위하여 제안된 계수이다.

10. 분산분석

지금까지 두 개의 표본에서 얻은 통계치 간에 차이가 있는지의 여부에 대한 가설을 검증하거나 전집치를 추정하는 통계적 방법에 대하여 살펴보았다. 여기에서는 둘 이상의 표본에서 얻은 자료들에 대한 가설을 검증하는 방법인 분산분석 *analysis of variance : ANOVA* 방법을 소개한다. 분산분석이란 2개 이상의 표본에서 얻은 자료에 대한 가설을 검증하는 방법으로서 집단 간 평균차이를 검증하는 t-검증과 유사하다. 그러나 여러 개의 표본으로부터 얻은 평균치 간의 차이를 t-검증방법에 의해 검증할 경우 제1종 오류(사실인 영가설을 거짓이라고 판단하는 오류)를 범할 확률은 커진다. 평균치 간의 개별 비교수(t-검증수)가 많으면 많을수록 제1종 오류를 범할 확률은 사전에 설정한 α 수준(유의도 수준)보다 훨씬 커진다. 따라서 연구자가 설정한 α 수준 이상으로 유의한 결과를 얻을 가능성이 커진다.

분산분석을 하기 위해서는 독립변인과 종속변인이 있어야 한다. 독립변인은 명명척도, 종속변인은 동간척도로 측정된 연속형 자료이다. 일반적으로 범주형으로 된 독립변인을 요인 *factor* 이라고 하며, 독립변인의 각 범주 *category* 를 수준 *level* 이라고 한다. 일원분산분석은 최소한 2개 이상의 수준을 가진 하나의 독립변인에 의해 종속변인의 특징을 분석하는 것이고, 독립변인의 수가 2개일 경우 이원분산분석, 3개일 경우 삼원분산분석을 적용한다. 분산분석의 기본개념은 각 집단의 분산평균과 각 하위집단을 전부 합한 전체집단의 분산이 서로 유사하거나 일치하면 각 집단의 평균치 간에는 통계적으로 차이가 없다. 그러나 각 집단의 분산평균과 집단의 분산 간에 차이가 있으면 각 집단의 평균치 간에도 통계적으로 차이가 있다.

일원분산분석에서 전체분산은 집단 내 변량 within variance : S_w^2과 집단 간 변량 between variance : S_b^2으로 구분된다. 집단 내 분산은 같은 집단 내에 속한 피험자들의 개인차에 기인한 분산으로서 표집오차 때문에 생기며, 오차분산이라고도 한다. 집단간 분산은 집단평균치 간의 차이에 기인한 분산으로 실험처치 효과가 있을 때 생기며, 체계적 분산이라고 한다.

분산분석에서 영가설은 집단 간 분산과 집단 내 분산의 비율에 의해 검증되고, 집단 간 분산추정치와 집단 내 분산추청치는 집단 간 제곱과 집단 내 제곱을 각각의 자유도로 나누어 계산한다. 집단 간 분산추정치를 집단 내 분산추정치로 나눈 값을 F값이라고 하는데, 공식은 다음과 같다.

$$F = \frac{\text{집단간 변량}(S_b^2)}{\text{집단내 변량}(S_w^2)}$$

일원분산분석의 수리적 모형으로서 실험처치의 효과의 합(Σa_j)은 항상 0이 되지만, 실험처치 효과의 자승합(Σa^2_j : 편차($\mu_j - \mu$)의 자승합)은 영가설이 사실일 때만, 즉 실험처치 효과가 없을 때만 0이 되며 그 이외의 경우에는 항상 0보다 크다. 즉 H_0가 사실일 때 $\Sigma a^2_j = 0$, H_0가 사실이 아닐 때 $\Sigma a^2 > 0$이다. 또한 전체자승합 SS_t은 집단 내 자승합 SS_w과 집단 간 자승합 SS_b으로 구분되는데, 이것을 공식으로 나타내면 다음과 같다.

$$\text{전체자승합 = 집단 내 자승합 + 집단 간 자승합}$$
$$\sum_j \sum_i (X_{ij} - \overline{X})^2 = \sum_j \sum_i (X_{ij} - \overline{X}_j)^2 + \sum_j \sum_i (\overline{X}_j - \overline{X})^2$$

이상에 제시한 일원분산분석 방법을 요약하면 표 10-6과 같다.

표 10-6. 일원분산분석 요약

변산원	자승합(SS) 정 의	자승합(SS) 계산공식	자유도(df)	변량추정치	F비율
집단간 (Between)	$\sum_j n_j(\overline{X}_j - \overline{X})^2$	$\sum \frac{(\Sigma X)^2}{n_j} - \frac{(\Sigma\Sigma X)^2}{N}$	$J-1$	$MS_b = \frac{SS_b}{J-1}$	$\frac{MS_b}{MS_w}$
집단내 (Within)	$\sum_j \sum_i (X_{ij} - \overline{X}_j)^2$	$\Sigma\Sigma X^2 - \sum \frac{(\Sigma X)^2}{n_j}$	$N-J$	$MS_w = \frac{SS_w}{N-J}$	
전체 (Total)	$\sum_j \sum_i (X_{ij} - \overline{X})^2$	$\Sigma\Sigma X^2 - \frac{(\Sigma\Sigma X)^2}{N}$	$N-1$		

11. 평균치의 사후비교

일원분산분석은 두 개 혹은 그 이상 집단의 전집평균치가 서로 동일한가를 검증하는 방법이다. 산출된 F 비율이 사전에 설정한 α 수준을 토대로 가설부정의 기준치보다 크면 영가설을 부정하고, 각 집단의 평균치 간에 차이가 있다는 결론을 내린다. 그러나 분석 결과 영가설을 기각했을지라도 여러 평균치 사이에 어떤 차이가 있는지를 알 수 없다. 왜냐하면 분석 결과 F 비율은 여러 집단의 평균치중 최소한 어느 두 집단의 평균치 간에 차이가 있으면 통계적으로 유의한 차이가 있는 것으로 나타나기 때문이다.

따라서 F 검증 결과 통계적으로 유의한 차이가 있을 경우, 필요에 따라서 어떤 집단의 평균치 간에 유의한 차이가 있는지를 구체적으로 검증해야 한다. 사후비교 *post hoc multiple comparison tests*는 ANOVA 결과 통계적으로 유의한 F 값을 얻었을 때, 즉 영가설(H_0)이 부정되었을 때 여러 집단의 평균치 중 어떤 평균치들 간에 서로 차이가 있는지를 알고 싶을 때 사용한다.

반대로 사후비교란 여러 집단의 평균차이를 비교하여 그 차이의 구조를 평가하는 통계절차로서 이론적으로 t-검증방법에 의해 검증할 수 있지만, 제1종 오류를 범할 확률이 사전에 설정한 α 수준보다 훨씬 커지기 때문에 사전에 설정한 α 수준을 그대로 유지한 채 여러 평균치 간의 차이를 검증하는 방법이다. 사후비교의 대표적인 방법에는 Tukey, Newman-Keuls, Scheffe, Duncan의 검증방법이 있다.

1) Tukey 검증방법

Tukey 검증방법은 원어로 Tukey's Honestly Significant Difference(HSD)인데, 우리말로 하면 "실제로 유의한 차이의 검증"이다. 이 방법은 집단의 사례수가 같고, 모든 평균 간에 일 대 일의 단순한 비교가 목적일 때 통계적 검증력 *statistical power*이 가장 높다. 또한 이 방법은 t 분포가 아닌 스튜던트 범위 *studentized range* : Q 분포를 사용하며, 산출공식은 다음과 같다.

Q 분포는 동일한 전집에서 무선표집된 j 개의 표본평균치 중에서 가장 높은 평균과 가장 낮은 평균 간의 차이를 $\sqrt{MS_w/n}$ 로 나눈 분포이다.

이 공식을 이용하여 사후비교 방법을 쉽게 이해하기 위한 예를 들어보자. 네 가지 다른 훈련방법이 학생들의 운동수행능력 향상에 어떤 영향을 미치는 지를 규명하기 위해 20명 학생

$$Q = \frac{\overline{X}_i - \overline{X}_j}{\sqrt{MS_w/n}}$$

$\overline{X}_i$: 집단 i의 평균치
$\overline{X}_j$: 집단 j의 평균치
MS_w : ANOVA에서 집단내 변량추정치
n : 각 집단의 표본수

을 무선표집하여 네 가지 실험조건에 무선 배정한 후 실험을 실시하여 얻은 결과가 표 10-7에 제시되었다. ANOVA 검증 결과 F값이 p<.05 수준에서 통계적으로 유의한 차이가 있는 것으로 나타났고, 영가설(H_0 : $\mu_1=\mu_2=\mu_3=\mu_4$)을 부정하고, 상대가설(H_A)을 받아들일 수 있다. 분석 결과를 이용하여 모든 평균치 간의 개별비교를 위한 Q 계산방법이 표 10-8에 제시되었다.

표 10-7. 집단별 훈련방법에 따른 운동수행능력의 점수

집 단	A(n=5)	B(n=5)	C(n=5)	D(n=5)
ΣX	68	42	85	62
$\overline{X}$	13.6	8.4	17.0	12.4

분산분석 결과					
분산원	SS	df	MS	F	$F_{CV(.05)}$
집단간	188.95	3	62.98	8.87	3.24
집단내	113.60	16	7.10		
전 체	302.55	19			

$F_{CV(.05)}$ α=.05에서 가설부정의 기준치

표 10-8. Tukey법에 의한 Q계산

집 단	B	D	A	C
$\overline{X}$	8.40	12.40	13.60	17.00
$\overline{X}_i - \overline{X}_j$		4.00	5.20	5.60
			1.20	4.60
$\dfrac{\overline{X}_i - \overline{X}_j}{\sqrt{MS_w/n}}$		3.36	4.37*	7.23*
			1.01	3.87
				2.86

* p<.05, df=16에 대한 $Q_{CV(.05)}$=4.05

$$Q = \frac{12.40 - 8.40}{\sqrt{7.10/5}} = 3.36$$

첫째, 각 집단의 평균치를 적은 것부터 크기순으로 제시한다. 둘째, 각 집단의 평균치 간의 차이를 계산하는데, 이 값은 Q의 분자에 해당한다. 예를 들면 $\bar{X}_d - \bar{X}_b$는 12.40-8.40=4.00이 되고, $\bar{X}_a - \bar{X}_b$는 13.60-8.40=5.20이 된다. 최종적으로 산출된 두 평균치 간의 차이를 분모 $\sqrt{MS_w/n}$, 즉 $\sqrt{7.10/5}$ =1.19로 나눈다. 즉 4.00/1.19=3.36, 5.20/1.19=4.37이 된다.

2) Newman-Keuls 검증방법

이는 Tukey법과 마찬가지로 F검증 결과 통계적으로 유의한 차이가 있고, 집단의 사례수가 동일할 때 흔히 사용되는 검증방법으로 단계적 접근방법 *stairstep approach*에 근거를 두고 있다.

이 방법은 각 집단의 평균치를 적은 것부터 크기순으로 배열했을 때 가까이 있는 평균치들에 대해서는 가설부정의 기준치를 적게 적용하고, 멀리 떨어져 있는 평균치들에 대해서는 큰 기준치를 적용한다. 따라서 가설 부정을 위한 Q의 기준치는 평균치를 크기순으로 배열했을 때 비교하고자 하는 집단의 근접 순서에 따라 달라진다.

3) Scheffe 검증방법

Scheffe 방법은 집단의 사례수가 동일하지 않을 때와 몇 개의 평균을 조합하여 비교하고자 할 때 타당한 방법이다. 이 방법은 사전에 설정한 α 수준 이상의 제1종 오류를 범하지 않는 특징이 있으며, 사후비교방법 중에서 일반적으로 융통성이 크고 타당한 방법으로 광범위하게 사용되고 있다.

검증통계치 분포는 F분포이지만, 가설부정의 기준치는 F분포표에 제시된 F_{CV}와 같지 않다. 이 방법에서 가설부정 기준치는 ANOVA에서 사용한 F_{CV}에 $(J-1)$을 곱한 값이 된다. 이때 J는 집단수이다. 검증통계 공식은 다음과 같다.

$$F = \frac{(\Sigma C_j \bar{X}_j)^2}{(MS_w)(\Sigma \frac{C_j^2}{n_j})}$$

$\Sigma C_j \bar{X}_j$: 비교하고자 하는 집단평균간의 차이
MS_w : 집단내 변량추정치
C_j^2 : 비교하려는 집단의 비중치
n_j : 비교하려는 집단의 사례수

표 10-9. 운동종목별 공격성 점수

집 단	권투	레슬링	유도	태권도
ΣX	21.86	23.00	17.29	16.80
n_j	7	9	7	10
분산분석 결과				
분산원(SV)	SS(자승합)	df(자유도)	MS	F	$F_{CV(.05)}$
집단간	255.45	3	85.15	10.49	2.93
집단내	235.89	29	8.13		
전 체	491.34	32			

$F_{CV(.05)}$ $\alpha=.05$에서 가설부정의 기준치

이 공식을 이용하여 사후비교 방법을 이해하기 위한 예를 들어보자(표 10-9). 선수들의 공격성이 운동종목 선수 간에 차이가 있는지의 여부를 검증하기 위해 운동종목 4집단(태권도, 유도, 레슬링, 권투)을 선정하고, 각 집단으로부터 각각 7, 9, 7, 10명을 무선표집하여 공격성 검사를 실시하였다. ANOVA 검증 결과 F값=10.49, p<0.05 수준에서 통계적으로 유의한 차이가 있다고 나타났으므로 영가설(H_0 : $\mu_1=\mu_2=\mu_3=\mu_4$)을 부정하고 상대가설(H_A)을 받아들일 수 있다.

위의 분석 결과를 이용하여 모든 평균치 간의 개별비교를 위한 Scheffe 검증방법이 표 10-10에 제시되었고, 결론은 다음과 같다.

표 10-10. Scheffe 방법을 이용한 검증통계치

집 단	권투	레슬링	유도	태권도
$\bar{X}$	21.86	23.00	17.29	16.80
n_j	7	9	7	10
$C_1=\mu_1-\mu_2$	1	-1	0	0
$C_2=\mu_1-\mu_3$	1	0	-1	0
$C_3=\mu_1-\mu_4$	1	0	0	-1
$C_4=\mu_2-\mu_3$	0	1	-1	0
$C_5=\mu_2-\mu_4$	0	1	0	-1
$C_6=\mu_3-\mu_4$	0	0	1	-1

$$F_1 = \frac{(21.86 - 23.00)^2}{8.13(\frac{1}{7} + \frac{1}{9})} = 0.63$$

$$F_2 = \frac{(21.86 - 17.29)^2}{8.13(\frac{1}{7} + \frac{1}{7})} = 8.99^*$$

$$F_3 = \frac{(21.86 - 16.80)^2}{8.13(\frac{1}{7} + \frac{1}{10})} = 12.97^*$$

$$F_4 = \frac{(23.00 - 17.29)^2}{8.13(\frac{1}{9} + \frac{1}{7})} = 15.79^*$$

$$F_5 = \frac{(23.00 - 16.80)^2}{8.13(\frac{1}{9} + \frac{1}{10})} = 22.40^*$$

$$F_6 = \frac{(17.29 - 16.80)^2}{8.13(\frac{1}{7} + \frac{1}{10})} = 0.12$$

* p<.05, $Fcv_{(.05)}$=2.98은 $\alpha=.05$, df=(3, 29)에서 Scheffe 검증을 할 때 가설부정의 기준치

첫째, 권투선수의 공격성 전집평균은 유도, 태권도선수 전집평균과 p<.05 수준에서 통계적으로 유의한 차이가 있다($\mu_1 \neq \mu_2$, $\mu_3 \neq \mu_4$). 둘째, 레슬링선수의 전집평균은 유도, 태권도선수의 평균과 p<.05 수준에서 통계적으로 유의한 차이가 있다($\mu_1 \neq \mu_2$, $\mu_2 \neq \mu_3$). 셋째, 권투선수와 레슬링선수간의 표본 평균 간의 차이, 유도와 태권도선수 간의 차이는 표집오차에 기인한 것으로 해석할 수 있다.

4) Duncan 검증방법

Duncan 방법은 흔히 Duncan's new multiple range test라고 부른다. 다단계 검증방법이라는 면에서 Newman-Keuls의 방법과 비슷하다. 그러나 유의수준은 서로가 다르다. Duncan 방법에서 유의수준은 $r_p = 1-(1-\alpha)^{k-1}$이며, Newman-Keuls 방법에서는 $r_p = \alpha$를 사용한다.

12. SAS를 이용한 분산분석법

분산분석법 analysis of variance : ANOVA을 통계학적으로 설명하면, 두 집단 이상의 평균치 차이를 검정하고자 하는 경우에 사용하는 가설검증기법이다. 여기에서 두 집단 이상이라 함은 한 개의 독립변수가 2개 이상의 집단을 가지는 경우를 말한다.

독립변수가 1개인 경우를 일원분산분석법 one-way ANOVA이라 하는데, 이는 "학력별로 월급의 차이가 있는가?" 등을 분석하는 경우와 같이 분석하고자 하는 변수(학력)가 1개인 경우를 말한다. 남녀별 월급차이를 분석하는 경우와 같이 독립변수가 남녀 2가지의 값을 가지는 경우에 적용되는 t-검증도 일원분산분석의 일종이다. 독립변수가 2개인 경우는 이원분산분석법 two-way ANOVA이라 하는데, 이는 남녀별·학력별 월급의 차이가 있는지를 분석하고자 하는 경우에 쓰이는 것으로 다중분산분석법 multi-way ANOVA이라 부른다.

ANOVA 검증을 위해서는 SAS 절차 중 PROC ANOVA 문장을 이용하게 되는데, 그 형태는 다음과 같다.

```
PROC ANOVA [options 1];
CLASS variables;
MODEL dependents = effects / [options 2];
BY variables
FREQ variables
MEANS effects / [option 3];
```

위의 PROC ANOVA 문장에서 CLASS문은 성별·학력별 등 집단구분을 나타내는 변수를 지정하며, 반드시 MODEL문보다 먼저 사용해야 한다. MODEL문은 종속변수들과 독립변수의 이름을 분석하고자 하는 모형에 맞게 지정한다. 예를 들어 학력별 월급의 차이를 보고자 할 때, 「MODEL edu=money;」의 형태로 사용한다. 월급의 차이를 성별 sex, 학력별 edu 로 동시에 분석하고자 할 때에는 「MODEL money=sex edu;」 또는 「MODEL money=sex edu sex*edu;」의 형태로 사용한다.

여러 개의 종속변수에 대해 같은 독립변수들을 이용하여 같은 분산분석법을 실행하고자 하는 경우에는 MODEL문 다음에 종속변수들을 차례로 나열하여 각 종속변수마다 순서대로 분산분석법을 실행한다. 「MEANS effects / [option 3;]」문은 CLASS 변수의 효과에 대한 평균값을 출력하고, 각 집단의 평균 차이를 검증한다. 체육통계에서 자주 사용되는 다중비교의 옵션은 DUNCAN, SCHEFFE, TUKEY의 방법이다.

1) 일원분산분석법 프로그램과 실행 결과

아래 그림은 '여고생의 체격과 가정환경 및 성적 성숙'을 초경시기별(e08)로 체중 wgt의 평균치간 차이가 있는지 검증하는 일원분산분석법 프로그램의 예이다.

```
DATA test7;
   INPUT id hgt wgt cht age are e01 e02 e03 e04 e05 e06 e07 e08
   CARDS;
               [여고생의 체격과 가정환경 및 성적 성숙의 자료]
      ;
ⓐ PROC ANOVA DATA=test7;  CLASS e08;  MODEL wgt=e08;
ⓑ MEANS e08 / DUNCAN;
ⓒ MEANS e08 / TUKEY;  RUN;
   PROC PRINT DATA=test7;  RUN;
```

여기에서 ⓐ는 일원분산분석을 위한 기본형태로 독립변수는 e08이고, 종속변수는 wgt이다. 또한, ⓑ와 ⓒ는 각 집단의 평균치 차이를 검정하기 위한 다중비교의 옵션으로 ⓑ는 DUNCAN에 의한 방법이고, ⓒ는 TUKEY에 의한 방법이다. MODEL문 다음에 지정하는 옵션 2*options 2*에서 INTERCEPT 또는 INT의 지정은 모형에서 절편*intercept* 효과와 관련된 검정통계량을 출력한다. 이 옵션을 지정하지 않아도 절편에 포함된 모형을 분석하지만 검정통계량을 출력하지 않는다.

다음은 일원분산분석을 위한 프로그램 중에서 ⓐ 부분의 출력 결과이다.

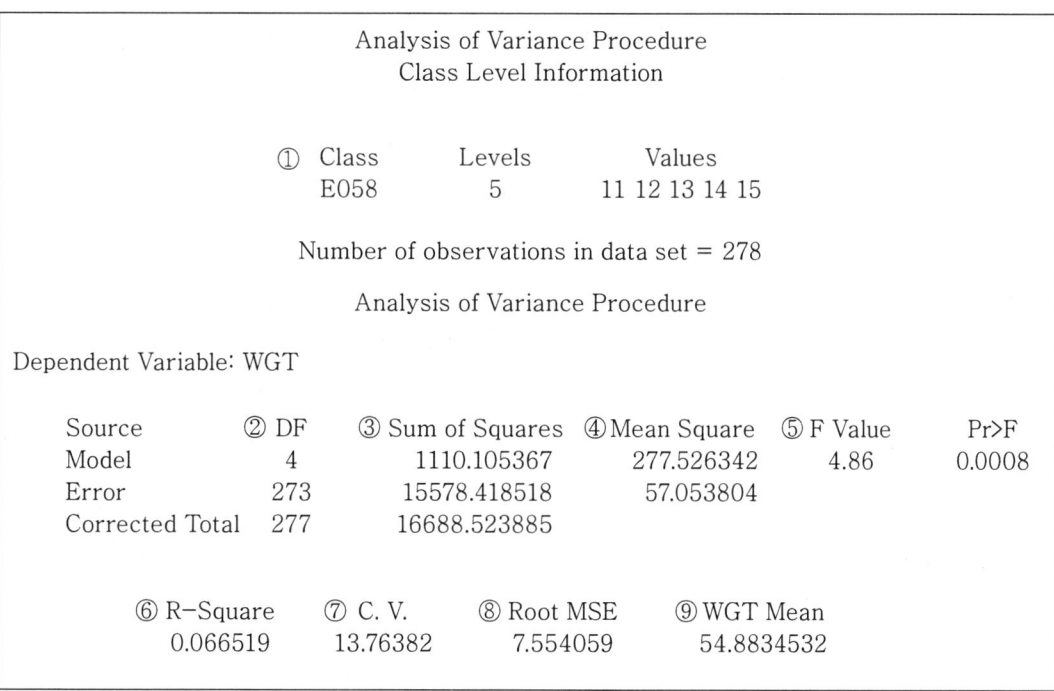

이를 간단히 설명하면 다음과 같다.
① 독립변수 e08은 5개의 수준을 나타낸다.
② 분석에 사용된 관측자료수는 278개이므로 전체 자유도는 277(278-1)이고, 독립변수의 수준은 5이므로 모형에 의해 설명되는 자유도는 4(5-1), Error의 자유도는 273(278-5)이다.
③ 제곱합*SS*을 나타낸다. 전체 제곱합*SSt*은 16688.523885이고 집단 간 제곱합*SSb*은 1110.105367이며 집단 내 제곱합*SSw*은 15578.418518이다.

④ 평균제곱합(MS) 을 나타내는 것으로 제곱합을 자유도로 나눈 값(SS/DF)이다. 집단 내 평균 제곱합은 277.526342이고, 집단 간 평균 제곱합은 57.063804이다.

⑤ F value는 평균제곱합의 비율이다. 이 F값에 따라 가설의 기각 여부를 결정한다. 이는 자유도 (4, 273)인 F분포에서 F value 4.86보다 큰 확률이다. 이 확률이 0.05보다 작으므로(p=0.0008) "5개의 수준별로 평균치 차이가 없다"라는 가설을 α=0.05의 유의수준에서 기각한다.

⑥ R-square(R^2)는 결정계수로서 회귀분석에 주로 사용되며, 전체 제곱합에서 집단간 제곱합이 차지하는 비율을 나타낸다. 이는 전체 제곱합에 대해 변수 e08(초경시기)이 어느 정도 설명하는가를 나타낸다. R-square의 값이 클수록 변수 e08의 설명력이 크며, 이는 집단 간에 차이가 있다는 것을 설명하는 셈이다.

⑦ CV(변이계수)는 표준편차를 평균값으로 나누어서 100을 곱한 값이다.

⑧ 집단간 제곱합의 제곱근이다.

⑨ 종속변인인 wgt의 평균값이다.

유의수준을 결정할 때에는 부록의 F분포표를 참고하면 된다. 이 F분포표 중 유의수준이 0.05인 표를 찾아 자유도(4, 273)인 F값을 찾으면 F=2.37이다. 통계표에서 찾은 2.37보다 계산된 F값(4.86)이 크므로 "여고생의 초경시기별 체중은 차이가 없다"라는 가설을 기각한다. SAS에서는 통계표를 찾는 것이 아니고, 자유도(4, 273)인 F분포표에서 계산된 F값(4.86)보다 큰 확률을 구하여 일반적인 유의수준 0.05와 비교한다. 즉 자유도(4, 273)인 F분포표에서 4.86보다 큰 확률은 0.0008로서 유의수준 0.05보다 작으므로 "여고생의 초경시기별 체중은 차이가 없다"는 가설을 기각한다.

이로써 집단 간에 유의한 차이가 있다는 것을 알았다. 그러나 5개 집단이 모두 서로 평균치가 다르다는 의미는 아니다. 이 중에는 평균치가 통계적으로 서로 같은 것이 있을 수 있고 일부는 서로 다를 수도 있다. 이들 각각 평균치 차이를 분석하는 것이 다중비교이다.

다중비교의 방법에는 여러 가지가 있겠으나 앞의 프로그램에서는 DUNCAN(ⓑ)과 TUKEY(ⓒ)방법에 대한 옵션을 지정하였다. 다음은 DUNCAN(ⓑ)의 옵션에 의한 다중비교의 출력결과이다. 이를 간단히 설명하면 다음과 같다.

① Duncan Grouping은 DUNCAN 방법에 의해 다중비교를 실시한 결과로서 문자 A, B, C는 별 의미가 없고, 단지 평균치간의 차이의 여부만을 표시한 것이다. Duncan Grouping에 의하면 집단 11과 13, 집단 11과 12, 집단 13과 12, 집단 13과 14 및 집단

12와 14의 사이에는 서로 평균치 차이가 없음을 알 수 있다. 그러나 집단 11과 14, 집단 11과 15, 집단 13과 15, 집단 12와 15 및 집단 12와 14의 사이에는 평균치 차이가 서로 유의함을 알 수 있다.

② 각 집단(e08)의 평균값들이 크기 순(집단 11, 집단 13, 집단 12, 집단 14, 집단 15)으로 출력되어 있다.

```
                    Analysis of Variance Procedure

              Duncan's Multiple Range Test for variable; WGT

       NOTE: This test controls the type I comparisonwise error rate, not
                        the experimentwise error rate

                     Alpha= 0.05   df= 273   MSE= 57.0638

         Number of Means      2       3       4       5
         Critical Range     3.486   3.666   3.782   3.869

             Means with the same letter are not significantly different.

           ① Duncan Grouping        ② Mean           N         E08

                    A               57.392          37          11
                    A
             B      A               55.885          87          13
             B      A
             B      A               55.209          82          12
             B
             B                      52.844          57          14
                    C               48.860          15          15
```

다음은 TUKEY(ⓒ)의 옵션에 의한 다중비교의 출력결과이다. 이는 일종의 두 집단 간의 t-검증을 행한 결과와 같으며, DUNCAN의 다중비교의 경우와 비슷한 결과를 보이고 있으나 DUNCAN의 다중비교보다는 민감하지 못하다.

```
                        Analysis of Variance Procedure
                  TUKEY's Multiple Range Test for variable; WGT
         NOTE:  This test controls the type I experimentwise error rate.
                Alpha= 0. 05  Confidence= 0. 95  df= 273  MSE= 57.0638
                      Critical Value of Studentized Range= 3. 884
             Comparisons significant at the 0. 05 level are indicated by '***'.

                      Simultaneous                        Simultaneous
                         Lower          Difference           Upper
              E08      Confidence        Between          Confidence
           Comparison    Limit            Means              Limit

             11-13      -2.565           1.507              5.578
             11-12      -1.925           2.183              6.292
             11-14       0.168           4.548              8.928       ***
             11-15       2.182           8.532             14.882       ***
             13-11      -5.578          -1.507              2.565
             13-12      -2.516           0.677              3.869
             13-14      -0.494           3.041              6.576
             13-15       1.225           7.025             12.825       ***
             12-11      -6.292          -2.183              1.925
             12-13      -3.869          -0.677              2.516
             12-14      -1.213           2.365              5.942
             12-15       0.523           6.349             12.174       ***
             14-11      -8.928          -4.548             -0.168       ***
             14-13      -6.576          -3.041              0.494
             14-12      -5.942          -2.365              1.213
             14-15      -2.036           3.984             10.004
             15-11     -14.882          -8.532             -2.182       ***
             15-13     -12.825          -7.025             -1.225       ***
             15-12     -12.174          -6.349             -0.523       ***
             15-14     -10.004          -3.984              2.036
```

2) 이원분산분석법 프로그램과 실행 결과

다음 그림은 '여고생의 체격과 가정환경 및 성적 성숙'의 이원변량분석법 프로그램의 예이다. 여기에서 ⓐ는 분산분석법의 독립변수를 거주지역(are)과 초경연령(e08)으로 하고 종속변수를 체중(wgt)으로 하여 "거주지역별, 초경연령별로 체중의 평균치간에 차이가 있는가?"를 검증하기 위한 이원분산분석법의 프로그램이다.

```
DATA test8;
  INPUT id hgt wgt cht age are e01 e02 e03 e04 e05 e06 e07 e08;
  CARDS;
          [여고생의 체격과 가정환경 및 성적성숙의 자료]
   ;
  ⓐ PROC ANOVA DATA=test8; CLASS are e08; MODEL wgt=are e08;
  ⓑ MEANS are e08;  RUN;
    PROC PRINT DATA=test8;  RUN;
```

다음 그림은 ⓐ의 이원분산분석법 프로그램을 실행한 출력 결과이다.

```
                    Analysis of Variance Procedure
                      Class Level Information

             ①  Class       Levels        Values
                ARE           2            1  2
                E058          5            11 12 13 14 15

              Number of observations in data set = 278

                    Analysis of Variance Procedure

Dependent Variable: WGT

   Source          ② DF    ③ Sum of Squares    Mean Square    ④ F Value    Pr>F
   Model            4         1508.507670       301.701534       5.41      0.0001
   Error          273        15180.016215        55.808883
   Corrected Total 277       16688.523885


        ⑤ R-Square    ⑥ C. V.        Root MSE       WGT Mean
           0.090392     13.61163       7.470534      54.8834532

   Source          ⑦ DF    ⑧ Anova SS        Mean Square     F Value    ⑨ Pr>F
   ARE              1         398.402302      398.402302       7.14      0.0080
   E08              4        1110.105367      277.5276342      4.97      0.0007
```

이를 간단히 설명하면 다음과 같다.

① 독립변수 are와 e08의 수준이 각각 2개와 5개의 수준인 것을 나타낸다.

② 분석에 사용된 자료수는 278이므로 전체 자유도는 277(278−1)이다. 독립변수의 수준이 각각 2와 5이므로 해당 자유도는 각각 1(2−1)과 4(5−1)이고, Error의 자유도는 273(278−5)이다.

③ 제곱합(SS)을 나타낸다. 전체 제곱합(SSt)은 16688.52이고, 집단 간 제곱합(SSb)은 1508.50 (398.40+1110.10)이며, 집단 내 제곱합 SSw은 15180.01이다.

④ F value는 평균 제곱합 MS의 비율이다. 이 F값에 따라 가설의 기각 여부를 결정한다. 자유도(5, 272)인 F분포에서 F value 5.41보다 큰 확률은 0.0001이다. 이 확률이 0.05보다 작으므로 "지역별, 초경시기별로 체중의 평균치간에 차이가 없다."는 가설을 α =0.05의 유의수준에서 기각한다.

⑤ R-square(R^2)는 회귀분석에서 사용되는 용어로 전체 제곱합에서 집단간 제곱합이 차지하는 비율을 나타낸다. 이는 전체 제곱합에 대해 지역별, 초경시기별 변수가 어느 정도 설명하는가를 나타낸다. R-square의 값이 클수록 지역별, 초경시기별 변수의 설명력이 크며, 이는 블록·집단간에 차이가 있다는 것을 설명하는 셈이다.

⑥ CV(변이계수)는 표준편차를 평균값으로 나누어서 100을 곱한 값이다.

⑦/⑧ ②와 ③의 세부영역이다.

⑨ 지역별 F값(7.14), 초경시기별 F값(4.97)은 유의수준인 0.05보다 작으므로 "지역별, 초경시기별로 체중의 평균치간에 차이가 없다"는 가설을 기각한다.

한편, 위 그림은 ⓑ의 프로그램을 실행한 결과, 독립변수인 지역(are) 및 초경시기별(e08) 종속변수인 체중(wgt)의 기술통계량이다.

```
                Analysis of Variance Procedure
  Level of       – – – – – – – – – – – – WGT – – – – – – – – – – – –
    ARE           N              Mean              SD
     1           139         56.0805755         7.87800900
     2           139         53.6863309         7.48206746
  Level of       – – – – – – – – – – – – WGT – – – – – – – – – – – –
    E08           N              Mean              SD
    11            37          57.3918919         8.55954238
    12            82          55.2085366         6.93867674
    13            87          55.8850575         8.70306721
    14            57          52.8438596         6.17547041
    15            15          48.8600000         5.28823492
```

3) 교호작용이 있는 이원분산분석법의 프로그램과 실행 결과

다음 그림은 '여고생의 체격과 가정환경 및 성적 성숙'의 교호작용이 있는 이원분산분석법 프로그램의 예이다.

```
DATA test9;
  INPUT id hgt wgt cht age are e01 e02 e03 e04 e05 e06 e07 e08;
  CARDS;
            [여고생의 체격, 가정환경 및 성적성숙도에 관한 자료]
     ;
  PROC ANOVA DATA=test9;
ⓐ CLASS are e08;
  MODEL wgt=are e08 are*e08;
ⓑ MEANS are e08 are*e08;  RUN;
  PROC PRINT DATA=test9;  RUN;
```

여기에서 ⓐ는 거주지역별(are), 초경시기별(e08)로 체중(wgt)의 평균치에 차이가 있는지에 대한 정보뿐만 아니라, 지역과 초경시기간의 교호작용의 효과, 즉 MODEL문에 「are*e08」을 추가하여 분석하는 교호작용(상호작용)이 있는 이원분산분석법의 프로그램이다.

다음 그림은 ⓐ부분의 프로그램을 실행한 출력결과이다.

```
                    Analysis of Variance Procedure
                       Class Level Information

               ① Class      Levels         Values
                  ARE         2            1  2
                  E058        5            11 12 13 14 15

          Number of observations in data set = 278
                    Analysis of Variance Procedure
Dependent Variable: WGT

   Source         ② DF    ③ Sum of Squares   Mean Square   ④ F Value    Pr>F
   Model             9          1431.421214    159.046802      2.79     0.0038
   Error           268         15257.102671     56.929488
   Corrected Total 277         16688.523885
         ⑤ R-Square     ⑥ C. V.        Root MSE       WGT Mean
           0.085773      13.74761       7.545163      54.8834532

   Source         ⑦ DF    ⑧ Anova SS        Mean Square    F Value   ⑨ Pr>F
   ARE               1           398.402302    398.402302      7.00     0.0086
   E08               4          1110.105367    277.526342      4.87     0.0008
   ARE*E08           4             0.000000      0.000000      0.00     1.0000
```

이 그림에서 ①은 거주지역(are)으로 F값이 7.00이고 그에 대한 확률이 0.0086이며, ②는 초경시기(e08)로 F값이 4.87이고 그에 대한 확률이 0.0008로 거주지역별, 초경시기별로 체중의 평균치간에 유의한 차이가 있는 것으로 나타났으나, ③에서는 지역과 초경시기에 의한 교호작용의 효과(are*e08)의 F값이 0.00이고 그에 대한 확률이 1.00으로 체중의 평균치간의 차이에 있어서 상호작용 효과가 전혀 없는 것으로 결론을 내릴 수 있다.

한편, 다음 그림은 ⓑ부분의 프로그램을 실행한 결과, 즉 독립변수인 지역(are), 초경시기(e08), 지역과 초경시기의 교호작용의 효과별(are*e08) 종속변수인 체중(wgt)의 기술통계량이다.

Analysis of Variance Procedure

Level of ARE	N	WGT Mean	SD
1	139	56.0805755	7.87800900
2	139	53.6863309	7.48206746

Level of E08	N	WGT Mean	SD
11	37	57.3918919	8.55954238
12	82	55.2085366	6.93867674
13	87	55.8850575	8.70306721
14	57	52.8438596	6.17547041
15	15	48.8600000	5.28823492

Level of ARE	Level of E08	N	WGT Mean	SD
1	11	27	57.2592593	7.0525096
1	12	42	56.3928571	7.8472737
1	13	39	57.1794872	9.1360241
1	14	25	53.8250000	6.4985332
1	15	6	50.7333333	5.9503501
2	11	10	57.7500000	12.2139492
2	12	40	53.9650000	5.6709584
2	13	48	54.8333333	8.2819294
2	14	32	52.0562500	5.8937877
2	15	9	47.6111111	4.7353575

부 록

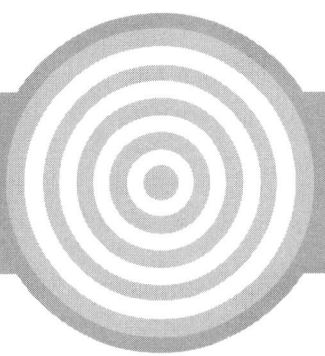

부록 A. 측정단위

Distance
1in = 2.54cm = 25.4mm = 0.0254m
1ft = 30.48cm = 304.8mm = 0.304m
1yd = 91.44cm = 914.4mm = 0.914m
1mi = 5280ft = 1760yd = 1609.35m = 1.61km
1cm = 0.3937in
1m = 39.37in = 3.28ft = 1.09yd = 100cm = 1000mm
1km = 0.62mi = 1000m

Weights
1oz = 0.0625lb = 28.35g = 0.028kg
1lb = 16oz = 454g = 0.454kg
1g = 0.035oz = 0.0022lb = 0.001kg
1kg = 35.27oz = 2.2lb = 1000g

부록 B. 도표의 미터 변환

표 6-15. 12분 달리기 검사 평가의 미터 변환 (단위 : m)

영 역		17~26세	27~39세	40~49세	50세 이상
남 자	우수한 체력	2,880 이상	2,560 이상	2,400 이상	2,240 이상
	적절한 체력	2,480~2,779	2,320~2,559	2,240~2,399	2,000~2,239
	경계 체력	2,160~2,479	2,080~2,319	2,000~2,239	2,760~1,999
	낮은 체력	2,160 미만	2,080 미만	2,000 미만	1,760 미만
여 자	우수한 체력	2,320 이상	2,160 이상	2,000이상	1,840 이상
	적절한 체력	2,000~2,319	1,920~2,159	1,840~1,999	1,680~1,839
	경계 체력	1,840~1,999	1,680~1,919	1,600~1,839	1,520~1,679
	낮은 체력	1,840 미만	1,680 미만	1,600 미만	1,520 미만

(Cooper, K. H.의 자료를 기초로 함. 이 도표에서 미터로의 변환은 부록 B를 참고)

표 6-16. 12분 수영 검사 평가의 미터 변환 (단위 : m)

영역		17~26세	27~39세	40~49세	50세 이상
남자	우수한 체력	644 이상	598 이상	552 이상	506 이상
	적절한 체력	552~643	506~597	460~551	413~505
	경계 체력	460~551	414~505	368~459	322~412
	낮은 체력	460 미만	414 미만	368 미만	322 미만
여자	우수한 체력	552 이상	506 이상	460 이상	414 이상
	적절한 체력	460~551	414~505	367~459	321~413
	경계 체력	367~459	321~413	276~366	230~320
	낮은 체력	367 미만	321 미만	276 미만	230 미만

(Cooper, K. H.의 자료를 기초로함, 이 도표에서 미터로의 변환은 부록 B를 참고)

부록 C. 정상분포곡선 수표

(1) z 표준점수 (x/σ)	(2) A x에서 Z까지의 면적	(3) B 큰 부분의 면적	(4) C 작은 부분의 면적	(5) y Z점상의 종축지	(1) z 표준점수 (x/σ)	(2) A x에서 Z까지의 면적	(3) B 큰 부분의 면적	(4) C 작은 부분의 면적	(5) y Z점상의 종축지
0.00	.0000	.5000	.5000	.3989	0.20	.0793	.5793	.4207	.3910
0.01	.0040	.5040	.4960	.3989	0.21	.0832	.5832	.4168	.3902
0.02	.0080	.5080	.4920	.3989	0.22	.0871	.5871	.4129	.3894
0.03	.0120	.5120	.4880	.3988	0.23	.0910	.5910	.4090	.3885
0.04	.0160	.5160	.4840	.3986	0.24	.0948	.5948	.4052	.3876
0.05	.0199	.5199	.4801	.3984	0.25	.0987	.5987	.4013	.3867
0.06	.0239	.5239	.4761	.3982	0.26	.1026	.6026	.3974	.3857
0.07	.0279	.5279	.4721	.3980	0.27	.1064	.6064	.3936	.3847
0.08	.0319	.5319	.4681	.3977	0.28	.1103	.6103	.3897	.3836
0.09	.0359	.5359	.4641	.3973	0.29	.1141	.6141	.3859	.3825
0.10	.0398	.5398	.4602	.3970	0.30	.1179	.6179	.3821	.3814
0.11	.0438	.5438	.4562	.3965	0.31	.1217	.6217	.3783	.3802
0.12	.0478	.5478	.4522	.3961	0.32	.1255	.6255	.3745	.3790
0.13	.0517	.5517	.4483	.3956	0.33	.1293	.6293	.3707	.3778
0.14	.0557	.5557	.4443	.3951	0.34	.1331	.6331	.3669	.3765
0.15	.0596	.5596	.4404	.3945	0.35	.1368	.6368	.3632	.3752
0.16	.0636	.5636	.4364	.3939	0.36	.1406	.6406	.3594	.3739
0.17	.0675	.5675	.4325	.3932	0.37	.1443	.6443	.3557	.3725
0.18	.0714	.5714	.4286	.3925	0.38	.1480	.6480	.3520	.3712
0.19	.0735	.5753	.4247	.3918	0.39	.1517	.6517	.3483	.3697

(계속)

(1) z 표준점수 (x/σ)	(2) A X에서 Z까지의 면적	(3) B 큰 부분의 면적	(4) C 작은 부분의 면적	(5) y Z점상의 종축지	(1) z 표준점수 (x/σ)	(2) A X에서 Z까지의 면적	(3) B 큰 부분의 면적	(4) C 작은 부분의 면적	(5) y Z점상의 종축지
0.40	.1554	.6554	.3446	.3683	0.80	.2881	.7881	.2119	.2897
0.41	.1591	.6591	.3409	.3668	0.81	.2910	.7910	.2090	.2874
0.42	.1628	.6628	.3372	.3653	0.82	.2939	.7939	.2061	.2850
0.43	.1664	.6664	.3336	.3637	0.83	.2967	.7967	.2033	.2827
0.44	.1700	.6700	.3300	.3621	0.84	.2995	.7995	.2005	.2803
0.45	.1736	.6736	.3264	.3605	0.85	.3023	.8023	.1977	.2780
0.46	.1772	.6772	.3228	.3589	0.86	.3051	.8051	.1949	.2756
0.47	.1808	.6808	.3192	.3572	0.87	.3078	.8078	.1922	.2732
0.48	.1844	.6844	.3156	.3555	0.88	.3106	.8106	.1894	.2709
0.49	.0879	.6879	.3121	.3538	0.89	.3133	.8133	.1867	.2685
0.50	.1915	.6915	.3085	.3521	0.90	.3159	.8159	.1841	.2661
0.51	.1950	.6950	.3050	.3503	0.91	.3186	.8186	.1814	.2637
0.52	.1985	.6985	.3015	.3485	0.92	.3212	.8212	.1788	.2613
0.53	.2019	.7019	.2981	.3467	0.93	.3238	.8238	.1762	.2589
0.54	.2054	.7054	.2946	.3448	0.94	.3264	.8264	.1736	.2565
0.55	.2088	.7088	.2912	.3429	0.95	.3289	.8289	.1711	.2541
0.56	.2123	.7123	.2877	.3410	0.96	.3315	.8315	.1685	.2516
0.57	.2157	.7157	.2843	.3391	0.97	.3340	.8340	.1660	.2492
0.58	.2190	.7190	.2810	.3372	0.98	.3365	.8365	.1635	.2468
0.59	.2224	.7224	.2776	.3352	0.99	.3389	.8389	.1611	.2444
0.60	.2257	.7257	.2743	.3332	1.00	.3413	.8413	.1587	.2420
0.61	.2291	.7291	.2709	.3312	1.01	.3438	.8438	.1562	.2396
0.62	.2324	.7324	.2676	.3292	1.02	.3461	.8461	.1539	.2371
0.63	.2357	.7357	.2643	.3271	1.03	.3485	.8485	.1515	.2347
0.64	.2389	.7389	.2611	.3251	1.04	.3508	.8508	.1492	.2323
0.65	.2422	.7422	.2578	.3230	1.05	.3531	.8531	.1469	.2299
0.66	.2454	.7454	.2546	.3209	1.06	.3554	.8554	.1446	.2275
0.67	.2486	.7486	.2514	.3187	1.07	.3577	.8577	.1423	.2251
0.68	.2517	.7517	.2483	.3166	1.08	.3599	.8599	.1401	.2227
0.69	.2549	.7549	.2451	.3144	1.09	.3621	.8621	.1379	.2203
0.70	.2580	.7580	.2420	.3123	1.10	.3643	.8643	.1357	.2179
0.71	.2611	.7611	.2389	.3101	1.11	.3665	.8665	.1335	.2155
0.72	.2642	.7642	.2358	.3079	1.12	.3686	.8686	.1314	.2131
0.73	.2673	.7673	.2327	.3056	1.13	.3708	.8708	.1292	.2107
0.74	.2704	.7704	.2296	.3034	1.14	.3729	.8729	.1271	.2083
0.75	.2734	.7734	.2266	.3011	1.15	.3749	.8749	.1251	.2059
0.76	.2764	.7764	.2236	.2989	1.16	.3770	.8770	.1230	.2036
0.77	.2794	.7794	.2206	.2966	1.17	.3790	.8790	.1210	.2012
0.78	.2823	.7823	.2177	.2943	1.18	.3810	.8810	.1190	.1989
0.79	.2852	.7852	.2148	.2920	1.19	.3830	.8830	.1170	.1965

(계속)

(1) z 표준점수 (x/σ)	(2) A X에서 Z까지의 면적	(3) B 큰 부분의 면적	(4) C 작은 부분의 면적	(5) y Z점상의 종축지	(1) z 표준점수 (x/σ)	(2) A X에서 Z까지의 면적	(3) B 큰 부분의 면적	(4) C 작은 부분의 면적	(5) y Z점상의 종축지
1.20	.3849	.8849	.1151	.1942	1.60	.4452	.9452	.0548	.1109
1.21	.3869	.8869	.1131	.1919	1.61	.4463	.9463	.0537	.1092
1.22	.3888	.8888	.1112	.1895	1.62	.4474	.9474	.0526	.1074
1.23	.3907	.8907	.1093	.1872	1.63	.4484	.9484	.0516	.1057
1.24	.3925	.8925	.1075	.1849	1.64	.4495	.9495	.0505	.1040
1.25	.3944	.8944	.1056	.1826	1.65	.4505	.9505	.0495	.1023
1.26	.3962	.8962	.1038	.1204	1.66	.4515	.9515	.0485	.1006
1.27	.3980	.8980	.1020	.1781	1.67	.4525	.9525	.0475	.0989
1.28	.3997	.8997	.1003	.1758	1.68	.4535	.9535	.0465	.0973
1.29	.4015	.9015	.0985	.1736	1.69	.4545	.9545	.0455	.0957
1.30	.4032	.9032	.0968	.1714	1.70	.4554	.9554	.0446	.0940
1.31	.4049	.9049	.0951	.1691	1.71	.4564	.9564	.0436	.0925
1.32	.4066	.9066	.0934	.1669	1.72	.4573	.9573	.0427	.0909
1.33	.4082	.9082	.0918	.1647	1.73	.4582	.9582	.0418	.0893
1.34	.4099	.9099	.0901	.1626	1.74	.4591	.9591	.0409	.0878
1.35	.4115	.9115	.0885	.1604	1.75	.4599	.9599	.0401	.0863
1.36	.4131	.9131	.0869	.1582	1.76	.4608	.9608	.0392	.0848
1.37	.4147	.9147	.0853	.1561	1.77	.4616	.9616	.0384	.0833
1.38	.4162	.9162	.0838	.1539	1.78	.4625	.9625	.0375	.0818
1.39	.4177	.9177	.0823	.1518	1.79	.4633	.9633	.0367	.0804
1.40	.4192	.9192	.0808	.1497	1.80	.4641	.9641	.0359	.0790
1.41	.4207	.9207	.0793	.1476	1.81	.4649	.9649	.0351	.0775
1.42	.4222	.9222	.0778	.1456	1.82	.4656	.9656	.0344	.0761
1.43	.4236	.9236	.0764	.1435	1.83	.4664	.9664	.0336	.0748
1.44	.4251	.9251	.0749	.1415	1.84	.4674	.9671	.0329	.0734
1.45	.4265	.9265	.0735	.1394	1.85	.4678	.9678	.0322	.0721
1.46	.4279	.9279	.0721	.1374	1.86	.4686	.9686	.0314	.0707
1.47	.4292	.9292	.0708	.1354	1.87	.4693	.9693	.0307	.0694
1.48	.4306	.9306	.0694	.1334	1.88	.4699	.9699	.0301	.0681
1.49	.4319	.9319	.0681	.1315	1.89	.4706	.9706	.0294	.0669
1.50	.4332	.9332	.0668	.1295	1.90	.4713	.9713	.0287	.0656
1.51	.4345	.9345	.0655	.1276	1.91	.4719	.9719	.0281	.0644
1.52	.4357	.9357	.0643	.1257	1.92	.4726	.9726	.0274	.0632
1.53	.4370	.9370	.0630	.1238	1.93	.4732	.9732	.0268	.0620
1.54	.4382	.9382	.0618	.1219	1.94	.4738	.9738	.0262	.0608
1.55	.4394	.9394	.0606	.1200	1.95	.4744	.9744	.0256	.0596
1.56	.4406	.9406	.0594	.1182	1.96	.4750	.9750	.0250	.0584
1.57	.4418	.9418	.0582	.1163	1.97	.4756	.9756	.0244	.0573
1.58	.4429	.9429	.0571	.1145	1.98	.4761	.9761	.0239	.0562
1.59	.4441	.9441	.0559	.1127	1.99	.4767	.9767	.0233	.0551

(계속)

(1) z 표준점수 (x/σ)	(2) A x에서 Z까지의 면적	(3) B 큰 부분의 면적	(4) C 작은 부분의 면적	(5) y Z점상의 종축지	(1) z 표준점수 (x/σ)	(2) A x에서 Z까지의 면적	(3) B 큰 부분의 면적	(4) C 작은 부분의 면적	(5) y Z점상의 종축지
2.00	.4772	.9772	.0228	.0540	2.40	.4918	.9918	.0082	.0224
2.01	.4778	.9778	.0222	.0529	2.41	.4920	.9920	.0080	.0219
2.02	.4783	.9783	.0217	.0519	2.42	.4922	.9922	.0078	.0213
2.03	.4788	.9788	.0212	.0508	2.43	.4925	.9925	.0075	.0208
2.04	.4793	.9793	.0207	.0498	2.44	.4927	.9927	.0073	.0203
2.05	.4798	.9798	.0202	.0488	2.45	.4929	.9929	.0071	.0198
2.06	.4803	.9803	.0197	.0478	2.46	.4931	.9931	.0069	.0194
2.07	.4808	.9808	.0192	.0468	2.47	.4932	.9932	.0068	.0189
2.08	.4812	.9812	.0188	.0459	2.48	.4934	.9934	.0066	.0184
2.09	.4817	.9817	.0183	.0449	2.49	.4936	.9936	.0064	.0180
2.10	.4821	.9821	.0179	.0440	2.50	.4938	.9938	.0062	.0175
2.11	.4826	.9826	.0174	.0431	2.51	.4940	.9940	.0060	.0171
2.12	.4830	.9830	.0170	.0422	2.52	.4941	.9941	.0059	.0167
2.13	.4834	.9834	.0166	.0413	2.53	.4943	.9943	.0057	.0163
2.14	.4838	.9838	.0162	.0404	2.54	.4945	.9945	.0055	.0158
2.15	.4842	.9842	.0158	.0396	2.55	.4946	.9946	.0054	.0154
2.16	.4846	.9846	.0154	.0387	2.56	.4948	.9948	.0052	.0151
2.17	.4850	.9850	.0150	.0379	2.57	.4949	.9948	.0051	.0147
2.18	.4854	.9854	.0146	.0371	2.58	.4951	.9951	.0049	.0143
2.19	.4857	.9857	.0143	.0363	2.59	.4952	.9952	.0048	.0139
2.20	.4861	.9861	.0139	.0355	2.60	.4953	.9953	.0047	.0136
2.21	.4864	.9864	.0136	.0347	2.61	.4955	.9955	.0045	.0132
2.22	.4868	.9868	.0132	.0339	2.62	.4956	.9956	.0044	.0129
2.23	.4871	.9871	.0129	.0332	2.63	.4957	.9957	.0043	.0126
2.24	.4875	.9875	.0125	.0325	2.64	.4959	.9959	.0041	.0122
2.25	.4878	.9878	.0122	.0317	2.65	.4960	.9960	.0040	.0119
2.26	.4881	.9881	.0119	.0310	2.66	.4961	.9961	.0039	.0116
2.27	.4884	.9884	.0116	.0303	2.67	.4962	.9962	.0038	.0113
2.28	.4887	.9887	.0113	.0297	2.68	.4963	.9963	.0037	.0110
2.29	.4890	.9890	.0110	.0290	2.69	.4964	.9964	.0036	.0107
2.30	.4893	.9893	.0107	.0283	2.70	.4965	.9965	.0035	.0104
2.31	.4896	.9896	.0104	.0277	2.71	.4966	.9966	.0034	.0101
2.32	.4898	.9898	.0102	.0270	2.72	.4967	.9967	.0033	.0099
2.33	.4901	.9901	.0099	.0264	2.73	.4968	.9968	.0032	.0096
2.34	.4904	.9904	.0096	.0258	2.74	.4969	.9969	.0031	.0093
2.35	.4906	.9906	.0094	.0252	2.75	.4970	.9970	.0030	.0091
2.36	.4909	.9909	.0091	.0246	2.76	.4971	.9971	.0029	.0088
2.37	.4911	.9911	.0089	.0241	2.77	.4972	.9972	.0028	.0086
2.38	.4913	.9913	.0087	.0235	2.78	.4973	.9973	.0027	.0084
2.39	.4916	.9916	.0084	.0229	2.79	.4974	.9974	.0026	.0081

(계속)

(1) z 표준점수 (x/σ)	(2) A X에서 Z까지의 면적	(3) B 큰 부분의 면적	(4) C 작은 부분의 면적	(5) y Z점상의 종축지	(1) z 표준점수 (x/σ)	(2) A X에서 Z까지의 면적	(3) B 큰 부분의 면적	(4) C 작은 부분의 면적	(5) y Z점상의 종축지
2.80	.4974	.9974	.0026	.0079	3.05	.4989	.9989	.0011	.0038
2.81	.4975	.9975	.0025	.0077	3.06	.4989	.9989	.0011	.0037
2.82	.4976	.9976	.0024	.0075	3.07	.4989	.9989	.0011	.0036
2.83	.4977	.9977	.0023	.0073	3.08	.4990	.9990	.0010	.0035
2.84	.4977	.9977	.0023	.0071	3.09	.4990	.9990	.0010	.0034
2.85	.4978	.9978	.0022	.0069	3.10	.4990	.9990	.0010	.0033
2.86	.4979	.9979	.0021	.0067	3.11	.4991	.9991	.0009	.0032
2.87	.4979	.9979	.0021	.0065	3.12	.4991	.9991	.0009	.0031
2.88	.4980	.9980	.0020	.0063	3.13	.4991	.9991	.0009	.0030
2.89	.4981	.9981	.0019	.0061	3.14	.4992	.9992	.0008	.0029
2.90	.4981	.9981	.0019	.0060	3.15	.4992	.9992	.0008	.0028
2.91	.4982	.9982	.0018	.0058	3.16	.4992	.9992	.0008	.0027
2.92	.4982	.9982	.0018	.0056	3.17	.4992	.9992	.0008	.0026
2.93	.4983	.9983	.0017	.0055	3.18	.4993	.9993	.0007	.0025
2.94	.4984	.9984	.0016	.0053	3.19	.4993	.9993	.0007	.0025
2.95	.4984	.9984	.0016	.0051	3.20	.4993	.9993	.0007	.0024
2.96	.4985	.9985	.0015	.0050	3.21	.4993	.9993	.0007	.0023
2.97	.4985	.9985	.0015	.0048	3.22	.4994	.9994	.0006	.0022
2.98	.4986	.9986	.0014	.0047	3.23	.4994	.9994	.0006	.0022
2.99	.4986	.9986	.0014	.0046	3.24	.4994	.9994	.0006	.0021
3.00	.4987	.9987	.0013	.0044	3.30	.4995	.9995	.0005	.0017
3.01	.4987	.9987	.0013	.0043	3.40	.4997	.9997	.0003	.0012
3.02	.4987	.9987	.0013	.0042	3.50	.4998	.9998	.0002	.0009
3.03	.4988	.9988	.0012	.0040	3.60	.4998	.9998	.0002	.0006
3.04	.4988	.9988	.0012	.0039	3.70	.4997	.9999	.0001	.0004

부록 D. 전집의 사례수별 표본수

N	S	N	S	N	S
10	10	220	140	1200	291
15	14	230	144	1300	297
20	19	240	148	1400	302
25	24	250	152	4500	306
30	28	260	155	1600	310
35	32	270	159	1700	313
40	36	280	162	1800	317
45	40	290	165	1900	320
50	44	300	169	2000	322
55	48	320	175	2200	327
60	52	340	181	2400	331
65	56	360	186	2600	335
70	59	380	191	2800	338
75	63	400	196	3000	341
80	66	420	201	3500	346
85	70	440	205	4000	351
90	73	460	210	4500	354
95	76	480	214	5000	357
100	80	500	217	6000	361
110	86	550	226	7000	364
120	92	600	234	8000	367
130	97	650	242	9000	368
140	103	700	248	10000	370
150	108	750	254	15000	375
160	113	800	260	20000	377
170	118	850	265	30000	379
180	123	900	269	40000	380
190	127	950	274	50000	381
200	132	1000	278	75000	382
210	136	1100	285	100000	384

N : 전집수, S : 표본수

부록 E. t-분포

df(자유도)	일방검증인 경우의 유의도 수준					
	.10	.05	.025	.01	.005	.0005
	양방검증인 경우의 유의도 수준					
	.20	.10	.05	.02	.01	.001
1	3.078	6.314	12.706	31.821	63.657	636.6193
2	1.886	2.920	4.303	6.965	9.925	1.5981
3	1.638	2.353	3.182	4.541	5.841	2.941
4	1.533	2.132	2.776	3.747	4.604	8.610
5	1.476	2.015	2.571	3.365	4.032	6.859
6	1.440	1.943	2.447	3.143	3.707	5.595
7	1.415	1.895	2.365	2.998	3.499	5.405
8	1.379	1.860	2.306	2.896	3.355	5.041
9	1.383	1.833	2.262	2.821	3.250	4.781
10	1.372	1.812	2.228	2.764	3.169	4.587
11	1.363	1.796	2.201	2.718	3.106	4.437
12	1.356	1.782	2.179	2.681	3.055	4.318
13	1.350	1.771	2.106	2.650	3.012	4.221
14	1.345	1.761	2.145	2.624	2.977	4.140
15	1.341	1.753	2.131	2.602	2.947	4.073
16	1.337	1.746	2.120	2.583	2.921	4.015
17	1.333	1.740	2.110	2.567	2.898	3.965
18	1.330	1.734	2.101	2.552	2.878	3.922
19	1.328	1.729	2.093	2.539	2.861	3.883
20	1.325	1.725	2.086	2.528	2.845	3.850
21	1.323	1.721	2.080	2.518	2.831	3.819
22	1.321	1.717	2.074	2.508	2.819	3.792
23	1.319	1.714	2.069	2.500	2.807	3.767
24	1.318	1.711	2.064	2.492	2.797	3.754
25	1.316	1.708	2.060	2.485	2.787	3.725
26	1.315	1.706	2.056	2.479	2.779	3.707
27	1.314	1.703	2.052	2.473	2.771	3.690
28	1.313	1.701	2.048	2.467	2.763	3.674
29	1.311	1.699	2.045	2.462	2.756	3.659
30	1.310	1.697	2.042	2.457	2.750	3.646
40	1.303	1.684	2.021	2.423	2.704	3.551
60	1.296	1.671	2.000	2.390	2.660	3.460
120	1.289	1.658	1.980	2.358	2.617	3.373
∞	1.282	1.645	1.960	2.326	2.576	3.291

부록 F. F 분포

$\alpha = .05$
V1 = 분자의 자유도, V2 = 분모의 자유도

V2 \ V1	1	2	3	4	5	6	7	8	9	10
1	161.40	199.50	215.70	224.60	230.20	234.00	236.80	238.90	240.50	241.90
2	18.51	19.00	19.16	19.25	19.30	19.33	19.35	19.37	19.38	19.40
3	10.13	9.55	9.28	9.12	9.01	8.94	8.89	8.85	8.81	8.79
4	7.71	6.94	6.59	6.39	6.26	6.16	6.09	6.04	6.00	5.96
5	6.61	5.79	5.41	5.19	5.05	4.95	4.88	4.82	4.77	4.74
6	5.99	5.14	4.76	4.53	4.39	4.28	4.21	4.15	4.10	4.06
7	5.59	4.74	4.35	4.12	3.97	3.87	3.79	3.73	3.68	3.64
8	5.32	4.46	4.07	3.84	3.69	3.58	3.50	3.44	3.39	3.35
9	5.12	4.25	3.86	3.63	3.48	3.37	3.29	3.23	3.18	3.14
10	4.96	4.10	3.71	3.48	3.33	3.22	3.14	3.07	3.20	2.98
11	4.84	3.98	3.59	3.36	3.20	3.09	3.01	2.95	2.90	2.85
12	4.75	3.89	3.49	3.26	3.11	3.00	2.91	2.85	2.80	2.75
13	4.67	3.81	3.41	3.18	3.03	2.92	2.83	2.77	2.71	2.67
14	4.60	3.74	3.34	3.11	2.96	2.85	2.76	2.70	2.65	2.60
15	4.54	3.68	3.29	3.06	2.90	2.79	2.71	2.64	2.59	2.54
16	4.49	3.63	3.24	3.01	2.85	2.74	2.66	2.59	2.54	2.49
17	4.45	3.59	3.20	2.96	2.81	2.70	2.61	2.55	2.49	2.45
18	4.41	3.55	3.16	2.93	2.77	2.66	2.58	2.51	2.46	2.41
19	4.38	3.52	3.13	2.90	2.74	2.63	2.54	2.48	2.42	2.38
20	4.35	3.49	3.10	2.87	2.71	2.60	2.51	2.45	2.39	2.35
21	4.32	3.47	3.07	2.84	2.68	2.57	2.49	2.42	2.37	2.32
22	4.30	3.44	3.05	2.82	2.66	2.55	2.46	2.40	2.34	2.30
23	4.28	3.42	3.03	2.80	2.64	2.53	2.44	2.37	2.23	2.27
24	4.26	3.40	3.01	2.78	2.62	2.51	2.42	2.36	2.30	2.25
25	4.24	3.39	2.99	2.76	2.60	2.49	2.40	2.34	2.28	2.24
26	4.23	3.37	2.98	2.74	2.59	2.47	2.39	2.32	2.27	2.22
27	4.21	3.35	2.96	2.73	2.57	2.46	2.37	2.31	2.25	2.20
28	4.20	3.34	2.95	2.71	2.56	2.45	2.36	2.29	2.24	2.19
29	4.18	3.33	2.93	2.70	2.55	2.43	2.35	2.28	2.22	2.18
30	4.17	3.32	2.92	2.69	2.53	2.42	2.33	2.27	2.21	2.16
40	4.08	3.23	2.84	2.61	2.54	2.34	2.25	2.18	2.12	2.08
60	4.00	3.15	2.76	2.53	2.37	2.25	2.17	2.10	2.04	1.99
120	3.92	3.07	2.68	2.45	2.29	2.17	2.09	2.02	1.96	1.91
∞	3.84	3.00	2.60	2.37	2.21	2.10	2.01	1.94	1.88	1.83

(계속)

α = .05
V1 = 분자의 자유도, V2 = 분모의 자유도

V2 \ V1	12	15	20	24	30	40	60	120	∞
1	243.90	245.90	248.00	249.10	250.10	251.10	252.20	253.30	254.30
2	19.41	19.43	19.45	19.45	19.46	19.47	19.48	19.49	19.50
3	8.74	8.70	8.66	8.64	8.62	8.59	8.57	8.55	8.53
4	5.91	5.86	5.80	5.77	5.75	5.72	5.69	5.66	5.63
5	4.68	4.62	4.56	4.53	4.50	4.46	4.43	4.40	4.36
6	4.00	3.94	3.87	3.84	3.81	3.77	3.74	3.70	3.67
7	3.57	3.51	3.44	3.41	3.38	3.34	3.30	3.27	3.23
8	3.28	3.22	3.15	3.12	3.08	3.04	3.01	2.97	2.93
9	3.07	3.01	2.94	2.90	2.86	2.83	2.79	2.75	2.71
10	2.91	2.85	2.77	2.74	2.70	2.66	2.62	2.58	2.54
11	2.79	2.72	2.65	2.61	2.57	2.53	2.49	2.45	2.40
12	2.69	2.62	2.54	2.51	2.47	2.43	2.38	2.34	2.30
13	2.60	2.53	2.46	2.42	2.38	2.34	2.30	2.25	2.21
14	2.53	2.46	2.39	2.35	2.34	2.27	2.22	2.18	2.13
15	2.48	2.40	2.33	2.29	2.25	2.20	2.16	2.11	2.07
16	2.42	2.35	2.28	2.24	2.19	2.15	2.11	2.06	2.01
17	2.38	2.31	2.23	2.19	2.15	2.10	2.06	2.01	1.96
18	2.34	2.27	2.19	2.15	2.11	2.06	2.02	1.97	1.92
19	2.31	2.23	2.16	2.11	2.07	2.03	1.98	1.93	1.88
20	2.28	2.20	2.12	2.08	2.04	1.99	1.95	1.90	1.84
21	2.25	2.18	2.10	2.05	2.01	1.96	1.92	1.87	1.81
22	2.23	2.15	2.07	2.03	1.98	1.94	1.89	1.84	1.78
23	2.20	2.13	2.05	2.01	1.96	1.91	1.86	1.81	1.76
24	2.18	2.11	2.03	1.98	1.94	1.89	1.84	1.79	1.73
25	2.16	2.09	2.01	1.96	1.92	1.87	1.82	1.77	1.71
26	2.15	2.07	1.99	1.95	1.90	1.85	1.80	1.75	1.69
27	2.13	2.06	1.97	1.93	1.88	1.84	1.79	1.73	1.67
28	2.12	2.04	1.96	1.91	1.87	1.82	1.77	1.71	1.65
29	2.10	2.03	1.94	1.90	1.85	1.81	1.75	1.70	1.64
30	2.09	2.01	1.93	1.89	1.84	1.79	1.74	1.68	1.62
40	2.00	1.92	1.84	1.79	1.74	1.69	1.64	1.58	1.51
60	1.92	1.84	1.75	1.70	1.65	1.59	1.53	1.47	1.39
120	1.83	1.75	1.66	1.61	1.55	1.50	1.43	1.35	1.25
∞	1.75	1.67	1.57	1.52	1.46	1.39	1.32	1.22	1.00

α = .01
V1 = 분자의 자유도, V2 = 분모의 자유도

V2 \ V1	1	2	3	4	5	6	7	8	9	10
1	4052	4999.5	5403	5652	5764	5859	5928	5981	6022	6056
2	98.50	99.00	99.17	99.25	99.30	99.33	99.36	99.37	99.39	99.40
3	34.12	30.82	29.46	28.71	28.24	27.91	27.67	27.49	27.35	27.23

부록 G χ^2 분포

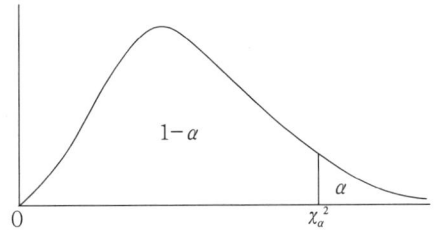

df	.99	.98	.95	.90	.80	.70	.50	.30	.20	.10	.05	.02	.01	.001
1	$.0^3157$	$.0^3628$	.00393	.0158	0.642	.148	.455	1.074	1.642	2.706	3.841	5.412	6.635	10.827
2	.0201	.0404	.103	.211	.446	.713	1.386	2.408	3.219	4.605	5.991	7.824	9.210	13.815
3	.115	.185	352	.584	1.005	1.424	2.366	3.665	4.642	6.251	7.815	9.837	11.345	16.266
4	.297	.429	.711	1.064	1.649	2.195	3.357	4.878	5.989	7.779	9.488	11.668	13.277	18.467
5	.554	.752	1.145	1.610	2.343	3.000	4.351	6.064	7.289	9.236	11.070	13.388	15.086	20.515
6	.872	1.134	1.635	2.204	3.070	3.828	5.348	7.231	8.558	10.645	12.592	15.033	16.812	22.457
7	1.239	1.564	2.167	2.833	3.822	4.671	6.346	8.383	9.803	12.017	14.067	16.622	18.475	24.322
8	1.646	2.032	2.733	3.490	4.594	5.527	7.344	9.524	11.030	13.362	15.507	18.168	20.090	26.125
9	2.088	2.532	3.325	4.16 8	5.380	6.393	8.343	10.656	12.242	14.684	16.919	19.679	21.666	27.877
10	2.558	3.059	3.940	4.865	6.179	7.267	9.342	11.781	13.442	15.987	18.307	21.161	23.209	29.588
11	3.053	3.609	4.575	5.578	6.989	8.148	10.341	12.899	14.631	17.275	19.675	22.618	24.725	31.264
12	3.571	4.178	5.226	6.304	7.807	9.034	11.340	14.011	15.812	18.549	21.026	24.054	26.217	32.909
13	4.107	4.765	5.892	7.042	8.634	9.926	12.340	15.119	16.985	19.812	22.362	25.472	27.688	34.528
14	4.660	5.368	6.571	7.790	9.467	10.821	13.339	16.222	18.151	21.064	23.685	26.873	29.141	36.123
15	5.229	5.985	7.261	8.547	10.307	11.721	14.339	17.322	19.311	22.307	24.996	28.259	30.578	37.697
16	5.812	6.614	7.962	9.312	11.152	12.624	15.338	18.418	20.465	23.542	26.296	29.633	32.000	39.252
17	6.408	7.255	8.672	10.085	12.002	13.531	16.338	19.511	21.615	24.769	27.587	30.995	33.409	40.790
18	7.015	7.906	9.390	10.865	12.857	14.440	17.338	20.601	22.760	25.989	28.869	32.346	34.805	42.312
19	7.633	8.567	10.117	11.651	13.716	15.352	18.338	21.689	23.900	27.204	30.144	33.687	36.191	43.820
20	8.260	9.237	10.851	12.443	14.578	16.266	19.337	22.775	25.038	28.412	31.410	35.020	37.566	45.315
21	8.897	9.915	11.591	13.240	15.445	17.182	20.337	23.858	26.171	29.615	32.671	36.343	38.932	46.797
22	9.542	10.600	12.338	14.041	16.314	18.101	21.337	24.939	27.301	30.813	33.924	37.659	40.289	48.268
23	10.196	11.293	13.091	14.848	17.187	19.021	22.337	26.018	28.429	32.007	35.172	38.968	41.638	49.728
24	10.856	11.992	13.848	15.659	18.062	19.943	23.337	27.096	29.553	33.196	36.415	40.270	42.980	51.179
25	11.524	12.697	14.611	16.473	18.940	20.867	24.337	28.172	30.675	34.382	37.652	41.566	44.314	52.620
26	12.198	13.409	15.379	17.292	19.820	21.792	25.336	29.246	31.795	35.563	38.885	42.856	45.642	54.052
27	12.879	14.125	16.151	18.114	20.703	22.719	26.336	30.319	32.912	36.741	40.113	44.140	46.963	55.476
28	13.565	14.847	16.928	18.939	21.588	23.647	27.336	31.391	34.027	37.916	41.337	45.419	43.278	56.893
29	14.256	15.574	17.708	19.768	22.475	24.577	28.336	32.461	35.139	39.087	42.557	46.693	49.588	58.302
30	14.953	16.306	18.493	20.599	23.364	25.508	29.336	33.530	36.250	40.256	43.773	47.962	50.892	59.703

(계속)

부록 H. 상관계수의 유의값

df	.10	.05	.02	.01
1	.988	.997	.9995	.9999
2	.900	.950	.980	.990
3	.805	.878	.934	.959
4	.729	.811	.882	.917
5	.669	.754	.833	.874
6	.622	.707	.789	.834
7	.582	.666	.750	.798
8	.549	.632	.716	.765
9	.521	.602	.685	.735
10	.497	.576	.658	.708
11	.476	.553	.634	.684
12	.458	.532	.612	.661
13	.441	.514	.592	.641
14	.426	.497	.574	.623
15	.412	.482	.558	.606
16	.400	.468	.542	.590
17	.389	.456	.528	.575
18	.378	.444	.516	.561
19	.369	.433	.503	.549
20	.360	.423	.492	.537
21	.352	.413	.482	.526
22	.344	.404	.472	.515
23	.337	.396	.462	.505
24	.330	.388	.453	.496
25	.323	.381	.445	.487
26	.317	.374	.437	.479
27	.311	.367	.430	.471
28	.306	.361	.423	.463
29	.301	.355	.416	.456
30	.296	.349	.409	.449
35	.275	.325	.381	.418
40	.057	.304	.358	.393
45	.243	.288	.338	.372
50	.231	.273	.322	.354
60	.211	.250	.295	.325
70	.195	.232	.274	.303
80	.183	.217	.256	.283
90	.173	.205	.242	.267
100	.164	.195	.230	.254

부록 I. NCYFS 표준

연령에 따른 1마일 걷기/달리기-남자

(분 : 초)

Percentile	10세	11세	12세	13세	14세	15세	16세	17세	18세
99	6:55	6:21	6:21	5:59	5:43	5:40	5:31	5:14	5:33
90	8:13	7:25	7:13	6:48	6:27	6:23	6:13	6:08	6:10
80	8:35	7:52	7:41	7:07	6:58	6:43	6:31	6:31	6:33
75	8:48	8:02	7:53	7:14	7:08	6:52	6:39	6:40	6:42
70	9:02	8:12	8:03	7:24	7:18	7:00	6:50	6:46	6:57
60	9:26	8:38	8:23	7:46	7:34	7:13	7:07	7:10	7:15
50	9:52	9:03	8:48	8:04	7:51	7:30	7:27	7:31	7:35
40	10:15	9:25	9:17	8:26	8:14	7:50	7:48	7:59	7:53
30	10:44	10:17	9:57	8:54	8:46	8:18	8:04	8:24	8:12
25	11:00	10:32	10:13	9:06	9:10	8:30	8:18	8:37	8:34
20	11:25	10:55	10:38	9:20	9:28	8:50	8:34	8:55	9:10
10	12:27	12:07	11:48	10:38	10:34	10:13	9:36	10:43	10:50

연령에 따른 1마일 걷기/달리기-여자

(분 : 초)

Percentile	10세	11세	12세	13세	14세	15세	16세	17세	18세
99	7:55	7:14	7:20	7:20	7:01	6:59	7:03	6:52	6:58
90	9:09	8:45	8:34	8:34	8:11	8:23	8:28	8:20	8:22
80	9:56	9:30	9:30	9:30	8:49	9:04	9:06	9:10	9:27
75	10:09	9:56	9:52	9:30	9:16	9:28	9:25	9:26	9:31
70	10:27	10:10	10:05	9:48	9:31	9:49	9:41	9:41	9:36
60	10:51	10:35	10:32	10:22	10:04	10:20	10:15	10:16	10:08
50	11:14	11:15	10:58	10:52	10:32	10:46	10:34	10:34	10:51
40	11:54	11:46	11:26	11:22	10:58	11:20	11:08	10:59	11:27
30	12:27	12:33	12:03	11:55	11:35	11:53	11:49	11:43	11:58
25	12:52	12:54	12:33	12:17	11:49	12:18	12:10	12:03	12:14
20	13:12	13:17	12:53	12:43	12:10	12:48	12:32	12:30	12:37
10	14:20	14:35	14:07	13:45	13:13	14:07	13:42	13:46	15:18

연령에 따른 윗몸일으키기-남자 (60초간 횟수)

Percentile	10세	11세	12세	13세	14세	15세	16세	17세	18세
99	60	60	61	62	64	65	65	68	67
90	47	48	50	52	52	53	55	56	54
80	43	43	46	48	49	50	51	51	50
75	40	41	44	46	47	48	49	50	50
70	38	40	43	45	45	46	48	49	48
60	36	38	40	41	43	44	45	46	44
50	34	36	38	40	41	42	43	43	43
40	32	34	35	37	39	40	41	41	40
30	30	31	33	34	37	37	39	39	38
25	28	30	32	32	35	36	38	37	36
20	26	28	30	31	34	35	36	35	35
10	22	22	25	28	30	31	32	31	31

연령에 따른 윗몸일으키기-여자 (60초간 횟수)

Percentile	10세	11세	12세	13세	14세	15세	16세	17세	18세
99	50	53	66	58	57	56	59	60	65
90	43	42	46	46	47	45	49	47	47
80	39	39	41	41	42	42	42	41	42
75	37	37	40	40	41	40	40	40	40
70	36	36	39	39	40	39	39	39	40
60	33	34	36	35	37	36	37	37	38
50	31	32	33	33	35	35	35	36	35
40	30	30	31	31	32	32	33	33	33
30	27	28	30	28	30	30	30	31	30
25	25	26	28	27	29	30	30	30	30
20	24	24	27	25	27	28	28	29	28
10	20	20	21	21	23	24	23	24	24

연령에 따른 앉아서 윗몸앞으로굽히기-남자 (inch)

Percentile	10세	11세	12세	13세	14세	15세	16세	17세	18세
99	18.0	18.5	18.5	19.5	20.0	21.5	22.0	21.5	22.0
90	16.0	16.5	16.0	16.5	17.5	18.0	19.0	19.5	19.5
80	15.0	15.5	15.0	15.0	16.0	17.0	18.0	18.0	18.0
75	14.5	15.0	15.0	15.0	15.5	16.5	17.0	17.5	17.5
70	14.5	14.5	14.5	14.5	15.0	16.0	17.0	17.0	17.0
60	14.0	14.0	13.5	13.5	14.0	15.0	16.0	16.0	16.0
50	13.5	13.0	13.0	13.0	13.5	14.0	15.0	15.5	15.0
40	12.5	12.5	12.0	12.5	13.0	13.5	14.0	14.5	14.5
30	12.0	12.0	11.5	12.0	12.0	12.5	13.5	13.5	13.5
25	11.5	11.5	11.0	11.0	11.0	12.0	13.0	13.0	13.0
20	11.0	11.0	10.5	10.5	11.0	11.5	12.0	12.5	12.5
10	10.0	9.5	8.5	9.0	9.0	9.5	10.0	10.5	10.0

연령에 따른 앉아서 윗몸앞으로굽히기-여자 (inch)

Percentile	10세	11세	12세	13세	14세	15세	16세	17세	18세
99	20.5	20.5	21.0	22.0	22.0	23.0	23.0	23.0	22.5
90	17.5	18.0	19.0	20.0	19.5	20.0	20.5	20.5	20.5
80	16.5	17.0	18.0	19.0	19.0	19.0	19.5	19.5	19.5
75	16.5	16.5	17.0	18.0	18.5	19.0	19.0	19.0	19.0
70	16.0	16.5	17.0	17.5	18.0	18.5	19.0	19.0	18.5
60	15.0	15.5	16.0	17.0	17.5	18.0	18.0	18.0	18.0
50	14.5	15.0	15.5	16.0	17.0	17.0	17.5	18.0	17.5
40	14.0	14.0	15.0	15.5	16.0	17.0	17.0	17.0	17.0
30	13.0	13.5	14.5	14.5	15.0	16.0	16.5	16.0	16.0
25	13.0	13.0	14.0	14.0	15.0	15.5	16.0	15.5	15.5
20	12.0	13.0	13.5	13.5	14.0	15.0	15.5	15.0	15.0
10	10.5	11.5	12.0	12.0	12.5	13.5	14.0	13.5	13.0

연령에 따른 위팔등쪽부위 피부두겹두께-남자 (mm)

Percentile	10세	11세	12세	13세	14세	15세	16세	17세	18세
99	5	4	4	4	4	4	4	4	4
90	7	7	6	6	5	5	5	5	5
80	8	7	8	7	6	6	6	6	6
75	8	8	8	7	7	7	6	6	6
70	9	9	9	8	7	7	7	7	7
60	10	10	10	9	8	8	7	7	8
50	11	11	11	10	9	9	8	8	8
40	13	12	12	11	10	10	9	9	10
30	14	14	14	13	11	11	11	11	11
25	15	15	15	14	12	12	11	12	12
20	16	16	17	15	13	13	12	13	13
10	20	20	21	20	18	18	16	15	16

연령에 따른 위팔등쪽부위 피부두겹두께-여자 (mm)

Percentile	10세	11세	12세	13세	14세	15세	16세	17세	18세
99	5	6	6	6	6	7	7	8	7
90	7	8	9	9	9	10	10	11	10
80	9	9	10	10	11	12	12	12	12
75	10	10	10	11	12	13	12	13	13
70	10	10	11	11	12	13	13	14	13
60	11	12	12	13	14	15	14	15	14
50	12	13	13	14	15	16	15	17	15
40	14	15	14	15	16	17	17	18	17
30	15	16	16	17	18	19	18	20	19
25	16	17	17	18	19	20	19	21	20
20	17	19	18	20	20	21	20	21	21
10	21	23	22	24	23	25	24	24	23

연령에 따른 위팔등쪽부위와 어깨뼈아래끝 피부두겹두께의 합-남자 (mm)

Percentile	10세	11세	12세	13세	14세	15세	16세	17세	18세
99	9	9	9	9	9	10	10	10	11
90	12	12	12	11	12	12	12	13	13
80	13	13	13	13	13	13	13	14	14
75	14	14	14	13	13	14	14	14	15
70	15	15	15	14	14	14	14	15	15
60	16	16	16	15	15	15	15	16	17
50	17	18	17	17	17	17	17	17	18
40	20	20	20	19	18	18	18	19	19
30	22	23	22	21	21	20	20	21	22
25	24	25	24	23	22	22	22	22	24
20	25	26	28	25	25	24	23	24	25
10	35	36	38	34	33	32	30	30	30

연령에 따른 위팔등쪽부위와 어깨뼈아래끝 피두부겹두께의 합-여자 (mm)

Percentile	10세	11세	12세	13세	14세	15세	16세	17세	18세
99	10	11	11	12	12	13	13	16	14
90	13	14	15	15	17	19	19	20	19
80	15	16	17	18	19	21	21	22	21
75	16	17	18	19	20	23	22	23	22
70	17	18	18	20	21	24	23	24	23
60	18	19	21	22	24	26	24	26	25
50	20	21	22	24	26	28	26	28	27
40	22	24	24	26	28	30	28	31	28
30	25	28	27	29	31	33	32	34	32
25	27	30	29	31	33	34	33	36	34
20	29	33	31	34	35	37	35	37	36
10	36	40	40	43	40	43	42	42	42

연령에 따른 턱걸이-남자 (횟수)

Percentile	10세	11세	12세	13세	14세	15세	16세	17세	18세
99	13	12	13	17	18	18	20	20	21
90	8	8	8	10	12	14	14	15	16
80	5	5	6	8	9	11	12	13	14
75	4	5	5	7	8	10	12	12	13
70	4	4	5	7	8	10	11	12	12
60	2	3	4	5	6	8	10	10	11
50	1	2	3	4	5	7	9	9	10
40	1	1	2	3	4	6	8	8	9
30	0	0	1	1	3	5	6	6	7
25	0	0	0	1	2	4	6	5	6
20	0	0	0	0	1	3	5	4	5
10	0	0	0	0	0	1	2	2	3

연령에 따른 턱걸이-여자 (횟수)

Percentile	10세	11세	12세	13세	14세	15세	16세	17세	18세
99	8	8	8	5	8	6	8	7	6
90	3	3	2	2	2	2	2	2	2
80	2	1	1	1	1	1	1	1	1
75	1	1	1	1	1	1	1	1	1
70	1	1	1	0	1	1	1	1	1
60	0	0	0	0	0	0	0	0	0
50	0	0	0	0	0	0	0	0	0
40	0	0	0	0	0	0	0	0	0
30	0	0	0	0	0	0	0	0	0
25	0	0	0	0	0	0	0	0	0
20	0	0	0	0	0	0	0	0	0
10	0	0	0	0	0	0	0	0	0

참고문헌

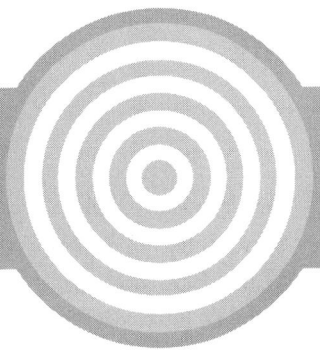

강상조, 신범철, 권봉안, 김갑수(1988). 국민체력평가기초연구. 체육부 : 스포츠과학연구논총.

고흥환(1985). 체육측정평가. 연세대학교 출판부.

송종국, 유승희, 손두옥(1998). Tanner-Whitehouse 방법에 의한 유청소년들의 연령별 골격성숙도와 성인신장의 추정. 한국체육학회지. 37:229-241.

American Alliance for Health, Physical Education, Recreation and Dance (AAHPERD)(1988). *Technical Manual*. Reston, Va : American Alliance for Health, Physical Education, Recreation and Dance.

American Psychological Association(APA, 1985). *Standards for Educational and Psychological Tests*. Washington, DC: American Psychological Association.

Baumgartner, T. A., Jackson, A. S.(1991). *Measurement for Evaluation in Physical Education*. Dubuque, Iowa : Wm C Brown Group.

Blair, S. N., Falls, H. B., Pate, R. R.(1983). A new physical fitness test. *The Physician and Sport Medicine*. 11:87-91.

Bloom, B. S.(1976). *Human Characteristic and School Learning*. New York, McGraw Hill.

Bloom, B. S.(1981). *Evaluation to Improve Learning*. New York: McGraw-Hill.

Borg, G. A. V.(1982). Psychological bases of perceived exertion. *Medicine and Science in Sports and Exercise*, 14:377-381.

Borkan, G. A., Hults, D. E., Gerzof, S. G., Burrows, B. A., Robbins, A. H.(1983). Relationships between computed tomography tissue areas, thickness and total body composition. *Annals of Human Biology*. 10 : 537-546.

Bouchard, C., Shephard, R. J.(1994). Physical activity, fitness and health : The model and key concepts. In : C. Bouchard, R. J. Shephard, and T. Stephens (eds.)., *Physical Activity, Fitness and Health : International Proceedings and Consensus Statement*. Human Kinetic Publishers. pp. 77-88.

Brown, K. R.(1984). Growth, physique and age at menarche of Mexican American females ages 12 through 17 years residing in San Diego County, California. Unpublished doctoral dissertation. University of Texas. Austin.

Brozek, J., Grande, F., Anderson, T., Keys, A.(1963). Densitometric analysis of body composition: Revisions of some quantitative assumptions. *Annals of the New York Academy of Science*. 110:113-140.

Chumlea, W. C.(1983). Unpublished data. Wright State University School of Medicine. Department of Pediatrics. Yellow Springs. OH.

Chumlea, W. C., Roche, A. F.(1979). Unpublished data. Wright State University School of Medicine. Department of Pediatrics. Yellow Springs. OH.

Claesseans, A., Beunen, G., Simons, J., Swalus, P., Ostyn, M., Renson, R., Van Gerven, D. (1980). A modification of Sheldon's anthroposcopic somatotype method. *Anthropologiai Kozlemenyek.* 24:45-54.

Clarke, H. H.(1971). *Physical and Moter Tests in the Medford Boy's Growth Study.* NJ: Prentic-Hall. Englewood Cliffs, New Jersey.

Collins, D. R., Hudge, P. B.(1978). *A Comprehensive Guide to Sport Skills Tests and Measurement.* Springfield, Ill: Thomas.

Cooper, J. M., Glassow, R. B.(1976). *Kinesiology. Ed 1.* St Louis: Mosby-Year Book.

Cronbach, L. J.(1978). *Study Guide to Accompany Educational Psychology.* Barbara Dillon Goodson.

Demirjian, A., Buschang, P. H., Tanguay, R., Patterson, D. K.(1985). Interrelationships among measures of somatic, skeletal, dental, and sexual maturity. *American Journal of Orthodontics.* 88:433-428.

Durnin, J. V. G. A., Womersley, J.(1974). Body fat assessment from total body density and its estimation from skinfoled thickness: Measurements on 481 on men and women aged 16 to 72 years. *British Journal of Nutrition.* 32:77-97.

Forbes, G. B.(1987). *Human Body Composition.* New York: Springer-Verlag.

Gollnick, P. D.(1983). Fiber number and size in overloaded chicken anterior latissimus dorsi muscle. *Journal Applied Physiology.* 54 : 1292.

Greulich, W. W., Pyle, S. I.(1959). *Radiographic Atlas of Skeletal Development of Hand and Wrist*, 2nd edition, California: Stanford University Press.

Hamill, P. V. V., Johnston, F. E., Lemeshow, S.(1973). Height and Weight of Youths 12-17 Years (*Vital and Health Statistics, Series 11, No. 124,* Department of Health, Education, and Welfare). Washington, DC : U.S. Government Printing Office.

Hartz, A. J., Rupley, D. C., Rimm, A. A.(1984). The association of girth measurements with disease in 32, 856 women. *American Journal of Epidemiology.* 119 : 71-80.

Heath, B. H.(1963). Need for modification of somatotype methodology. *American Journal of Anthropology.* 21:227-233.

Hellison, D.(1993). Evaluating the effective domain. In Rink J. E.(ed.)., *Critical Crossroads: Middle and Secondary School Physical Education.* Reston, Va: National Association for Sport and Physical Education. pp. 126-131.

Houtkooper, L. B., Going, S. B., Lohman, T. G., Roche, A. F., Van Loan, M.(1992). Bioelectrical impedance estimation of fat-free body mass in children and youth: a cross-validation study. *Journal Applied of Physiology.* 72:366-373.

Huenemann, R. L., Hampton, M. C., Behnke, A. R., Shapiro, L. R., Mitchell, B. N.(1974). *Teenage Nutrition and Physique.* Springfield, IL: Charles C Thomas.

Hunt, E. E., Barton, W. H.(1959). The inconstancy of physique in adolescent boys and other limitations of somatotyping. *American Journal of Anthropology.* 17:27-36.

Jackson, A. S., Pollock, M. L.(1976). Factor analysis and multivariate scaling of anthropometric variables for the assessment of body composition. *Medicine and Science in Sports and Exercise.* 8 : 196-203.

Johnston, F. E. & Mack, R. W.(1985) Interobserver reliability of skinfold measurements in infants and young children. *American Journal of Physical Anthropology.* 67 : 285-290.

Kannel, W. B., Gordon, T.(1980). Physiological and medical concomitance of obesity : The Framingham Study. Obesity in America, In G. A. Bray(ed.)., *Department of Health, Education and Welfare, National Institutes of*

Health, Publication No. 80-359). Washington DC : U.S, Government Printing Office.

Kenyon, G. S.(1968a). A conceptual model for characterizing physical activity. *Research Quarterly. 39* : 96-105.

Kenyon, G. S.(1968b). Six scales for assessing attitudes toward physical activity. *Research Quarterly. 39* : 566-574.

Liba, M. R., Stauff, M.(1963). A test for the volleyball pass. *Res Quart. 24*:304-307.

Lindquist, E. F.(1940). *Statistical Analysis in Educational Research*. Boston : Houghton Mifflin Company.

Lohman, T. G.(1981). Skinfolds and body density and their relation to body fatness : A review. *Human Biology. 53* : 181-225.

Lohman, T. G., Roche, A. F., Martorell, R.(1992). *Anthropometric Standardization Reference Manual*. Human Kinetics Books. Champaign, Illinois.

Lukaski, H. C., Johnson, P. E., Bolunchuk, W. W., Lyken, G. I.(1985). Assessment of fat free mass using bioelectrical impedance method to assess human body composition. *Journal of Applied Physiology. 60*:1327-1332.

Malin, R. M., Buschang, P. H.(1984). Anthropometric asymmetry in normal and mentally retarded males. *Annals of Human Biology. 11* : 515-531.

Malina, R. M., Bouchard, C.(1990). *Growth, Maturation and Physical Activity*. Champaign, IL: Human Kinetics.

Malina, R. M., Hamill, P. V. V., Lemeshow, S.(1973). *Selected Body Measurements of Children 6-11 Years*, United States(Vital and Health Statistics, Series 11, No. 123. Department of Health, Education and Welfare). Washington, DC : U.S. Government Printing Office.

Martens, R.(1977). *Sport Competition Anxiety Test*. Champaign, Ill: Human Kinetics.

Martin, A. D.(1986). Unpublished data. Simon Fraser University, Nurnaby, British Columbia. Canada.

Meleski, B. W.(1980). Growth, maturity, body composition and familial characteristics of competitive swimmers 8 to 18 years of age. Unpublished doctoral dissertation. University of Texas. Austin.

Miller, D. K., Allen, T. E.(1982). *Fitness: A lifetime Commitment*. 2nd ed. Minneapolis: Burgess Co.

Mueller, W. H., Wohlleb, J. C.(1981). Anatomical distribution of subcutaneous fat and its description by multivariate methods: How valid are principal component? *American Journal of Physical Anthropology. 54*:25-35.

Pandolf, K. B.(1983). Advances in the study and application of perceived exertion. In Terjung R. L. (ed.)., *Exercise and Sport Science Reviews*. Philadelphia: Franklin Institute.

Pate, R.(1983). *South Carolina Physical Fitness Test Manual*(2nd Ed.)., Columbia : South Carolina Association for Health, Physical Education, Recreation and Dance.

Petersen, G.(1967). *Atlas for Somatotyping Children*. Assen, The Nederlands: Royal Vangorcum and Springfield, Illinois: C. C. Thomas.

Pollock, M. L., Hickman, T., Kendrick, Z., Jackson, A., Linnerud, A. C., Dawson, G.(1976). Prediction of body density in young and middle-aged man. *Journal of Applied Physiology. 40*:300-304.

Poole, J., Nelson, J. K.(1970). Construction of a badminton skills test battery. Unpublished study. Louisiana State University. Baton Rouge.

Roche, A. F., Chumlea, W. C., Thissen, D.(1988). *Assessing the Skeletal Maturity of the Hand-wrist: Fels Method*. Springfield, IL: Charles C Thomas.

Ruch, G. M., Stoddard, G. D.(1925). Comparative reliabilities of objective examinations. *J. Educational Psychology, 16*:89-103.

Safrit, M. J., Wood, T. M.(1983). The Health-related Fitness Opinionnaire: A pilot survey. *Research Quarterly. 54*:204-207.

Safrit, M. J., Wood, T. M.(1995). *Introduction to Measurement in Physical Education and Exercise Science.* 3rd Edition. Mosby-Year Book, Inc.

Seehan, T. J.(1971). *An Introduction to the Evaluation of Measurement Data in Physical Education.* Reading, Mass.: Addison-Wesley.

Segal, K. R., Gutin, B., Presta, E., Wang, J., Van Itallie, T. B.(1985). Estimation of human body composition by electrical impedance methods: a comparative study. *Journal of Applied Physiology. 58*:1565-1571.

Shaver, K. G. (1981). *Principles of Social Psychology.* Cambridge, Mass: Winthrop.

Shifflett, B., Shuman, B. J.(1982). A criterion-referenced test for archery. *Res Quart. 53*:330-335.

Simon, J. A., Smoll, F. L.(1974). An instrument for assessing children's attitude toward physical activity. *Research Quarterly. 45*:21-27.

Siri, W. E.(1956). The gross composition of the body. *Advances in Biological and Medical Physics. 4*:239-280.

Slaughter, M. H., Lohman, T. G., Boileau, R. A.(1978). Relationship of anthropometric dimensions to lean body mass in children. *Annals of Human Biology. 5*:469-482.

Sloan, A. W., Shapiro, M.(1972). A comparison of skinfold measurements with three standard calipers. *Human Biology. 44*:29-36.

Sonstreom, R. J.(1974). Attitude testing : Examining certain physiological correlates of physical activity. *Research Quarterly. 45*:93-103.

Stewart, L. E.(1985). Anthropometric survey of Canadian Forces aircrew (*Tech. Rep. No. 85-12-01*). Toronto, Canada: Human Elements Incorporated.

Strand, B. N., Wilson, R.(1993). *Assessing Sport Skills.* Champaign, Ill: Human Kinetics.

Thorndike, E. L.(1923). Educational Psychology. *Science, 13* : 57(430).

Todd, T. W.(1937). *Atlas of Skeletal Maturation.* "Part I. Hand.". London: Kimpton.

Updykes, W. F., Johnson, P. B.(1970). *Principles of Modern Physical Education.* New York : Holt.

WHO(1967). Exercise Test in relation to Cardiovascular Function. Report of WHO meeting. Genova.

Wilmore, J. H.(1974). Alteration in strength, body composition and anthropometric measurements consequent to a 10 week weight training program. *Medicine Science Sports.* 6 : 133-138.

Wilmore, J. H., Behnke, A. R.(1969). An anthropometric estimation of body density and lean body weight in young men. *Journal of Applied Physiology. 27*:25-31.

Zavaleta, A. N.(1976). Densitometric estimates of body composition in Mexican Americans. Unpublished doctoral dissertation. University of Texas. Austin.

찾아보기

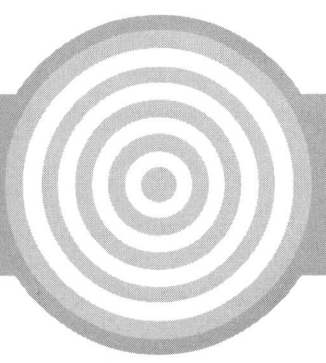

국 문 편

가

가상치 299
가설 36
가설검증 299
가설검증 과정 300
가설진술 299
가슴 깊이 62
가슴 깊이 측정 62
가슴 너비 61
가슴 너비 측정 61
가슴 둘레 70
가슴 둘레 측정 70
가슴 피부두겹두께 83
가슴 피부두겹두께 측정 83
간이 Harvard step test 171
간접 넙다리 길이 측정법 53
간접 종아리 길이 측정 55
감성목록 237
감성영역을 개념적으로 분류 235
감성행위 237
감성행위 검사 242
감성행위 검사의 실제 242
감성행위 검사의 이용 242

감성행위의 검사방법 242
감정적 안정감 36
객관식 문제 219
거리의 측정 182
건강과 체력 척도의 문항 250
검사의 개념 16
검사의 질 32
검사-재검사법 230
검사-재검사에 의한 신뢰도의 추정 38
검증통계치의 계산($t=0.23$) 302
겨드랑이 중앙 피부두겹두께 82
겨드랑이 중앙 피부두겹두께 측정 82
결정 타당도 42
경기능력 36
경험적 방법 42
경험적 법칙 279
계측점 46
고등학생 수영 기술 검사 214
골격성숙의 평가 112
골격 해부도 46
골프 209
골화 112
골화과정 114
공기·헬륨 대체법 102
공의 균형유지 162

공의 균형유지 검사　162
공인 타당도　34, 35
과학적 연구의 주목적　28
관련성　32
관리 오류　37
교육목적에 대한 분류법　217
교육목적의 분류법　218
교호작용이 있는 이원분산분석법의 프로그램과
　　실행 결과　324
구부린 위팔 둘레 측정　77
구성적 정의　28
구인관련 타당도　35
구체적인 목록　216
국제 인류학선사학회　45
국제인체측정학술회의　45
국제인체측정학회　45
군집표집　297
규준　21, 32
규준의 질　32
규준적 방법　42
규준지향 검사　32
Greuch-Pyle방법　118
Greulich-Pyle 방법　114
근력　127, 131
근력의 측정　133
근비대　132
근수축　131
근위축　132
근육형　90
근지구력　128, 133, 135
급간의 점수한계　266
급간의 크기　266
기계체조 기초 기술 검사　208
기능적 잔기량　164, 165
기술 검사　16

기술통계　262, 264
기타 2차 성징　121
긴장과 불안　243
긴장목록　243

남녀 어린이들의 Carpal 성숙점수　115
남녀 어린이들의 RUS 성숙점수　115
남녀 어린이들의 TW3-20 뼈 성숙점수　116
남성의 성기 발달단계　120
남성의 음모 발달단계　121
내배엽형　90, 91
내배엽형(1요소)　95
내부일관성 측정　230
내용관련 타당도　33
내장지방이 차지하는 면적　108
넙다리 길이　53
넙다리 길이 측정법　53
넙다리 둘레　74
넙다리 둘레 측정　74
넙다리 피부두겹두께　86
넙다리 피부두겹두께 측정　86
Nelson 피칭 검사　210
Knox 검사　188
Knox의 드리블 슛 검사　189
Knox의 빠른 드리블 검사　188
논리 타당도　33
논술과 객관식 시험　218
논술형　218, 227
농구　186
농구 검사의 출제 설명서　222
누가백분율(c%)　269, 271
누가백분율 곡선　270
누가빈도(cf)　269, 271

누가빈도분포   269
누운 자세의 신장 측정   51
Newman-Keuls 검증방법   315

다

다단계표집   297
다른 유형의 척도   239
다리펴서 윗몸일으키기   138
다이나모메터   142
Dyer 검사   204
Dyer 검사의 개정   205
다중분산분석법   317
다중회귀분석   36
단계적 접근방법   315
단답형   226
단순무선표집   297
단일변인   40
달리기를 이용한 전신지구력 측정   176
달성도 검사법   42
대뇌형   90
대학생 수영 기술 검사   213
더블 드리블   186
Duncan 검증방법   317
독립변인   31, 263
독립표본의 t-검증   301
동간척도   29
동기부여   17
동위원소 희석법   104
동적 근력   133
동적 근지구력   135
동적 평형성   159
동형법에 의한 신뢰도의 추정   38
두드리기 검사   151
드랍 오프   179

드랍 오프지수   179
드리블 슛   186, 188
드리블 콘트롤   190
등속성   131
등속성 근기능 검사   142
등속성 근기능 검사 절차   142
등속성 근력 검사   143
등속성 근력지구력 검사   143
등위양분상관계수   294
등장성   131
등장성 근력 평가   133
등장성, 등척성, 등속성 운동의 장점과
　　단점   131
등척성   131
등척성 근력 평가   134
뚱뚱한체형   89

라

Leilich 검사   186
lengthwise스틱 위에 세로로 서는 방법   160
RUS점수(TW3)를 이용한 뼈나이 (남자)   116
RUS점수(TW3)를 이용한 뼈나이 (여자)   117
RUS점수   115
Russell-Lange 검사   194
Russell-Lange의 서브 검사   195
Lockhart-McPherson 검사   202
Likert 척도   237, 238

마

Margaria-Kalamen 순발력 검사   145
마른제지방량   100
마틴식 인체계측기   51
마틴식 인체계측기를 이용한 신장 측정   50

막대그래프 268
맥박 변화를 통한 순환기능 검사 170
머리 둘레 68
머리 둘레 측정 68
머리-엉덩이 길이의 측정 신뢰도 52
머리-엉덩이 길이 측정 52
멀리 던지기 검사 200
Medford의 방정식 93
메디신볼 던지기 147
McDonald 검사 185
명명척도 29
모수 262
모수치 264
목 둘레 68
목 둘레 측정 69
목적표집 298
목표도달점수 42
목표한계점수 41
몸통 유연성 검사 158
몸통지수법 93, 96
무릎굽혀 윗몸일으키기 138
무릎 너비 64
무릎 너비 측정 64
무산소성 역치 170
무선배정 301
무선표집 301
문장의 서법 227
문항 217
문항 분석 230
문항의 난이도 231
물구나무서기 검사 160
미국 건강·체육·레크리에이션 협회 127
민첩성 148
밀도 102
Miller 검사 203

바

Bass 정적 평형성 검사(crosswise) 159, 160, 161
반복횟수와 피로에 따라 예상된 1RM 134
반분법 230
반분법에 의한 신뢰도의 추정 38
반응변인 32
발목 너비 64
발목 너비 측정 65
발목 둘레 75
발목 둘레 측정 76
발 반응 검사 150
배구 193
배드민턴 200
배부위 둘레 72
배부위 둘레 측정 72
배부위 피부두겹두께 84
배부위 피부두겹두께 측정 84
배합표집 298
배합형 225
백보드 205
백분위 271
백분위 구하는 공식 272
백분점수 271
백분점수 구하는 공식 272
백핸드 204
백핸드 스트로크 18
범위 276
범주 311
베이스 러닝 199
변량 278
변수 306
변이계수 285
변인 28, 263

변인의 역할과 기능에 의한 분류 31
변인의 측정척도 291
변형된 윗몸일으키기 139
보외법 218
복합적인 운동기술 23
부메랑 달리기 검사 152
부적 편포 271
분류 19
분산도 276
분산분석 311
분산분석법 317
분산분석에 의한 신뢰도의 추정 40
분석력 23
분석 및 수정 229
분포의 유형 271
분할표 42
불완전한 척도 240
Blanchard 행동등급 척도 248
Blanchard 행위빈도등급 척도 248
Balke 트레드밀 검사 173
Balke 트레드밀 검사 평가표 173
Bloom의 분류표 219
비만형 90
비모수 검증 306
비모수통계 43
비연속자료 30
비연속적 변인 264
비율척도 30
비율추정 299
빈도(f) 265, 267
빈도분포 265
빈도분포와 카이제곱법 307
빈도분포 작성 268
빠르게 던지기 검사 198
빠른 드리블 188

빠른 슛 187
빠른 슛 측정을 위한 농구코트 190
빠른 슛하기 190
빨리 걷기 177
뼈나이 117

사간상관계수 293
4단계 척도 121
사분편차 277
사실 관련 224
4요소 모형 101
Side step 검사 151
사진촬영법 96
사회적 행동 246
사후비교 313
산소맥 170
3단계 척도 121
30초 동안 슛 186
3요소 모형 100
상관계수 37
상관계수의 개념 287
상관계수의 계산 288
상관계수의 종류 291
상관계수의 해석 291
상관도 287
상관의 정도가 서로 다른 상관도표 288
상대가설 299
상대 근지구력 136
상수 28, 263
상위한계 심박수 168
상호급간 상관계수 40
상호급간 신뢰도 검증방법 40
생명력 126

생물학적 성숙　111
생물학적 성숙의 평가　112
생체전기저항법　106, 107
서브　195, 196
서브 속도 검사　206
서브 플레이스먼트 검사　205
서비스　33
서열척도　29, 30
선다형　224
선 자세의 측정　50
선택반응 검사　149
선택사항　307
선형관계　32
성별에 따른 근력의 평균　302
성숙척도　114
성숙척도들 간의 상호관계　124
성인 신장에 대한 비율　123
성장　111
성적 성숙의 평가　118
성취도　17
세트 업　197
세포 내 수분　104
세포단계　99
세포수　111
세포 외 수분　104
세포의 크기　111
소프트볼　198
소화형　90
속도와 정확성을 측정　182
속도의 점수　184
속도의 측정　183
손과 손목뼈의 해부도　113
손 길이　58
손 길이 측정　58
손목 너비　66

손목 둘레　78
손목 둘레 측정　78
손 반응 검사　149
손 짚고 다리 펴서 일어나기　140
송종국　111
쇠약형　90
수영　213
수중체중법　102
수직 팔 뻗기 검사　147
숙련도 시험　219
숙련도와 차별화 시험　219
순발력　133, 143
순발력의 측정　144
순환기능의 검사　166
Sheldon은 세 가지 체형 요소　91
Sheldon의 몸통지수법　93
Sheldon의 방법　91
Sheldon의 사진촬영법　96
Sheldon의 체형 개념　90
Sheldon의 체형분류　92
스매시　203
스매시 검사　203
스케줄링　237
스타디오미터계를 이용한 신장 측정　50
스튜던트 범위　313
스튜던트 t　300
스트록　33
스포츠 경쟁불안 검사(SCAT-C)의 규준
　자료　245
스포츠경쟁불안 검사　244
스포츠 기술 검사　181, 183
스포츠 기술 검사의 실제　185
스포츠 기술 검사의 유형　182
스포츠정신과 지도력　254
스포츠 지도력 설문지　256, 257

Spearman의 등위차 상관계수 292
Spearman의 로오 43
Spearman-Brown 공식에 의한 신뢰도의
　추정 39
시험관리 216, 228
시험관리 절차 228
시험관리 지침 216
시험문제를 작성 222
시험문항의 유형 222
시험 분석 229
시험의 본질 221
시험의 수정 233
시험 형태를 선택 222
신뢰도 20, 36, 43, 229, 287
신뢰도계수 37
신뢰도를 높이기 위한 측정횟수 증가 39
신뢰도의 개념 36
신뢰도의 추정 37
신뢰도 추정방법 43
신장 50
신장·체중비 94
신체구성 127
신체구성의 모형 98
신체구성의 측정 98
신체구성의 평가방법 101
신체 길이 49
신체 너비 60
신체 둘레 67
신체밀도 추정식 106, 107
신체밀도 측정 102
신체부위별 체지방 분포도의 추정 109
신체작업능력 검사 171
신체적 성숙의 평가 122
신체적 자존감과 신체활동의 흥미척도 252
신체 중량의 측정 48

신체칼륨 측정 105
신체평가와 유인척도 239
신체활동에 대한 태도를 측정하기 위한 의미
　차별의 척도 239
신체활동에 대한 태도목록 249, 251
실험 전 305
실험 후 305
심동적 영역 24
심박수 166
심박수모니터 166
심폐지구력 128
15분 수영하기 213
12분 달리기 177
12분 달리기 평가표 178
12분 수영 178
12분 수영 평가표 179
12세 남자 어린이의 손과 손목 X-ray
　사진 113
쌍체비교의 프로그램과 실행 결과 305
쌍체비교의 t-검증 305
CAPTA의 사회적 영역을 위한 항목 252
Scheffe 검증방법 315, 316
Scheffe 방법을 이용한 검증통계치 316

아

아르키메데스 원리 102
아이언 기술 검사 211
악력 134
악력계와 악력 측정 135
악력 평가표 135
앉아서 윗몸 앞으로 굽히기 검사 155
앉은 키 52
앉은 키의 측정방법 52
야구 198

야윈체형   89
양궁   212
양류상관계수   293
양방검증   301, 302
양변인 통계   40
양분상관계수   292
양자택일형   222
양적 변인   31, 263
양팔 길이   55
양팔 길이 측정   55
어깨 너비   60
어깨 너비 측정   60
어깨 둘레   69
어깨 둘레 측정   70
어깨뼈 아래끝 피부두겹두께   81
어깨뼈 아래끝 피부두겹두께 측정   81
어깨 유연성 검사   156
어깨-팔꿈치 길이   56
어깨-팔꿈치 길이 측정   56
어린이들을 위한 스포츠 경쟁불안 검사   244
언더핸드 던지기 검사   198
엉덩뼈 너비   63
엉덩뼈 너비 측정   63
엉덩뼈윗부위 피부두겹두께   85
엉덩뼈윗부위 피부두겹두께 측정   85
엉덩이 둘레   73
엉덩이 둘레 측정   73
엎드려 상체 젖히기 검사   157
SAS를 이용한 기술통계량의 산출   284
SAS를 이용한 분산분석법   317
SAS를 이용한 상관분석   294
SAS를 이용한 t-검증   303
SAS를 이용한 χ^2 검증   307
AAHPERD 검사   190, 196
AAHPERD의 서브 검사   196

AAHPERD의 세트 업 검사   197
AAHPERD의 패스 검사   197
ATPA의 당일 신뢰도 계수   251
ATPA 특성의 최고점수   251
여성의 유방 발달단계   119
여성의 음모 발달단계   120
역동적 근력   133
역사적 배경   126
역치심박수   168
연속자료   30
연속적 변인   264
13가지 체형   97
영가설   299
영가설과 연구가설의 검증   302
영가설 기각의 영역 결정   302
영역관련 타당도   42
예비심박수   166
예측변인   32
예측 타당도   35
5단계 신체구성 모형   98
5단계 척도   118
오버핸드 던지기 검사   198
Åstrand   171
Åstrand 최대하부하 검사   173
50m 글라이드-릴렉세이션 검사   213
50m 자유형   214
오차   37
오차점수의 표준편차   40
오하이오주립대학교의 스텝 검사   175
옵션   286
완전학습의 전략   25
왕복 달리기 검사   152
왜도   285
외발서기 검사   159
외배엽형(3요소)   95

외배엽형 90, 91
외삽법 218
외향성 36
요인 28, 311
요인분석 36
우연의 일치 43
운동선수의 경쟁에 대한 태도 254
운동선수의 경쟁에 대한 Lakie 태도 255
운동수행 검사 37
운동수행능력 검사 42
운동자각도 168, 169, 260
운동종목별 공격성 점수 316
운동형 90
운동 후 초과산소소비량 170
워킹 186
원자단계 98
원점수를 이용한 적률상관계수 계산 290
Wear 태도 척도 253, 254
Wettstone 검사 208
위팔두갈래근부위 피부두겹두께 80
위팔두갈래근부위 피부두겹두께 측정 80
위팔 둘레 76
위팔등쪽부위 피부두겹두께 79
위팔등쪽부위 피부두겹두께 측정 79
윗몸 앞으로 굽히기 156
윗몸 앞으로 굽히기 검사 156
윗몸일으키기 138
유관계수 294
유기체의 활력 126
유방발달 4단계 119
유산소능력 127
유연성 127, 128, 155
유연성 검사 점수분포의 막대그래프 268
유연성 검사 점수분포의 절선그래프 269
유연성 검사 점수의 누가백분율 곡선 270

유연성 검사점수의 묶음 빈도분포 267
유의도 수준 300
유체정역학법 102
유층표집 297
음모발달 3단계 119
의미차별 239
의미차별의 척도 238
20m 혹은 50m 자유형, 평형, 배영 213
20야드 양궁 검사 평가표 212
25m 글라이드-릴렉세이션 214
25m 수구공 밀며 수영하기 214
이완시킨 위팔 둘레 측정 77
2요소 모형 100
이원분산분석법 317
이원분산분석법 프로그램과 실행 결과 322
이중 X선 흡수계측법 105
2차 골화중심 112
2차 성징 118
2차 성징의 발달 118
이차원 빈도분포표와 χ^2 검증을 위한 응용프로그램과 실행 결과 309
이해력 23
인간 체격의 변화 91
인자 28
인지 검사 217
인지 검사의 첫 단계 216
인지단계 217
인지영역 검사의 실제 221
인지영역에 대한 필기시험 문항 215
인지적 영역 23, 24
인지적 영역의 표준화 검사 22
인체측정 45
인체측정 도구 47
인체측정 방법 48
인체측정의 절차 47

일관성　37
Illinois 경쟁 설문지　244
일방검증　301
일방적　299
일원분산분석법　317
일원분산분석법 프로그램과 실행 결과　318
일원분산분석 요약　312
일정한 과정　112
1차 골화중심　112
일치도계수　43
1회 호흡량　164
임의표집　298

자기공명영상법　109
자료의 정리　264
자유도　300
자전거를 이용한 산소섭취량 평가표　175
자전거를 이용한 예측 산소섭취량　174
자전거 에르고미터　163
잔기량　164, 165
잠수하여 25m 가기　213
장거리 달리기　35
저항지수　106
적률상관계수의 크기에 영향을 미치는 요인　290
적용력　23
전력 트레드밀 달리기　172
전신 계산기　105
전신단계　100
전신반응시간 검사　148
전신지구력　163
전신지구력의 개념　163
전제　225

전집　264
전체 검사점수의 신뢰도　39
절대 근지구력　136
절대적 신뢰도의 추정　40
절선그래프　268
점수범위　265
점수부여　18, 228
점증저항운동　131, 132
점프 스텝 검사　154
정상분포　271, 279, 281
정의적 영역　24
정적 근력　132
정적 근지구력　135
정적 편포　271
정적 평형성　159
정확성의 측정　184
정확하게 던지기　187
정확한계　267
제자리 높이뛰기　144
제자리 멀리뛰기　145
제지방량　100
제지방량 추정식　107
제지방조직　102
제한된 시간에 실행한 횟수의 측정　183
조깅에 대한 학생들의 태도　241
조깅에 대한 학생 태도의 불충분한 측정　241
조작적 정의　28
조직단계　99
Johnson 검사　185, 187
Johnson의 드리블 검사　188
종속변인　31, 263
종속표본의 t-검증　301
종아리 길이　54
종아리 길이 측정　54
종아리 둘레　75

종아리 둘레 측정　75
종아리 피부두겹두께　87
종아리 피부두겹두께 측정　87
종합력　23
주성분 분석　109
주요 인체계측부위　46
준거　288
준거 관련 기술 검사　212
준거관련 타당도　34
준거의 설정방법　35
준거지향 검사　41
준거지향 검사의 결정 타당도　42
준거지향 검사의 기준　41
중간 넙다리 둘레 측정　74
중량에 따른 근력 평가　134
중배엽형(2요소)　90, 91, 95
중앙치　274
지구력 달리기　176
지구력비　179
지구력지수에 의한 전신지구력 평가　179
지그재그 달리기 검사　153
지능지수　29, 36
지방　94
지방분포　109
지방형태　109
지수　291
지식　23, 33
지표　28
직선　94
직선 보행 검사　161
직접 종아리 길이 측정　54
진·오차 점수의 이론　37
진단　18
진단평가　24
진술　223, 238

진위형　222
진점수　40
질적 변인　31, 263
집단 간 계수　37
집단 간 변량　312
집단 내 계수　38
집단 내 변량　312
집단별 훈련방법에 따른 운동수행능력의
　　점수　314
집중경향치　273
집중경향치들의 비교　275

착지 실패　162
채점 절차　229
처치변인　31
첨도　285
체계적 오차　37
체계적 표집　297
체력　126
체력의 개념　126
체력의 요인별 측정　131
체육에서 감성목표　235
체육의 영역　24
체조　208
체중　48
체중당 최대산소섭취량　169
체지방률　103
체질량지수　100
체표면적　169
체형 3요소의 정의　95
체형분포도의 작성　97
체형의 3요소를 나타내는 분포도　92
체형의 평가방법　91

체형평가 방법들 간의 차이 96
초음파법 108
촉각계 65, 66
총괄평가 26
총수분량 100, 104
총수분량 측정 103
총지방량 109
총폐용량 164, 165
최대 넙다리 둘레 측정 74
최대산소맥 170
최대산소섭취량 169
최대산소섭취량 검사 16
최대산소섭취량 측정 16
최대신장속도 122
최대심박수 166, 167
최대심폐지구력 검사 172
최대심폐지구력 예측을 위한 최대하부하
　검사 173
최대하부하 검사 35
최대환기능력 165
최대환기량 165
최빈치 273
최소 넙다리 둘레 측정 74
추론 226
추리통계 262, 264, 296
추정표준오차 35
축구 185
출제 설명서 221
측정 27
측정과 평가의 경향 22
측정과 평가의 목적 17
측정과 평가의 영역 23, 24
측정과 평가의 조건 20
측정과 평가의 학문적 발달 22
측정변인의 정의 28

측정변인의 종류 28
측정신뢰도 51
측정 오차 37
측정의 개념 16
측정척도 29
측정척도에 의한 변인의 분류 31
측정치의 신뢰도 32
측정치의 질 32
측정표준오차 40
치아성숙의 평가 124

χ^2 분석방법 306
Kappa 일치도계수 43
컨트롤 드리블 191
컴퓨터 단층촬영법 108
Kendall의 등위상관계수 294
Kenyon의 신체활동표에 대한 태도 237
Cornish 검사-30초 간 발리 208
Cornish의 파워 검사 207, 208
Cowell의 사회적응 지수 246
코헨 43
Kuder-Richardson 공식 230
크기순으로 배열한 유연성 검사점수
　빈도분포 265
Cramer의 C계수 311
Kraus-Weber 검사 127
크라이슬러 기금-AAU 검사 128
크레아틴 109
Clevett의 퍼팅 검사 209
crosswise스틱 위에 가로로 서는 방법 160

타

타당도   20, 32, 41, 287
타당도 검사방법   20
타당도 추정방법   42
태도   36, 249
태도의 개념   236
Tukey 검증방법   313
Tukey법에 의한 Q계산   314
턱걸이   136
Tanner 3단계   119
Tanner-Whitehouse 방법   115
테니스   204
테이블 형식   309
토스   195, 196
통계   262
통계의 기본적 구성요인   263
통계의 의의   261
통계자료의 신뢰도   298
통계적   262
통계적 검증력   313
통계적 분석   263
통계치   264
투 핸드 체스트 패스   186
트레드밀   163
t-검증   301
t 분포   300
Tigerstedt 검사   172

파

Padua 대학   90
Parnell의 인체측정법   96
Parnell의 M.4편차도표   93, 94

파워   133, 143
파이계수   43, 293
판단적 방법   42
판별지수   231
판별지수 크기의 평가   232
판정지수   172
팔굽혀펴기   137
팔꿈치 너비   65
팔꿈치 너비 측정   66
팔꿈치-손 길이   59
팔꿈치-손 길이 측정   59
팔꿈치-손목 길이   57
팔꿈치-손목 길이 측정   57
패스 검사   191
펑고 히팅   199
페니 컵 검사   189
Fels 방법   117
평가의 개념   16
평가의 유형   24
평균추정   299
평균치   274
평균치의 사후비교   313
평균편차   277, 278
평행봉에서 팔굽혀펴기   139
평형성   158
평형유지 실패   162
평형을 유지하는 능력   159
폐잔기량   102
폐활량   164, 165
포핸드 스트로크   204
포핸드와 백핸드 드라이브 검사   207
포화 폐기량   164
Ponderal 지수   93, 96
폼의 측정   184
표면 타당도   33

표본 264
표본의 변량공식 278
표본의 크기 298
표본조사의 절차 298
표준점수 279, 280
표준정상분포 곡선의 면적비율 283
표준편차 278
표집방법 296
French 검사 201
French의 서브 검사 201
French-Cooper 검사 195
프로그래밍 237
프로그램의 평가 19
Prudential FITNESSGRAM 검사 129, 130
피드백 159
피부두겹두께 78
피부연필 46
피어슨 상관계수 37
Pearson의 적률상관계수 291, 295
피예측변인 32
Fit Youth Today 검사 129
Fit Youth Today 검사의 준거관련 기준 129
피하지방법 107
피하지방이 차지하는 면적 108
필기시험 37
필드 그라운드 볼 검사 199

Harvard step 검사 170

Harvard step test 평가표 171
학습단원의 구분 25
학습지도의 평가 19
한 어린이의 신장 성장곡선 123
할당표집 298
핸드볼 207
향상수준에 영향을 미치는 여러 가지 요인 18
허리 둘레 71
허리 둘레 측정 71
허리와 넙다리 둘레비 110
허리와 엉덩이 둘레비 110
Heath-Carter방법을 이용한 체형평가
  방법 95
현장 검사 136
혈압 및 맥박변화를 통한 순환기능 검사 172
형성장애형 90
형성평가 25
호기 예비량 164
호흡기능의 검사 163
호흡수 165
확률이론 283
확실성 37
회귀변인 32
Hewitt 검사 205
Hewitt의 서브 속도 검사 206
Hewitt의 서브 플레이스먼트 검사 206
Hewitt의 포핸드와 백핸드 드라이브 검사 207
흡기 예비량 164
흡기용량 164, 165
힘과 정확성의 측정 182

찾아보기

영문편

A

AAHPERD 127, 183, 198
AAHPERD Physical Best Program 127
AAHPER Youth Fitness Test 127
absolute muscular endurance 136
accidental sampling 298
Acheson 111
achievement 17
administration error 37
AHA 125
Allen 243
all-out treadmill 172
Allport 236
alternative-response type 222
A-mode 108
analysis 23
analysis of variance : ANOVA 311, 317
anthropometry 45
anxiety 36
application 23
Aristotle 90
asthenic 90
athletic 90
athletic ability 36
atrophy 132
attitude 36
attribute 35
Avicenna 90

B

backboard 205
backhand 204
backhand stroke 18, 204
balance 158
balance error 162
balancing object 159
Balke 173
ball balance 162
base running 199
Bass stick test 159
Behnke 63, 67, 69, 74, 76, 78, 82, 84
bench press 133
between variance : Sb2 312
bicycle ergometer 163
Biodex 142
bioelectrical impedance analysis : BIA 106
biological maturation 111

bivariate statistics   40
Bloom   24, 25, 217, 218, 219
B-mode   108
body mass index : BMI   100
boomerang run test   152
Borg   169, 240, 260
Borkan   71
Bouchard   98
Brady   193
Brady 검사   193
Brady volleyball test   193
Brady Willy   196
bridge-up test   158
Broer   183
Broer-Miller 검사   204
Brouha   170, 171
Brouha test   171
Brown   77
Brozek   107
Brumbach   194
Brumbach 검사   194
Brumbach volleyball service test   194
BTPS: body temperature, ambient pressure, saturated with water vapor   164
Bullen   93
burpee test   140, 148
Buschang   77, 80

C

Carpal   115
Carter   88, 95
category   311
chalk jump   145
CHISQ   309
chi-square   43, 306
choice-response movement test   149
Chrysler Fund-Amateur Athletic Union   128
Chumlea   49, 51, 53, 55, 56, 75, 83
Clarke   126
classification   19
Clevett   209
Clevett's putting test   209
cluster sampling   297
coefficient of agreement   43
coefficient of variation   285
Cohen   43
Collins   181
complex motor skills   23
comprehension   23
computed tomography : CT   108
concurrent validity   34
consistency   37
constant   28, 263
constitutive definition   28
construct-related validity   35
content-related validity   33
contingency coefficient : C   294
contingency table   42
continuous data   30
continuous variable   264
control dribble   191
Cooper   177, 178, 179, 184, 195
correlation coefficient   37
correlation efficient   37
Council of Europe   126
Cowell   246
Cr   109

criterion measure 288
criterion-ralated validity 34
criterion referenced measurement 41
Cronbach 20
crosswise 159
cumulative frequency 269, 271
cumulative percentage 271
cumulative percentage curve 270
Cureton 93, 172
cutoff score 41, 42
Cybex 142

Damon 93
Dataset 295
decision validity 42
deduce 226
degree of freedom 300
Demirjian 124
density 102
dependability 37
dependent variable 31, 263
dermograph 46
descriptive statistics 262, 264
development 111
DF 310
diagnosis 18
difference 306
di Giovanni 90
dipping 139
directional 299
discrete data 30
discrete variable 264
discrimination index : D 231

dispersion, measures of variation 276
distance run 35
domain referenced validity 42
double dribble 186
dribble control 190
dribble shoot 186
drop off 179
drop off index 179
dual X-ray absorptiometry : DXA 105
Duncan 313, 317
Duncan's new multiple range test 317
Durnin 108
Dyer 204
dynamic balance 159
dynamic muscular endurance 135
dynamic strength 133
dynamometer 142
dysplasia 90

ectomorphy 91
elimination 226
Elsholtz 90
emotional stability 36
empirical 34
empirical approach 42
empirical rule 279
endomorphy 91
endurance dip 139
endurance ratio 179
endurance run 176
equivalent form reliability 38
error 37
evaluation 16

evaluation of program　19
evaluation of unit of instruction　19
EXPECTED　309
expiratory reserve volume : ERV　164
explosive strength　133
extracelluar water : ECW　104
extroversion　36

F

face validity　33
factor　28, 311
factor analysis　36
Farrow　216
fast walk　177
fat　94
fat distribution　109
fat-free dry mass : FFDM　101
fat free mass : FFM　100
fat-free weight : FFW　100
fat pattern　109
feedback mechanism　159
feeling　236
Fels　49, 117, 118
field ground ball test　199
field tests　136
Fit Youth Today　128
Foot reaction time test　150
Forbes　98, 105
forehand stroke　204
Framingham Heart Study Center　98
French　195, 232
French-Cooper volleyball test　195
French short serve test　201
frequency　265

functional residual capacity : FRC　164, 165
fungo hitting　199

G

Glassow　183, 184
Gollnick　132
Gonyea　132
Gorden　71
grading　18
Greulich　112, 113, 114
grip strength　134
growth　111

H

habitus apoplecticus　89
habitus phthisicus　89
Haggmark　108
Halle　90
Hamill　49
hand reaction time test　149
hand stand test　160
Hardy　93
Harpenden Cailper　107
Hartz　71
Harvard step test　163, 171
heart rate : HR　166
heart rate reserve : HRR　166
Heath　95
Heath-Carter　93
Hellison　235, 240
Hewitt　205
Hippocrates　89, 90
Hooton　93

Houtkooper   106, 107
HRmax   166
HRR   166
Hudge   181
Huenemann   76
Huter   90
HWR   94
hyperplasia   111
hypertrophy   111, 132
hypothesis   36
hypothesis testing   299
hypothesized value   299

implication   224
improvement   17
independent variable   31, 263
index   291
indicator   28
inferential statistics   262, 264
inspiratory capacity : IC   164, 165
inspiratory reserve volume : IRV   164
interclass   40
interclass coefficient   37
interclass correlation coefficient   40
interest   237
internal consistancy   230
interval scale   29
intracelluar water : ICW   104
intraclass coefficient   38
IQ   29, 36
ISAK   45
isokinetic   131
isometric   131

isotonic   131
item   217
item analysis   230
item difficulty   231

Jackson   71
James M. Rippe, M.D.   177
Jennett   148
Johnson   126, 148, 185, 216
Johnson soccer test   185
Johnson test   187
Johnston   80, 82, 85
judgemental approach   42
jump step   148
jump step test   136, 154

Kalamen   145, 146
Kannel   71
kappa   43
Kendall   294
Kenyon   249, 251
Kenyon's attitude toward physical activity
    inventory   237
Keuls   313, 317
Keys   107
Kin-Com   142
Kissebah   110
knowledge   23, 33
knowledge tests   217
Knox test   188
Kretschmer   90

Kuder　230
Kuder-Richardson　220
kurtosis　285

L

Lakie　254
landing error　162
landmark　46
Lange Caliper　107
Larsson　132
lean body mass : LBM　100
lean body weight : LBW　100
lean tissue　102
learning unit　25
leg press　133
Leilich test　186
lengthwise　159
Lessa　90
Leuven　93
level　311
level of significance : α level　300
Liba　183
Lido　142
Likert scale　237
linearity　94
linear relationship　32
Lockhart-McPherson　202
logical validity　33
Lohman　82, 98

M

Mack　80
macrosplanchnic　90

magnetic resonance imaging : MRI　109
Malina　72, 73, 77, 80, 84, 98
Margaria　145
Martens　244
Martin　45
Martin's anthropometer　51
mastery test　42, 219
matched sampling　298
matching　225
maximal expiratory volume : $\dot{V}$Emax　165
maximal heart rate : HRmax　167
maximal oxygen uptake : $\dot{V}O_2$max　169
maximum breathing capacity : MBC　165
maximum oxygen pulse　170
McDonald soccer test　185
McGee　216
mean : $\overline{X}$　274
mean deviation : MD　278
measurement　16
measurement error　37
median : Mdn　274
Meleski　87
Merac　142
mesomorphy　91
microsplanchnic　90
Miller　183, 203, 243
Miller wall volley test　203
M-mode　108
mode : Mo　273
Modified Bass test of dynamic balance　161
Morgan　235
motivation　17
motor performance test　37
Mueller　110
Muller　110

multiple choice 224
multiple regression 36
multi-stage sampling 297
multi-way ANOVA 317
muscular contraction 131
muscular endurance 133
muscularity 94
muscular strength 131

negatively skewed distribution 271
Nelson 148, 200, 202, 216, 256
Nelson pitching test 210
Newcomb 236
Newman 313, 317
nominal scale 29
nondirectional 299
non-parametric statistics 43
nonparametric test 306
norm 21, 32
normal distribution 271, 281
normative approach 42
normosplanchnic 90
norm referenced measurement 32
null hypothesis : H0 299

objectivity 21
one-tailed test 301
one-way ANOVA 317
operational definition 28
option 286, 307
options 295

ordinal scale 29
ossification 112, 114
overhand throw test 198
oxygen pulse 170

paired-comparison 305
parameter 262, 264
Parnell 93, 94
Pascale 107
Pavis 184
peak height velocity : PHV 122
Pearson 291
Pearson product moment correlation coefficient 37
PEAS : Physical Estimation and Attraction Scale 253
penmanship 227
Penny cup 188
Penny cup test 189
percentile rank : PR 271
percentile score : P 271
Perez 88
Petersen 93
phi : ϕ 293
phi coefficient 43
photoscopic 96
physical estimation & attraction scale 239
physical fitness 126
Physical Working Capacity : PWC 171
point-biserial correlation coefficient : rpb 293
polar 166
Pollock 71, 83, 87

Ponderal index 93
Poole 200, 202
Poole forehand clear test 202
Poole long serve test 200
population 264
positively skewed distribution 271
post 305
post hoc multiple comparison tests 313
power 133, 143
pre 305
predicted variable 32
prediction 19
predictive validity 35
premises 225
prescription 18
primary ossification center 112
principal component analyses 109
Prob 310
PROC 285
PROC CORR 294
PROC FREQ 307
PROC MEANS 285
PROC SUMMARY 285
PROC TABULATE 285
PROC TTEST 303, 306
PROC UNIVARIATE 285
programming 237
pull-ups 136
purposive sampling 298
push-ups 137
PWC170 test 171
pyknic 90
Pyle 112, 113, 114

Q

qualitative variable 31, 263
quality 32
quantitative variable 31
quantitive variable 263
quartile deviation : Q 277
Quetelet 90
quota sampling 298

R

R-square 320
random assignment 301
random sampling 301
range : R 276
range 265
ratings of perceived exertion : RPE 168
ratio scale 30
reaction time test 148
regressor variable 32
relative muscular endurance 136
relevance 33
reliability 20, 32, 43, 287
reliability coefficient 37
REQUESTS 309
residual volume : RV 164, 165
respiratory rate : RR 165
response 225
response variable 32
Richardson 230
Roche 49, 51, 53, 75, 83, 119, 120, 121
Roche et al 120
Roid 216
Rostan 90

Ruch   21
Russell-Lange volleyball test   194

S

S : subcutaneous adipose tissue   108
Safrit   17
Safrit   42, 184, 240
sample   264
Sargent jump   144
SAS   284, 285
SAS dataset   286, 308
scheduling   237
Scheffe   313, 315
Schneider   172
Schneider 검사   172
Scott   201, 232
seated arm press   133
secondary ossification center   112
Segal   106, 107
semantic differential   238, 239
sequence   112
service   33
Shapiro   82
Shaver   237
Sheehan   232
Sheldon   90, 91, 94
Shephard   98
Shifflett   212
Shuman   212
shuttle run test   152
sidestep test   148
simple random sampling   297
sit and reach test   155
sit-ups   138

skewness   285
skill test   16
Slaughter   71
Sloan   82
smash   203
Sonstroem   252
Spearman   292
Spearman ρ(rho)   43, 292
split-half reliability   38
SPSS   284
squart trust test   136, 140
stability   37
stairstep approach   315
standard   41
standard deviation : SD   278
standard error of estimate : SEE   35
standard error of measurement : SEM   40
standard score : Z   280
standing long jump   145
statement   223, 238
static balance   159
static dynamometric strength   132
static muscular endurance   135
static strength   133
statistical power   313
statistics   262, 264
statistics analysis system : SAS   284
Stauff   183
stepping   148
Stewart   57, 58
stick   159
Stoddard   21
stork stand test   159
straight walking test   161
Strand   181

stratified sampling 297
strength 131
stroke 33
studentized range : Q 313
student t 300
submaximal test 35
synthesis 23
systematic sampling 297
systemic error 37

t-test 301
TABLES 309
TABLES are*e08 / NOCOL CHISQ; 309
TABLES are*e08 309
Tanner 114, 115, 118, 124
tapping 148
tapping test 151
taxonomy of educational objectives 217
Taylor 132
Templin 235
Tesch 132
test 16
test-retest reliability 38
the agreement by chance 43
theory of true and error score 37
The Varieties of Human Physique 91
thinking 33
Thorndike 15
Thrope 183
tidal volume : TV 164
Tigerstedt 172
Timsom 132
Tittel 90

Todd 113, 114
Tokunagaemd 108
total body fat 109
total body water : TBW 100
total lung capacity : TLC 164, 165
treadmill 163
treatment variable 31
true-false 222
true score 40
trunk extension test 157
trunk flexion 156
trunk index 93, 96
Tucker 90
Tukey 313
Tukey's Honestly Significant
   Difference(HSD) 313
two component model 100
two hand chest pass 186
two-tailed test 301, 302
two-way ANOVA 317

ultrasound 108
underhand throw test 198
understanding 33
univariate 40
unpredictable variable 32
Updyke 126

V : visceral adipose tissue 108
Vague 109
validity 20, 32, 287

Value 310
variable 28, 263
variance 278
vertical arm-pull test 147
Viola 90
vital capacity : VC 164, 165
volley 33

waist-hip ratio : WHR 110
waist-thigh ratio : WTR 110
walking 186
Wang 98
Wear 253
West 183
Wettstone 208
Whitehouse 115, 118, 124
Whittingham 108
WHO 126
whole-body counter 105
Wilkinson 132
Wilmore 63, 67, 69, 74, 76, 78, 82, 84, 132
Wilson 181
within variance : Sw2 312
Womersley 108
Wood 17, 240
written test 37
Wutscherk 90

Zavaleta 84
zig zag run test 153
zipper test 156

저자소개

류승희

경희대학교 대학원 체육학석사
경희대학교 대학원 이학박사
체육부 정책자문위원회 위원
경희대학교 기획실장
한국체육학회 회장
경희대학교 체육대학원 원장
경희대학교 체육대학 학장
현 경희대학교 체육대학 교수
저서 :『현대인의 운동 관리를 위한 운동처방』
　　　외 다수

김형돈

미국 Oregon State Univ.(M.A.)
미국 Oregon State Univ.(Ph.D.)
경희대학교 체육대학 학과장
한국체육과학회 이사
경희대학교 교육대학원 주임교수
현 경희대학교 체육대학원 부원장

송종국

경희대학교 대학원 체육학석사
벨지움 Catholic Leuven Univ.(M.A.)
벨지움 Catholic Leuven Univ.(Ph.D.)
국제 ICPAPFR학회 회원
경희대학교 체육대학 부학장
경희대학교 체육대학원 부원장
현 경희대학교 체육대학 교수
역서 :『건강과학』외 다수

윤형기

경희대학교 대학원 체육학석사
경희대학교 대학원 이학박사
현 숭실대학교 생활체육학과장
저서 :『건강, 체력의 측정』외 다수

新 체육측정평가 전정판

초판발행/2009년 3월 10일 · 초판4쇄/2022년 3월 10일 · 발행인/김영대 · 발행처/대경북스
ISBN/978-89-5676-243-1 · 정가/19,000원

이 책은 저작권법에 따라 보호받는 저작물이므로 무단전재와 무단복제를 금지하며, 이 책 내용의 전부 또는 일부를 이용하려면 반드시 저작권자와 대경북스의 동의를 받아야 합니다.

대경북스

등록번호 제 1-1003호
서울특별시 강동구 천중로 42길 45 (길동) 2F · 전화:(02)485-1988, 485-2586~87
팩스:(02)485-1488 · e-mail:dkbooks@chol.com · http://www.dkbooks.co.kr